Politik-Lexikon für Kinder

Gerd Schneider wohnt und schreibt in der Nähe von Bonn. Er hat seit mehreren Jahren Kinder- und Jugendbücher, Hörspiele und TV-Kinderserien verfasst. *Christiane Toyka-Seid* lebt und arbeitet in Königswinter. Sie ist seit vielen Jahren in der politischen Bildungsarbeit mit Jugendlichen und Kindern aktiv und schrieb unter anderem für den Schülerkalender für politische Bildung. Beide Autoren betreuen seit mehreren Jahren das Online-Politiklexikon »HanisauLand« für die Bundeszentrale für politische Bildung. Das Projekt wird begleitet von dem Politikwissenschaftler Prof. Dr. Klaus Schubert und der Sozialwissenschaftlerin Dr. Martina Klein von der Universität Münster.

Stefan Eling lebt als Illustrator und Trickfilmer in Köln, arbeitet für Fernsehproduktionen und macht Bücher und Spiele für Kinder. Unter anderem zeichnet und animiert er die „HanisauLand"-Welt samt ihren Figuren und gestaltet die gleichnamige Website der Bundeszentrale für politische Bildung. Seine Homepage lautet: *www.eling.com*.

Gerd Schneider, Christiane Toyka-Seid

Politik-Lexikon für Kinder

Von Aufschwung bis Zivilcourage

Illustrationen von
Stefan Eling

Campus Verlag
Frankfurt/New York

Bibliografische Information der Deutschen Bibliothek:
Die Deutsche Bibliothek verzeichnet diese Publikation in der Deutschen Nationalbibliografie. Detaillierte bibliografische Daten sind im Internet über http://dnb.ddb.de abrufbar.
ISBN-13: 978-3-593-37927-2
ISBN-10: 3-593-37927-9

Umschlagillustration und Layout: Stefan Eling, Köln
Umschlaggestaltung: Büro Hamburg
Satz: Neue Maas 11 GmbH, Köln
Druck und Bindung: Appl, Wemding
Gedruckt auf säurefreiem und chlorfrei gebleichtem Papier.
Printed in Germany

Besuchen Sie uns im Internet: www.campus.de

Dein Lexikon erklärt dir Begriffe, die mit Politik zu tun haben. Bei manchen Begriffen wird dir sofort klar sein, wieso sie in einem Politik-Lexikon stehen - zum Beispiel Bundeskanzlerin oder Deutscher Bundestag oder auch Entwicklungshilfe.

Aber ihr findet auch andere Begriffe wie Ethik oder Barrel, Diffamieren oder Führungszeugnis. Solche Begriffe haben uns Kinder und Jugendliche vorgeschlagen, die schon lange das Lexikon auf www.HANISAULAND.DE besuchen.

Sie haben uns geschrieben, dass solche Begriffe immer wieder in den Fernsehnachrichten oder im Unterricht vorkommen, aber oft gar nicht gesagt wird, was sie genau bedeuten.

So einfach kannst du dein Lexikon benutzen:

Die Begriffe sind in der Reihenfolge des Alphabets aufgelistet. In den einzelnen Stichworten sind manche Begriffe rot geschrieben. Das bedeutet, dass es dazu einen eigenen Artikel im Lexikon gibt.

Zum Beispiel beim Begriff **Chancengleichheit**:
Vor dem Gesetz, so fordert es unser Grundgesetz, sind alle Bürger gleich.

Dies heißt, dass es in diesem Lexikon noch eigene Artikel zu »Gesetz«, »Grundgesetz« und »Bürger« gibt. Manchmal findet ihr hinter einem Begriff eine Klammer mit einem Pfeil, der auf ein Stichwort verweist, das für die Erklärung wichtig ist.

In der deutschen Sprache gibt es eine Reihe von Problemen - die Rechtschreibung ist nicht immer leicht, auch die Grammatik macht manchmal Schwierigkeiten. Wer wüsste das nicht?!
Wir hatten das Problem, dass wir gerne immer auch die weibliche Form zum Beispiel bei Berufen benutzt hätten. Manchmal haben wir das getan, aber nicht immer. Weil das dann sehr kompliziert zu lesen wäre. Damit es nicht ungerecht ist, haben wir deshalb manchmal die weibliche, manchmal die männliche Form gewählt, also zum Beispiel einmal von Lehrern, ein anderes Mal von Richterinnen gesprochen.

Wie ihr euer Politik-Lexikon benutzt, könnt ihr natürlich selbst entscheiden. Vielleicht sucht ihr gezielt nach einem Begriff, den ihr nicht kennt. Oder ihr springt kreuz und quer durchs Lexikon mit Hilfe der Begriffe, die wir rot gemacht haben. Und natürlich könnt ihr das Lexikon auch wie jedes andere Buch lesen – von A bis Z. Und jetzt wünschen wir euch viel Freude beim Lesen und beim Entdecken der Politik.

Rechts und links neben den Stichworten findet ihr verschiedene Kästchen:

Nachgefragt

Das sind Fragen, die uns im Lexikon von www.hanisauland.de von Kindern und Jugendlichen gestellt wurden.

Internet

Hier nennen wir Internetadressen, wo du weitere Informationen zu dem Lexikonstichwort bekommst.

Schon gewusst?

Da solltest du mal schauen, ob dir das bekannt ist.

Grips

Hier gibt es etwas zum Nachdenken, also Fragen, die deinen Grips fordern.

Abgeordnete

Die Bürgerinnen und Bürger einer Stadt oder eines Landes können nicht alle gleichzeitig darüber entscheiden, welche Politik gemacht wird. Sie wählen daher Frauen oder Männer in freien und geheimen Wahlen für eine bestimmte Zeit als ihre Vertreter. Diese Abgeordneten gehören meist einer Partei an. Sie sollen im Parlament - das kann der Bundestag (⇨ Deutscher Bundestag), der Landtag, ein Stadt- oder Gemeinderat sein - die Interessen ihrer Wählerinnen und Wähler vertreten und möglichst in deren Sinne entscheiden. Der wichtigste Teil der Abgeordnetenarbeit findet in Arbeitsgruppen und Ausschüssen statt. Dort wird beispielsweise beraten, wie die Jugend- oder Gesundheitspolitik aussehen soll. Die finanzielle Entschädigung für Abgeordnete, die für eine bestimmte Zeit ihren normalen Beruf nicht ausüben, nennt man »Diäten«.

Lies auch mal nach unter den Stichworten Delegation, Fraktion *und* Mandat.

Abgeordnete im Deutschen Bundestag bei einer Abstimmung

Nachgefragt

Julia, 10

Ist das sehr anstrengend, wenn man in die Politik eintritt? Das heißt, hat man auch noch Zeit für Freizeit oder Familie?

Du hast Recht. Die Politikerinnen und Politiker haben meistens sehr viel zu tun. Sie haben oft abends lange Sitzungen und müssen am Wochenende zu vielen Veranstaltunge gehen. Wenn sie Abgeordnete im Deutschen Bundestag sind, können sie meistens gar nicht zu Hause bei ihren Familien wohnen. Die ganze Woche über müssen sie an Sitzungen teilnehmen, lesen, telefonieren, mit anderen reden. Und wenn sie am Wochenende zu Hause sind, treffen sie sich mit anderen Leuten, die ihnen sagen, was in der Politik besser gemacht werden sollte. Es bleibt also kaum Zeit für Familie und Freizeit.

Internet

Alle Abgeordneten des Deutschen Bundestages findet ihr hier: www.bundestag.de

Und dies ist die Jugendseite des Deutschen Bundestages: www.mitmischen.de

Abschwung / Rezession

Die Wirtschaft eines Landes muss wachsen, damit sich das Land weiter entwickeln kann. Gibt es zeitweise keinen Zuwachs mehr, spricht man von »Stagnation«, das heißt »Stillstand«, »Stau«. Wenn sich die wirtschaftliche Lage aber verschlechtert, die Wachstumskurve nach unten geht, befindet sich ein Land im Abschwung. Das wird auch »Rezession«, auf Deutsch »Rückgang« genannt. Das heißt zum Beispiel, dass die Unternehmen weniger produzieren und Mitarbeiter und Mitarbeiterinnen entlassen. Die Zahl derjenigen, die vom Staat unterstützt werden müssen, steigt. Der Staat muss Schulden machen, kann sich nicht mehr um alle öffentlichen Aufgaben, zum Beispiel den Bau oder Ausbau von Verkehrswegen kümmern. Die Regierung versucht dann, mit den Mitteln der Konjunkturpolitik die Wirtschaft wieder anzukurbeln. Zum Beispiel können die Steuern gesenkt werden, damit die Unternehmen in die Lage kommen, billiger zu produzieren, und die Menschen wieder mehr Geld in der Tasche haben, um mehr einkaufen zu können.

Absolutismus

Heutzutage können Königinnen (⇨ Monarchie) oder Könige zum Beispiel in England oder Spanien keineswegs alleine politische Entscheidungen treffen. Gewählte Parlamente und Regierungen bestimmen in diesen Ländern vor allem die Politik. Anders war dies in der Staatsform des Absolutismus, die sich nach dem Ende des Dreißigjährigen Krieges (1648) in Europa entwickelte und von der Französischen Revolution (1789) beendet wurde. Ein einzelner Herrscher, der Monarch, übte im Absolutismus die unumschränkte Herrschaft aus. Er stand über dem Volk, dessen Vertretern und allen Gesetzen, fühlte sich von Gott für diese Arbeit ausgewählt. Berühmt und charakteristisch für diese Herrschaftsform ist der Ausspruch des absoluten Herrschers Ludwig XIV., des so genannten »Sonnen-

Ludwig XIV. von Frankreich, der »Sonnenkönig«

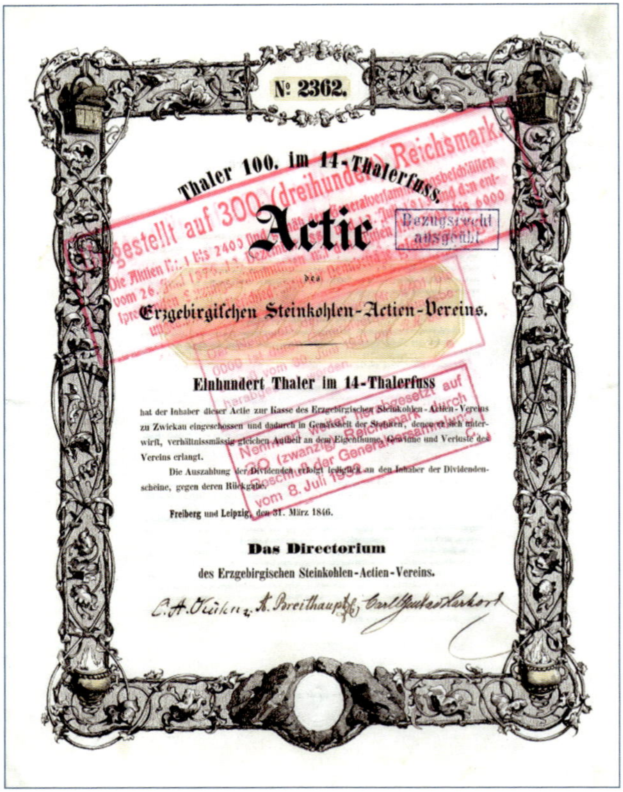
№ 2362.

Thaler 100. im 14-Thalerfuss.

Actie

des

Erzgebirgischen Steinkohlen-Actien-Vereins.

Einhundert Thaler im 14-Thalerfuss

hat der Inhaber dieser Actie zur Kasse des Erzgebirgischen Steinkohlen-Actien-Vereins zu Zwickau eingeschossen und dadurch in Gemässheit der Statuten, denen er sich unterwirft, verhältnissmässig gleichen Antheil an dem Eigenthume, Gewinne und Verluste des Vereins erlangt.

Die Auszahlung der Dividenden erfolgt lediglich an den Inhaber der Dividendenscheine, gegen deren Rückgabe.

Freiberg und Leipzig, den 31. März 1846.

Das Directorium

des Erzgebirgischen Steinkohlen-Actien-Vereins.

Eine der ältesten Aktien aus dem Jahr 1846

königs«. Er verkündete: »Der Staat bin ich« (auf Französisch, denn der König sprach Französisch: »L'état c'est moi«).

Aktien

Die Aktie (vom lateinischen »actio«, das bedeutet so viel wie »Handlung«) ist eine Urkunde. Sie bescheinigt ihrem Besitzer, dass er einen bestimmten Geldbetrag einem Unternehmen (einer Aktiengesellschaft oder kurz AG) zur Verfügung gestellt hat. Das hat er nicht aus Großzügigkeit getan, sondern weil er mit dieser Aktie bestimmte Rechte erwirbt. Zum Beispiel wird er Miteigentümer dieser AG und hat einen Anspruch auf einen Teil des Gewinns, den das Unternehmen erwirtschaftet. Wenn dieser Gewinn hoch ist, steigt auch der Wert der Aktien. Der Aktienbesitzer (Aktionär genannt) kann sie dann zu einem höheren Preis wieder verkaufen und so, besonders wenn er viele Aktien gekauft hat, eine Menge Geld verdienen. Wenn aber das Unternehmen keinen Gewinn, sondern Verluste oder gar Pleite macht, kann der Aktionär auch viel Geld verlieren.

Der Aktionär hat noch weitere Rechte. So kann er in der Jahreshauptversammlung des Unternehmens, von dem er Aktien, also Anteile hat, mitbestimmen, wie es weitergeht mit der AG. Er kann zum Beispiel mitentscheiden, ob der Vorstand seine Sache gut gemacht hat oder ob er abgewählt werden soll. Aktien und andere Wertpapiere werden an der Börse gehandelt.

Lies auch mal nach unter den Stichwörtern Börse, Dividende und Dax.

Ältestenrat

Als Ältestenrat bezeichnet man eine Gruppe von Personen, die aufgrund ihres Alters und ihrer Erfahrung bei wichtigen Fragen gehört wird, die Empfehlungen gibt und bei Streitigkeiten vermittelt. Im Deutschen Bundestag gibt es einen Ältestenrat. Ihm gehören der Bundestagspräsident, seine Stellvertreter und Stellvertreterinnen sowie 23 Abgeordnete an, die von den verschiedenen Fraktionen benannt werden. Anders als man meinen könnte, müssen die Personen, die dem Ältestenrat angehören, nicht die ältesten Mitglieder im Bundestag sein. Ihre Aufgaben bestehen vor allem darin, die Termine der Bundestagssitzungen zu planen und bei Unstimmigkeiten zu vermitteln. Der Ältestenrat unterstützt den Bundestagspräsidenten bei der Führung seiner Geschäfte. Er kann Ratschläge erteilen, aber keine direkten Entscheidungen treffen.

Amnestie

Aus dem Altgriechischen übersetzt heißt Amnestie »Vergessen«, »Vergebung«. Im heutigen Sprachgebrauch bedeutet Amnestie, dass ein Staat bzw. dessen Regierung darauf verzichtet, Menschen, die eine bestimmte Straftat begangen haben, zu bestrafen. Bei der Amnestie geht es um alle Menschen, die eines bestimmten Vergehens schuldig sind. So wäre es theoretisch zum Beispiel denkbar, dass eine Amnestie für alle diejenigen erfolgt, die bisher ihre Steuern nicht korrekt gezahlt haben. Sie würden dann nicht mehr strafrechtlich verfolgt. Die Amnestie bezieht sich immer auf Taten, die in der Vergangenheit liegen. In Deutschland kann eine Amnestie nur durch ein Gesetz (»Straffreiheitsgesetz«) erlassen werden. Die Amnestie unterscheidet sich von der Begnadigung. Begnadigt werden immer nur einzelne Täter. In Deutschland kann nur der Bundespräsident jemanden begnadigen.

amnesty international (ai)

Das ist der englische Name einer internationalen Organisation, die sich weltweit für die Menschenrechte (⇨ Grundrechte) einsetzt. Sie wurde 1961 in London gegründet. Amnesty international versucht Menschen auf der ganzen Welt zu helfen, die aus politischen, weltanschaulichen oder religiösen Gründen verfolgt, bestraft und mit dem Tode bedroht werden. 1977 erhielt amnesty

international, deren Mitglieder in mehr als 160 Staaten tätig sind, den Friedensnobelpreis. Jedes Jahr bringt ai einen Jahresbericht heraus, in dem aufgelistet wird, wo und wie auf dieser Welt die Menschenrechte verletzt werden. Im Bericht über das Jahr 2003 steht zum Beispiel, dass in über 130 Ländern der Welt Menschen gefoltert (⇨ Folter), in 28 Ländern Todesurteile vollstreckt und in mehr als 40 Ländern Menschen auf staatliche Anordnung hin ermordet wurden. Die Jahresberichte benennen auch die Länder, wo Unrecht passiert. Beispielsweise wird der chinesischen Regierung die Verfolgung (⇨ Exil) und Inhaftierung von Demonstranten vorgeworfen. Die USA werden beschuldigt, im Krieg gegen den Terror im Irak und in Afghanistan Gefangene gefoltert zu haben. Auch dem Iran werden Menschenrechtsverletzungen vorgeworfen. Die Vorsitzende von ai ist zurzeit Irene Khan. Sie stammt aus Bangladesch.

Der Begriff »Amnestie«, von dem das englische Wort »amnesty« kommt, stammt ursprünglich aus dem Griechischen. Es bedeutet »Vergebung«, »Vergessen«.

Internet

www.amnesty.de

amnesty international
FÜR DIE MENSCHENRECHTE

Schon gewusst?

Bei amnesty international kann jede/r mitmachen. Informationen gibts im Internet.

Amt

Im Wort »Polizeibeamter« steckt das Wort »Amt«. Das Wort entwickelte sich aus einer mittelalterlichen Sprache und hieß früher »Ambet« oder »Ammet«. Es bedeutet, dass jemand bestimmte Aufgaben hat, die er für andere Menschen erledigt, wie es zum Beispiel der Polizist oder auch die Finanzbeamtin tut. Der Beamte hat also ein Amt. Man unterscheidet, ob das Amt hauptberuflich oder neben dem eigentlichen Beruf als so genanntes Ehrenamt ausgeübt wird. Wer hauptberuflich ein Amt ausübt, wird dafür bezahlt, für ein Ehrenamt wird man nicht bezahlt. Die Gebäude

Schon gewusst?

Mit dem Ausdruck »Der Amtsschimmel wiehert« ist gemeint, dass man auf Ämtern oft viele Formulare ausfüllen muss, alles genau nach Vorschrift geht. Das ist oft notwendig, aber auch lästig.

Das Bundeskanzleramt in Berlin

oder Diensträume, in denen die Menschen arbeiten, die ein öffentliches Amt haben, werden Ämter oder Behörden genannt. Wir kennen das Finanzamt und das Sozialamt. Wir hören oft vom Kanzleramt, wo der Regierungschef arbeitet. Denn die Arbeit des Bundeskanzlers oder der Bundeskanzlerin ist auch ein öffentliches Amt und wird in einem dafür vorgesehenen öffentlichen Gebäude erledigt.

Lies auch mal unter den Stichwörtern Beamte *und* Bürokratie *nach.*

Grips

Was könnten die Ursachen für Analphabetentum sein?

Analphabet

Mit diesem Wort, das aus dem Griechischen kommt, wird ein Mensch bezeichnet, der weder lesen noch schreiben kann. Die meisten Analphabeten - es gibt weltweit über eine Milliarde - leben in Asien, Afrika und Südamerika. Dort gibt es in vielen Ländern kein geordnetes Schulwesen, also auch keine Schulpflicht. Die Analphabeten hatten daher gar nicht die Chance, lesen und schreiben zu lernen.

Aber auch in hoch entwickelten Industrieländern (⇨ Industriestaat) gibt es trotz Schulpflicht sehr viele Menschen, die nicht oder nur teilweise lesen und schreiben können. Nach Schätzungen der UNESCO (das ist die Organisation der UNO für Erziehung, Wissenschaft und Kultur) können allein in den USA über 13 Prozent der Menschen, die über 17 Jahre alt sind, als Analphabeten bezeichnet werden. Und in Deutschland sind es über drei Millionen Menschen, die auch nach der Schule nur wenig oder gar nicht lesen oder schreiben können.

Nachgefragt

Aline, 15

Wie gehen Menschen damit um, nicht lesen und nicht schreiben zu können?

Für die Analphabeten ist es sehr mühsam. Sie fühlen sich oft hilflos und von vielen Dingen ausgeschlossen. Viele versuchen das Problem zu verbergen. Um am Leben richtig teilnehmen zu können, muss man in unserer Gesellschaft lesen und schreiben können.

Anarchie

Das griechische Wort »anarchos« bedeutet übersetzt so viel wie »Herrschaftslosigkeit« oder »Gesetzlosigkeit«. Eine Gesellschaft, in der Anarchie herrscht, ist eine Gesellschaft, in der niemand das Sagen hat. Hier gibt es keine staatliche Gewalt, keine gewählten Volksvertreter in einem Parlament, keine Monarchie oder irgendeine sonstige Herrschaftsform. Diejenigen, die eine Anarchie wollen (man nennt sie Anarchisten), treten für die totale Freiheit des Menschen ein. Es soll keine Regeln geben, keiner soll über den anderen herrschen, und man soll nicht nach Gesetzen leben, die von anderen Menschen oder einer Regierung gemacht werden. Man kann sich aber vorstellen, dass in einer solchen Gesellschaft nur der Stärkste gewinnt und das Chaos herrscht.

Anfrage (Kleine/Große)

Abgeordnete im Bundestag (⇨ Deutscher Bundestag) wollen zum Beispiel von der Regierung wissen, wann das Kindergeld erhöht wird oder warum die Benzinsteuer steigen soll. Diese und ähnliche Fragen werden dann von mehreren Abgeordneten aufgeschrieben und der Regierung übergeben. Die Regierung muss darauf antworten. Wenn die Regierung die Fragen schriftlich beantwortet, handelt es sich um eine »Kleine Anfrage«. Bei einer »Großen Anfrage« wollen die Fragesteller die Sache genauer wissen und darüber im Bundestag diskutieren. Dies geschieht dann in einer »Fragestunde« im Bundestag, wo jeder Abgeordnete das Recht hat, seine Fragen zu stellen und seine Meinung zu sagen. Mit diesen »Anfragen« soll besonders der Opposition, die ja, wie ihr wisst, nicht in der Regierung sitzt, die Möglichkeit gegeben werden, alle wichtigen Angelegenheiten im Bundestag genau zu besprechen und Entscheidungen der Regierung zu kontrollieren.

Grips

Was bedeutet »Kleine« und »Große« Anfrage?

Antisemitismus

Wenn Menschen Juden gegenüber feindlich eingestellt sind, nennt man das Antisemitismus. Das kann sich in Beschimpfungen äußern, in Lügen, Erniedrigungen und Ungerechtigkeiten. Es kann sich aber auch in körperlicher Gewalt zeigen oder sogar in organisierter Massentötung, wie beim Holocaust, dem staatlich ausgeübten Massenmord an Juden im Nationalsozialismus.

Der Begriff »Antisemitismus« für »Judenfeindschaft« kam in Deutschland im letzten Drittel des 19. Jahrhunderts auf. Er hat sich bis heute gehalten, obwohl »Antisemitismus« genau übersetzt eigentlich etwas anderes bedeutet. Die Semiten sind eine Volksgruppe, zu der alle Völker gehören, die semitische Sprachen sprechen. Eine semitische Sprache ist zum Beispiel Hebräisch - das ist die Sprache der Juden -, aber dazu gehören auch Aramäisch, Äthiopisch und Arabisch. Weil »anti« »gegen« heißt, müsste sich Antisemitismus also gegen die Semiten richten. Tatsächlich bezeichnet der Begriff Antisemitismus aber die Abneigung oder Feindschaft gegenüber Juden, nicht aber gegenüber den Arabern.

In unserem Grundgesetz steht ausdrücklich, dass antisemitische Handlungen und Äußerungen verboten sind. Aber es gibt den Antisemitismus immer noch; besonders in Kreisen der Neonazis werden judenfeindliche Parolen verbreitet oder an Wände geschmiert und jüdische Grabmale geschändet. Die Täter werden verfolgt und bestraft.
Lies auch mal nach unter den Stichwörtern Holocaust *und* Nationalsozialismus.

Arbeitskampf

Angenommen, Arbeiter und Angestellte in der Autoindustrie fordern mehr Lohn oder wollen kürzere Arbeitszeiten und bessere Arbeitsbedingungen haben. Sie beauftragen die Gewerkschaften, also diejenigen, die ihre Interessen vertreten, mit den Unternehmern und deren Verbänden (⇨ Interessenverbände) über die Lohnerhöhung zu verhandeln. Wenn die Arbeitgeber Nein sagen, wenn sie sagen, das ist uns zu viel, das können wir nicht bezahlen oder mehr Urlaub oder kürzere Arbeitszeiten können wir nicht verkraften, dann gibt es einen Konflikt. Wenn es auch nach mehreren Verhandlungsrunden zu keiner Einigung kommt, beschließen die Arbeiterinnen und Arbeiter häufig, einige Zeit nicht zu arbeiten. Dann streiken sie.
Eine andere Form dieses Kampfes ist die Aussperrung (⇨ Streik / Aussperrung). Dabei können die Firmenleitungen, also die Arbeitgeber, ihre Arbeiter und Angestellten für eine bestimmte Zeit von der Beschäftigung und den Lohnzahlungen ausschließen. Um einen Streik abzuwehren, drohen die Arbeitgeber manchmal mit der Aussperrung.
Lies auch mal nach unter dem Stichwort Streik / Aussperrung.

Arbeitslosengeld

Wenn jemand seine Arbeit verliert und arbeitslos wird, hat er für eine bestimmte Zeit Anspruch auf Arbeitslosengeld. Zurzeit gelten dafür folgende Regelungen:

Ausgezahlt wird das Geld von der Agentur für Arbeit. Bevor jemand Arbeitslosengeld (ALG I) beantragen kann, muss er vorher mindestens 12 Monate lang gearbeitet haben. Er muss zudem von seinem Gehalt oder Lohn monatlich einen gewissen Betrag in die Arbeitslosenversicherung eingezahlt haben.

Wie hoch das Arbeitslosengeld ist, hängt davon ab, wie viel der Arbeitslose vorher verdient hat. Und wichtig ist auch, in welcher persönlichen Situation der Arbeitslose lebt. Jemand, der zum Beispiel eine Familie zu ernähren hat, bekommt zurzeit 67 Prozent vom früheren Lohn, Arbeitslose ohne Kinder erhalten 60 Prozent.

Das Arbeitslosengeld wird bis zu 12 Monate lang bezahlt. Menschen, die 55 Jahre oder älter sind, erhalten es höchstens 18 Monate lang. Um aber überhaupt Arbeitslosengeld bekommen zu können, muss sich der Arbeitslose Mühe geben, eine neue Arbeit zu finden.

Bietet die Arbeitsagentur dem Arbeitslosen eine zumutbare Arbeit an, muss der Arbeitslose diese Arbeit annehmen. Weigert er sich, bekommt er weniger Geld.

Neben dem so genannten Arbeitslosengeld I gibt es auch das Arbeitslosengeld II (ALG II). Dies können Menschen beantragen, die länger als 1 Jahr arbeitslos sind (Langzeitarbeitslose). Die Unterstützung durch das ALG II erhalten nur Arbeitslose, die das Geld auch brauchen. Das Motto lautet hier: Fordern und Fördern. Um festzustellen, wie viel Geld die Langzeitarbeitslosen genau bekommen, müssen sie in Fragebögen Auskunft über ihre Vermögensverhältnisse geben.

Wer mehr besitzt als eine bestimmte festgelegte Summe (das ist der so genannte Freibetrag), muss erst dieses Vermögen verbrauchen, bevor er Anspruch auf staatliche Unterstützung hat. Langzeitarbeitslose, die ALG II erhalten, müssen fast jede Arbeit annehmen. Wenn sie das nicht tun, wird ihr ALG II gekürzt. Wenn Jugendliche unter 25 Jahren sich weigern, dies zu tun, bekommen sie möglicherweise gar kein Geld mehr. Die Arbeitsagentur betreut die Arbeitslosen, organisiert Bildungsmaßnahmen, an denen die Arbeitslosen teilnehmen.

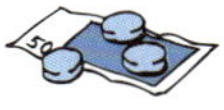

Internet

Die Zahl der Arbeitslosen veröffentlicht das Statistische Bundesamt regelmäßig auf www.destatis.de

Arbeitslosigkeit

Wenn jemand entlassen wird, ist er oder sie arbeitslos. Für viele Menschen ist Arbeitslosigkeit eine schlimme Erfahrung. Sie haben das Gefühl, dass man sie nicht mehr braucht, obwohl sie noch arbeiten könnten und wollen. Außerdem haben sie nach der Entlassung viel weniger Geld als vorher, denn die Arbeitslosenversicherung (⇨ Arbeitslosengeld), in die sie während ihrer Beschäftigung eingezahlt haben, zahlt nur ungefähr 60 Prozent ihres alten Gehaltes. Das gilt auch für diejenigen Menschen, die nicht von ihrem Arbeitgeber entlassen wurden, sondern von sich aus gekündigt und dann keine Arbeit gefunden haben.

Die arbeitslosen Frauen und Männer müssen sich in bestimmten Abständen bei der Agentur für Arbeit melden. Dort versucht man, neue Arbeit für sie zu finden. Melden sich die Arbeitslosen nicht, gibt es kein Arbeitslosengeld. Wenn die Zeit ohne bezahlte Arbeit länger als zwei Jahre dauert, gibt es noch weniger Geld. Je länger die Arbeitslosigkeit dauert und je älter die Menschen sind, die Arbeit suchen, um so schwieriger wird es, einen neuen Job zu finden.

Das Wort »Arbeit« hat sich aus dem Mittelhochdeutschen entwickelt, aus dem Wort »Arebeit«. Das hieß vor ungefähr siebenhundert Jahren »Mühe« oder »Not«.

Die Agentur für Arbeit in Potsdam

Arbeitsmarkt / Arbeitsmarktpolitik

Der Arbeitsmarkt ist kein Platz, den man sehen oder besuchen kann wie einen Gemüse- oder Jahrmarkt. Man bezeichnet damit einen »virtuellen«, also unsichtbaren und nur vorgestellten Ort, auf dem die Nachfrage und das Angebot von Arbeitskräften zusammentreffen. Wenn zum Beispiel in einem bestimmten Industriezweig, sagen wir auf dem Bau, Arbeiter und Ingenieurinnen gebraucht werden, versuchen die Firmen über die Agentur für Arbeit (⇨ Arbeitslosigkeit) oder durch Stellenanzeigen die richtigen Leute zu finden. Auf dem Arbeitsmarkt wird auch über die Höhe der Löhne und Gehälter verhandelt und über die Arbeitsbedingungen. Damit nicht jede Arbeitnehmerin und jeder Arbeitnehmer

alleine über den Lohn oder die Arbeitszeit oder auch die Zahl der Urlaubstage verhandeln muss, haben sich viele Arbeitnehmer in Gewerkschaften zusammengeschlossen, die ihre Interessen vertreten. Für unser Beispiel Bauindustrie wäre das die Gewerkschaft IG BAU (Industriegewerkschaft Bau Agrar Umwelt). So wie die Arbeitnehmer sich in den Gewerkschaften zusammenschließen, so schließen sich auch die Arbeitgeber in eigenen Verbänden (⇨ Interessenverbände) zusammen. Diese sollen dafür sorgen, dass auf dem Arbeitsmarkt die Interessen der Arbeitgeber berücksichtigt werden.
Mit Arbeitsmarktpolitik werden alle Maßnahmen bezeichnet, die das Angebot und die Nachfrage von Arbeitskräften regeln. Auf diese Weise soll verhindert werden, dass Arbeitslosigkeit entsteht oder - was auch passieren kann - dass es einen Mangel an Arbeitskräften gibt. Zur Arbeitsmarktpolitik gehört es auch, die Voraussetzungen dafür zu schaffen, dass möglichst viele neue Arbeits- und Ausbildungsplätze entstehen können.

Arbeitsrecht

Alle Frauen und Männer, die in einem Betrieb arbeiten oder in einer Behörde angestellt sind, also »abhängig beschäftigt« sind, haben auch bestimmte Rechte, die sie schützen sollen. Das ist zum Beispiel das Recht auf einen Arbeitsvertrag mit dem Arbeitgeber, in dem alle Bedingungen der Arbeit genau festgelegt sind. Dazu gehören auch die Regelungen über Lohn und Urlaubstage, über Arbeitszeit oder über Kündigungsgründe und -fristen. Auch gibt es im Arbeitsrecht eine Reihe von Bestimmungen über den Jugendschutz, über den Mutterschutz, über die Arbeit von Schwerbehinderten. Es gibt eine Vielzahl von Einzelgesetzen im Arbeitsrecht. Die Anfänge des Arbeitsrechts reichen weit zurück bis ins 19. Jahrhundert. Damals sind die ersten Fabriken entstanden, in denen Menschen gearbeitet haben. Wenn ein Arbeiter oder eine Arbeiterin, ein Angestellter oder eine Angestellte sich ungerecht behandelt fühlen oder sie die Opfer eines eindeutigen Verstoßes gegen eine Bestimmung des Arbeitsrechtes sind, können sie vor einem Arbeitsgericht (⇨ Gericht) ihr Recht einklagen.

Aristokratie

Aus dem Griechischen übersetzt heißt Aristokratie »Herrschaft der Vornehmsten«. Damit wird eine Staats- und Regierungsform bezeichnet, in der eine bestimmte Gruppe der Gesellschaft die Macht hat. Das können zum Beispiel Menschen sein, die über besonderen Reichtum verfügen oder auch solche, die aus besonderen Familien stammen und so genannte Privilegien (das sind Sonderrechte) haben. Aristokratien gab es in Athen und Sparta in den Jahrhunderten vor Christus. Auch in Rom regierten Aristokraten vom 6. bis 1. Jahrhundert vor unserer Zeitrechnung. In Japan herrschten von 800 bis 1200 aristokratische Familien. Eine aristokratische Herrschaft steht im Gegensatz zur Monarchie sowie zur Demokratie. Aristokratische Elemente gibt es aber bis heute in manchen Demokratien. Das bekannteste Beispiel ist das englische Oberhaus, das einen Teil des englischen Parlaments bildet. Dort sitzen nur Menschen, die aus ausgewählten gesellschaftlichen Gruppen stammen wie dem Adel oder der Kirche.

Wenn eine aristokratische Herrschaft nur dem Eigennutz einiger weniger Personen oder Familien dient, wird sie Oligarchie genannt.

Mit »Aristokratie« bezeichnet man heute in erster Linie die Angehörigen des Adels. Im Gegensatz zu früheren Zeiten haben sie in unserer Demokratie keine Sonderrechte mehr. Man erkennt sie häufig daran, dass sie einen Titel tragen oder ein »von« zu ihrem Familiennamen gehört.

Lies auch mal unter den Stichwörtern Monarchie *und* Demokratie *nach.*

Armut

In der Welt gibt es über eine Milliarde Menschen, die nicht genug Nahrung, kaum Kleidung und keine Wohnung haben. Viele können nie zur Schule gehen. Diese Menschen leben in bitterer Armut. Die Armut hat viele Ursachen. Oft finden die Menschen keine Arbeit, weil es keine Arbeit gibt oder weil sie keine Ausbildung haben. Weitere Gründe sind schlechte Ernten durch Unwetter, fehlende Rohstoffe (⇨ Energiepolitik),

Überbevölkerung oder die Ausbeutung der Menschen durch die eigenen Herrscher oder durch fremde Mächte.
Auch bei uns in Deutschland leben viele Menschen in Armut. Unter den 7 Millionen Armen in Deutschland sind besonders viele alte Menschen, allein erziehende Frauen und Kinder. Die Hauptursache der Armut in unserem Land ist die hohe Arbeitslosigkeit. Der Staat versucht zum Beispiel durch Sozialhilfe, die schlimmsten Auswirkungen dieser Armut zu mildern.

Eine obdachlose Frau in Guatemala schläft im Müll

Asyl

Das Wort kommt aus dem Griechischen und bedeutet so viel wie »Heim«, »Unterkunft« und »Zufluchtsstätte«. In vielen Ländern werden Menschen wegen ihrer religiösen oder politischen Überzeugungen verfolgt, verhaftet, gefoltert (⇨ Folter), mit dem Tode bedroht oder sogar umgebracht. Deswegen fliehen viele Menschen und bitten in anderen Ländern um Asyl. Das heißt, sie möchten dort ohne Verfolgung (⇨ Exil) und Bedrohung leben und arbeiten. In vielen demokratischen Staaten ist die Gewährung solcher Schutzrechte in der Verfassung festgeschrieben. In Deutschland heißt es zum Beispiel im Artikel 16 des Grundgesetzes (so nennt man die deutsche Verfassung): »Politisch Verfolgte genießen Asylrecht«.

Schon gewusst?

Das Wort »Asyl« kommt aus dem Griechischen und bedeutet »Unterkunft«, »Zufluchtsstätte«.

Attentat

Dieser Begriff stammt von dem lateinischen Wort »attentatum« ab, was »versuchtes Verbrechen« bedeutet. In unserem Sprachgebrauch beinhaltet dieses Wort aber nicht nur ein geplantes oder versuchtes Verbrechen, sondern auch einen ausgeführten Anschlag oder Mord. Attentäter wollen gewaltsam gesellschaftliche und politische Veränderungen nach ihren eigenen Vorstellungen herbeiführen. Die Opfer ihrer Anschläge sind meist prominente Personen aus der Politik, zum Beispiel Staatsoberhäupter, Regierungsmitglieder, aber auch Sportler und Sportlerinnen, Popstars, Richter, Richterinnen oder wichtige Mitglieder religiöser Organisationen.

Bild Zeitung
Nachtausgabe
Sonnabend, 23. Nov. 1963 · 15 Pf

Attentat auf US-Präsident: Kennedy erschossen

Dallas (Texas/USA), 23. Nov. Präsident Kennedy (46) ist tot! Er wurde gestern durch drei Schüsse ermordet. Der Anschlag wurde verübt, als Kennedy gemeinsam mit dem Gouverneur von Texas, John C. Connally, im offenen Wagen durch Dallas fuhr.

FORTSETZUNG LETZTE SEITE

Deutsche Möbelkonferenz tagt hinter verschlossenen Türen

Kein Schälen kein Schneiden keine Tränen!
Thomy's Röst-Zwiebeln

Am 22. November 1963 wurde John F. Kennedy erschossen.

Hinter einem Attentat steht entweder eine einzelne Person, eine Gruppe oder eine Organisation - zum Beispiel eine Widerstandsgruppe, ein Geheimdienst oder eine terroristische Vereinigung. Manchmal wird ein Attentat auch aus religiösen Gründen gegen Menschen begangen, die einen anderen Glauben als die Täter haben. Attentate erfolgen oft unerwartet aus dem Hinterhalt. Die Täter benutzen außer Pistolen und Gewehren oft auch Bomben, die viele Menschen töten.

So genannte Selbstmordattentäter sprengen sich inmitten ihrer Opfer selbst in die Luft, nehmen so ihren eigenen Tod in Kauf. Mittlerweile sind auch Verkehrsmittel wie Flugzeuge oder U-Bahnen oder Gebäude wie Synagogen, Bahnhöfe und Hochhäuser zum Ziel von Terrorgruppen geworden. Die Terroristen wollen mit der wahllosen Ermordung von Menschen politischen Druck ausüben. Der furchtbare Anschlag auf das World Trade Center in New York am 11. September 2001 ist solch ein schreckliches Attentat der Terrorgruppe Al-Qaida gewesen, bei dem über 4000 Menschen starben.

Weitere Attentate:

- März 44 vor Christus: Der römische Kaiser Julius Cäsar wird ermordet.
- 28. Juni 1914: Erzherzog Franz Ferdinand und seine Frau werden in Sarajevo erschossen. Dieses Attentat löste den Ersten Weltkrieg aus.

– 20. Juli 1944: Anschlag auf Adolf Hitler (⇨ Nationalsozialismus) durch Claus Graf Schenk von Stauffenberg, den Vertreter einer Widerstandsgruppe von Offizieren der deutschen Wehrmacht. Der Diktator überlebte den Anschlag.
– 22. November 1963: John F. Kennedy, damaliger Präsident der Vereinigten Staaten von Amerika, wird in Houston/Texas auf offener Straße erschossen.

Attentat auf Papst Johannes Paul II. am 13. Mai 1981

Aufklärung

Ein bestimmter, zunächst unklarer Sachverhalt wird erklärt und dann aufgedeckt. Auch ein Verbrechen wird (hoffentlich) aufgeklärt. In der Schule gibt es im Fach Sexualkunde ebenfalls Aufklärung. Zusammenhänge, die ihr vorher noch nicht verstanden habt, sind euch dann deutlich geworden, ihr seid darüber aufgeklärt worden.

Mit dem Wort Aufklärung wird auch eine geistige Bewegung bezeichnet, die am Ende des 17. Jahrhunderts in Europa entstand. Diese Denkrichtung erklärte die Vernunft (Rationalität) des Menschen und ihren richtigen Gebrauch zum Maßstab allen Handelns. Nur das, was mit dem Verstand begründet werden kann, was beweisbar ist, kann als Richtschnur des eigenen Verhaltens dienen. Der Philosoph Immanuel Kant, einer der bedeutendsten Vertreter der Aufklärung, forderte: »Habe Mut, deinen Verstand zu gebrauchen.« Die Aufklärer sagten, dass das Hauptziel aller Erziehung sein müsse, die Fähigkeiten des Verstandes auszubilden. Nur so sei ein freiheitliches, menschenwürdiges und glückliches Zusammenleben der Menschen möglich.

Nachgefragt

Anna, 12

Gibt es auch Frauen, die Vertreterinnen der Aufklärung waren?

Ja, auch wenn sie nicht so berühmt wurden wie einige Männer. Zum Beispiel haben sich die Französin Olympe de Gouges (1745–1793) und die Engländerin Mary Wollstonecraft (1759–1797) besonders für die Rechte der Frauen eingesetzt.

von links nach rechts:

König Friedrich II. von Preußen (1712–1786)

Immanuel Kant (1724–1804)

Gotthold Ephraim Lessing (1729–1781)

Weitere wichtige Vertreter der Aufklärung im deutschsprachigen Raum neben Kant waren: in der Politik König Friedrich II. (»Friedrich der Große«), in der Erziehung Johann Heinrich Pestalozzi, in der Literatur Gotthold Ephraim Lessing.
Im geistigen Leben des 18. Jahrhunderts breiteten sich die Ideen der Aufklärung in Europa und Nordamerika immer stärker aus, modernere Zeiten nahmen ihren Anfang. Denn mit zunehmenden bürgerlichen Freiheiten wurden die alten Mächte des Feudalismus, die sich auf die Tradition und die Autorität von Königen und Fürsten stützten, zurückgedrängt.

Aufschwung

Wenn sich die wirtschaftliche Gesamtlage eines Landes verbessert, spricht man von Aufschwung. Man kann ihn an verschiedenen Anzeichen erkennen: Die Arbeitslosenzahlen sinken, die Unternehmen bekommen wieder mehr Aufträge und produzieren mehr. Für den Aufschwung ist es auch wichtig, wie zum Beispiel Politiker und Unternehmer die zukünftige wirtschaftliche Entwicklung einschätzen. Eine optimistische Einschätzung verbreitet Mut und Hoffnung, was sich auf das Verhalten von uns allen auswirken kann. Die Unternehmen investieren dann mehr Geld und die Menschen kaufen wieder mehr als vorher. Das beflügelt die Wirtschaft weiter, es wird noch mehr produziert, es entstehen mehr Arbeitsplätze, mehr Steuern kommen in die Staatskasse, die Volkswirtschaft erholt sich.

Lies auch mal unter dem Stichwort Abschwung nach.

Ausländer/in

In Deutschland leben über sieben Millionen Männer, Frauen und Kinder, die keinen deutschen Pass haben. Wenn diese Ausländerinnen oder Ausländer aus einem Land der Europäischen Union kommen, also zum Beispiel aus Frankreich, Italien oder Polen, haben sie fast die gleichen Rechte und Pflichten wie die deutschen Staatsbürger. Auch für sie gelten die deutschen Gesetze. Sie können arbeiten und wohnen, wo sie wollen. Anders ist es bei Menschen, die nicht aus EU-Ländern, also zum Beispiel aus Amerika, Afrika oder Asien kommen. Sie müssen beim Ausländeramt bestimmte Genehmigungen beantragen, etwa eine Aufenthaltserlaubnis und eine Arbeitsgenehmigung. Oder sie müssen einen Antrag auf Asyl stellen, damit sie in Deutschland bleiben können. Seit 1991 gibt es das »Ausländerrecht«. Es enthält alle Bestimmungen, die den Aufenthalt von Ausländerinnen und Ausländern regeln.

Nachgefragt

Justin, 11

Warum leben Ausländer hier in Deutschland?

Dafür gibt es ganz unterschiedliche Gründe. Manche Ausländer sind hier geboren, andere studieren hier oder haben hier ihren Beruf. Manche sind mit Deutschen verheiratet. Andere sind Flüchtlinge, die hoffen, dass sie in Deutschland friedlich leben können.

Schon gewusst?

In Deutschland leben etwa 7 Millionen Ausländerinnen und Ausländer.

Ausländer sind wir alle – fast überall

Auslieferungsantrag

Angenommen, ein deutscher Staatsbürger flieht nach einer Straftat ins Ausland, um der Verfolgung und Verurteilung durch deutsche Gerichte zu entgehen. Die deutschen Gerichte können dann im Ausland beantragen, dass der Straftäter an Deutschland ausgeliefert wird. Dazu stellen sie einen Auslieferungsantrag. Die deutschen Gerichte bitten dabei das Land um Rechtshilfe, wie es in der Fachsprache heißt. Damit aber eine solche Bitte überhaupt erfolgreich sein kann, muss zwischen Deutschland und diesem Staat ein Auslieferungsabkommen bestehen.

Es gibt internationale Verträge, in denen steht, in welchen Fällen die Auslieferung ausländischer Bürger rechtlich möglich ist. Ausländer, die in ihrem Heimatland politisch verfolgt werden und bei uns Asylrecht haben, können nicht einfach von Deutschland ausgeliefert werden. Bevor ein ausländischer Straftäter aus Deutschland an ein anderes Land ausgeliefert wird, muss immer erst eine gerichtliche Prüfung stattfinden.

Ein Deutscher, der im Ausland eine Straftat begangen hat, aber in Deutschland lebt, darf nicht ins Ausland ausgeliefert werden. Das verbietet unser Grundgesetz. Er muss sich dann aber vor einem deutschen Gericht verantworten. Innerhalb der EU-Länder (⇨ Europäische Union) gibt es Ausnahmefälle, die durch Gesetze geregelt sind.

Aussperrung

Streik / Aussperrung

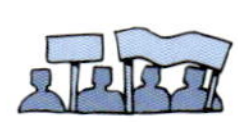

Autonomie

Im Griechischen bedeutet das Wort so viel wie »Selbstgesetzgebung«. Mit »Autonomie« wird demnach das Recht eines Staates, einer Gruppe oder einzelner Menschen bezeichnet, seine Verhältnisse selbst zu regeln. Bei einem Staat bedeutet das, dass er in der Lage ist, sich seine Gesetze selbst zu geben, sich selber zu verwalten

und politische Entscheidungen zu treffen, ohne dass sich andere Staaten einmischen. Wenn sich innerhalb eines Staates eine Organisation selbst verwalten und sich selbst Regeln geben kann, nach denen sie funktioniert, dann ist sie autonom (Fachleute sprechen dann von »innerstaatlicher Autonomie«). Zum Beispiel haben Städte und Gemeinden, auch Gewerkschaften oder Universitäten das Recht, ihre Angelegenheiten autonom zu regeln. Dabei müssen sie natürlich die geltenden Gesetze beachten.
Zur Ergänzung: Als »Autonome« bezeichnen sich in der Bundesrepublik Deutschland einige meist politisch links stehende Gruppen. Ihr Ziel ist es, in einer herrschaftsfreien Gesellschaft (Anarchie), in der es keinerlei Autoritäten gibt, zu leben. Um ihre Ziele zu erreichen, schrecken sie oft auch vor Gewalt nicht zurück. So sieht man immer wieder so genannte Autonome, die bei Demonstrationen Steine werfen oder Schaufenster eintreten.

Autoritäres System

Wenn ein Mensch sich allen anderen überlegen fühlt, wenn er weder Kritik noch Widerspruch zulässt, bezeichnet man ihn als autoritär. Wenn ein Jugendlicher meint, dass sein Vater immer alles bestimmt, kann er ihm vorwerfen: Du bist aber autoritär! Übertragen auf einen Staat würde das bedeuten: Eine Herrschaft, eine Regierung, die autoritär handelt, hindert Parteien oder Gruppen daran, demokratisch im Staat mitzuwirken. Eine autoritäre Herrschaft lässt keine anderen Meinungen zu und verhindert, dass Zeitungen, Fernsehen und andere Medien kritisch berichten können. Dies ist zum Beispiel in einer Diktatur oder in einem Staat der Fall, in dem nur eine einzige Partei, Gruppe oder Familie das Sagen hat und die Opposition verfolgt wird.
Das Wort »autoritär« wird meistens in negativem Sinne gebraucht. Eine »Autorität« dagegen ist jemand, der wegen seiner Stellung, seiner Kenntnisse und Leistungen ein besonderes Ansehen genießt. Eltern können das sein, auch Lehrerinnen und Lehrer, wenn sie als Vorbild für andere gelten können. Vielleicht kennt ihr ja in eurer Umgebung Menschen, die man als Autoritäten bezeichnen könnte.

Bankett

Das Wort kommt aus dem Französischen und bedeutet »Festmahl« oder »Gastgelage«. Wenn bei offiziellen und feierlichen Anlässen, wie zum Beispiel bei Staatsbesuchen, der König (⇨ Monarchie) oder der Präsident eines Landes die hohen Gäste zum Abendessen einlädt, nennt man das zumeist Bankett. Die Herren erscheinen im Frack, die Damen im langen Abendkleid, Reden werden gehalten und das Glas wird auf das Wohl der Gäste und der Gastgeber erhoben.

Der Vollständigkeit halber muss noch erwähnt werden, was Bankett auch noch bedeuten kann: Beim Straßenbau wird der Seitenstreifen zur Befestigung der Böschung oder zum Aufstellen von Leitplanken Bankett genannt.

Hin und wieder wird mit dem Wort auch eine Fußbank bezeichnet.

Nachgefragt

Marcel, 15

Woher kommt der Begriff »Banknote«?

Der Begriff »Note« kommt vom lateinischen Wort »nota« und heißt Schriftstück oder Merkzeichen. Mit »Banknote« ist ein Geldschein gemeint, der von einer Notenbank ausgegeben wird. Früher konnte man Noten bei der Notenbank gegen Gold einlösen.

Banknote

Banknote ist ein anderes Wort für »Geldschein«. Die Banknoten werden als Zahlungsmittel verwendet. Damit sie möglichst nicht gefälscht werden können, haben sie besondere Sicherheitsmerkmale wie das Wasserzeichen oder einen Sicherheitsfaden.

Grips

Fallen dir noch andere Sicherheitsmerkmale bei Banknoten ein?

Barrel

Dieser Begriff kommt aus dem Englischen und bedeutet »Fass« oder »Tonne«. Barrel ist eine Maßeinheit, die insbesondere bei der Erdölförderung von Bedeutung ist. Ein Barrel Rohöl sind 42 US-Gallonen oder 159 Liter. Auf dem Weltmarkt wird der Preis für Rohöl in US-Dollar pro Barrel angegeben.
Lies auch mal nach beim Stichwort OPEC.

Beamte

Jeder von uns kennt Beamte oder Beamtinnen, zum Beispiel Polizisten, Leute von der Stadtverwaltung, Lehrerinnen. Die meisten von ihnen sind Beamte oder »Staatsdiener«, wie manchmal gesagt wird. In diesem Wort steckt schon drin, was sie von anderen Berufsgruppen (Arbeitern oder Angestellten zum Beispiel) unterscheidet. Sie sind vom Staat angestellt (das kann der Bund sein, ein Bundesland oder eine Gemeinde), sie sollen dem Staat dienen, »hoheitliche« Aufgaben im Auftrag des Staates ausführen. Bei einem Polizisten oder Kriminalbeamten versteht man das sofort, auch beim Finanzbeamten, der schließlich dafür sorgt, dass der Staat unsere Steuern bekommt. Beamte haben besondere »Dienst- und Treuepflichten«. Sie müssen der Verfassung dienen und unparteiisch sein. Sie dürfen auch nicht, wie andere Arbeitnehmer, für mehr Lohn oder bessere Arbeitsbedingungen streiken. Sie haben, wie es heißt, dem Wohle der Allgemeinheit zu dienen, also für uns alle da zu sein. Im Beamtenrecht stehen die Gesetze und Verordnungen, die für Beamte gelten. Auch wie Beamte bezahlt (besoldet) werden und wie viel Geld sie im Ruhestand bekommen, ist genau festgelegt.

Berliner Mauer

In der Nacht vom 12. auf den 13. August 1961 haben Grenzpolizisten der DDR damit begonnen, in Berliner Straßen das Pflaster aufzureißen, Barrikaden aus den Steinen zu errichten und quer durch die Stadt Stacheldraht zu ziehen. Sie bauten rund um West-Berlin eine drei Meter hohe, unüberwindliche Mauer. Dadurch wurde der westliche Teil Berlins von der DDR und Ostberlin abgetrennt. Wieso?

Die Berliner Mauer, erbaut am 13. August 1961

Um das zu verstehen, müssen wir etwas über den geschichtlichen Hintergrund wissen:

Der Zweite Weltkrieg endete 1945 mit der Niederlage der nationalsozialistischen Diktatur. Deutschland wurde in vier Besatzungszonen eingeteilt. Die Hauptstadt Berlin wurde von den vier Siegermächten USA, Sowjetunion, England und Frankreich gemeinsam verwaltet und in vier Bereiche, so genannte Sektoren, aufgeteilt. Von Anfang an gab es zwischen den Siegermächten große Spannungen und schon bald brach die Koalition der Siegermächte auseinander. Es kam zum Kalten Krieg.

1949 entstanden zwei deutsche Staaten: Im Westen die Bundesrepublik Deutschland, ein demokratischer Staat mit der vorläufigen Hauptstadt Bonn; im Osten die DDR, eine kommunistische Diktatur mit der Hauptstadt Ost-Berlin. West-Berlin stand unter dem Schutz der westlichen Siegermächte.

In den ersten Jahren der deutschen Teilung konnten die Menschen die Grenze zwischen der DDR und dem Westen noch ziemlich leicht überqueren. Das war besonders im geteilten Berlin wichtig, da viele Menschen, die im Osten der Stadt wohnten, im Westteil arbeiteten. Die wirtschaftliche Lage der DDR verschlechterte sich aber zwischen 1950 und 1960 zunehmend. Die Menschen in der Bundesrepublik (und in West-Berlin) erlebten dagegen einen wirtschaftlichen Aufschwung, es ging ihnen gut. Das führte dazu, dass viele Menschen die DDR verließen und im Westen blieben. Deshalb fehlten im Osten allmählich immer mehr Arbeitskräfte. So beschloss die oberste Partei- und Staatsführung der DDR, die Menschen daran zu hindern, die DDR zu verlassen. Sie ließen die Grenzanlagen befestigen und in Berlin im August 1961 die Mauer bauen.

Die DDR errichtete entlang ihrer Grenze Wachtürme, von denen aus beobachtet wurde, ob Menschen das Land verlassen wollten. Außerdem wurden Minen verlegt, die die Menschen töteten, wenn sie darauf traten. Dies war der so genannte Todesstreifen, der nachts von starken Scheinwerfern beleuchtet wurde.
Mit dem Mauerbau war der Osten Berlins total vom Westen abgeriegelt. Viele Familien wurden auseinander gerissen und konnten sich Jahrzehnte lang nicht mehr treffen.
Obwohl die Mauer als unüberwindbar galt, versuchten dennoch viele Menschen, aus der DDR zu fliehen und riskierten dabei ihr Leben. Allein in Berlin starben 270 Menschen bei dem Versuch, diese Grenze zu überwinden. An der gesamten Grenze zwischen der Bundesrepublik und der DDR starben fast tausend Menschen.

Die Berliner Mauer wurde erst nach dem 9. November 1989 abgerissen, nachdem die DDR zusammengebrochen war.
Am 13. August 1998 wurde in Berlin eine Mauer-Gedenkstätte in der Bernauer Straße eingeweiht. Sie besteht aus einem etwa 70 Meter langen, von Stacheldraht eingefassten Mauerrest.
Lies auch mal nach beim Stichwort Teilung Deutschlands.

Internet

www.chronik-der-mauer.de

Mehr als 28 Jahre lang wurde die Stadt Berlin durch die Mauer geteilt.

Betriebsrat

Eine Klasse oder eine Schule kann sich eine Vertretung wählen, die berechtigt ist, im Namen aller zu sprechen. Die Beschäftigten eines privaten Betriebes oder Unternehmens können sich ebenfalls eine Vertretung wählen, den Betriebsrat. Das entspricht dem Gedanken der Mitbestimmung. Der Betriebsrat nimmt gegenüber der Firmenleitung die Interessen der Arbeiter und Angestellten wahr. Er kann zum Beispiel die Vorschriften zur Unfallverhütung überwachen oder Beschwerden von Arbeiterinnen und Arbeitern entgegen nehmen und sie an die Verantwortlichen weiterleiten. Bei Einstellungen oder Entlassungen von Mitarbeitern und Mitarbeiterinnen wird der Betriebsrat gehört. Auch bei der Festlegung der Arbeitszeiten oder bei den Bestimmungen für Pausen und Urlaub hat er ein Mitspracherecht.

Im Betriebsverfassungsgesetz sind die Rechte und Pflichten eines Betriebsrates geregelt. Die Vertretung der Arbeitnehmer in einer staatlichen Einrichtung, etwa einem Ministerium (⇨ Ressort) oder einer Stadtverwaltung, wird Personalrat genannt.

Lies auch mal nach unter dem Stichwort Mitbestimmung.

Schon gewusst?

Weltweit werden pro Minute 153 Menschen geboren.

Bevölkerungswachstum

Zurzeit leben über 6 Milliarden Menschen auf der Erde. Bis zum Jahr 2050 werden es voraussichtlich 9 Milliarden sein. Diesen rasanten Zuwachs in der Bevölkerung nennt man »Bevölke-

rungsexplosion«. Um den Bevölkerungszuwachs zu berechnen, muss man wissen, wie viele Menschen sterben und wie viele im gleichen Zeitraum geboren werden. Ganz genau vorhersagen kann dies niemand. Wenn sich aber die Entwicklung der letzten Jahre fortsetzt, dann wird die Bevölkerung in Asien am stärksten wachsen, von 3,8 Milliarden Menschen im Jahr 2003 bis auf vermutlich 5,3 Milliarden im Jahr 2050. In den 50 ärmsten Ländern der Welt wird sich die Bevölkerung mehr als verdoppeln. Dagegen ist in den westlichen Industrieländern (⇨ Industriestaat) die Geburtenrate sehr viel geringer als in den armen Ländern der Welt. Hier gibt es schon heute fast kein Bevölkerungswachstum mehr.

Etwa die Hälfte der Weltbevölkerung ist unter 25 Jahre alt, 87 Prozent dieser Menschen leben in Entwicklungsländern. Die Regierungen in diesen Ländern aber können nicht das Geld aufbringen, um immer mehr Menschen zu ernähren, auszubilden und gesundheitlich zu versorgen. Bei einer geringeren Geburtenrate würde mehr Geld für Gesundheit und Bildung übrig bleiben. Die Weltgemeinschaft hat sich deshalb das Ziel gesetzt, durch Aufklärung und finanzielle Hilfen für die armen Länder mitzuhelfen, dass das Bevölkerungswachstum begrenzt werden kann.

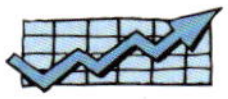

Bildung

Dieser Mann oder diese Frau ist sehr gebildet, hört man manchmal jemanden sagen. Oder auch: Der oder die hat eine gute Allgemeinbildung. Damit meint man, dass eine Person viel weiß. Bildung ist also das gesamte Wissen eines Menschen. Unter dem Begriff versteht man aber auch den Weg, wie dieses Wissen erworben wird. Das kann durch die Ausbildung in der Schule, in der Lehre oder in der Universität geschehen. Man kann sich aber auch selber viel beibringen, wenn man sehr neugierig ist, viel liest und sich für vieles interessiert. Für Bildung gibt es keine Altersbegrenzung.

Mit dem Begriff »Bildung« ist aber auch noch etwas anderes gemeint, und das geht über die Ansammlung von Wissen hinaus. Es ist die innere Bildung, die so genannte Herzensbildung, also die

geistige und seelische Ausbildung des Menschen. Sie gibt ihm die Fähigkeit, in seinem Leben verantwortlich zu handeln, seine Anlagen und Talente verantwortlich umzusetzen. Dazu gehört auch die Bereitschaft, an seine Mitmenschen zu denken und entsprechend zu handeln.

Bildungsreform

Reform bedeutet »Umgestaltung«, »Neuordnung«, »Verbesserung«. Die Ergebnisse der PISA-Studie haben gezeigt, dass das deutsche Bildungssystem (man nennt das auch Bildungswesen) verändert werden muss, wenn man allen Schülerinnen und Schülern die Bildung zukommen lassen möchte, die sie für ihren weiteren Lebensweg benötigen. Um die künftigen Änderungen zu planen, treffen sich die Kultusminister der Bundesländer auf der Kultusministerkonferenz (KMK). Ein Teil der Bildungsreform ist zum Beispiel der Beschluss, dass man bereits nach 12 Schuljahren das Abitur machen kann. Die Bildungsreform betrifft aber auch die Hochschulen, für die nicht nur die Bundesländer zuständig sind, sondern auch der Bund. Die Bildungsreform ist noch nicht vollständig umgesetzt, vieles befindet sich erst in der Planung.

Lies mal nach unter dem Stichwort PISA-Studie.

Bildungswesen

Eure Schule gehört zum Bildungswesen in Deutschland. Dazu zählen auch alle anderen öffentlichen oder privaten Schulen, die Fachschulen, Volkshochschulen und Universitäten und auch die Vorschule im Kindergarten. Es ist das gesamte Schul- und Ausbildungswesen eines Staates mit seinen vielen verschiedenen Schul- und Universitätsabschlüssen sowie den Möglichkeiten der Weiterbildung. Dazu gehören auch Bildungseinrichtungen von Verbänden (⇨ Interessenverbände) und Parteien.

Das Bildungswesen ist zwar in allen Staaten unterschiedlich organisiert, aber es gibt viele Ähnlichkeiten. In Deutschland wie in vielen anderen Ländern der Welt besteht Schulpflicht. Sie beginnt in unserem Land für alle Kinder mit sechs Jahren. Auch die Schulpflicht ist ein Teil des Bildungswesens. Für die Gestaltung, Verwaltung und Finanzierung des Bildungswesens sind in Deutschland die Bundesländer zuständig. Man sagt: »Bildungswesen ist Ländersache«. Aber nicht alle Angelegenheiten des Bildungswesens regeln die Bundesländer. Der Bund, also die Regierung in Berlin, ist zuständig für die Berufsausbildung und die Berufsberatung, er erlässt Gesetze für die Hochschulen und kümmert sich um die Förderung der wissenschaftlichen Forschung. Damit sich der Bund und die Bundesländer bei der Planung bestimmter Aufgaben nicht gegenseitig behindern, gibt es eine Bund-Länder-Kommission für Bildungsplanung und Forschungsförderung, die sich regelmäßig trifft.
Als »Bildungspolitik« bezeichnet man alle Handlungen des Staates, die damit zu tun haben, wie die Ausbildung der Bürger durchgeführt wird.
Lies mal nach unter dem Stichwort Schulpflicht.

Blauer Engel / Gütesiegel

Heutzutage gibt es einige Produkte, die Schadstoffe von sich geben, ohne dass wir es merken. Diese schädlichen Stoffe können in unserer Kleidung enthalten sein, in Farben, Spielsachen, Möbeln und vielem anderen mehr. Seit 1977 gibt es in Deutschland ein so genanntes Gütesiegel für umweltfreundliche Produkte. Es heißt »Blauer Engel«. Dieser Blaue Engel ist ein Umweltzeichen (Öko-Label) und wird für Dinge vergeben, bei denen man untersucht hat, ob sie wirklich nicht zu viele Schadstoffe enthalten. Wenn das Produkt wenig oder keine Schadstoffe hat, dann erhält es den Blauen Engel. Die Unternehmen können selbst entscheiden, ob sie ihr Produkt prüfen lassen. Auch innerhalb der Europäischen Union gibt es ein Umweltzeichen, das für umweltfreundliche Produkte vergeben wird und in allen EU-Ländern gleich ist. Das ist das so genannte ECO-Label.

Schon gewusst?

Bulle und Bär sind Sinnbilder für die Börse. Der Bulle steht für steigende Kurse (die Hörner stoßen nach oben), der Bär für fallende Kurse (die Tatze haut auf die Kurse, so dass sie fallen).

Börse

Eine Börse ist ein Markt, auf dem Wertpapiere oder Devisen (ausländische Zahlungsmittel wie zum Beispiel der Dollar) gekauft und verkauft werden. Der Unterschied zu anderen Märkten liegt darin, dass man an der Börse die Ware nicht sehen und auch nicht mitnehmen kann, wie zum Beispiel ein Fahrrad oder einen Sack Äpfel. Man sieht lediglich an einer Tafel die Preise, die Börsenkurse genannt werden. Diese Börsenkurse können sich von Minute zu Minute ändern. Werden beispielsweise von einer Aktie sehr viele gekauft, steigt ihr Wert (Kurswert) sofort an. Werden viele verkauft, sinkt der Aktienkurs wieder. Da es sich

Bulle und Bär vor der Frankfurter Börse

nicht genau vorhersagen lässt, was die Anleger (also diejenigen, die mit Wertpapieren oder Aktien handeln) gerade kaufen oder verkaufen möchten, kann man an der Börse in kurzer Zeit sehr viel Geld verdienen, aber auch sehr viel Geld verlieren.

Lies auch mal unter dem Stichwort Aktien nach.

Botschaft / Botschafter/in

Den höchsten diplomatischen Vertreter oder die Vertreterin eines Landes in einem anderen Staat nennt man Botschafter oder Botschafterin. Die Botschafter haben in ihrem Gastland besondere Rechte. Um ein Beispiel zu nennen: Der deutsche Botschafter in Ägypten kann den Staatschef oder Außenminister um ein Gespräch bitten, um ihm eine wichtige Mitteilung (Botschaft)

zu überbringen oder eine dringende Angelegenheit im Auftrag seiner Regierung zu besprechen. Umgekehrt kann er selber zum Regierungschef oder einem Minister seines Gastlandes gerufen werden, um eine wichtige Nachricht oder einen Brief an seine Regierung entgegenzunehmen.
Die Gebäude, in denen die Botschafter mit ihren Mitarbeitern im Ausland arbeiten, sind die Botschaften. Das Gastland hat die Pflicht, sie zu schützen. Deutsche Bürgerinnen und Bürger können in einer deutschen Botschaft im Ausland Rat und Hilfe erbitten, wenn sie zum Beispiel ihren Pass oder ihr Geld verloren haben. Deutschland hat in mehr als 90 Ländern eine Botschaft, also fast in jedem zweiten Land der Welt.

Die britische Botschaft in Berlin

Bruttolohn / Nettolohn

Beide Wörter kommen aus dem Italienischen. Brutto bedeutet im Deutschen »ohne Abzug« oder »vor Abzug«. Wenn jemand von seinem »Bruttolohn« spricht, meint er damit seinen Verdienst plus die Steuern und Beiträge zur Renten-, Kranken- und Arbeitslosenversicherung (⇨ Arbeitslosengeld). Steuern und so genannte Sozialversicherungsbeiträge zieht der Arbeitgeber direkt vom Lohn ab und überweist das Geld an das Finanzamt und die Versicherungen. Netto ist der Gegensatz dazu: Bei einem Nettolohn sind alle Abgaben wie Lohnsteuer, Kranken-, Renten- und Arbeitslosenversicherungsbeiträge schon abgezogen.

Grips

Was bedeuten die italienischen Wörter »brutto« und »netto« auf Deutsch?

Bruttosozialprodukt / Bruttoinlandsprodukt

Viele Menschen stellen in Deutschland im Laufe eines Jahres eine Menge Dinge her, wie zum Beispiel Autos, Waschmaschinen, Fernseher und vieles andere. Diese Sachgüter, wie man sie nennt, stellen einen bestimmten Wert dar. Dann gibt es noch die so genannten Dienstleistungen. Das sind Leistungen, die etwa die

Verkäuferinnen und Verkäufer in den Geschäften erbringen, oder die Angestellten am Bankschalter, oder die Polizei, die den Verkehr regelt und für die Sicherheit sorgt, die Beamten in den Stadtverwaltungen, die Lehrerinnen und Lehrer, die euch unterrichten. Diese Liste von Beispielen kann man natürlich noch verlängern. Alle diese verschiedenen Tätigkeiten lassen sich mit Geld bewerten (das sieht man schon daran, dass die Menschen Geld für diese Arbeiten bekommen). Wenn man nun wissen will, wie die wirtschaftliche Leistungsfähigkeit eines Landes in etwa aussieht, dann rechnet man den Wert der Dienstleistungen und der Sachgüter (zum Beispiel Autos, Waschmaschinen usw.) eines Landes zusammen und erhält dann das so genannte Bruttosozialprodukt (BSP) eines Landes. Sehr oft wird das BSP herangezogen, wenn man die Wirtschaftskraft von verschiedenen Ländern vergleichen will.

Bei der Errechnung des Bruttosozialprodukts werden übrigens nur die Leistungen gerechnet, welche die ständigen Bewohner eines Landes (die »Inländer«) erbringen, und zwar sowohl im Inland als auch im Ausland. Denn es gibt ja Fälle, in denen ein Deutscher in seiner Fabrik im Ausland viel Geld erwirtschaftet. Zum Bruttoinlandsprodukt werden dagegen auch die Güter hinzu gerechnet, die von den hier wohnenden Ausländern und von ausländischen Unternehmen in Deutschland produziert werden.

Buddhismus

Siddharta Gautama (er lebte ungefähr von 560 bis 480 vor Christi Geburt) war ein indischer Fürstensohn. Nachdem er eine schwere Krankheit überstanden hatte, gab er sein bisheriges Luxusleben auf. Er verließ seine Familie und zog sich in die Einsamkeit zurück. Dort dachte er viel nach über das Leben und den Tod. Der Legende nach hatte er unter einem Feigenbaum eine Erleuchtung. Ihm war klar geworden, wie die Menschen richtig und sinnvoll leben könnten. Deshalb wurde er fortan Buddha

(das heißt »Der Erleuchtete«) genannt. Er zog durch das Land und verkündete seine Lehre, den Buddhismus. Es gibt mehrere Gebote (⇨ Gesetz), die die Buddhisten in ihrem Leben beachten müssen. Sie dürfen unter anderem nicht töten, nicht stehlen, nicht lügen und keinen Alkohol trinken.
Die Buddhisten sind davon überzeugt, dass die Menschen häufig wiedergeboren werden. Nur wer nach den Grundsätzen des Buddhismus lebt, wird eines Tages von der Wiedergeburt erlöst werden. Er wird dann, so der Glaube, endgültig ins Nirwana (»Nichts«) eingehen. Buddha selbst wird von den Anhängern dieser Religionsgemeinschaft als Lehrer und Vorbild verehrt. Am stärksten ist der Buddhismus mit 336 Millionen Anhängern in Asien verbreitet.
Der Buddhismus gehört wie das Christentum, der Islam, das Judentum und der Hinduismus zu den großen Religionen dieser Welt.

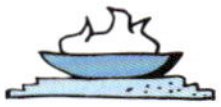

Bund

Bundesstaat / Bund

Bundesbank

Deutsche Bundesbank

Bundesgrenzschutz (BGS)

Der BGS wurde 1951 gegründet. Seine Aufgabe ist es, die Grenzen Deutschlands zu schützen. Auch der Schutz wichtiger staatlicher Gebäude – wie das Bundeskanzleramt, die Ministerien (⇨ Ressort) oder der Amtssitz des Bundespräsidenten – gehört zu den Aufgaben des BGS. Mit der Gründung der EU (⇨ Europäische Union) haben die Kontrollen an den Grenzen innerhalb von Europa an Bedeutung verloren. Auch deshalb wurde das Gesetz für den BGS 1994 neu geschrieben. Nun schützen die Männer und Frauen in den grünen Uniformen auch Bahnhöfe, Flug-

Buddha-Figur in Bodh Gaya, Indien

Nachgefragt

Johanna, 12

Gibt es Regeln, wie die Buddhisten leben sollen?

Grundsätzlich gelten für Buddhisten fünf Regeln: Sie sollen nicht töten, nicht stehlen, nicht lügen, nicht die Ehe brechen und keine berauschenden Getränke genießen. Für Mönche und Nonnen gelten dieselben Gebote, aber zusätzlich gilt für sie das Gebot der Keuschheit und der Armut.

Ein Hubschrauberpilot beim Bundesgrenzschutz erklärt die Arbeit des BGS.

häfen und andere öffentliche Einrichtungen. Bei schweren Gefahren oder im Notstands- oder Verteidigungsfall kann der Bundesgrenzschutz als eine Art Sonderpolizei in ganz Deutschland eingesetzt werden. Auch bei Aktionen der UNO oder der EU im Ausland war der BGS schon dabei. 1972 wurde eine Spezialeinheit des BGS zur Terrorbekämpfung (⇨ Terrorismus) gegründet, die so genannte GSG 9. Diese speziell ausgebildeten Männer wurden zum Beispiel gerufen, als Kidnapper ein Flugzeug in ihre Gewalt brachten und versuchten, den Staat zu erpressen.

Bundeskanzler/in

Der Chef oder die Chefin der Bundesregierung heißt Bundeskanzler oder Bundeskanzlerin. Er oder sie wird vom Bundestag (⇨ Deutscher Bundestag) gewählt und bestimmt, welche Politik gemacht wird (bestimmt die »Richtlinien der Politik«). Die Amtszeit dauert üblicherweise vier Jahre. Zum Bundeskanzler/zur Bundeskanzlerin kann gewählt werden, wer volljährig ist. Der Kanzler oder die Kanzlerin sucht die Ministerinnen und Minister aus, mit denen er oder sie die Regierung bildet. Diese werden dann vom Bundespräsidenten ernannt. Seit November 2005 ist Angela Merkel Bundeskanzlerin. Sie ist die erste Frau, die in Deutschland dieses Amt inne hat.

Bundeskanzlerin Angela Merkel

Schritt für Schritt und mit einem Bild haben wir auf der nächsten Seite ganz genau erklärt, wie man Bundeskanzler/in wird.

Bisherige deutsche Bundeskanzler:

- Konrad Adenauer (CDU)1949–1963
- Ludwig Erhard (CDU)1963–1966
- Kurt Georg Kiesinger (CDU)1966–1969
- Willy Brandt (SPD)1969–1974
- Helmut Schmidt (SPD)1974–1982
- Helmut Kohl (CDU)1982–1998
- Gerhard Schröder (SPD)1998–2005
- Angela Merkel (CDU) seit 2005

Wie werde ich BUNDESKANZLER/IN?

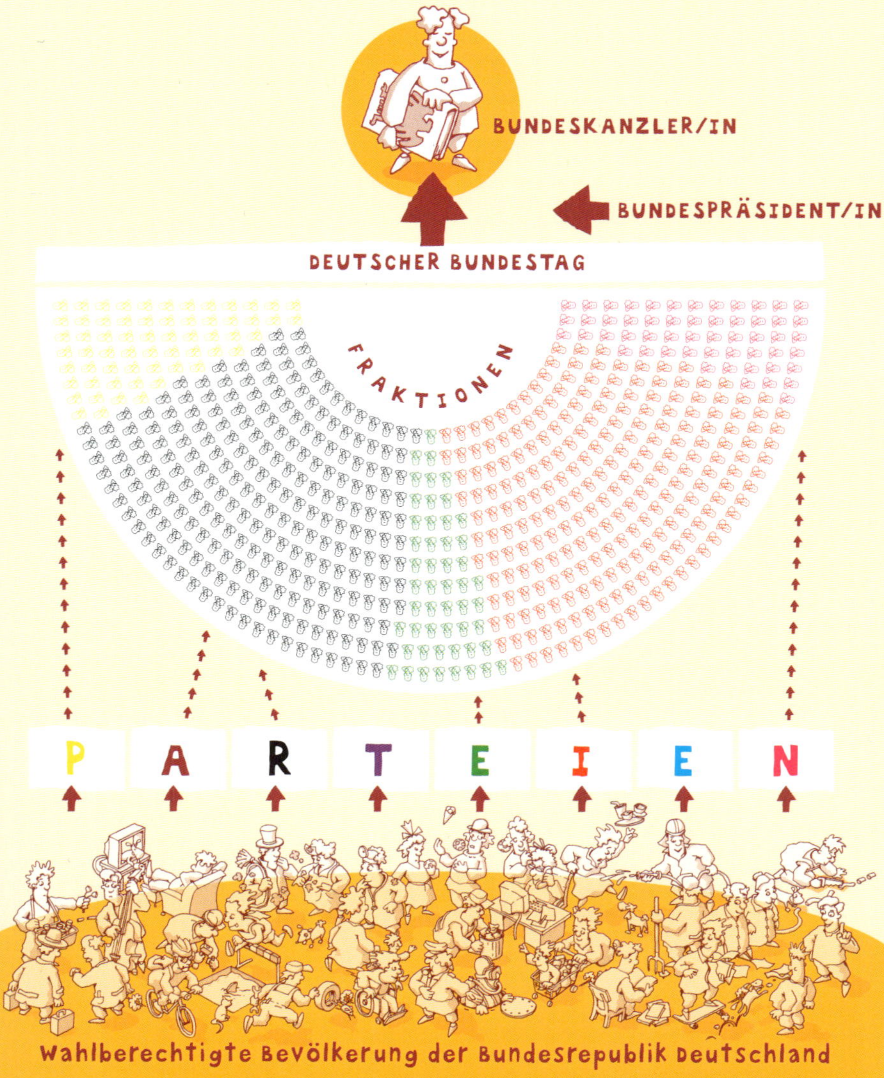

In 7 Schritten zum Bundeskanzler, zur Bundeskanzlerin

1. rteien stellen rsonen und sten zur ahl auf
2. Wahlberechtigte wählen die Abgeordneten des Bundestages
   Erststimme: Personen
   Zweitstimme: Parteien
3. Abgeordnete bilden Fraktionen
4. [A] Eine Fraktion/Partei hat die Mehrheit im Bundestag
   [B] Zwei oder mehrere Fraktionen/Parteien bilden eine Koalition, um im Bundestag die Mehrheit zu haben
5. Bundespräsident/in schlägt eine Person zur Wahl vor
6. Bundeskanzler/in ist gewählt, wenn die notwendige Mehrheit der Abgeordneten für ihn/sie stimmt
7. Bundespräsident/in ernennt den Bundeskanzler/die Bundeskanzlerin

Schon gewusst?

Angela Merkel ist die erste Frau, die in Deutschland Regierungschefin ist.

Internet

www.bundeskanzlerin.de – da gibt es auch eine extra Kinderseite!

Nachgefragt

Oliver, 15

Welche Aufgaben und Pflichten hat der Bundeskanzler?

Im Grundgesetz steht in Artikel 65, dass der Bundeskanzler die Richtlinien der Politik bestimmt und dafür auch die Verantwortung trägt. Die Bundeskanzlerin leitet also die Regierung (deshalb ist sie auch Regierungschefin). Sie sorgt dafür, dass die Regierung ihre Arbeit zum Wohl des deutschen Volkes tut (so heißt es in dem Eid, den sie vor dem Deutschen Bundestag ablegt).

Dieses Plakat kann man bestellen unter www.bpb.de

Bundeskartellamt

Stellt euch vor, es gäbe nur drei oder vier Unternehmen, die Inline Skates verkaufen. Diese Unternehmen könnten sich zusammentun und beschließen, dass sie nur wenige Inline Skates produzieren, diese dann aber teuer verkaufen. Solch einen Zusammenschluss von unabhängigen Unternehmen, die das Ziel haben, den Markt zu kontrollieren, nennt man Kartell. In solch einem Fall gäbe es für die Kartelle keine Konkurrenz mehr, und ihr müsstet viel mehr für Inline Skates bezahlen, als sie wert sind, oder darauf verzichten. Damit so etwas nicht passiert, gibt es das Gesetz gegen Wettbewerbsbeschränkungen (GWB), das solche Kartelle verbietet.

Das so genannte Bundeskartellamt, das seinen Sitz in Bonn hat, überprüft, ob dieses Verbot auch beachtet wird. Wenn ein Verdacht besteht, untersucht es, ob Verstöße gegen das Kartellgesetz vorliegen: Es muss dann kontrollieren, ob bestimmte Firmen zum Beispiel Preisabsprachen getroffen haben, die nicht erlaubt sind. Die grundlegende Aufgabe des Bundeskartellamtes besteht darin, den Wettbewerb zu schützen. Deshalb müssen auch große Unternehmen, die zu einem Unternehmen verschmelzen möchten, also eine so genannte Fusion anstreben, vorher das Bundeskartellamt um Erlaubnis fragen.

Internet

Informationen über alle Bundesländer bekommst du ganz leicht über die Seite www.bundesrat.de

Bundesländer / Föderalismus

Deutschland ist ein Bundesstaat. So bezeichnet man den Zusammenschluss mehrerer Staaten zu einem übergeordneten Gesamtstaat. Bei uns nennt man die einzelnen Staaten Bundesländer, das sind zum Beispiel Nordrhein-Westfalen, Brandenburg oder Bayern. Es gibt insgesamt 16 Bundesländer, darunter auch die so genannten Stadtstaaten Berlin, Hamburg und Bremen. Die politische Macht wird aufgeteilt zwischen der Zentralregierung in Berlin (man spricht oft von dem »Bund«) und den Regierungen der einzelnen Bundesländer. So vertritt zum Beispiel der Bund das Land nach außen (Außenpolitik). Diese Form der Machtverteilung zwischen Bund und Bundesländern nennt man Föderalismus. Der Begriff kommt vom lateinischen Wort »foedus«, das heißt »Bündnis«, »Staatsvertrag«.

Grips

Kannst du alle Bundesländer und Stadtstaaten aufzählen?

Die einzelnen Bundesländer bestimmen mit ihren Regierungen, in denen auch ein Ministerpräsident oder eine Ministerpräsidentin sowie Ministerinnen und Minister sitzen, über die Organisation der Polizei oder auch die Schul- und Kulturpolitik. Daher kann es vorkommen, dass eine Abschlussprüfung in Hessen anders bewertet wird als in Mecklenburg-Vorpommern. Die Aufgabenverteilung zwischen Bund und Ländern ist im Grundgesetz geregelt.

Lies auch mal nach unter dem Stichwort Bundesstaat.

Nachgefragt

Markus, 14

Warum gibt es eigentlich 16 Bundesländer? Wäre es nicht einfacher und billiger, wenn man alles in Berlin entscheiden würde?

Die 16 Bundesländer wurden nach dem Zweiten Weltkrieg gegründet. Einige der heutigen Bundesländer haben ihre Wurzeln in früher selbstständigen Staaten. So gab es zum Beispiel Bayern und Sachsen lange bevor es einen Staat Deutschland gab. Die Bundesländer sind davon überzeugt, dass sie viele Probleme besser lösen können als eine Zentralregierung. Die Länderparlamente und Landesregierungen sind »näher« an den Menschen, sie kennen die Besonderheiten und Traditionen in ihrer Gegend besser als der Bund.

Bundesminister

Minister/in

Bundespräsident/in

Der Bundespräsident ist der erste Mann, die erste Frau im Staate. Bisher gab es in Deutschland nur Männer in diesem Amt. Vielleicht wird auch einmal eine Frau dieses Amt bekleiden. Kein Gesetz spricht dagegen. Der Bundespräsident wird von der Bundesversammlung für fünf Jahre gewählt. Die Bundesversammlung setzt sich aus den Mitgliedern des Bundestages (⇨ Deutscher Bundestag) und der gleichen Anzahl von Bürgerinnen und Bürgern zusammen. Zum Bundespräsidenten kann jeder Deutsche gewählt werden, der mindestens 40 Jahre alt ist. Oft ist der Bundespräsident im Fernsehen zu sehen, wenn er andere Staatsoberhäupter empfängt oder selber Staatsbesuche macht. Darin liegt eine seiner wichtigsten Aufgaben: die Vertretung Deutschlands gegenüber dem Ausland und der Abschluss von Verträgen mit anderen Ländern. Gesetze gelten ohne seine Unterschrift nicht. Zur Arbeit des Bundespräsidenten gehört auch die Ernennung der Bundeskanzlerin oder des Bundeskanzlers und der Minister und Ministerinnen. Der Bundespräsident hat ein besonderes Recht: Er kann Gefangene begnadigen.

Seit dem 1. Juli 2004 ist Horst Köhler Bundespräsident der Bundesrepublik Deutschland.

Deutsche Bundespräsidenten seit 1949:

- Theodor Heuss (FDP) 1949–1959
- Heinrich Lübke (CDU) 1959–1969
- Gustav Heinemann (SPD) 1969–1974
- Walter Scheel (FDP) 1974–1979
- Karl Carstens (CDU) 1979–1984
- Richard von Weizsäcker (CDU) 1984–1994
- Roman Herzog (CDU) 1994–1999
- Johannes Rau (SPD) 1999–2004
- Horst Köhler (CDU) seit 1. Juli 2004

Schon gewusst?

Der Vertreter des Bundespräsidenten ist der Bundesratspräsident.

Bundespräsident Horst Köhler

Nachgefragt

Johannes, 14

Hat der Bundespräsident Einfluss auf die Regierung?

Er kann nicht bestimmen, was die Regierung tun soll. Wenn aber der Bundespräsident auf bestimmte Dinge in der Öffentlichkeit immer wieder hinweist, kann es gut sein, dass die Regierung das in ihrer Politik auch berücksichtigt.

Bundesrat

Über den Bundesrat sind die Bundesländer an der Bundespolitik beteiligt. Wenn die Regierung zum Beispiel ein Gesetz beschließen will, kann der Bundesrat es ablehnen oder Einspruch (⇨ Veto) einlegen. Bestimmte Gesetze brauchen nämlich seine Zustimmung. Der Bundesrat hat 69 Mitglieder. Jedes Bundesland hat mindestens drei, höchstens sechs Stimmen. Je mehr Einwohner ein Bundesland hat, desto mehr Vertreterinnen und Vertreter kann es in den Bundesrat entsenden. Die Vertreter der Bundesländer im Bundesrat sind nicht direkt vom Volk gewählt wie die Mitglieder des Bundestages (⇨ Deutscher Bundestag), sondern sie gehören den jeweiligen Landesregierungen an. Der Bundesratspräsident oder die Bundesratspräsidentin, der oder die immer für ein Jahr gewählt wird, ist gleichzeitig Vertreter/in des Bundespräsidenten.

Lies auch mal nach bei dem Stichwort Gesetzgebung.

Internet

www.bundesrat.de – Hier findet ihr viele Informationen!

Nachgefragt

Jan, 15

Für wie lange wird der Bundesrat gewählt?

Der Bundesrat wird nicht gewählt wie zum Beispiel der Bundestag, sondern die Landesregierungen schicken ihre Vertreter. Die Mitglieder des Bundesrates wechseln zumeist, wenn in einem Bundesland gewählt worden ist und es dort eine neue Regierung gibt.

Bundesregierung

Regierung

Bundesrepublik Deutschland

Am 23. Mai 1949 wurde das Grundgesetz für die Bundesrepublik Deutschland verkündet. Das war der Zeitpunkt der Gründung des Staates, in dem wir heute leben. Zu der Gründung kam es, weil sich nach dem Ende des Zweiten Weltkriegs auf deutschem Boden zwei völlig unterschiedliche politische Systeme gegenüberstanden: In der sowjetisch besetzten Zone entstand die DDR; auf dem Gebiet, das von den westlichen Siegermächten USA, Frankreich und England besetzt war, entstand die Bundesrepublik Deutschland.

Im Artikel 20 des Grundgesetzes ist festgelegt, dass die Bundesrepublik Deutschland ein demokratischer und sozialer Bundesstaat ist. Seit der Verkündung unserer Verfassung ist daher »Bundesrepublik Deutschland« die offizielle und amtliche Bezeichnung für unser Land.

Lies auch mal nach bei den Stichwörtern Bundesstaat, Republik, Zweiter Weltkrieg, DDR *und* Teilung Deutschlands.

Bundesstaat / Bund

Wenn sich mehrere Staaten zu einem Gesamtstaat verbinden und dabei teilweise ihre Selbstständigkeit aufgeben, wird daraus ein Bundesstaat. Im Unterschied zum Staatenbund hat der Bundesstaat ein Staatsoberhaupt und eine Regierung. Die Bundesrepublik Deutschland ist ein solcher Bundesstaat. Der Bundespräsident und die Bundesregierung haben ihren Amtssitz in Berlin. Sie vertreten den Gesamtstaat, der auch »Bund« genannt wird. In den einzelnen Bundesstaaten, die bei uns »Bundesländer« genannt werden, gibt es Länderregierungen. Die Landesregierung von Nordrhein-Westfalen beispielsweise hat ihren Sitz in Düsseldorf. Die staatlichen Aufgaben in einem Bundesstaat, die Verwaltung und die Gesetzgebung werden zwischen der Regierung des Gesamtstaates und den Regierungen der Bundesländer aufgeteilt.

Unsere Nachbarländer Österreich und Schweiz, aber auch Kanada und die USA sind Bundesstaaten. Weil die Europäische Union weder ein einfacher Staatenbund noch ein richtiger Bundesstaat ist, hat das Bundesverfassungsgericht festgelegt, dass sie als Staatenverbund zu bezeichnen ist.

Lies auch mal nach unter den Stichwörtern Bundesrepublik Deutschland, Bundesländer/Föderalismus *und* Europäische Union.

Bundestag

Deutscher Bundestag

Bundestagspräsident/in

In der Rangfolge der wichtigsten Ämter in Deutschland steht das Amt des Bundestagspräsidenten nach dem Bundespräsidenten an zweiter Stelle. Nachdem ein neuer Bundestag (⇨ Deutscher Bundestag) gewählt worden ist, wählen die Abgeordneten in geheimer Wahl ihren Präsidenten oder ihre Präsidentin. Normalerweise gehört er oder sie der stärksten Fraktion an. Zurzeit ist Norbert Lammert von der CDU Bundestagspräsident. Der Bundestagspräsident vertritt den Deutschen Bundestag nach außen und leitet zusammen mit seinen Stellvertretern und Stellvertreterinnen die Sitzungen des Parlaments.

Die bisherigen Präsidentinnen und Präsidenten des Deutschen Bundestages waren:

- Erich Köhler (CDU)1949–1950
- Hermann Ehlers (CDU)1950–1954
- Eugen Gerstenmaier (CDU)1954–1969
- Kai-Uwe von Hassel (CDU)1969–1972
- Annemarie Renger (SPD)1972–1976
- Karl Carstens (CDU)1976–1979
- Richard Stücklen (CSU)1979–1983
- Rainer Barzel (CDU)1983–1984
- Philipp Jenninger (CDU)1984–1988
- Rita Süssmuth (CDU)1988–1998
- Wolfgang Thierse (SPD)1998–2005
- Norbert Lammert (CDU) seit 2005

Schon gewusst?

Das Amt des Bundestagspräsidenten ist das zweithöchste Amt im Staat.

Bundesverfassungsgericht

Wenn jemand der Meinung ist, dass ein neues (oder auch ein altes) Gesetz gegen das Grundgesetz verstößt, kann er das prüfen lassen; zum Beispiel, ob es richtig ist, Soldaten (⇨ Streitkräfte / Armee) und Soldatinnen in ein fremdes Land zu senden oder das Rentengesetz zu verändern. Jeder Bürger, jede Bürgerin hat dann das Recht, eine Klage vor das Bundesverfassungsgericht nach Karlsruhe zu bringen. Dieses Gericht ist der oberste Hüter der Verfassung und hat bei Streitigkeiten das letzte Wort. Sollte dort dem Kläger, der Klägerin Recht gegeben werden, muss das Gesetz zurückgenommen oder zumindest so verändert werden, dass es dem Grundgesetz nicht widerspricht. Das Bundesverfassungsgericht ist also eine sehr wichtige Einrichtung in Deutschland. Es ist den anderen hohen Verfassungsorganen, also Bundestag, Bundesregierung (⇨ Regierung), Bundesrat, Bundespräsident gegenüber unabhängig und gleichgestellt. Natürlich sollen die Bürgerinnen und Bürger

Nachgefragt

Lisa, 14

Wer wählt das Bundesverfassungsgericht?

Die Mitglieder des Bundesverfassungsgerichtes werden je zur Hälfte vom Bundestag und vom Bundesrat gewählt.

Das Bundesverfassungsgericht

nicht wegen jedem Nachbarschaftsstreit nach Karlsruhe gehen. Dafür sind andere Gerichte zuständig oder noch besser: Man sollte sich friedlich ohne Gericht einigen.

Bundesversammlung

Wenn ein neuer Bundespräsident oder eine neue Bundespräsidentin gewählt wird (oder der bisherige wieder gewählt wird), tritt die Bundesversammlung zusammen. Dies geschieht alle fünf Jahre. In der Bundesversammlung sind alle Abgeordneten des Deutschen Bundestages vertreten. Dazu kommen genau so viele Personen, die von den Landtagen der einzelnen Bundesländer gewählt werden. So wird sichtbar zum Ausdruck gebracht, dass der Bundespräsident sowohl den Bund als auch die Länder repräsentiert.

Bundeswahlleiter

Der Bundeswahlleiter bereitet die Wahlen zum Deutschen Bundestag vor und sorgt dafür, dass sie reibungslos durchgeführt werden. Er wird vom Bundesminister (⇨ Minister/in) des Inneren ernannt. Nach einer langen Tradition ist es stets der Präsident des Statistischen Bundesamtes, der in das Amt des Bundeswahlleiters berufen wird. Bei seiner Arbeit wird der Bundeswahlleiter von den Landeswahlleitern sowie den Leitern der Wahlkreise und Wahlbezirke unterstützt.

Zu den Aufgaben des Bundeswahlleiters gehört, dass er prüft, ob die Parteien, die sich zur Wahl stellen wollen, auch alle Voraussetzungen erfüllen, die das Parteiengesetz vorschreibt. Wenn die Wahl vorbei ist, verkündet der Bundeswahlleiter nach der Stimmenauszählung das amtliche Endergebnis der Wahl. Auch bei der Wahl der deutschen Abgeordneten für das Europäische Parlament ist der Bundeswahlleiter zuständig. Er muss dafür sorgen, dass diese Wahl rechtmäßig durchgeführt wird.

Bundeswehr

Bundeswehr ist der Name für die deutschen Streitkräfte. Die Bundeswehr wurde 1955 gegründet und darf nach dem Grundgesetz nur zur Verteidigung (und nicht zum Angriff) eingesetzt werden. Zuerst waren nur Freiwillige in der Bundeswehr, 1956 wurde dann die Wehrpflicht (⇨ Wehrdienst) für Männer ab 18 Jahren eingeführt. Die Bundeswehr ist in drei Teile aufgeteilt. Die Soldaten gehören zum Heer, wenn sie zum Beispiel Panzerfahrer sind, zur Luftwaffe, wenn sie Piloten sind, oder sie gehören zur Marine, wenn sie ihren Dienst auf einem Schiff tun.
Das Kommando über die Bundeswehr hat normalerweise, also wenn Frieden herrscht, der Bundesminister (⇨ Minister/in) der Verteidigung. Wenn aber die Bundesrepublik Deutschland von einem Feind angegriffen würde und die Bundeswehr zur Verteidigung des Landes kämpfen müsste, dann hätte der Bundeskanzler oder die Bundeskanzlerin das Kommando. Zum Glück ist Deutschland aber, solange die Bundeswehr besteht, noch nie angegriffen worden. Bisher hat die Bundeswehr schon öfters bei Katastrophen wie Überschwemmungen geholfen oder Soldaten wurden von der UNO oder der NATO zu Friedenseinsätzen in andere Länder geschickt.
Übrigens: Früher waren in der Bundeswehr nur Männer. Seit 2001 können auch Frauen in allen Bereichen der Bundeswehr Dienst leisten.
Lies mal nach unter dem Stichwort Wehrdienst.

Internet

Hier findest du Informationen zur Bundeswehr: www.bundeswehr.de

Grundausbildung bei der Bundeswehr

Bürger/in / Bürgertum

Du bist ein Bürger oder eine Bürgerin, deine Freunde und Freundinnen auch. Heute sind nahezu alle Menschen Bürger zum Beispiel von Deutschland, Polen, Belgien oder anderen Staaten. Früher wurden Menschen »Bürger« genannt, die im Umkreis einer Burg lebten und das Recht hatten, bei Kriegsgefahr innerhalb der Burgmauern Schutz zu suchen. Dieses Recht hatten etwa die Bauern oder die fahrenden Händler und Gaukler nicht. Auch Gäste der Burg standen oft unter einem anderen Recht als die Bürger. Aus dem Begriff »Bürger« entwickelte sich das »Bürgertum«. Das waren die Stadtbewohner und -bewohnerinnen. Das Bürgertum unterschied sich durch seine Arbeit, seine Kleidung, seine Wohnungen und Umgangsformen von den anderen Schichten der Gesellschaft. Heute spielen diese Unterschiede keine Rolle mehr und alle Bürgerinnen und Bürger eines Staates haben die gleichen Rechte und Pflichten.

Grips

Kennt ihr in eurer Stadt oder Gemeinde auch eine Bürgerinitiative?

Bürgerinitiative

Angenommen, der Sportunterricht fällt an eurer Schule für eine ganze Weile aus, weil kein Sportlehrer eingestellt wird. Das passt euch nicht, ihr protestiert, macht ein Spruchband, geht auf den Schulhof und sammelt Unterschriften. Dann habt ihr gegen den Ausfall dieses Unterrichts eine Schülerinitiative gegründet (»Initiative« kommt aus dem Lateinischen und Französischen und heißt so viel wie »Entschlusskraft«, »Unternehmungsgeist«). Was den Sportunterricht betrifft, sind hier alle einer Meinung. Bei anderen Themen können die Schüler und Schülerinnen aber auch ganz unterschiedlicher Meinung sein.

Ähnlich ist es bei einer Bürgerinitiative. Bürger, die sonst vielleicht ganz verschiedenen Parteien angehören oder in vielen Dingen unterschiedliche Interessen haben, schließen sich bei einer bestimmten Sache zusammen, um gemeinsam für oder gegen etwas zu kämpfen. Sie protestieren zum Beispiel gegen ein Atomkraftwerk, gegen eine Autobahn in der Nähe eines Wohngebietes oder sie fordern einen neuen Kindergarten oder einen

Sportplatz. Je mehr Menschen bei dieser Initiative mitmachen, desto eher wird die Öffentlichkeit aufmerksam und die Politiker tun etwas. In Deutschland sind seit dem Ende der 1960er Jahre mehrere Tausend solcher Bürgerinitiativen entstanden, die viel erreicht haben. Manche von ihnen haben sich nach einiger Zeit auch wieder aufgelöst.

Schon gewusst?

Initiative heißt »Unternehmungsgeist«.

Bürgerkrieg

Bürgerkrieg ist die bewaffnete Auseinandersetzung zwischen Bürgern eines Staates. Dabei überfällt nicht ein Staat einen anderen Staat, sondern zwei oder mehrere Gruppen in einem Staat bekämpfen sich untereinander. Oft werden Bürgerkriege geführt, um politische oder gesellschaftliche Verhältnisse gewaltsam zu verändern. Manchmal will auch eine Gruppe im Staat die Regierung stürzen und die Macht an sich reißen oder ein Teil der Bevölkerung will sich vom Gesamtstaat abspalten. So war – um eines der bekanntesten geschichtlichen Beispiele zu nennen – der Auslöser des Amerikanischen Bürgerkriegs (1861–1865) die Trennung der Südstaaten vom übrigen Teil der USA. Sie gründeten einen eigenen Staat, es kam zu einem Krieg, in dem weit mehr als 500 000 Menschen starben. Die Armee (⇨ Streitkräfte / Armee) der Südstaaten verlor diesen Bürgerkrieg, die Einheit der USA wurde wiederhergestellt. Auch in Europa gab es schlimme Bürgerkriege, in denen viele tausend Menschen starben. Nach der russischen Oktoberrevolution (⇨ Kommunismus) 1917 kam es in Russland zu einem jahrelangen Bürgerkrieg. In Spanien brach 1936 ein Bürgerkrieg aus, der drei Jahre dauerte. Eines der jüngsten Beispiele: Im ehemaligen Jugoslawien bekämpften sich nach dem Zerfall des alten jugoslawischen Bundesstaates im Bürgerkrieg von 1991–1992 unterschiedliche Volksgruppen, die bis dahin friedlich nebeneinander in ihrem Staat gelebt hatten.

Nach dem Völkerrecht gilt ein Bürgerkrieg nicht als »Krieg«, sondern als innere Angelegenheit eines Staates. Daher entstehen immer wieder Diskussionen, ob sich ausländische Staaten in Bürgerkriege einmischen dürfen und sollten, um den bedrohten Menschen zu helfen.

Lies auch mal nach beim Stichwort Völkerrecht.

Bürgermeister/in

Jede Gemeinde, also jedes Dorf und jede Stadt, hat bestimmte Regeln, nach denen es oder sie sich selbst verwaltet. Diese Regeln sind in der Gemeindeverfassung festgelegt. Geleitet wird die Gemeinde von einem Bürgermeister oder einer Bürgermeisterin. Er oder sie wird für eine bestimmte Zeit gewählt und übt dieses Amt meistens hauptamtlich hin und wieder auch ehrenamtlich aus. Eine wichtige Aufgabe des Bürgermeisters ist es, den Gemeinderat oder den Stadtrat zu leiten. Der Bürgermeister berät und entscheidet mit, ob zum Beispiel ein neues Jugendzentrum gebaut oder wieviel Geld für eine Sportanlage ausgegeben wird. Vor allem aber vertreten die Bürgermeister/innen ihre Gemeinden nach außen. Deswegen sind sie auch hin und wieder in der Zeitung zu sehen, wenn sie zum Beispiel Besuchergruppen empfangen, die sich in das Goldene Buch der Stadt eintragen.

Internet

Das Rathaus ist ein wichtiges Amt in einer Stadt. Bei www.kinderrathaus.de kannst du dir anschauen, wie es in einem Rathaus aussieht.

Bürgerwehr

Unruhen, Kriege oder andere Notstände bedrohten zu allen Zeiten die Bürger in den Städten. Früher haben die Herrscher nicht immer dafür gesorgt, dass ihre Untertanen auch ausreichend geschützt waren. Deshalb schlossen sich die Bürger manchmal zusammen, um selbst die Gefahren abzuwehren und sich mit Waffen zu schützen. Eine solche Bürgerwehr gibt es bei uns heute nicht mehr. Es ist die Polizei, die im Auftrag des Staates die Bürger und Bürgerinnen schützt. Allerdings gibt es private Bewachungsfirmen, Leibwächter oder Leute, die zum Beispiel zum Schutz von Gebäuden angestellt werden. Diese Wachleute (die »Schwarzen Sheriffs« in der U-Bahn oder auf dem Bahnhof habt ihr vielleicht schon gesehen) haben aber kein Recht, wie die Polizei vorzugehen. Sie dürfen keine Waffen tragen und keine Straftäter festnehmen.

Jeder Bürger darf sich aber bei Gefahr oder in Notwehr auch selber schützen oder sein Privateigentum verteidigen. Allerdings gelten auch dafür Gesetze, die beachtet werden müssen.

Bürokratie

Das Wort »Bürokratie« kommt aus dem Französischen und meint eine besondere Form der staatlichen, politischen oder auch privat organisierten Verwaltung. In einer Bürokratie ist alles genau geregelt und streng geordnet, jeder hat seine klar umschriebene Aufgabe. Vorschriften bestimmen das Handeln, kein Mitarbeiter einer solchen Verwaltung wird etwas tun, wofür er nicht zuständig ist. Die so genannten Dienstwege werden strikt eingehalten, jeder Vorgang wird in den Akten genau und lückenlos festgehalten. Eine Verwaltung, in der viel Bürokratie herrscht, ist oft starr und unbeweglich. Das verärgert sehr oft die Bürger. Wer bei Ämtern lange warten und sich mit vielen Formularen herumschlagen muss, wird unzufrieden. Daher gibt es in den letzten Jahren in den staatlichen Stellen immer wieder Überlegungen, wie man die Verwaltungen besser, das heißt beweglicher, schneller und »bürgernah« machen kann. Das nennt man Bürokratie-Abbau.

Lies auch mal nach unter dem Stichwort Amt.

Grips

Fällt dir noch mehr ein, wofür ein Bußgeld bezahlt werden muss?

Bußgeld

Ein Bußgeld ist eine Strafe, die man für eine Ordnungswidrigkeit bezahlen muss. Wenn man zum Beispiel zu schnell Auto fährt, verstößt man gegen das Straßenverkehrsrecht. Viele Bereiche des Lebens sind durch Anordnungen, Gebote (⇨ Gesetz) und Verbote geregelt. So darf man beispielsweise seinen Müll nicht einfach in den Park werfen, sondern muss ihn ordnungsgemäß entsorgen.

Wie hoch das Bußgeld ausfällt, hängt von der jeweiligen Ordnungswidrigkeit ab. In so genannten Bußgeldkatalogen steht, wie hoch eine Strafe für eine bestimmte Ordnungswidrigkeit sein kann. Nicht nur Privatpersonen, sondern auch Unternehmen werden bestraft, wenn sie Ordnungswidrigkeiten begehen.

Eine französische Politesse verteilt einen Strafzettel.

Schon gewusst?

Chancengleichheit ist ein Grundrecht!

Chancengleichheit

Vor dem Gesetz, so fordert es unser Grundgesetz, sind alle Bürger und Bürgerinnen gleich. Das gilt auch für die Chancen, die jeder Bürger haben soll. Im Grundgesetz heißt es: Jeder hat das Recht auf freie Entfaltung seiner Persönlichkeit. Das gilt unabhängig vom Geschlecht, von der Hautfarbe oder der Religion eines Menschen. Es spielt dabei auch keine Rolle, ob jemand aus einer armen oder reichen Familie stammt, ob er oder sie aus dem Norden oder Süden oder sonst einem Landesteil kommt. Alle Bürger sollen vielmehr die gleichen Chancen bekommen, möglichst viel aus ihrem Leben zu machen. Kinder und Jugendliche sollen deshalb in der Schule und der Ausbildung die gleichen Bildungsmöglichkeiten erhalten, um später einen Beruf zu finden. Nach seinen persönlichen Fähigkeiten steht jedem das gleiche Recht zu, gefördert zu werden und sich entfalten zu können. Die Forderung nach Chancengleichheit wurde bereits in der Aufklärung Ende des 17. Jahrhunderts gefordert. Sie findet sich in der Allgemeinen Erklärung der UNO und den Verfassungen der westlichen Demokratien.

Lies auch mal nach beim Stichwort Grundrechte/Menschenrechte.

Grips

Kennst du die Zehn Gebote?

Christentum

Das Christentum ist eine der fünf großen Weltreligionen (neben Judentum, Islam, Buddhismus und Hinduismus). Es ist aus dem Judentum hervorgegangen. Etwa 1,9 Milliarden Menschen bekennen sich heute weltweit zum Christentum. Christliche Kirchen seht ihr in allen Städten und Dörfern Europas und Amerikas. Das Christentum geht zurück auf Jesus von Nazareth, genannt Christus (das heißt »der Gesalbte«). Er hat vor rund 2000 Jahren in Palästina (⇨ Nahostkonflikt) gelebt und wurde dort zum Tode verurteilt und ans Kreuz geschlagen. Die Christen glauben, dass Jesus der Sohn Gottes ist. Durch seinen Tod am Kreuz, so steht es in der Bibel, hat er die Menschen von ihrer Schuld im Leben erlöst. Seither gilt das Kreuz als das Symbol des Christentums. Die Bibel mit dem Alten und Neuen Testament gilt als Heilige Schrift. Wesentlich im Christentum ist der Glaube an einen Gott, das Bekenntnis zu Jesus Christus, die Gemeinschaft

Schon gewusst?

1,9 Milliarden (31 % der Weltbevölkerung) sind Christen.

der Gläubigen in der Kirche und der Glaube an das ewige Leben. Dazu gibt es Vorschriften, die man im Leben befolgen soll (die Zehn Gebote).
Schon bald nach dem Tod von Jesus breitete sich das Christentum über das ganze damalige Römische Reich aus. In Rom, der ehemaligen Hauptstadt des Römischen Reiches, lebt bis heute der Papst, der das Oberhaupt der katholischen Christen ist. Innerhalb des Christentums entwickelten sich im Laufe der Zeit verschiedene Gemeinschaften. Im 16. Jahrhundert wollte Martin Luther vieles in der damaligen Kirche erneuern (das heißt auf Lateinisch »reformieren«, deshalb spricht man von der »Reformation«). Daraus entwickelte sich die protestantische (evangelische) Kirche.
Mehr als die Hälfte aller Christen sind katholisch, etwa 20 Prozent sind evangelisch. Die christlich-orthodoxe Kirche hat vor allem in Osteuropa viele Anhänger. Die anglikanische Kirche hat ihre meisten Anhänger in England. Daneben gibt es noch viele kleinere unabhängige Kirchengemeinschaften, die alle dem Christentum angehören. Sie verteilen sich über die ganze Welt.

Nachgefragt

Sonja, 11

Wozu sollte man das wissen wollen?

Das Christentum ist sehr stark mit unserer Geschichte verbunden. Vieles, was unsere Kultur und unser Denken betrifft, hat christliche Wurzeln. Die Überzeugung, dass jeder Mensch eine eigene schützenswerte Menschenwürde hat, kommt aus dem jüdischen und christlichen Denken. Die Zehn Gebote, die uns sagen, wie sich die Menschen verhalten sollen, werden auch von vielen anerkannt, die keine Christen sind.

Club of Rome

Der Club of Rome ist eine »Denkfabrik«. Hier tauschen sich Wissenschaftler und Wissenschaftlerinnen, Wirtschaftsfachleute, Staatschefs, Geschäftsleute und andere kluge Leute aus allen fünf Kontinenten aus und überlegen, wie die Lebenssituation der Menschen auf unserer Erde verbessert werden kann. Der Club, der 1968 gegründet wurde und in Hamburg seinen Sitz hat, ist eine so genannte Nichtregierungsorganisation. Jeder, der gute Ideen hat, wie man zum Beispiel das Miteinander zwischen den Staaten oder die Situation in den Gesellschaften verbessern kann, darf seine Vorschläge einbringen. Die Mitglieder des Clubs treffen sich einmal jährlich auf einer Konferenz zu einem bestimmten Thema. Übrigens: Zu den Mitgliedern dieses Clubs gehören beispielsweise die niederländische Königin (⇨ Monarchie) Beatrix und Michail Gorbatschow, der Ex-Präsident der ehemaligen Sowjetunion.

Grips

Welche Themen würdest du gerne diskutieren, wenn du Mitglied des Club of Rome wärst?

Datenschutz

Jeder Mensch hat eine Vielzahl von persönlichen Daten. Dazu gehören neben dem Namen, der Adresse und dem Alter auch Angaben über die Familienverhältnisse, das Einkommen, die Herkunft, die Gesundheit, die Hobbys sowie vieles andere. Diese Daten gehören untrennbar zur eigenen Person, sie geben Auskunft darüber, wer wir sind, was wir gerne tun, auch was unsere persönlichen Schwächen sind. Deshalb ist es wichtig, mit diesen Daten sehr sorgsam umzugehen. Viele dieser Daten werden in Ämtern, bei der Arbeitsstelle, bei Banken oder beim Arzt gespeichert, damit man sie bei Bedarf abrufen kann. Diese Daten dürfen aber an niemanden weitergegeben werden, der damit Missbrauch treiben kann.

Alle Menschen haben ein Recht auf den Schutz ihrer persönlichen Daten. 1977 wurde vom Bundestag (⇨ Deutscher Bundestag) das erste Datenschutzgesetz verabschiedet. In einigen Bundesländern gibt es zusätzlich Landesdatenschutzgesetze. In diesen Gesetzen wird unter anderem festgelegt, dass jeder Bürger über die von ihm gespeicherten Daten Auskunft erhalten kann. Wenn er meint, sie sind unrichtig, dann kann er sie auch wieder löschen lassen. Ein Bundesdatenschutzbeauftragter und verschiedene Landesdatenschutzbeauftragte wachen darüber, dass diese Bestimmungen eingehalten werden. Auch Behörden müssen sich an diese Gesetze halten. So ist es verboten, dass beispielsweise die Telefongesellschaften Gespräche überwachen und Daten weitergeben. Das darf nur in besonderen, genau festgelegten Ausnahmefällen geschehen.

Schon gewusst?

Der Bundesdatenschutzbeauftragte wacht darüber, dass persönliche Daten von Bürgern nicht missbraucht werden.

Internet

www.bundesdatenschutzbeauftragter.de

DAX

Dax ist die Abkürzung für Deutscher Aktienindex. Das Wort »Index« kommt aus dem Lateinischen und bedeutet so viel wie »Liste«, »alphabetisches Verzeichnis« oder »Messziffer« zum Beispiel für Preisänderungen. Aktien sind Wertpapiere, die am Börsenmarkt gehandelt werden. Aus den Aktienwerten der 30 größten deutschen Aktiengesellschaften wird der DAX ermittelt. Die Aktien dieser Gesellschaften werden an fast allen deutschen Börsen gehandelt. Wie auf jedem Markt bestimmen auch am Börsenmarkt Angebot und Nachfrage (⇨ Freie Marktwirtschaft) den Preis der Aktien. Deshalb kann sich der DAX, der nach einem bestimmten System errechnet wird, ständig ändern. Jede Sekunde erscheint während der Handelszeit auf der großen Anzeigetafel der größten deutschen Börse in Frankfurt der aktuelle DAX-Wert. So können sich die Aktienhändler immer wieder neu überlegen, ob sie jetzt kaufen oder verkaufen sollen. Den DAX könnte man also auch als eine Art Richtwert bezeichnen.

Neben dem DAX, auch DAX 30 genannt, gibt es noch eine Reihe anderer »Indices« (das ist die Mehrzahl von Index) für Aktien, die an der Börse gehandelt werden. Man kennt zum Beispiel den DAX 100 (die hundert wichtigsten Werte) oder den TecDax (die Technologiewerte). Aber das ist eher etwas für die Börsen-Fachleute …

DDR

Die DDR (das war die Abkürzung für »Deutsche Demokratische Republik«) entstand 1949 aus der damaligen sowjetischen Besatzungszone (SBZ). Sie umfasste das Gebiet der heutigen Bundesländer Brandenburg, Mecklenburg-Vorpommern, Sachsen, Sachsen-Anhalt und Thüringen sowie Ost-Berlin. Die DDR verstand sich als sozialistischer (⇨ Sozialismus) Staat und bezeichnete sich

Internet

Hier findest du beim Stichwort »DDR« gute Infos: www.dhm.de/lemo

Die Flagge der DDR hatte die Farben Schwarz, Rot, Gold und in der Mitte einen Ährenkranz mit Hammer und Sichel.

selbst als Arbeiter- und Bauernstaat. Die politische Macht lag alleine bei einer Partei (SED = Sozialistische Einheitspartei Deutschlands). Freie Wahlen gab es nicht, von Demokratie konnte nicht gesprochen werden. Am 17. Juni 1953 haben viele Menschen in einem Aufstand gegen die Verhältnisse in der DDR protestiert. Doch sie konnten nichts ausrichten, die Demonstration wurde gewaltsam niedergeschlagen. Weil viele Menschen die DDR in den ersten Jahren ihres Bestehens verlassen haben, um im Westen zu leben, haben die Machthaber in der DDR im August 1961 die Grenze zur Bundesrepublik Deutschland geschlossen und die Berliner Mauer errichtet. Fast 40 Jahre nach der Gründung der DDR sind viele Menschen im Herbst 1989 auf die Straße gegangen und haben demonstriert. Sie wollten, dass sich die DDR ändert, und sie hatten Erfolg. Die DDR und die Bundesrepublik Deutschland vereinigten sich am 3. Oktober 1990. Seither ist dieser Tag ein Feiertag und wird »Tag der Deutschen Einheit« genannt.

Lies mal nach bei den Stichwörtern Berliner Mauer *und* Teilung Deutschlands.

Deflation

Deflation (auf Lateinisch bedeutet das Wort »Abschwellung«) ist das Gegenteil von Inflation: Auf dem Markt sind zu viele Waren und Güter vorhanden. Das Angebot ist größer als die Nachfrage, aber die Menschen haben nicht mehr Geld, um die Waren zu kaufen. Die Preise fallen also. Bei einer Inflation ist hingegen viel Geld im Umlauf, aber zuwenig Ware. Deswegen steigen die Preise.

Lies dazu das Stichwort Inflation.

Delegation

In eurer Klasse ist es wegen des Lärms von draußen zu laut. Ihr könnt euch nicht konzentrieren. Weil der Lehrer das nicht so sieht, soll das Problem der Schulleitung vorgetragen werden. Da ihr nicht alle zum Direktorzimmer laufen könnt, wählt ihr zwei Schülerinnen aus, die das stellvertretend für die ganze Klasse machen sollen. Ihr übertragt, delegiert also diese Aufgabe an die beiden Schülerinnen. Sie sind damit eure Abgesandten, die »Delegierten«. Ihr hofft, dass sie die Aufgabe in eurem Sinne lösen können. Die beiden Schülerinnen bilden eine Delegation, die das Recht hat, für alle Schüler eurer Klasse zu sprechen. Der Begriff kommt aus dem Lateinischen und heißt »Abordnung«. Auch Staaten entsenden Delegierte zu Konferenzen und Tagungen, damit diese dort die Interessen ihres Landes vertreten oder auch Verhandlungen führen.

Demagogie

Dieses Wort stammt aus dem Griechischen und bedeutet so viel wie »Volksaufwiegelung«, »politische Verhetzung«. Jemand, dem es gelingt, mit Hilfe von Schmeicheleien, unbewiesenen Behauptungen und Täuschungen andere Menschen für sich und seine politischen Ziele zu gewinnen, wird Demagoge genannt. Er gewinnt seine Zuhörer durch falsche Versprechungen. Seine Kritiker macht er schlecht und wiegelt die Leute gegen sie auf. Ein Demagoge ist ein Volksverführer, der alles tut, um an die Macht zu kommen und sie dann gewissenlos auszuüben. Demagogen waren und sind häufig auch Diktatoren (zum Beispiel Adolf Hitler).

Demographie

Das Wort stammt aus dem Griechischen und bedeutet »Bevölkerungswissenschaft«. Das ist die Lehre über den Zustand und die Entwicklung einer Bevölkerung. Mit Bevölkerung bezeichnet man alle Einwohnerinnen und Einwohner eines bestimmten Gebietes, zum Beispiel einer Stadt, eines Landes oder eines Kontinents. Die Bevölkerungswissenschaft untersucht unter anderem, wie viele Menschen in Deutschland (oder anderswo) leben, wie viele Junge und Alte darunter sind und wie sich die Bevölkerungszahl durch Geburten und Sterbefälle verändert. Es interessiert die Demographen, woher die Menschen kommen, die nach Deutschland ziehen, oder wohin diejenigen ziehen, die aus Deutschland auswandern. Die Politik muss auf bestimmte demografische Veränderungen reagieren. Als Beispiele: Wenn vorherzusehen ist, dass die Menschen immer länger leben, es also immer mehr alte Menschen gibt, wird die Rentenversicherung (⇨ Sozialversicherung) darauf reagieren müssen. Sie muss sich rechtzeitig überlegen, was zu tun ist, damit alle weiterhin ihre vom Gesetz zugesicherte Alterssicherung erhalten können. Oder wenn immer weniger Kinder geboren werden, wird man überlegen, was man tun kann, damit junge Menschen wieder Kinder haben wollen und so die Geburtenrate steigt.

Lies dazu auch nach unter dem Stichwort Geburtenrate.

Demokratie

Der Begriff kommt aus dem Griechischen und bedeutet »Herrschaft des Volkes«. In Deutschland gibt es diese Staatsform seit 1949, zuvor gab es sie bereits einmal von 1918 bis 1933. Demokratie heißt: Alle Bürger und Bürgerinnen haben die gleichen Rechte und Pflichten. Über sie herrscht kein Kaiser, auch kein König (⇨ Monarchie) und kein General. Alle Menschen dürfen frei ihre Meinung sagen, sich versammeln, sich informieren. Es gibt unterschiedliche Parteien, die ihre Vorstellungen in so genannten Parteiprogrammen kundtun. Die Bürger wählen Personen und Parteien, von denen sie eine bestimmte Zeit lang regiert werden wollen. Und wenn die Regierung ihre Arbeit schlecht macht, kann das Volk bei der nächsten Wahl eine andere Regierung wählen.

In einer Demokratie muss alles, was der Staat tut, nach den Regeln der Verfassung und der geltenden Gesetze erfolgen. In Deutschland stehen diese Regeln im Grundgesetz. Der demokratische Staat ist also immer auch ein Rechtsstaat.

In Deutschland gab es von 1949 bis 1990 einen zweiten deutschen Staat, die »Deutsche Demokratische Republik« , abgekürzt DDR. Obwohl im Staatsnamen der Begriff »Demokratie« vorkam, war es aber keine Demokratie.

Lies mal nach unter den Stichwörtern Parteien, Rechtsstaat, Grundgesetz, Deutscher Bundestag.

Nachgefragt

Melanie, 15

Warum darf die Demokratie nicht aufgegeben werden?

Demokratische Werte, zum Beispiel Freiheit und Gleichheit, gehören zu den grundlegenden Werten unserer Gesellschaft und unserer Verfassung. Wenn wir diese Grundwerte aufgeben würden, würden wir unseren Staat mit seinen Freiheiten, dem Schutz der Menschenrechte etc. aufgeben. Gerade wir in Deutschland haben ja mit dem Nationalsozialismus gesehen, welche furchtbaren Folgen es haben kann, wenn man die Freiheit und die Demokratie aufgibt. Daher sollten wir heute ganz besonders aufpassen, dass etwas Ähnliches nicht wieder passieren kann.

Demonstration

Wenn sich Menschen zu einer öffentlichen Versammlung treffen, in langen Reihen mit Lautsprechern, Plakaten und Spruchbändern durch die Straßen ziehen, handelt es sich um eine Demonstration. Die Demonstranten wollen auf ihre Meinungen und Forderungen aufmerksam machen. Zum Beispiel könnten sich Bauern treffen, um für höhere Preise bei landwirtschaftlichen Produkten zu demonstrieren. Oder es haben sich Arbeiter und Angestellte vor einem Firmengelände versammelt, um gegen Massenentlassungen zu demonstrieren. Und an einem anderen Tag sehen wir viele Leute durch die Straßen ziehen, die laut und deutlich ihre Meinung gegen einen Krieg äußern. Das Wort »Demonstration« kommt aus dem Lateinischen und bedeutet so viel wie »Beweis« oder »Beweisführung«. Das Recht, für oder gegen etwas zu demonstrieren, sich zu versammeln und auf diese Weise deutlich und frei seine Meinung zu äußern, ist in den demokratischen Staaten in der Verfassung fest verankert.

Nachgefragt

Natalie, 13

Warum ist Demokratie soooooo wichtig und warum müssen Kinder das im Kindesalter auch schon lernen. Ist das nicht ein bisschen zu früh?

Zu früh ist das bestimmt nicht. In der Demokratie lernt man ja zum Beispiel, was dazu gehört, dass die Menschen friedlich miteinander leben können; dass es wichtig ist, Probleme friedlich zu regeln, dass es nicht so ist, dass der Stärkere immer automatisch Recht hat. Deswegen ist Demokratie keineswegs nur etwas für Erwachsene!

Grips

Was bedeutet das lateinische Wort »Demonstration«?

Schon gewusst?

Jeder hat das Recht, seine Meinung frei zu äußern. So steht es in Artikel 5 des Grundgesetzes.

Demoskopie

Meinungsforschung / Marktforschung (Demoskopie)

Denunziation

Jemand will seinem Nachbarn aus irgendeinem Grund sehr schaden. Er zeigt ihn bei der Polizei wegen Fahrerflucht oder eines angeblichen Diebstahls an, auch wenn er nicht genau weiß, ob das stimmt. Diese Anzeige, die »aus unehrenhaften Beweggründen« erfolgte, ist eine Denunziation (das Wort kommt aus dem Lateinischen). Es ist eine unrichtige und ziemlich gemeine Beschuldigung. Jemand anderen zu denunzieren ist verboten und steht unter Strafe. Auch wenn ich jemanden, vielleicht einen Kollegen, dessen Stelle ich gerne hätte, falsch verdächtige und unrichtige Behauptungen in die Welt setze, so ist das eine Denunziation. Ein solches Gerücht kann dazu führen, dass jemand seinen Job verliert. Es gibt auch den Begriff »politische Denunziation«. So fürchten sich in Diktaturen viele Menschen davor, von missliebigen Bekannten denunziert zu werden und dann ohne Schuld ins Gefängnis zu kommen oder noch Schlimmeres erleiden zu müssen.

Schon gewusst?

Einen anderen Menschen zu denunzieren ist eine Straftat.

Depression

Dieser Begriff stammt aus dem Französischen und bedeutet »Niederdrückung«, »Senkung«. Man wendet diesen Ausdruck in verschiedenen Bereichen an. Zum Beispiel bedeutet in der Wirtschaft Depression, dass sich die wirtschaftliche Gesamtentwicklung in einer starken Krise befindet. Es wird nur wenig produziert, sehr viele Menschen haben keine Arbeit, die Preise für Waren und Dienstleistungen sinken immer mehr. Die Börse verzeichnet hohe Kursverluste, der Staat nimmt weniger Steuern ein. Somit fehlt ihm auch Geld, um die Wirtschaft wieder wirkungsvoll anzukurbeln. Es kann unter Umständen lange dauern, bis sich die Wirtschaft erholt und wieder wächst.

In der Medizin bezeichnet man mit Depression eine psychische (seelische) Störung. Die Hauptmerkmale sind länger anhaltende Freudlosigkeit, Antriebsschwäche, Interesselosigkeit und gedrückte Stimmung. Wenn ein Mensch schwere Depressionen hat, so muss er sich psychotherapeutisch oder ärztlich behandeln lassen.

Auch in der Geografie gibt es den Ausdruck Depression. Eine Landsenke in einem Trockengebiet ohne irgendeinen Abfluss, die unterhalb des Meeresspiegels liegt, wird so genannt. Zum Beispiel ist das Tote Meer, das fast 400 Meter unter dem sonstigen Niveau des Meeresspiegels liegt, eine Depression.

Deutsche Bundesbank

Die Deutsche Bundesbank ist sozusagen die oberste deutsche Bank. Sie regelt den Geld- und Zahlungsverkehr und verwaltet die Reserven des Staates (also zum Beispiel das Gold, das in staatlichen Safes aufbewahrt wird, oder anderes Vermögen, das im Besitz des Staates ist). Außerdem hat die Deutsche Bundesbank die Aufsicht darüber, dass alle Regeln und Vorschriften im deutschen Bankenwesen eingehalten werden. Die Gewinne der Bundesbank gehören dem Staat, aber der Staat muss auch für die Verluste einstehen. Wenn eine Bank oder Sparkasse sich Geld ausleihen muss, leiht sie es von der Deutschen Bundesbank.

Bis 2002 war die Bundesbank auch für den Druck und die Ausgabe der deutschen Banknoten zuständig. Dann wurde der Euro eingeführt. Eine neu gegründete Bank, die Europäische Zentralbank (EZB), die wie auch die Bundesbank ihren Sitz in Frankfurt am Main hat, ist nun über die Bundesbank gestellt. Sie entscheidet, wie viele Banknoten innerhalb der EU-Länder (⇨ Europäische Union), in denen die Euro-Währung eingeführt wurde, ausgegeben werden. Die EZB passt zusammen mit der Bundesbank und anderen europäischen Banken auch darauf auf, dass die Gemeinschaftswährung Euro stabil bleibt, also die Inflationsrate (⇨ Inflation) möglichst niedrig ist.

Die Deutsche Bundesbank wurde übrigens 1957 als unabhängige deutsche Zentralbank gegründet.

Lies auch mal die Stichworte Europäische Zentralbank, Euro *und* Währung.

Grips

Welche Aufgaben hat die Deutsche Bundesbank und welche die Europäische Zentralbank?

Deutsche Nationalhymne

Der Verfasser der Hymne ist August Heinrich Hoffmann von Fallersleben. Er schrieb das »Lied der Deutschen« 1841 auf der Insel Helgoland zu einer Melodie von Joseph Haydn. Nach dem Ersten Weltkrieg erhob der erste Reichspräsident der Weimarer Republik, Friedrich Ebert, das Lied zur deutschen Nationalhymne. Seit 1952 ist die dritte Strophe des Liedes die Nationalhymne der Bundesrepublik Deutschland.

Die Kuppel des Deutschen Bundestages

Deutscher Bundestag

Deutscher Bundestag ist der Name des deutschen Parlaments. Es arbeitet in der Hauptstadt Berlin. Die Mitglieder des Bundestages, die Abgeordneten, werden für vier Jahre vom Volk gewählt. Die Volksvertreterinnen und Volksvertreter gehören verschiedenen Parteien an. Alle Abgeordneten, die derselben Partei angehören, sitzen bei Versammlungen des Bundestages in einer Fraktion zusammen, wenn Gesetze diskutiert und beschlossen werden. Ein Beschluss kann aber nur gefasst werden, wenn mindestens die Hälfte aller Mitglieder des Bundestages anwesend ist. Zu den wichtigsten Aufgaben des Bundestages gehören die Wahl des Bundeskanzlers oder der Bundeskanzlerin, die Kontrolle der Regierung, die Gesetzgebung, die Mitwirkung bei der Wahl des Bundespräsidenten und die Wahl der Richter und Richterinnen am Bundesverfassungsgericht.

Lies mal die Stichwörter Parlament, Parteien *und* Demokratie.

Schon gewusst?

Wenn ihr Probleme habt, könnt ihr kostenfrei das Kinder- und Jugendtelefon anrufen unter der Tel.-Nr.: 0800 - 111 0 333 (montags bis freitags von 15 bis 19 Uhr).

Deutscher Kinderschutzbund (DKSB)

Der Deutsche Kinderschutzbund wurde 1953 in Hamburg gegründet. Mit seinen über 50.000 Mitgliedern ist er der größte Kinderschutzverband Deutschlands. Grundlage für die Arbeit des DSKB ist die UN-Kinderrechtskonvention. Danach hat jedes Kind das Recht auf Entwicklung, auf Versorgung und auf Schutz. Der Kinderschutzbund versucht überall da zu helfen, wo Kinderrechte verletzt werden, vor allem wenn es um Kinderarmut oder Gewalt gegen Kinder geht. Der Kinderschutzbund will Kinder stark machen, will, dass Kinder ernst genommen, ihre Fähigkeiten gefördert und ihre Stimmen gehört werden.

Internet

www.kinderundjugendtelefon.de

Diaspora

Wenn Juden in einer Gegend leben, wo sonst fast nur Menschen mit einer anderen Religion wohnen, leben sie in der Diaspora. Oder wenn Christen zum Beispiel in Indien wohnen, leben sie »in der Diaspora«, weil dort die meisten Menschen Hindus sind. Das Wort kommt aus dem Griechischen und bedeutet »Zerstreuung« – die Menschen einer bestimmten Religion leben also nicht als große Gemeinschaft zusammen, sondern sind »in alle Welt zerstreut«.

Grips

Was bedeutet das griechische Wort »Diaspora«?

Dienstleistung

In einem Geschäft werden wir von einer Verkäuferin oder einem Verkäufer bedient. Im Haar-Salon schneidet uns eine Frisörin oder ein Frisör die Haare. In beiden Läden werden Dienstleistungen erbracht. Auch am Bankschalter, wo wir Geld abheben oder Überweisungen tätigen, wird ein Dienst am Kunden geleistet. Und der Verkehrspolizist »dient«, indem er dafür sorgt, dass alles reibungslos läuft. Auch die Beamten in der Stadtverwaltung, die Ärzte und Krankenschwestern im Gesundheitswesen dienen den Menschen. Das tun auch die Rechtsanwälte, die uns vor Gericht vertreten, oder der Installateur, der den Wasserhahn repariert. Dienstleistungen sind also Tätigkeiten, bei denen nichts hergestellt wird – anders als zum Beispiel beim Bau eines Hauses oder wenn ein Auto am Fließband zusammengesetzt wird. Durch Dienstleistungen werden andere Bedürfnisse der Menschen erfüllt. Im Dienstleistungsgewerbe arbeiten in Deutschland sehr viele Menschen. Weil es in den letzten Jahrzehnten immer mehr geworden sind und ein immer größerer Teil der Bevölkerung in diesem Bereich beschäftig ist, spricht man heutzutage auch von einer »Dienstleistungsgesellschaft«.

Diffamieren

Wenn du von deinem Klassenkameraden etwas behauptest, was nicht stimmt, zum Beispiel er habe gepfuscht (obwohl du es besser weißt), dann steht er vielleicht bei seinem Lehrer nicht gut da. Wenn du ihm – aus welchem Grunde auch immer – das mehrmals antust und andere vielleicht noch mitmachen, dann bringt ihr euren Mitschüler in Verruf. Denn nichts anderes heißt das aus dem Lateinischen kommende Wort »diffamieren«: jemanden in seinem Ansehen schädigen, ihn herabsetzen oder ihn in Verruf bringen.

Lies auch mal nach unter dem Stichwort Denunzieren.

Diktatur

Das Wort kommt aus dem Lateinischen und ist genau das Gegenteil von Demokratie: Nicht die Mehrheit des Volkes bestimmt, sondern einige wenige, zum Beispiel eine einzige Partei oder sogar nur eine einzelne Person: der Diktator. Der Diktator ist meistens nicht gewählt worden, sondern er hat sich selber mit Gewalt an die Macht gebracht – oft mit der Hilfe des Militärs. Das muss den Diktator oftmals vor dem Volk schützen. Viele Menschen, die in einer Diktatur leben, haben Wut und Angst, können ihre Meinung nicht mehr frei sagen. Wenn sie es doch tun, »verschwinden« sie, kommen ins Gefängnis, werden gefoltert (⇨ Folter) oder sogar umgebracht.

Lies dazu auch einmal die Stichwörter Nationalsozialismus, Konzentrationslager *und* DDR.

Diplomatie / Diplomat/in

Wenn jemand geschickt seine Worte wählt und verhandelt, dann sagt man auch, er oder sie ist »diplomatisch«. Diplomatie (das Wort kommt aus dem Griechischen) bedeutet die »Kunst der Verhandlung«. Wenn verschiedene Länder miteinander etwas beschließen wollen, müssen die Vertreter der Länder zuerst verhandeln, das heißt miteinander reden und sicherstellen, dass es keine Probleme geben wird. Erst dann, wenn alles vorbereitet ist, unterschreiben die Regierungschefs Verträge mit anderen Ländern zum Beispiel darüber, dass man eine gemeinsame internationale Schule gründen oder zusammen Geschäfte machen will. Die Menschen, die im Auftrag ihrer Länder miteinander sprechen, nennt man Diplomaten oder Diplomatinnen. Diese Frauen und Männer haben in einer Diplomatenschule die Kunst des Verhandelns gelernt. In den fremden Ländern, wo die Diplomaten ihre Arbeit tun, genießen sie einen speziellen Schutz. Diesen nennt man Immunität.

Schon gewusst?

Das Kennzeichen bei Diplomatenautos beginnt immer mit der Null. Der erste Ziffernblock danach gibt das Herkunftsland an. Der zweite Ziffernblock zeigt, welche Bedeutung der Autobesitzer in der Botschaft hat (je kleiner die Zahl, desto höher der Dienstgrad).

Internet

Auf www.auswaertiges-amt.de findet ihr genaue Angaben zur Ausbildung und zu den Aufgaben von Diplomaten.

Diskriminierung

Wenn einzelne Menschen oder Gruppen benachteiligt werden, weil sie zum Beispiel eine andere Hautfarbe oder eine andere Religion haben, so werden sie diskriminiert (das Wort stammt aus dem Lateinischen und bedeutet »Unterscheidung«). Die Gründe dafür können sehr unterschiedlich sein. Oft spielen Vorurteile eine Rolle. So haben manche Menschen ohne Grund eine schlechte Meinung von Menschen fremder Herkunft oder mit fremdländischem Aussehen. Sie behandeln diese Menschen deshalb unfair und ungerecht – sie diskriminieren sie.
Bei der Diskriminierung spielt oft auch das Geschlecht eine Rolle. So erhalten Frauen im Berufsleben manchmal weniger Gehalt oder Lohn als ihre männlichen Kollegen, obwohl sie die gleiche Arbeit machen. Diese Frauen werden ungleich behandelt. Auch das ist Diskriminierung.

Dividende

Wenn man eine oder viele Aktien eines Unternehmens besitzt, hat man das Recht, am Gewinn des Unternehmens beteiligt zu werden. Diesen Gewinn, der an die Aktionäre verteilt wird, nennt man Dividende. Der Begriff kommt aus dem Lateinischen und heißt genau übersetzt »das zu Verteilende«. Wie hoch die Dividende ist, wird von den Aktionären und der Leitung eines Unternehmens festgelegt. Dieser Gewinn kann in Geld ausbezahlt werden. Es ist auch möglich, dass die Aktionäre kostenlos weitere Aktien erhalten. Wenn ein Unternehmen (eine Aktiengesellschaft) keinen Gewinn gemacht hat, gibt es auch keine Dividende.
Lies auch mal unter dem Begriff Aktien nach.

Doktrin

Dieses Wort stammt aus dem Lateinischen. Man bezeichnet damit eine politische Lehre, eine Theorie oder ein Grundsatzprogramm. Politiker oder eine Partei können eine solche Doktrin vertreten, die als feste Richtlinie für eine bestimmte Politik dient. So kann es zum Beispiel eine Doktrin geben, die vorgibt, wie die Beziehungen zwischen verschiedenen Staaten und Regierungen gestaltet werden. In Deutschland gab es beispielsweise in den Jahren 1955 bis 1969 die so genannte Hallstein-Doktrin. Diese Staatsdoktrin – benannt nach dem ehemaligen Staatssekretär im Außenministerium Walter Hallstein – galt für die deutsche Außenpolitik. Sie besagte, dass die Bundesrepublik Deutschland diplomatische Beziehungen zu allen Staaten verweigerte, die die DDR anerkannt hatten. (Eine Ausnahme war die damalige UdSSR). Die Bundesrepublik wollte damit deutlich machen, dass sie alleine das gesamte deutsche Volk vertrat. Die »Truman-Doktrin« (benannt nach dem Präsidenten der USA) oder die »Breschnew-Doktrin« (benannt nach dem Generalsekretär der Kommunistischen Partei der Sowjetunion) waren weitere Grundsätze, die die internationalen Beziehungen nach dem Zweiten Weltkrieg stark beeinflusst haben.

Wenn eine Theorie, eine Lehrmeinung oder eine Person als »doktrinär« bezeichnet wird, dann ist das meistens nicht positiv gemeint. Es kann auch heißen, dass sie oder er engstirnig oder einseitig ist.

Dritte Welt

Etwa zwei Drittel aller Menschen leben in der so genannten Dritten Welt. Mit dieser Bezeichnung sind alle wenig oder unterentwickelten Staaten Afrikas, Asiens, Süd- und Mittelamerikas sowie der Karibik und Ozeaniens gemeint.

Der Begriff »Dritte Welt«, so wie wir ihn heute verstehen, entstand in den Zeiten des Kalten Krieges, als sich zwei Militärblöcke gegenüberstanden. Der eine Block (die »Erste Welt« – so nannte man die demokratischen Industriestaaten) wurde von den USA angeführt. Dem gegenüber stand der kommunistische, von der Sowjetunion angeführte Block (die sozialistischen Industriestaaten, die »Zweite Welt«). Die Länder, die keinem dieser Blöcke angehörten (die »Blockfreien«) wurden zur »Dritten Welt« gezählt. Die Erste und Zweite Welt fanden spätestens mit dem Ende der

Nachgefragt

Philipp, 12

Welche Länder gehören im Moment zur »vierten Welt«?

Das sind die Länder, die zu den ärmsten Ländern der Welt gehören. Dazu gehören zum Beispiel Tadschikistan, Niger, Eritrea, Liberia, Burundi, Äthiopien und die Demokratische Republik Kongo. Manchmal wird der Begriff »Vierte Welt« auch benutzt, wenn man die Gebiete der Ureinwohner von Nordamerika oder Australien meint.

Sowjetunion 1991 ihr Ende. Der Name »Dritte Welt« hat sich erhalten. Es gibt sogar gelegentlich die Bezeichnung »Vierte Welt« für die allerärmsten Länder, die ohne ausländische Hilfe gar nicht überleben könnten.

Lies auch mal nach unter den Stichwörtern Entwicklungsländer *und* Nord-Süd-Konflikt.

Drogen

Das Wort Drogerie kennt ihr alle. Als »Drogen« bezeichnete man ursprünglich Stoffe (Blätter, Blüten, Wurzeln), die man zur Herstellung von Medikamenten, von Heil- oder Anregungsmitteln brauchte. Deshalb heißt ein Geschäft, in dem es solche Mittel gibt, auch Drogerie. Heute wird der Begriff Drogen meistens für so genannte Rauschgifte gebraucht. Je nach Stärke und Zusammensetzung bewirken alle Drogen eine seelische oder körperliche Veränderung im Menschen. Anfangs nehmen Menschen Drogen, um einen für sie angenehmen Zustand zu erreichen. Das kann aber schnell dazu führen, dass sie sich daran gewöhnen und von Drogen abhängig werden. Abhängigkeit aber zerstört die eigene Gesundheit und hilft denen, die mit Drogenhandel viel Geld verdienen.

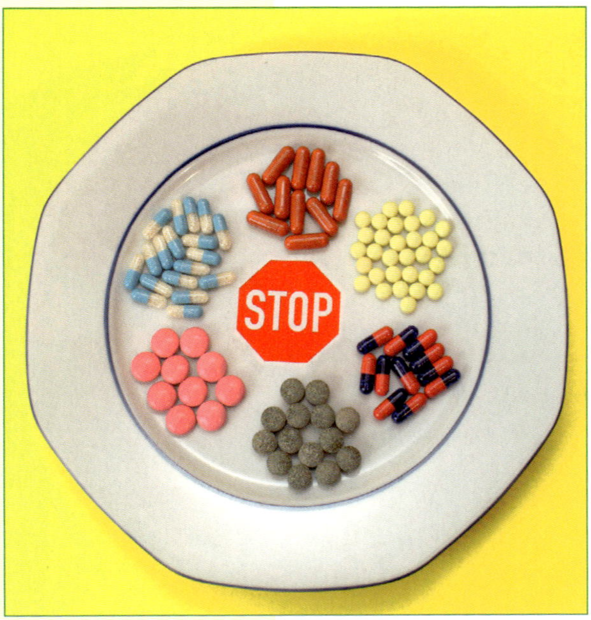

Man muss zwischen erlaubten (legalen) und verbotenen (illegalen) Drogen unterscheiden. Genussmittel wie Alkohol, Nikotin oder Kaffee zählen zu den legalen Drogen und sind jedenfalls für Erwachsene überall zu kaufen. Auch bestimmte Schmerz-, Beruhigungs- oder Aufputschmittel kann man als legale Drogen in der Apotheke mit oder ohne Rezept kaufen. Illegale Drogen sind Haschisch, Marihuana oder so genannte Opiate wie Heroin und Kokain sowie viele Drogen, die künstlich (synthetisch) in Labors hergestellt werden. Dazu zählen zum Beispiel Crack und Ecstasy. Erwerb, Besitz und Konsum, also der Verzehr illegaler Drogen, kann in Deutschland mit bis zu 10 Jahren Freiheitsentzug bestraft werden.

Der Staat will die Verbreitung von Drogen stoppen oder wenigstens einschränken. Die Polizei versucht deshalb zu verhindern, dass Drogen überhaupt ins Land kommen, und sie verfolgt kleine und große Händler, die diese Drogen verkaufen. Aufklärung an Schulen soll verhindern, dass Drogen genommen werden und bereits Jugendliche abhängig werden. In zahlreichen Einrichtungen, Therapien und Kliniken wird denen geholfen, die abhängig geworden sind, deren Leben bedroht ist und die auf jeden Fall versuchen müssen, von den Rauschgiften wieder loszukommen. Über die Wirkung von einzelnen Drogen und darüber, welche Schäden ihr Konsum anrichtet, informieren zum Beispiel die Drogenberatungsstellen.

Internet

Gute Informationen findest du zum Beispiel hier: www.drogenaufklaerung.de

Dynastie

Mit diesem aus dem Griechischen stammenden Wort (»dynastia« heißt auf Deutsch »Macht«, »Herrschaft«) wird eine Fürstenfamilie oder ein Herrscherhaus bezeichnet. Manchmal stellt eine solche Familie über mehrere Generationen den Landesherrn, weil die Macht immer weiter – meist an den ältesten Sohn – vererbt wird. Bereits im Altertum gab es mächtige Herrscherhäuser. In Ägypten war es die ptolomäische Dynastie, im alten China die Tang-Dynastie. Im frühen Mittelalter herrschten in Europa zum Beispiel die Merowinger und Karolinger. Im Heiligen Römischen Reich stammten die Herrscher aus der Familie der Salier und der Staufer. Die österreichischen Kaiser waren Habsburger, in Preußen und im Deutschen Reich stellte die Dynastie der Hohenzollern die Könige und Kaiser. Der letzte deutsche Kaiser aus dieser Familie, Wilhelm II., dankte im Jahre 1918 nach dem verlorenen Ersten Weltkrieg ab. Damit endete die Herrschaft der Hohenzollern.

Schon gewusst?

Mehr als 23 Millionen Menschen engagieren sich in Deutschland ehrenamtlich.

Grips

Kennst du auch Einrichtungen, in denen man sich ehrenamtlich betätigen kann?

Ehrenamt

Ehrenamtliche Mitarbeiter engagieren sich in Vereinen, sozialen Diensten, in der Kirche oder anderen Organisationen für eine Sache, die ihnen besonders am Herzen liegt. Dies tun sie oft, um anderen Menschen zu helfen. So arbeiten zum Beispiel alleine für den Deutschen Kinderschutzbund ungefähr 10.000 Ehrenamtliche und leisten damit einen enormen Beitrag zur Arbeit des Kinderschutzbundes. Menschen, die ein Ehrenamt bekleiden, erhalten keine Bezahlung für ihre Tätigkeit, manchmal werden ihnen ihre Kosten ersetzt.
Übrigens: Es gibt auch Ehrenämter, die übernommen werden müssen, zum Beispiel, wenn das Gericht einen Bürger als Schöffen, also als ehrenamtlichen Richter, in einem Prozess bestimmt. Auch eine ehrenamtliche Tätigkeit als Wahlhelfer ist Pflicht, wenn die Gemeinde jemanden dazu bestimmt. Aber die meisten Ehrenämter sind freiwillig.

Eid

Vereidigung / Diensteid

Einbürgerung

Ausländer, die bei uns leben, und Menschen, die keine Staatsangehörigkeit haben (Staatenlose), können die deutsche Staatsbürgerschaft erwerben. Bevor eine so genannte Einbürgerung oder Naturalisation stattfindet, müssen einige Voraussetzungen erfüllt sein, von denen wir nur einige nennen können. So muss der Antragsteller in Deutschland wohnen und er darf keine Straftaten begangen haben. Er muss, wie es heißt, seine Unbescholtenheit nachweisen. Außerdem muss für seinen Lebensunterhalt gesorgt sein.
Einen Anspruch auf Einbürgerung haben Ausländer in der Regel nur dann, wenn sie mindestens acht Jahre in Deutschland leben, für sich sorgen können und keine Straftat begangen haben. Kinder ausländischer Eltern erwerben mit der Geburt das Recht auf die deutsche Staatsangehörigkeit, wenn ein Elternteil seit acht Jahren in Deutschland wohnt. Menschen aus osteuropäischen oder östli-

chen Ländern, die nachweisen können, dass sie deutsche Vorfahren haben, können ebenfalls eingebürgert werden.

Embargo

Wenn ein Staat gegen das Völkerrecht verstößt, also zum Beispiel im Krieg absichtlich Krankenhäuser beschießt, dann können andere Staaten mit Strafen (Sanktionen) darauf reagieren. Eine solche Strafe könnte sein, dass an diesen Staat bestimmte Waren nicht mehr geliefert werden oder dass Waren aus diesem Land nicht mehr in andere Länder verkauft werden dürfen. Wenn solche Strafen durchgeführt werden, verhängt man ein Embargo. Das Wort kommt aus dem Spanischen und heißt, dass etwas beschlagnahmt wird. Früher nämlich wurde ein Land dadurch bestraft, dass seine Schiffe beschlagnahmt wurden und es deshalb keinen Handel mehr treiben konnte. Durch das Embargo soll der Staat dazu gebracht werden, das Völkerrecht wieder zu beachten.

Grips

Was bedeutet das spanische Wort »embargo«?

Emigration

Der Begriff kommt vom lateinischen Wort »emigratio«. Es bedeutet »wegziehen«. Von »Emigration« spricht man, wenn jemand aus dem Land, aus dem er stammt, wegzieht. Eine Emigration kann freiwillig oder erzwungen sein. Es gibt unterschiedliche Ursachen, wieso Menschen ihr Herkunftsland verlassen: Es kann aus politischen, religiösen oder auch aus wirtschaftlichen Gründen geschehen. Manchmal ist die Emigration eine Flucht vor Verfolgung oder Verhaftung. In den vergangenen Jahrhunderten gab es viele solcher Flucht- oder Auswanderungsbewegungen. Im 20. Jahrhundert sind nach der russischen Oktoberrevolution (⇨ Kommunismus) 1917 viele tausend Menschen vor den neuen Machthabern geflohen. In Deutschland haben während des Nationalsozialismus zwischen 1933 und 1945 viele tausend Juden und politische Gegner des Staates ihre Heimat verlassen, um der Verfolgung zu entkommen. 1991/92 gab es eine Emigrationswelle aus den Kriegsgebieten des ehemaligen Jugoslawiens.
Es gibt auch den Begriff »innere Emigration«. Davon spricht man, wenn zum Beispiel politische Gegner eines Diktators zwar nicht

ihr Land verlassen, um im Ausland zu leben, sich aber innerlich zurückziehen. Sie äußern sich nicht mehr in der Öffentlichkeit. Sie lassen ihre Gegnerschaft zum Regime nicht erkennen, um sich und ihre Familie nicht zu gefährden.
Mit »Emigration« wird nicht nur das Verlassen eines Landes, also die Auswanderung bezeichnet. Auch den Aufenthalt in einem fremden Land nach der Auswanderung bezeichnet man so. Die Menschen befinden sich dann in der Emigration, sie sind Emigranten.
Lies auch mal nach beim Stichwort Migration.

Emission / Emissionshandel

Der Begriff Emission stammt vom lateinischen Wort »emittere« ab, was auf Deutsch »aussenden« heißt. Geht ein großes und wirtschaftlich gesundes Unternehmen an die Börse, so werden Anteile an diesem Unternehmen in Form von Aktien ausgegeben, die man kaufen kann. Den Vorgang nennt man Emission. Der Begriff »Emission« wird aber nicht nur angewendet, wenn es um Aktien geht, sondern auch in vielen anderen Bereichen. Die Post gibt Briefmarken aus, ein Röntgengerät sendet Strahlen aus, unsere Autos stoßen während der Fahrt Abgase aus und Fabriken erzeugen bei der Herstellung ihrer Produkte verschiedene Schadstoffe, die in die Umwelt eingebracht werden. All dies sind Emissionen.
Besonders kritisch sind die Schadstoffe, die Kraftfahrzeuge und Produktionsanlagen an die Umwelt abgeben, insbesondere Treibhausgase, die sich schädlich auf unser Klima auswirken. Um die Umwelt zu schützen, haben viele Staaten beschlossen, diese Schadstoff-Emissionen zu reduzieren. Das heißt, die Autos sollen umweltfreundlicher werden und Fabriken müssen ihre Produktionsanlagen mit besseren Filtern versehen oder komplett modernisieren, um die Emissionen zu senken. Hierfür gibt es neuerdings Gesetze und Vorschriften, die genau festlegen, wie der Ausstoß von giftigem Kohlendioxid (CO2) vermindert werden muss.
Nun haben aber die Staaten nicht nur gesagt, dass die Gifte verringert werden sollen, sie haben im so genannten Kyoto-Protokoll auch festgelegt, wieviel Schadstoff-Emissionen jedes Land herstel-

Schon gewusst?

Fabriken können anderen Unternehmen Schadstoffmengen »abkaufen«.

len darf. Diese Vereinbarung führt dazu, dass mit Emissionen gehandelt werden kann: Will eine Fabrik mehr CO2 produzieren als es die Obergrenze für seine Produktionen vorsieht, so kann es einem anderen Unternehmen, das die vorgeschriebene Grenze des Schadstoffausstoßes nicht ausnutzt, diese nicht ausgenutzten Schadstoffmengen »abkaufen«. So kann es seinen eigenen Anteil erhöhen. Diesen Vorgang nennt man ebenso »Emissionshandel« wie den Kauf und Verkauf von Wertpapieren.

Energiepolitik

Energiepolitik sorgt dafür, dass wir alle ausreichend mit Energie, also mit Strom, Öl, Benzin, Gas usw. versorgt werden. Das ist in Deutschland, einem Land mit viel Industrie und großen Städten, eine besonders wichtige Aufgabe. Die meiste Energie wird heute durch das Verbrennen von Rohstoffen wie Holz, Kohle und Erdöl hergestellt. Alle Betriebe, alle Eisenbahnen, alle großen Gebäude und Maschinen verbrauchen viel Energie. Aber auch jeder Einzelne von uns braucht Energie, zum Beispiel zum Kochen, Fernsehen oder Mofa fahren. Man unterscheidet zwischen erneuerbarer Energie, das sind zum Beispiel Wasser- und Windenergie, Biogas oder Sonnenenergie. (Wenn diese Energien verbraucht sind, entstehen sie wieder neu – deshalb heißen sie »erneuerbar«.) Daneben gibt es Energiearten, die sich nicht erneuern, also Erdöl, Erdgas, Kohle, Atomkraft. Diese Vorräte sind irgendwann verbraucht. Bei Erdöl schätzt man, dass dies schon in ungefähr 60 Jahren der Fall sein wird (womit werden dann wohl die Autos fahren?). Deshalb ist es besonders wichtig, behutsam mit den vorhandenen Energien umzugehen. Vor allem aber müssen noch mehr Methoden gefunden werden, um die erneuerbaren Energien wie die Sonnenenergie zu nutzen.

Lies auch mal nach unter dem Stichwort Sonnenenergie.

Grips

Welche Energiearten werden bei dir zu Hause verbraucht?

Grips

Was heißt das französische Wort »Enquête«?

Enquête

Wörtlich übersetzt aus dem Französischen heißt das: eine durchgeführte Untersuchung. Man meint damit nicht die polizeiliche Untersuchung und Aufklärung eines bestimmten Kriminalfalles. Gemeint ist eine amtliche Untersuchung etwa darüber, ob es zu viele Beamte in den Verwaltungen gibt oder ob man die Verfassung verändern muss, damit es leichter wird, Gesetze zu machen. Der Bundestag (⇨ Deutscher Bundestag) setzt öfters so genannte Enquête-Kommissionen ein. Diese Kommissionen bestehen aus Abgeordneten und Fachleuten, die der Regierung und dem Parlament Berichte übergeben. Darin stehen wichtige Informationen, die die Regierung und das Parlament nutzen sollen, bevor sie ihre Entscheidungen treffen. Jahrelang arbeitete zum Beispiel eine Enquête-Kommission an einem Bericht über die Folgen der Gentechnologie (Veränderung des natürlichen Erbgutes von Pflanzen und Tieren), bevor Regierung und Bundestag darüber entschieden haben, was in Deutschland im Rahmen der Gentechnologie erlaubt und verboten sein soll.

Schon gewusst?

Entwicklungshilfe ist Hilfe zur Selbsthilfe.

Entwicklungsländer / Entwicklungshilfe

Nicht allen Menschen auf dieser Welt geht es so gut wie uns. In vielen Ländern außerhalb Europas herrscht große Armut. Familien hungern, Eltern sind arbeitslos, die Kinder haben zum Teil keine Möglichkeit, lesen und schreiben zu lernen. Viele Kinder müssen sogar selbst hart arbeiten, weil ihre Eltern nicht genug für die Familie verdienen. Viele Menschen werden krank, weil sie keine richtigen Wohnungen haben oder verschmutztes Wasser trinken müssen. Sie können nicht vom Arzt behandelt werden, weil es zu wenig Ärzte und Krankenhäuser gibt. Auch der Staat kann nicht helfen, weil er zum Beispiel nicht richtig organisiert ist oder falsch geführt wird. Oder der Staat ist verschuldet. Er muss seine Schulden oft mit hohen Zinsen zurückzahlen und besitzt deswegen nicht genügend Geld, um Krankenhäuser oder Schulen zu bauen. Länder, die so arm sind, bezeichnet man als Entwicklungsländer. Viele reiche Länder und private Organisationen versuchen, diese Länder zu fördern, indem sie ihnen so genannte Entwicklungshilfe anbieten. Damit soll das jeweilige Land so lange unterstützt werden, bis es sich selber helfen kann. Diese Hilfe nennt man auch »Hilfe zur Selbsthilfe«. Es werden zum Beispiel Brunnen gebohrt, Lehrer und Lehrerinnen und Ingenieure ausgebildet, Straßen gebaut und bessere Methoden für die Landwirtschaft entwickelt.

Es gibt viele Gründe dafür, dass die Entwicklungsländer arm sind. In vielen Entwicklungsländern gibt es nicht genug Lebensmittel und Rohstoffe (⇨ Energiepolitik), um die immer schneller wachsende Bevölkerung zu versorgen. Ein weiterer Grund ist, dass viele entwickelte Staaten wie zum Beispiel Deutschland glauben, dass sie ihre eigene Wirtschaft vor billigen Waren aus den Entwicklungsländern »schützen« müssen. Dazu erheben sie so genannte Einfuhrzölle (⇨ Zoll). Dadurch werden die Waren aus den ärmeren Ländern teurer und können nur noch schlecht verkauft werden. Viele Probleme der Entwicklungsländer haben ihre Ursachen in der Vergangenheit. Die Kolonialmächte haben ihre Kolonien ausgenutzt und daran gehindert, sich zu gleichstarken Handelspartnern zu entwickeln. Probleme bereitet in vielen armen Ländern auch das Klima. Immer wieder gibt es Dürrekatastrophen. Sie haben meist zur Folge, dass die Ernten zerstört werden.

Lies auch mal unter dem Stichwort Dritte Welt *und* Nord-Süd-Konflikt.

Entwicklungspolitik

Zur Entwicklungspolitik gehören alle politischen Aktivitäten und staatlichen Maßnahmen, welche den Aufbau, die technische und soziale Entwicklung der so genannten Entwicklungsländer fördern. Grundsätzlich hat die Entwicklungspolitik das Ziel, die Lebensverhältnisse der Menschen in diesen Ländern zu verbessern. Ein wichtiger Teil der Entwicklungspolitik ist die Entwicklungshilfe. Damit ist die Unterstützung der reichen Industriestaaten (der »Geberländer«) für die Entwicklungsländer gemeint. Zur Entwicklungspolitik gehören aber auch die Politik

Nachgefragt

Maurice, 12

Warum müssen wir den armen Ländern helfen?

Dafür gibt es einige Gründe. Alle Menschen haben die gleiche Würde und das gleiche Recht, menschenwürdig zu leben. So steht es auch in der Charta der Vereinten Nationen. Wenn wir aber davon überzeugt sind, müssen wir auch etwas dafür tun, dass die Menschen in Würde leben können. Sonst ist das nur ein Lippenbekenntnis. Uns hier in Deutschland, in Europa geht es gut – wir haben zu essen, wir können zum Arzt gehen, wenn wir krank sind, können lernen und uns bilden. In vielen armen Ländern ist das nicht der Fall. Wenn wir Hilfe für die armen Länder geben, hat es auch etwas mit Fairness zu tun. Die reichen Länder profitieren nämlich sehr stark von den armen Ländern. Wir beuten die Rohstoffe und Bodenschätze aus, wir kaufen Kaffee und Kakao und andere Sachen, geben dafür aber nur wenig Geld. Und es kommt noch ein anderer Grund dazu: Nur wenn die Menschen einigermaßen menschenwürdig leben können, kann man auch die Hoffnung haben, dass sie friedlich miteinander leben. Wer keine Hoffnung hat, ist eher bereit, auch mit Waffen dafür zu kämpfen, dass es gerechter zugeht. Dann entstehen Kriege, die auch uns betreffen können.

Internet

www.bmz.de – da findet ihr Informationen zur deutschen Entwicklungspolitik.

und die Maßnahmen dieser Länder (der »Nehmerländer«) selber, um ihrer Bevölkerung zu helfen. Dazu zählen zum Beispiel die Versorgung mit Nahrungsmitteln, die Einrichtung von Schulen, der Bau von Brunnen und Straßen sowie der Aufbau von Wirtschaft und Technik. Entwicklungspolitik sollte nicht nur den einseitigen wirtschaftlichen Zielen der »Geberländer« dienen oder den Interessen von privaten oder staatlichen Entwicklungshilfeorganisationen untergeordnet werden. Sie sollte den armen Ländern die Möglichkeit geben, dass sie sich künftig aus eigener Kraft weiter entwickeln können.

Erneuerbare Energie

Ihr kennt sicher Windkraftwerke: die hohen Pfeiler, die man manchmal in der Landschaft sieht. Oben drehen sich Flügel, die durch den Wind angetrieben werden. Sie werden dort aufgestellt, wo es meist sehr windig ist, zum Beispiel an der Küste. Diese Windkraftwerke nutzen den Wind als Energie, weil er sich immer wieder erneuert. Im Gegensatz zu Erdöl oder Kohle, die in unseren Kraftwerken verbrannt werden, um Strom zu erzeugen, gibt es den Wind immer wieder. Auch die Sonne, die Erdwärme und die Bewegung des Wassers kann man nutzen, um Energie zu gewinnen. Das Vorteilhafte, besser gesagt, das Gute daran ist, es wird nichts »ver«-braucht, sondern nur »ge«-braucht. Zu den erneuerbaren Energien zählen auch die Rohstoffe (⇨ Energiepolitik), die nachwachsen können wie zum Beispiel Holz. Aber auch mit erneuerbaren Energien muss man sorgfältig umgehen. So darf man immer nur eine bestimmte Anzahl von Bäumen fällen, und neu gepflanzten Bäumchen muss man genügend Zeit lassen, um nachzuwachsen. Bei manchen Baumarten, zum Beispiel Eichen, muss man besonders vorsichtig sein, denn sie wachsen nur sehr langsam.

Lies auch mal nach unter den Stichwörtern Nachhaltigkeit, Energiepolitik *und* Sonnenenergie.

Internet

Interessante Infos findest du hier: www.unendliche-energie.de; www.naju.de

Nachgefragt

Ramona, 12

Wie können wir Kinder Energie selber herstellen oder zumindestens sparen? Ich meine damit richtig Strom, Wärme und, und, und

Es gibt zwei Arten, Energie zu sparen: Auf Energie, die man nicht braucht, sollte man ganz verzichten, und die Energie, die man braucht, sollte man maßvoll verbrauchen.
Vier Tipps zum Energiesparen:
1.) Klüger heizen. In Zimmern, die tagsüber leer stehen, die Heizkörper runterdrehen – und die Tür schließen!
2.) Elektrische Geräte, die nicht gebraucht werden, ausschalten, z.B. indem man einfach den Stecker rauszieht.
3.) Beim Kochen die Töpfe zudecken, nur so wenig Wasser benutzen, wie man wirklich braucht.
4.) Für kurze Wege die eigenen Füße, das Fahrrad oder den Bus benutzen.

Erster Weltkrieg

Der Erste Weltkrieg dauerte von 1914 bis 1918. Deutschland hatte große Schuld an seinem Ausbruch. Auf der einen Seite kämpften Deutschland, Österreich-Ungarn, die Türkei und später Bulgarien, auf der anderen Seite waren es vor allem Frankreich, Großbritannien, Russland, Serbien, Griechenland, Rumänien, die USA und Japan. Über zehn Millionen Menschen sind im Krieg gestorben. Ausgelöst wurde dieser große Krieg durch die Ermordung des österreichischen Thronfolgers im serbischen Sarajevo am 28. Juni 1914. Die tieferen Ursachen dieses Weltkrieges aber waren lange andauernde Streitigkeiten zwischen den großen europäischen Mächten. Großbritannien, Frankreich, das Deutsche Reich, Österreich-Ungarn und Russland wollten ihre Macht vergrößern. Sie kämpften um mehr wirtschaftlichen Einfluss auf den Weltmärkten. Vor allem aber führte das militärische (⇨ Streitkräfte / Armee) Wettrüsten dieser Länder zu immer größeren Spannungen.

Deutschland und seine Verbündeten verloren den Ersten Weltkrieg. Die Siegermächte haben im Versailler Vertrag festgeschrieben, welche Folgen das für Deutschland hatte. Die Monarchie im Deutschen Reich wurde abgeschafft, der Kaiser musste das Land verlassen. Grenzgebiete im Osten und im Westen Deutschlands gingen an die Nachbarländer. Außerdem musste Deutschland seine Armee auf 100 000 Soldaten verringern und an die Sieger hohe Schadensersatzleistungen, das nennt man »Reparationen«, bezahlen.

Die Schlacht um Verdun im Ersten Weltkrieg

Lies auch mal unter Weimarer Republik *und* Weltkrieg *nach.*

Erziehungsberechtigte

Normalerweise sind die Eltern mindestens bis zum 18. Lebensjahr die Erziehungsberechtigten ihres Kindes. Sie übernehmen die so genannte Personensorge für ihr Kind und damit alle Aufgaben,

die das (noch unmündige, noch nicht volljährige) Kind selbst nicht erfüllen kann oder darf. Diese elterliche Sorge steht in einer Ehe dem Vater und der Mutter zu gleichen Teilen zu. Es ist die Pflicht der Eltern, dieses Sorgerecht gemeinsam zum Wohle des Kindes auszuüben. Zum Beispiel entscheiden sie, welche weiterführende Schule ihr Kind besucht, wenn es die nötigen Voraussetzungen erbringt. Aber die Eltern können nicht darüber entscheiden, ob ihr Kind überhaupt die Schule besucht. Denn der Schulbesuch ist in Deutschland gesetzlich vorgeschrieben. Für den Fall, dass die Eltern die Personensorge nicht mehr erfüllen können oder dürfen, entscheidet das Vormundschafts- oder Familiengericht, wer stattdessen die Erziehungsberechtigung übernimmt. Das kann zum Beispiel der Fall sein, wenn die Eltern getrennt leben oder geschieden sind. Maßgebend für das Urteil des Gerichts ist auf jeden Fall, was für das Kind das Beste ist. Und wenn es schon 14 Jahre alt ist, kann es selber entscheiden, ob es bei dem Vater oder der Mutter bleiben möchte. Alle diese Fragen sind im Bürgerlichen Gesetzbuch (BGB) geregelt.

Ethik

Der Begriff kommt vom griechischen Wort »ethos« und bedeutet soviel wie »Sitte«, »Gewohnheit«, »Herkommen«. Ethik ist ein Teilgebiet der Philosophie und befasst sich mit dem menschlichen Handeln. Wie soll der Mensch handeln, an welchen Werten soll er sich orientieren? So lauten die Fragen, mit denen sich diese philosophische Wissenschaft beschäftigt.

Ihr habt euch sicher schon einmal die Frage gestellt, wann ein Mensch gut oder böse ist. Das ist nicht leicht zu beantworten. Denn dazu muss man nicht nur wissen, was dieser Mensch gemacht hat, sondern auch, wie und warum er es getan hat. Und wenn man diese Fragen stellt, geht man davon aus, dass die Menschen in vielen Situationen die Möglichkeit haben, so oder so zu handeln. Zwar handeln wir oft auf eine bestimmte Weise, weil wir ein Gesetz befolgen wollen. Aber oft können wir uns auch ganz frei entscheiden, ob wir etwas tun oder lassen wollen. Beispielsweise können wir entscheiden, ob wir jemandem bei einem Problem

Nachgefragt

Jan, 11

Wie lauten die ethischen Grundregeln?

Es gibt unterschiedliche ethische Grundregeln. Es gibt aber eine »Goldene Regel«, die auch in allen großen Religionen Beachtung findet: Was du nicht willst, was man dir tu´, das füg auch keinem anderen zu.

helfen oder ob wir ihn reinlegen, ob wir teilen oder lieber geizig sein wollen. Was wir letztendlich tun, hängt davon ab, welche ethischen Grundwerte wir achten, zum Beispiel wie hoch wir persönliches Glück bewerten oder die eigene Verantwortung für die Gemeinschaft. Ethische Fragen nach dem Guten und Bösen, nach dem richtigen Leben, nach den sittlichen Werten haben für das Zusammenleben der Menschen eine große Bedeutung. In den Religionen werden diese Fragen sehr oft im Zusammenhang mit göttlichen Geboten beantwortet.

Grips

Welche ethischen Grundwerte hältst du für besonders wichtig?

Ethnische »Säuberung«

In einer Diktatur werden Personen, die politisch anderer Meinung als die Herrschenden sind, oft verfolgt und aus ihren Ämtern vertrieben. Der Staat wird von diesen Menschen »gesäubert«, damit keine Kritik oder Störung mehr erfolgt. Dieser Begriff der »Säuberung« ist besonders niederträchtig, weil damit der Eindruck erweckt werden soll, dass diese Menschen einen Staat beschmutzen oder dass sie selbst Schmutz wären. Solche (politischen) »Säuberungen« nahmen im 20. Jahrhundert riesige Ausmaße an. Die Nationalsozialisten »säuberten« ihren Staat von Menschen, die sie in ihren Rassengesetzen als »minderwertig« bezeichneten. Dies waren Juden, Sinti und Roma oder auch behinderte Menschen. Das führte schließlich zum Holocaust, in dem Millionen Menschen ermordet wurden. Auch in der Sowjetunion gab es unter dem Diktator Stalin gewaltige »Säuberungen«. Millionen Menschen verschwanden in Zwangslagern, wo sie sehr oft starben. Eine weitere Form der menschenverachtenden »Säuberungspolitik« ist die so genannte ethnische »Säuberung«. »Ethnie« ist ein griechisches Wort und bezeichnet eine Gruppe von Menschen, die die gleiche Kultur verbindet. Wenn eine solche Gruppe verfolgt und vertrieben wird, spricht man von »ethnischer Säuberung«. Dies geschah zum Beispiel Anfang der 1990er Jahre auf dem Balkan, wo die Serben die Albaner aus dem Kosovo vertrieben haben.

Dieses hässliche, menschenverachtende Wort wurde in die Liste der hundert »Unwörter« des 20. Jahrhunderts aufgenommen.

EU-Erweiterung

Schon gewusst?

Folgende Länder gehören zur EU: Belgien, Dänemark, Deutschland, Estland, Finnland, Frankreich, Griechenland, Irland, Italien, Lettland, Litauen, Luxemburg, Malta, die Niederlande, Österreich, Polen, Portugal, Schweden, die Slowakische Republik, Slowenien, Spanien, die Tschechische Republik, Ungarn, das Vereinigte Königreich (Großbritannien) und der griechische Teil Zyperns.

Jeder europäische Staat hat nach dem EU-Vertrag die Möglichkeit, der Europäischen Union (EU) beizutreten. Inzwischen gehören 25 Staaten zur EU, weitere möchten beitreten. Bulgarien und Rumänien werden der Union 2007 beitreten, sofern sie die Voraussetzungen für die Mitgliedschaft erfüllen. Auch die Türkei möchte zur EU gehören.
Was erwarten sich die Länder von ihrer Mitgliedschaft in der EU? Sie hoffen darauf, dass ihre Wirtschaft vom europäischen Markt profitiert. Sie erwarten, dass sich mit Hilfe der EU die Länder schneller entwickeln und der Wohlstand wächst. Sie hoffen, dass sich die Demokratie gut entwickelt und es den Menschen besser geht. Und für die EU bedeutet ein geeintes Europa ebenso, dass man miteinander besser Geschäfte machen kann, auf diese Weise Arbeitsplätze entstehen und es den Menschen dadurch besser geht.

Euro – Geldscheine und Münzen

Euro

Der Euro ist die gemeinsame Währung verschiedener Staaten in Europa. Es sind die folgenden 12 Staaten, die eine Währungsunion bilden: Belgien, Deutschland, Finnland, Frankreich, Griechenland, Irland, Italien, Luxemburg, die Niederlande, Österreich, Portugal und Spanien. Der Euro gilt außerdem in Monaco, San Marino, Vatikanstadt, Montenegro und dem Kosovo. Der Name wurde 1995 von einer Versammlung des Europäischen Rates in Madrid beschlossen. Ein Jahr später wählten die Staats- und Regierungschefs der EU-Länder die Bilder, die auf den Euro-Geldscheinen zu sehen sind. Sie wurden von dem österreichischen Grafiker Robert Kalina entwickelt. 1997 wurde das Aussehen der Münzen nach Entwürfen des belgischen Designers Luc Luycx festgelegt. Anfang 2002 tauschten die Banken der verschiedenen Staaten der Währungsunion im Auftrag der Europäischen Zentralbank die nationalen Währungen gegen den Euro ein. Auf den Euro-Scheinen (5, 10, 20, 50, 100, 200 und 500 Euro) sieht man auf den Vorderseiten Fenster und Tore. Sie sollen ein Ausdruck für Offenheit sein. Auf den Rückseiten der Banknoten sieht man Brücken unterschiedlicher Baustile von Klassik, Romanik und Gotik und weiteren Stilen früherer Jahrhunderte bis zur modernen Architektur des 20. Jahrhunderts. Dadurch soll gezeigt werden, dass es zu allen Zeiten Verbindungen zwischen den Menschen in Europa gab, dass schon immer Brücken geschlagen wurden. Die Geldscheine sind in allen Ländern gleich. Die Münzen (1, 2, 5, 10, 20, 50 Cent, 1 und 2 Euro) sind nur auf der Vorderseite gleich gestaltet. Auf der Rückseite zeigen sie nationale Motive. Die in Deutschland ausgegebenen Euro-Münzen zeigen zum Beispiel den Bundesadler, das Brandenburger Tor oder Eichenblätter.

Grips

Welche Währungen gibt es in Europa außer dem Euro?

Europa

Deutschland liegt mitten in Europa. Mit einer Fläche von zehn Millionen Quadratkilometern ist Europa nach Australien der zweitkleinste Kontinent oder Erdteil. So nennt man große zusammenhängende Landmassen mit dazu gehörigen Inseln und Meeren. Auf unserem Globus gibt es fünf Erdteile: Asien, Amerika, Afrika, Europa, Australien. Deutschland würde ungefähr 18-mal in Europa hineinpassen. Das Ural-Gebirge in Russland grenzt Europa von Asien im Osten ab; im Süden ist das Mittelmeer verläuft die Grenze zu Afrika. Westlich und nördlich von Europa liegt der Atlantische Ozean. Der südlichste Punkt Europas liegt in Zypern, der nördlichste ist das Nordkap in Norwegen. Würde man vom südlichsten Punkt des Kontinents bis zum nördlichsten reisen, wäre man mit Auto und Schiff – ohne Staus und Pausen – vier bis fünf Tage unterwegs.

»Reitende Europa auf dem Stier«, Skulptur am Wittelsbacher Brunnen in München

In Europa gibt es viele verschiedene Länder, darunter auch sehr viele kleine Länder. Insgesamt leben hier über 700 Millionen Menschen. Es werden über 60 verschiedene Sprachen gesprochen.

25 europäische Staaten haben sich in der Europäischen Union (EU) zusammengeschlossen, um in manchen Bereichen eine gemeinsame Politik zu betreiben.

Woher der Name Europa kommt, wollt ihr noch wissen? Diesen Namen hat man der griechischen Sagenwelt entnommen.

Schon gewusst?

Zur Europahymne wurde 1972 vom Europarat die »Ode an die Freude« erklärt. Sie wurde von Ludwig van Beethoven komponiert.

»Europa« hieß dort die Tochter eines phönizischen Königs (⇨ Monarchie). Sie wurde vom Götterkönig Zeus, der sich als Stier verkleidet hatte, geraubt. Deswegen wird Europa in der Kunst oft als eine Frau mit einem Stier dargestellt.

Europäische Union (EU)

Die Europaflagge, das Symbol der EU

Die Europäische Union (abgekürzt: EU) ist ein Zusammenschluss von europäischen Staaten, die gemeinsame politische Ziele verfolgen. Die EU besteht seit dem 1. November 1993. An diesem Tag haben sich zwölf Staaten, darunter auch Deutschland, zur Europäischen Union zusammengeschlossen. So war es vorher im Vertrag von Maastricht vereinbart worden. Schon vorher gab es einen Zusammenschluss europäischer Staaten, die so genannte »Europäische Gemeinschaft«. Jeder Staat in Europa hat die Möglichkeit, der Europäischen Union beizutreten. Allerdings müssen dafür einige Voraussetzungen erfüllt sein. Eine der wichtigsten Voraussetzungen ist, dass der Staat, der beitreten will, demokratisch ist. Heute gehören zur EU 25 Staaten, die insgesamt mehr als 460 Millionen Einwohner haben. Wenn alle, die einen Aufnahme-Antrag gestellt haben, in den nächsten Jahren von der EU aufgenommen werden, wird die EU mehr als 30 Mitgliedsländer haben.

Die Staaten, die sich in der EU zusammengeschlossen haben, wollen in vielen politischen, wirtschaftlichen und sozialen Fragen zusammenarbeiten. Sie wollen gemeinsam dafür sorgen, dass der Wohlstand in Europa gesichert wird und die Menschen in Frieden leben können. Eine solche gemeinsame Politik ist manchmal ziemlich kompliziert. Alle Staaten in der Gemeinschaft sind immer noch selbstständige Staaten und haben eigene Regierungen. Da gibt es manchmal Streit zwischen der EU und einzelnen Staaten – und natürlich auch zwischen den Staaten untereinander. Das ist so wie in einer großen Familie. Da ist eine Einigung nicht immer leicht zu erreichen.

Anfang 1999 wurde eine gemeinsame Währung eingeführt, die in vielen EU-Staaten gültig ist: der Euro.

Vielleicht ist euch aufgefallen, dass an den Grenzen zu den Niederlanden, nach Frankreich oder zu anderen EU-Ländern zwar manchmal noch kleine Kontrollhäuschen stehen, dort aber keine Passkontrollen mehr stattfinden. Früher musste man immer einen Pass vorzeigen, wenn man in ein anderes Land fuhr. Dass das Reisen in Europa von einem Land ins andere heute so leicht ist, zeigt, dass die Menschen auf unserem Kontinent in einem »Gemeinsamen Haus Europa« leben.

Zur EU gehören: Belgien, Dänemark, Deutschland, Estland, Finnland, Frankreich, Griechenland, Irland, Italien, Lettland, Litauen, Luxemburg, Malta, die Niederlande, Österreich, Polen, Portugal, Schweden, die Slowakische Republik, Slowenien, Spanien, die Tschechische Republik, Ungarn, das Vereinigte Königreich (Großbritannien) und der griechische Teil Zyperns.

Der Begriff »Union« kommt übigens aus dem Lateinischen und heißt »Vereinigung«.

Lies auch mal nach unter den Stichwörtern Schengener Abkommen, EU-Erweiterung, Pass, Bundesstaat *und* Stabilitätspakt.

Internet

Gute Informationen zur EU findest du hier: www.entdeckeeuropa.de

Europäischer Rat

Jedes halbe Jahr kommen alle Staats- und Regierungschefs der Europäischen Union zu einem großen Treffen zusammen. Bei diesem »Gipfeltreffen«, an dem auch der Präsident der Kommission der EU teilnimmt, handelt es sich um eine Tagung des Europäischen Rates.

Die Mitgliedsstaaten der Europäischen Union

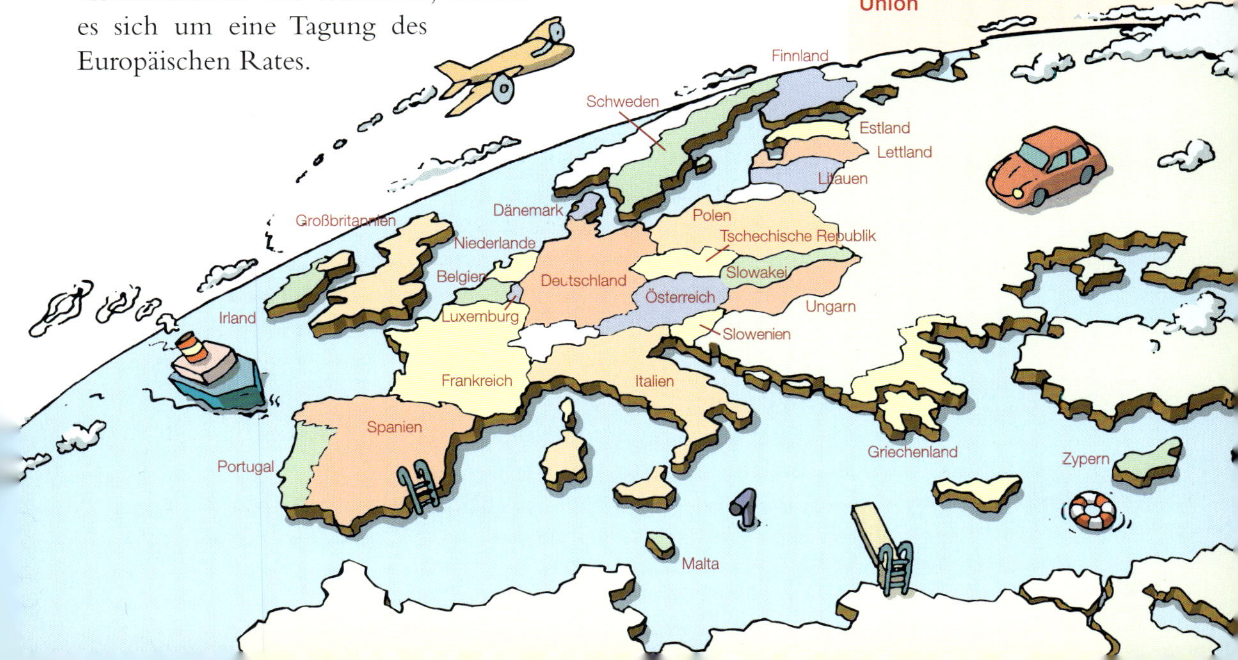

Nachgefragt

Lola, 16

Was sind die wichtigsten Institutionen in der EU?

Drei Institutionen sind ganz besonders wichtig: Erstens das Europäische Parlament. Es wird von den europäischen Bürgern gewählt und ist ihre politische Vertretung. Zweitens der Rat der Europäischen Union, der die einzelnen Mitgliedstaaten vertritt, und drittens die Europäische Kommission, die die Interessen der EU nach außen hin vertritt. Diese drei Einrichtungen legen die Richtlinien der EU fest und treffen die Entscheidungen. Der Europäische Gerichtshof sorgt zudem dafür, dass die Gesetze eingehalten werden. Der Rechnungshof ist für die Finanzierung der europäischen Projekte zuständig.

Er trifft die wichtigsten politischen Entscheidungen in der EU. Er bestimmt die Leitlinien der Politik und das bedeutet: Der Europäische Rat legt fest, welchen Kurs die EU in der nächsten Zeit steuern wird.
Regelmässig finden auch Treffen der Ministerinnen und Minister aus den verschiedenen Mitgliedsstaaten statt. Dort wird dann zum Beispiel über die gemeinsame Verkehrs- oder Agrarpolitik beraten. Wenn sich die Minister aber nicht einigen können, so entscheiden die Regierungschefs im Europäischen Rat, wie vorgegangen werden soll.
Lies auch mal nach bei den Stichwörtern Europäische Union *und* Kommission der EU.

Europäisches Parlament

Dieses Parlament mit Vertretern aus verschiedenen europäischen Staaten wurde 1958 gegründet. Nach Gründung der Europäischen Union und ihrer Erweiterung stieg die Zahl der Abgeordneten auf über 732. Gewählt wird das Parlament alle fünf Jahre von den Wahlberechtigten in den Mitgliedsstaaten der EU. Jedes der 25 EU-Mitgliedsländer kann entsprechend seiner Bevölkerungsgröße eine bestimmte Anzahl von Abgeordenten in das Parlament entsenden. Die größte Gruppe bilden die 99 Abgeordneten aus der Bundesrepublik Deutschland. Das Europaparlament, wie es auch genannt wird, hat seinen Verwaltungssitz in Luxemburg, seine Tagungen finden in Straßburg statt. Im Vergleich zu den nationalen Parlamenten, zum Beispiel zum Deutschen Bundestag, kann das Europäische Parlament keine Gesetze erlassen. Es kann in vielen Fragen beraten, zum Beispiel bei Problemen des Umweltschutzes, des Gesundheitswesens oder in kulturellen Fragen. Es kann mitbestimmen, zum Beispiel beim EU-Haushalt. Und bei manchen Angelegenheiten ist die Zustimmung des Europäischen Parlaments erforderlich, zum Beispiel wenn es um die Aufnahme neuer Mitglieder in die EU geht oder um die Ernennung der Mitglieder und des Präsidenten der Kommission der EU

Europäische Zentralbank

Alle Staaten der EU (⇨ Europäische Union), die an der Europäischen Währungsunion teilnehmen und den Euro als Zahlungsmittel eingeführt haben, haben gemeinsam eine zentrale Bank. Diese Europäische Zentralbank, kurz EZB genannt, wurde 1998 gegründet und hat ihren Sitz in Frankfurt am Main. Sie ist unabhängig. Keine Regierung darf ihr Weisungen geben oder Vorschriften machen. Die wichtigste Aufgabe der EZB ist es, dafür zu sorgen, dass der Euro seinen Wert behält, also stabil bleibt. Die Ausgabe der Euro-Banknoten gehört ebenfalls zu den Aufgaben der EZB. Und die Anzahl der Euro-Münzen, die ein Staat ausgibt, muss ebenfalls von der EZB genehmigt werden. Die EZB darf keiner Regierung in der EU Kredite oder irgendwelche Vergünstigungen gewähren.

Lies auch mal nach unter den Stichwörtern Deutsche Bundesbank *und* Euro.

Exekutive

Gewaltenteilung

Exil

Das Wort kommt aus dem Lateinischen. Menschen werden manchmal in ihrem Heimatland aus politischen oder religiösen Gründen verfolgt und mit Strafe bedroht. Dem Diktator oder den Regierenden passt es nicht, dass diese Menschen anderer Überzeugung sind und ihre Meinung öffentlich gesagt haben. Den Verfolgten bleibt oft nichts anderes übrig, als sich ins sichere Ausland abzusetzen, also zu fliehen, wenn sie überleben wollen. Im Ausland aber befinden sich die Verfolgten im »Exil«. (Sie sind emigriert, was auch aus dem Lateinischen kommt und »wegziehen« heißt.) Es gibt auch ein aufgezwungenes Exil: Menschen werden verbannt, das heißt aus ihrer Heimat ausgewiesen, vielleicht weil sie die herrschende Regierung kritisiert haben und deshalb gefährlich für die Machthaber geworden sind.

Es kommt auch vor, dass ein Diktator selber ins Exil geht, weil er vom Volk vertrieben wird.

Internet

Hier findet man Ideen für gute Projekte: www.exilclub.de

Familie / Familienpolitik

Was Familie ist, wissen wir natürlich alle: Dazu gehören Eltern, Kinder, Großeltern und die weitere Verwandtschaft. Früher lebte die ganze Familie oft unter einem Dach zusammen. So erklärt sich auch das Wort, denn Familie kommt von lateinisch »familia«, das bedeutet »Hausgenossenschaft«. Solche Großfamilien gibt es heute bei uns nur noch selten. Meistens leben Eltern und Kinder in einer Kleinfamilie zusammen. Das hat viele Gründe. Ein Grund ist, dass es in den Städten nicht genug Wohnraum für große Familien gibt.

Unter Familienpolitik versteht man alles das, was eine Regierung tut, damit es den Familien in einem Staat möglichst gut geht. Dazu gehören zum Beispiel Gesetze, die festlegen, dass Familien mit Kindern nicht so viel Steuern zahlen müssen wie andere Leute. Dazu gehören auch Gesetze zur Schulpolitik oder zur Bildungspolitik (⇨ Bildungswesen). Die Vorschriften zur Elternzeit sollen es ermöglichen, dass Mütter und Väter eine Zeitlang weniger in ihrem Beruf arbeiten und sich mehr um ihre Kinder kümmern können.

Übrigens: Auch in der Botanik und Zoologie, also im Pflanzen- und Tierreich, wird der Begriff Familie gebraucht, wenn man miteinander verwandte Pflanzen und Tiere benennen und einordnen will.

Grips

Wie sieht deine Familiengalerie aus?

Internet

Dies ist die Kinderseite des Familienministeriums: www.kinderministerium.de

Fanatismus

Wenn ich ein Ziel blind und ohne viel Überlegung verfolge, dabei aggressiv, das heißt ohne Rücksicht auf andere handele, bin ich fanatisch (das Wort kommt aus dem Lateinischen). Der Fanatiker lässt nichts mehr neben sich gelten, schon gar keine Menschen, die anders denken als er. Fanatiker hören auf keine Kritik am eigenen Handeln und bekämpfen diese sogar mit allen Mitteln. Im Laufe der Geschichte haben viele politische Bewegungen und Parteien fanatisch ihre gefährlichen Ziele verfolgt. Im Mittelalter gab es einen Fanatismus, der durch Religion geprägt war. Er hat dazu geführt, dass viele Menschen im Namen Gottes verfolgt oder sogar verbrannt wurden.

Nachgefragt

Caroline, 14

Welche Folgen kann Fanatismus haben?

Die Folgen können sein, dass man Situationen falsch einschätzt, dass man ungerecht wird und anderen Menschen Unrecht antut. Wenn man, bevor man eine Entscheidung trifft, eine Sache nicht mehr richtig überlegt, sondern immer schon vorher weiß, was richtig und falsch ist, kann das nicht wirklich zu einem vernünftigen Handeln führen, oder?

Leo (in der Mitte) präsentiert seine Familiengalerie

Faschismus

Der Faschismus ist eine politische Bewegung, die Anfang des 20. Jahrhunderts in Italien entstand. Die Faschisten hatten als Zeichen auf ihren Fahnen und Parteiabzeichen das altrömische Rutenbündel (lateinisch: »fasces«). Die faschistische Partei hat schon bald nach ihrer Gründung mit Hilfe von Gewalt und Terror die Macht in Italien übernommen. Der unbedingte Gehorsam gegenüber dem Führer der Bewegung, der Benito Mussolini hieß, war die oberste Pflicht der Mitglieder. Mussolini forderte von seinen Anhängern die völlige Unterwerfung unter das rechtsextreme, rassistische und fremdenfeindliche Gedankengut. Das demokratische Parlament war machtlos geworden. Nur noch der Führer und seine obersten Gefolgsleute bestimmten, was die Menschen zu tun und zu denken hatten. Weil es den Menschen in dieser Zeit wirtschaftlich sehr schlecht ging, hatten sie sich nach einem starken Führer gesehnt. Sie hofften, dass er ihnen aus ihrer Not heraus helfen würde. Auch in anderen Ländern, wo es den Menschen nicht gut ging, konnte der Faschismus Fuß fassen, insbesondere in Deutschland, wo er Nationalsozialismus hieß. Der Führer dieser Bewegung in Deutschland hieß Adolf Hitler. Ihr Zeichen war das Hakenkreuz. Erst mit dem Ende des Zweiten Weltkrieges 1945 war der faschistische Terror in den europäischen Ländern vorbei. Er lebte ab und zu noch in südamerikanischen Staaten wieder auf, wenn dort Diktatoren an die Macht kamen.

Nachgefragt

Else, 14

Was unterscheidet den Faschismus von einer Diktatur?

Die Diktatur ist eine Regierungsform – der Diktator regiert auf eine bestimmte Art und Weise, z.B. indem er Andersdenkende unterdrückt. Faschismus ist eine Weltanschauung. Faschisten haben bestimmte politische Vorstellungen, die sie durchsetzen wollen. Kommt beides zusammen, spricht man von einer faschistischen Diktatur.

Feudalismus

Der Begriff »Feudalismus« kommt vom lateinischen Begriff »feudum« und heißt abgeleitet »Lehngut«. Der Feudalismus war eine Form der gesellschaftlichen, politischen und wirtschaftlichen Ordnung, die sich im Mittelalter (ungefähr ab dem 10. Jahrhundert) in West- und Mitteleuropa herausbildete. Der Monarch (Kaiser, König), der Adel und die Kirche waren die Grundbesitzer, ihnen gehörten also die Ländereien. Sie bildeten die führende Schicht und gaben bestimmte Rechte und Land (so genannte Lehen) an Untertanen für treue Dienste weiter. Diese Untertanen

Nachgefragt

Lara, 14

Gibt es noch Überreste des Feudalismus heute?

Es gibt noch Überreste aus fast allen Zeiten. Sie reichen von Gebäuden über Kunstwerke, Bücher, Briefe bis zu Alltagsgegenständen wie Geschirr, Möbel und Kleider. Alle diese Dinge können uns etwas über ihre Zeit und die Menschen, die damals lebten, erzählen.

nannte man Vasallen. Sie durften das Land nutzen, mussten dafür dem König ergeben sein. Sie mussten bereit sein, dem König zu dienen, zum Beispiel mit dem Feudalherrn (dem Lehnsherrn) in den Krieg ziehen. Den Grundherren wiederum waren die Bauern untertan. Sie bestellten das Land und schuldeten dafür dem Grundherren Abgaben (die Fron). Sie hatten als Unfreie keine eigenen Rechte und oftmals ging es ihnen als Leibeigene so wie Sklaven.
Im Zeitalter der Aufklärung, ab dem 18. und mehr noch im 19. Jahrhundert, wurde das vom Handel und Gewerbe lebende Bürgertum in den Städten immer stärker. Nach und nach verlor der Feudalismus an Grundlage und Bedeutung und es begannen bürgerlich-demokratische Herrschaftsformen.

Finanzausgleich

Die Steuern, die der Staat einnimmt, sollen sowohl dem Bund, den Bundesländern und allen Gemeinden zugute kommen. Wie viel Geld jeder dieser drei erhält, ist im Grundgesetz festgeschrieben. Der Bund bekommt zunächst fast das gesamte Steuergeld. Der so genannte Finanzausgleich regelt, wie das Geld verteilt wird, wie viel Geld also der Bund an die Bundesländer zu zahlen hat, damit sie ihre Aufgaben erfüllen können, und wie viel Geld die Gemeinden erhalten.
Es gibt auch den so genannten Länderfinanzausgleich. Dieser legt fest, wie die Unterschiede zwischen den reichen Bundesländern und den ärmeren ausgeglichen werden. Die reichen Bundesländer, die zum Beispiel mehr Industrie haben und mehr Steuern bekommen, müssen den ärmeren Bundesländern etwas abgeben. Auf diese Weise soll verhindert werden, dass es zu große finanzielle Unterschiede in den deutschen Bundesländern gibt.
Auch in der EU (⇨ Europäische Union) gibt es einen Finanzausgleich: Die reichen Staaten müssen mehr Geld in die EU-Kasse einzahlen als die ärmeren Staaten. Die ärmeren Staaten, die nicht so stark entwickelt sind, erhalten mehr Unterstützung als die reichen Staaten der Gemeinschaft.

Grips

Welche Einnahmen des Staates fallen dir noch ein außer den Steuergeldern?

Nachgefragt

Christopher, 12

Warum hat die deutsche Flagge die Farben Schwarz, Rot, Gold?

Die Studenten, die sich im 19. Jahrhundert nach den Befreiungskriegen (1813-1815) für eine freiheitliche Entwicklung in Deutschland eingesetzt haben, trugen eine Uniform und eine Fahne mit den Farben Schwarz, Rot und Gold. Die Frankfurter Nationalversammlung von 1848 hat beschlossen, dass das die Farben der Flagge sein sollten. In der Weimarer Republik wurde Schwarz-Rot-Gold zum Symbol der Republik. Diese Farben wurden nach dem Zweiten Weltkrieg dann auch von der Bundesrepublik Deutschland und der DDR als Staatsfarben angenommen.

Finanzen

Dieser Begriff bedeutet, wenn man ihn frei aus dem Lateinischen übersetzt, »Geld« oder »Geldangelegenheiten«. Es heißt ja auch im Sprachgebrauch: Um meine Finanzen steht es aber gar nicht gut. Häufiger hört man auch den Ausdruck »Staatsfinanzen« oder »öffentliche Finanzen«. Das ist ein Sammelbegriff für alles Geld, für alle Ausgaben und Einnahmen des Staates oder der Gemeinde. Ausgaben können zum Beispiel die Kosten für Straßenbau oder Verwaltung sein, die der Staat hat. Einnahmen können Steuern sein. Es können aber zum Beispiel auch die Eintrittsgelder sein, die die Menschen bezahlen müssen, wenn sie ins Schwimmbad gehen, oder das Geld, das Hausbesitzer bezahlen müssen, wenn die Kanalisation oder die Bürgersteige neu gebaut werden. Es gibt viele tausend Beispiele für die Ein- und Ausgaben der Stadt und des ganzen Landes.

Lies auch mal nach beim Stichwort Steuern.

Flagge

Eine Flagge ist meist ein viereckiges Tuch, bedruckt mit verschiedenen Farben und Zeichen. Es zeigt zum Beispiel die Zugehörigkeit zu einem bestimmten Land. Im Unterschied zur Fahne kann die Flagge mit einer Leine an Masten oder Stöcken gehisst werden. Schiffe müssen zum Beispiel »Flagge zeigen«, damit man erkennt, aus welchem Land sie kommen. Vor öffentlichen Gebäuden weht die Nationalflagge.

Die deutsche Flagge

Bei großen Trauerfällen weht die Flagge auf halber Höhe des Mastes, das heißt dann »Halbmast«. Es gibt auch bestimmte, durch Gesetz geregelte Dienstflaggen, zum Beispiel für die Bundeswehr und für die einzelnen Bundesländer. Die Flagge Deutschlands ist quergestreift in den Farben Schwarz, Rot und Gold.

Föderalismus

Bundesländer / Föderalismus

Folter

Foltern bedeutet, einen Menschen mit Absicht so lange zu quälen, bis er Informationen preisgibt oder ein Geständnis über eine Tat ablegt, die er tatsächlich begangen hat oder von der man annimmt, dass er sie begangen hat.

In Deutschland war das Foltern im späten Mittelalter erlaubt, um aus Verdächtigen die vermeintliche Wahrheit herauszupressen. Unter den grausamen Qualen durch Feuer, durch Daumenschrauben, auf der Streckbank und mit vielen anderen unmenschlichen Methoden und Foltergeräten gestanden die Gefangenen meist alles, was die Folterknechte von ihnen wissen wollten. Diese furchtbaren Verhörmethoden wurden damals insbesondere bei den so genannten Hexenprozessen eingesetzt. Heute ist der Einsatz von Folter in der Menschenrechtserklärung der Vereinten Nationen (⇨ UNO) (Artikel 5) und in der Europäischen Menschenrechtskonvention (EMRK) verboten. Auch in Deutschland ist Foltern ausdrücklich verboten.

Trotz aller Verbote werden auf der ganzen Welt aber immer wieder Gefangene auf grausame Weise gequält. Dies zeigt, dass ein Gesetz alleine nicht ausreicht, um Folter abzuschaffen. Jeder Einzelne ist dazu aufgerufen, auf die Einhaltung der Menschenrechte (⇨ Grundrechte) zu achten und Verletzungen der Menschenrechte anzuprangern, auch wenn sie am anderen Ende der Welt geschehen.

Lies auch mal unter dem Stichwort amnesty international *nach.*

Schon gewusst?

Die UNO-Vollversammlung hat 1984 das »Übereinkommen gegen Folter und andere grausame, unmenschliche oder erniedrigende Behandlung oder Strafe« (Antifolterkonvention) angenommen. Danach ist Folter ohne Ausnahme verboten. Wenn einem Staat vorgeworfen wird zu foltern, muss das sofort überprüft werden. Die Schuldigen müssen bestraft werden.

Fonds

Dieses französische Wort bezeichnet Geldmittel oder Vermögenswerte, die für bestimmte Zwecke angelegt und verwaltet werden. Als Beispiel: Manche Menschen wollen ihr Geld nicht auf ein Sparkonto einzahlen, sondern sie wollen es investieren. (Ursprünglich kommt das Wort aus dem Lateinischen und heißt »aufwenden« oder »einsetzen«). Sie zahlen es zum Beispiel in einen »Immobilienfonds« ein. Das heißt, sie kaufen sich Anteile an Bürogebäuden, Einkaufszentren, Wohnblöcken oder Ähnlichem. Sie hoffen, dass sich der Wert dieser Anteile im Laufe der Zeit steigert und sie dann beim Wiederverkauf der Anteile mehr Geld bekommen, als sie eingezahlt haben. Ähnliches gilt, wenn in »Aktienfonds« und »Investmentfonds«, wie diese Anlagen in der Finanzsprache heißen, investiert wird. Auch Staaten oder Staatengemeinschaften bilden Fonds. So wurden beispielsweise mit Hilfe des »Fonds Deutsche Einheit« Kosten bezahlt, die durch die deutsche Wiedervereinigung entstanden sind.

Lies auch mal beim Stichwort Aktie *nach.*

Fraktion

Übersetzt aus dem Französischen bedeutet das Wort »Bruchteil«. Im Deutschen bezeichnet der Begriff eine Gruppe von Menschen mit ähnlichen politischen Ansichten, die sich freiwillig in einem gewählten Parlament, also in einer Volksvertretung zusammengeschlossen haben. Das kann zum Beispiel in einem Gemeinde- oder Stadtrat sein oder im Bundestag (⇨ Deutscher Bundestag). Meistens gehören die Mitglieder einer Fraktion derselben Partei an. Manchmal wird aber auch eine Fraktionsgemeinschaft gebildet, wenn die Mitglieder von zwei Parteien ähnliche politische Ansichten haben. Im Deutschen Bundestag bilden zum Beispiel die Abgeordneten der Parteien CDU und CSU seit Jahrzehnten eine gemeinsame Fraktion. Die Fraktionen im Deutschen Bundestag haben eine besondere Bedeutung, da ihre Mitglieder bei der Erarbeitung von neuen Gesetzen in vielen Beratungen mitwirken. Um als Fraktion anerkannt zu werden und dann bestimmte Rechte zu haben und auch entsprechende finanzielle

Nachgefragt

Karina, 14

Was ist die Fraktionsdisziplin?

Oft wird von den Vorsitzenden einer Fraktion die so genannte Fraktionsdisziplin eingefordert. Damit meint man, dass den Mitgliedern einer Fraktion nahegelegt wird, bei bestimmten Entscheidungen einheitlich abzustimmen. Fraktionsdisziplin wird vor allem eingefordert, wenn die Mehrheitsverhältnisse im Parlament ganz eng sind. Bei Gewissensfragen gibt es in der Regel keine Fraktionsdisziplin.

Unterstützung zu bekommen, müssen Voraussetzungen erfüllt sein. So muss eine Gruppe von Abgeordneten, die eine Fraktion bilden wollen, mindestens fünf Prozent aller im Bundestag vertretenen Abgeordneten ausmachen.
Von »Fraktionszwang« spricht man, wenn auf die Mitglieder einer Fraktion (durch die Fraktionsführung oder andere Fraktionsmitglieder) Druck ausgeübt wird, damit alle bei einer Abstimmung einheitlich abstimmen.

Internet

Hier lohnt es sich vorbeizuschauen: www.mitmischen.de

Freie Marktwirtschaft

Stellt euch vor, ihr veranstaltet in der Schule einen Markt, auf dem ihr zum Beispiel Spielsachen, Sportgeräte oder Computerzubehör verkauft. Für das Geld könnt ihr dann bei euren Mitschülern verschiedene andere Dinge kaufen oder eure Ware gegen etwas anderes eintauschen. Wenn euch niemand Vorschriften darüber macht, was ihr verkaufen dürft und zu welchem Preis und zu welcher Qualität, so ist das die Grundidee der freien Marktwirtschaft. In einer Wirtschaftsordnung, die auf der freien Marktwirtschaft beruht, gelten folgende Grundsätze: Es gibt privates Eigentum und einen freien Markt, auf dem Anbieter und Käufer frei (ohne politische oder staatliche Eingriffe) handeln können. Das ist das Prinzip von »Angebot und Nachfrage«. Diese Grundsätze sind vor allem in demokratischen Staaten gegeben, wo Freiheitsrechte in der Verfassung garantiert sind. Die Wirtschaftsordnung in Deutschland ist die »soziale Marktwirtschaft«.
Lies mal nach beim Stichwort Soziale Marktwirtschaft.

Grips

Was glaubst du, sind die Vor- und Nachteile der freien Marktwirtschaft?

Containerhafen Hamburg

Freihandelszone

Wenn keine Zollschranken (⇨ Zoll) oder sonstige Beschränkungen den Handels- und Dienstleistungsverkehr (⇨ Dienstleistung) zwischen Staaten behindern, also Güter frei zwischen den Staaten ein- und ausgeführt werden können, spricht man von Freihandel.

Staaten, die sich zu einer solchen zollfreien Gemeinschaft zusammengeschlossen haben, bilden gemeinsam eine Freihandelszone. Deren Ziel ist es, durch ungehinderten internationalen Handel den Wohlstand der Völker zu erhöhen. Die EFTA (Europäische Freihandelszone) und die NAFTA (Nordamerikanische Freihandelszone) sind solche Organisationen. Die Welthandelsorganisation (WTO) bemüht sich um den Abbau von internationalen Zoll- und Handelsschranken.
Eine Anmerkung noch: Das Wort »Freihafen« werdet ihr vielleicht auch schon gehört haben. Es ist ein vom übrigen Hafen abgetrenntes Gelände, in dem ausländische Waren zollfrei eingeführt, gelagert, bearbeitet und umgeladen und dann wieder ausgeführt werden. In Deutschland gibt es solche Freihäfen zum Beispiel in Hamburg, Bremen, Emden oder Kiel.
Lies auch mal unter den Stichwörtern Europäische Union *und* Maut *nach.*

Freiheit

Vereinfacht kann man sagen: Wenn kein Zwang da ist, herrscht Freiheit. Wenn man selbst bestimmen kann, was man tut, ist man frei. Freiheit gehört zu den Grund- und Menschenrechten und zu jeder modernen Demokratie. Aber völlige Freiheit ist damit nicht gemeint. Meine Freiheit darf die Freiheit der anderen Menschen nicht einschränken. So steht es auch in unserer Verfassung, die man auch »freiheitlich-demokratische Grundordnung« nennt.
In der Vergangenheit gab es ganz unterschiedliche Auffassungen von Freiheit. So waren zum Beispiel in der Antike (etwa 800 v. Chr. – 500 n. Chr.) nur die städtischen Bürger und die Herrscher frei und nur sie hatten entsprechende Rechte. Die Mehrheit der Bevölkerung hatte wenige oder gar keine Rechte, viele Menschen lebten in Sklaverei. Auch später im Mittelalter gab es ganz verschiedene Stufen von Freiheit. Freiheit war nicht in einem Gesetz festgeschrieben. Sie war in der Regel davon abhängig, in welcher Stellung die Menschen lebten. Menschen, die Macht, Einfluss und Reichtum hatten, konnten mehr Freiheit genießen als arme Menschen. In der amerikanischen Verfassung von 1787 wurde die Freiheit aller Menschen zum ersten Mal als

Nachgefragt

Lea, 12

Warum sind nicht alle Menschen in Freiheit?

Eigentlich sollten alle Menschen in Freiheit leben, das wünscht sich wohl jeder. Manche Menschen sind nicht frei, weil sie gefangen gehalten werden. Diese Gefangenschaft kann die gerechte Strafe für eine schlimme Tat sein. Es gibt auch Menschen, die unrechtmäßig gefangengehalten werden. In einer Diktatur zum Beispiel werden Menschen eingesperrt, weil sie ihre Meinung sagen oder für andere Menschen eintreten, die unterdrückt werden. Wer sich in einer Diktatur traut, eine Meinung zu vertreten, die vom Staat nicht geduldet wird, riskiert, seine Freiheit zu verlieren. Die Menschenwürde setzt voraus, dass die Menschen in Freiheit leben können. Aber Freiheit ist eben nicht selbstverständlich. Manchmal muss sie erkämpft werden. Ganz sicherlich muss sie immer wieder verteidigt werden gegen diejenigen, die sie unterdrücken wollen, um Macht über andere Menschen zu haben.

Verfassungsgrundsatz festgeschrieben. Zwei Jahre später lautete die Parole der Französischen Revolution »Freiheit, Gleichheit, Brüderlichkeit«. Damals wurden die Grundlagen für das gelegt, was wir heute unter Freiheit verstehen: Es ist die Freiheit zur freien Entfaltung der eigenen Persönlichkeit. Begrenzt wird die Freiheit des Einzelnen allerdings durch die Rechtsvorschriften, an die sich jeder halten muss. Die eigene Freiheit endet also spätestens dort, wo die Freiheit anderer geschützt werden muss.

Der Sturm auf die Bastille. Es war der Beginn der Französischen Revolution.

Frieden

Du hast dich mit einem Freund furchtbar gestritten. Beinahe wäre es zu einer Prügelei gekommen. Doch dann seht ihr ein, dass der Grund für den Krach gar nicht so wichtig, vielleicht sogar ganz dumm war. Ihr vertragt euch wieder, habt also Frieden geschlossen. Auch Staaten können sich streiten und wenn es ganz schlimm wird, führen sie Krieg gegeneinander. Der letzte und schlimmste war sicher der Zweite Weltkrieg (1939 – 1945). Wenn der Krieg zu Ende ist, herrscht Waffenstillstand oder Frieden. Doch Frieden tritt nicht einfach ein. Man muss sich darum bemühen. Deswegen werden oft sehr lange Gespräche zwischen den ehemaligen Kriegsgegnern geführt, weil sichergestellt werden soll, dass der

Nachgefragt

Beyonce, 14

Wie viele Frauen erhielten den Friedensnobelpreis?

Es waren nur wenige Frauen: 1905 Bertha von Suttner, Österreich (Schriftstellerin, Ehrenpräsidentin des Ständigen Internationalen Friedensbüros); 1931 Jane Addams, USA (Präsidentin der Internationalen Frauenliga für Frieden und Freiheit);
1946 Emily Greene Balch, USA (Internationale Frauenliga für Frieden und Freiheit); 1976 Betty Williams und Mairead Corrigan, Nordirland (Mitbegründerinnen der Community of Peace People);
1979 Mutter Teresa, Albanien;
1982 Alva Myrdal, Schweden (ehemalige Ministerin, Diplomatin und Chef-Delegierte bei den Abrüstungsverhandlungen der UNO);
1991 Aung San Suu Kyi, Myanmar (birmanische Oppositionsführerin);
1992 Rigoberta Menchú Tum, Guatemala (Kämpferin für den Schutz ethnischer Minderheiten);
1997 Jody Williams, USA (Sprecherin der internationalen Kampagne für das Verbot von Landminen);
2003 Shirin Ebadi, Iran (Menschenrechtlerin, Juristin und Autorin); 2004 Wangari Maathai, Kenia (Umweltschützerin).

Streit nicht gleich wieder ausbricht. Zumeist muss man den Frieden mit Verträgen absichern, das sind dann Friedensverträge. Es reicht aber nicht, nur Frieden zu schließen. Es muss auch dafür gesorgt sein, dass es keinen Grund mehr gibt, Krieg zu führen. Wie kann man das erreichen? Die Friedenspartner nach dem Zweiten Weltkrieg haben sich dazu Folgendes überlegt: Die Menschen müssen sich besser kennen lernen, sie sollten mehr reisen können und Fremdsprachen beherrschen. Die Grenzen zwischen den Ländern Europas wurden geöffnet. Viele gemeinsame Projekte und Begegnungen von Menschen aus verschiedenen Ländern Europas, auch regelmäßige Treffen zwischen Politikerinnen und Politikern führten zu mehr Vertrauen. Heutzutage kann man sicher sein, dass es zwischen den Ländern der Europäischen Union keinen Krieg mehr gibt.

Friedensnobelpreis

Alfred Nobel (1833-1896) war ein schwedischer Chemiker und Industrieller. Er erfand unter anderem das Dynamit, was ihn sehr reich machte. Er hinterließ sein Vermögen einer Stiftung, die seit 1901 jedes Jahr hoch angesehene und mit viel Geld verbundene Auszeichnungen vergibt, die Nobelpreise. Sie werden für beson-

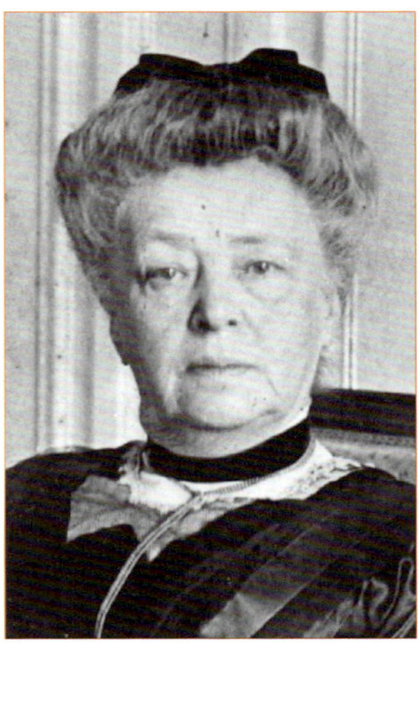

Bertha von Suttner, 1905

Willy Brandt, 1971

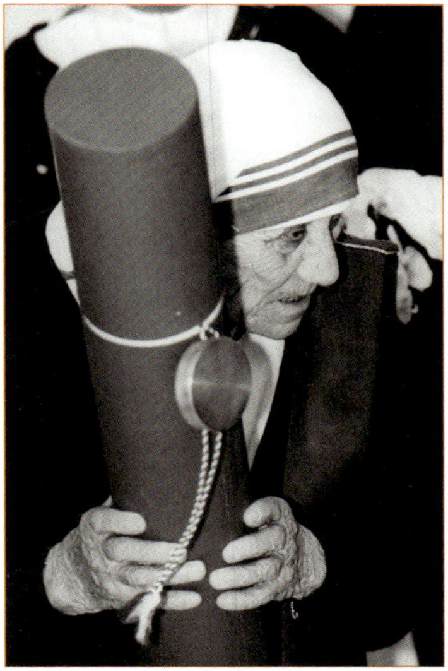

Mutter Teresa, 1979

Nelson Mandela, 1993

dere Leistungen auf den Gebieten Physik, Chemie, Medizin und Literatur verliehen.
Eine weitere Auszeichnung ist der Friedensnobelpreis. Er wird an Menschen vergeben, die sich ganz besonders für den Frieden in der Welt eingesetzt haben. Die Schriftstellerin Bertha von Suttner war die erste Frau, die den Friedensnobelpreis erhielt. Preisträger war auch der deutsche Bundeskanzler Willy Brandt, der 1971 für die Aussöhnung zwischen Ost und West ausgezeichnet wurde.
Eine andere Preisträgerin war Mutter Teresa, die mit ihrem Engagement für die Ärmsten dieser Welt Friedensarbeit geleistet hat.
Nelson Mandela wurde für seinen Kampf gegen die Unterdrückung der Schwarzen in Südafrika ausgezeichnet.

Internet

Alle Nobelpreisträgerinnen und -träger und viele zusätzliche Infos findet ihr unter www.nobelpreis.org

Auch bei www.wasistwas.de solltet ihr mal nach Friedensnobelpreisträgern forschen.

Friedenstruppe

UNO-Friedenstruppe

Nachgefragt

Jutta, 14

Für welche Berufe braucht man ein Führungszeugnis?

Ein Führungszeugnis braucht man zum Beispiel für Berufe im »Öffentlichen Dienst«. Dazu gehören Lehrer, Polizisten oder Steuerbeamte.

Internet

In www.bundeszentralregister.de kann man sich erkundigen, was über einen selbst eingetragen ist.

Führungszeugnis

Dieses Zeugnis (früher hieß es »Polizeiliches Führungszeugnis«) hat mit Schule nichts zu tun. In einem Führungszeugnis wird zum Beispiel vermerkt, wenn jemand von einem Gericht zu einer Strafe verurteilt wurde. Jeder, der über 14 Jahre alt ist, kann ein Führungszeugnis beantragen. Der Antrag geht an das so genannte Bundeszentralregister in Berlin (das ist eine Einrichtung, die zum Bundesjustizministerium gehört). Ein Führungszeugnis wird zum Beispiel manchmal verlangt, wenn man sich für einen bestimmten Beruf bewirbt. Mit dem Führungszeugnis kann man nachweisen, dass man noch nicht verurteilt wurde. Wenn aber jemand zum Beispiel eine Bewährungsstrafe bekommen hat, bei der er sich jede Woche bei der Polizei oder einem Bewährungshelfer melden muss, ist das im Führungszeugnis vermerkt. Allerdings werden bestimmte geringfügige Verurteilungen, die zum Beispiel im Rahmen des Jugendstrafrechts erfolgen, nicht in das Zentralregister aufgenommen.
Beim Bundeszentralregister wird auch ein so genanntes Erziehungsregister geführt. Darin stehen alle Entscheidungen der Jugend- und Vormundschaftsgerichte, die nichts mit Strafe zu tun haben. Wenn beispielsweise ein Jugendlicher in eine Pflegefamilie kommt, wird das dort vermerkt.
Für alle Eintragungen in das Zentralregister gilt: Sie werden nach einem gewissen Zeitraum (nach 5 bis 20 Jahren) wieder gelöscht. Das hängt von der Höhe und Art der Strafe ab. Beim Erziehungsregister werden alle Einträge gelöscht, sobald die Person 24 Jahre alt ist.

Fundamentalismus

Ein Mensch, der fundamentalistisch denkt, hängt starr an überlieferten Grundsätzen, lehnt Neuerungen ab und will sich der modernen Zeit nicht anpassen. Diese Grundsätze können politische oder religiöse Überzeugungen sein. So gibt es zum Beispiel christliche Fundamentalisten, die sich ganz streng auf die Bibel (⇨ Christentum) als das Wort Gottes berufen. Ihrer Ansicht nach ist die Bibel in allen Einzelheiten sowohl in der Familie wie auch im politischen Leben zu befolgen. Der islamische Fundamentalismus, der auch Islamismus genannt wird, fordert die genaue Befolgung der Vorschriften des Koran und der islamischen Gesetze. Fundamentalisten gibt es überall auf der Welt, oft sind sie intolerant (⇨ Toleranz) gegenüber Andersdenkenden. Wenn sie fanatisch sind, können sie gefährlich werden für andere Menschen. Das ist vor allem dann der Fall, wenn sie ihre Meinung mit Gewalt durchsetzen wollen.

Fünfprozentklausel

Das Wort »Klausel« ist vom Lateinischen abgeleitet und bedeutet so viel wie »Einzelbestimmung«. In Verträgen und Testamenten gibt es solche Klauseln. Im deutschen Wahlgesetz ist die Fünfprozentklausel eine solche Einzelbestimmung, die für Landtags- oder Bundestagswahlen (⇨ Wahlen) und auch bei vielen Kommunalwahlen gilt. Sie besagt, dass eine Partei, die sich zur Wahl stellt, mindestes fünf Prozent der abgegebenen Wählerstimmen erreichen muss. Schafft sie es nicht, werden die Wählerstimmen, die für diese Partei abgegeben wurden, nicht berücksichtigt. Sie ist dann für diese Wahlperiode nicht im Parlament vertreten. Es gibt aber eine Ausnahme: Wenn in mindestens drei Wahlkreisen die Kandidaten einer Partei von den Wählern mit der Erststimme (⇨ Wahlsystem) direkt gewählt wurden, dann wird die Fünfprozentklausel nicht angewendet.
Bleibt noch die Frage, warum man diese Fünfprozentklausel – in der Umgangssprache wird sie auch »Sperrklausel« oder »Fünfprozenthürde« genannt – eingeführt hat. Die Antwort: Es soll auf diese Weise verhindert werden, dass zu viele kleine Parteien in die Volksvertretungen kommen. Dadurch würde die Arbeit in den Parlamenten sehr erschwert werden, weil es zu vielen Konflikten und Streitereien kommen kann und notwendige Entscheidungen möglicherweise nicht getroffen werden können.
Lies auch mal nach unter dem Stichwort Wahlsystem.

Grips

Was bedeutet es, wenn einem Vertrag eine »Klausel« angehängt ist?

G8 / Weltwirtschaftsgipfel

Diese rätselhafte Abkürzung, die man in den Zeitungen liest, bedeutet »Great Eight«, übersetzt die »Großen Acht«. Gemeint sind damit die acht führenden Wirtschaftsnationen der Erde. Dies sind in alphabetischer Reihenfolge Deutschland, Frankreich, Großbritannien, Italien, Japan, Kanada, Russland, USA. Vor 1997 hießen sie übrigens G7, da Russland bis dahin nur als Beobachter dabei war. Die »Großen Acht« treffen sich seit 1976 regelmäßig mit dem Präsidenten der EU-Kommission (⇨ Kommission der EU) zu einem »Weltwirtschaftsgipfel«, auf dem die weltweite Wirtschafts-, Entwicklungs- und Währungspolitik besprochen wird. Auf diesen Treffen geht es aber auch um andere Fragen, die international besonders wichtig sind, wie zum Beispiel die Bekämpfung von Terrorismus, Drogen- und Waffenhandel oder Fragen des Umweltschutzes und Maßnahmen gegen die Arbeitslosigkeit in vielen Ländern der Welt.

Die G8: Deutschland, Großbritannien, Russland, Kanada, USA, Italien, Japan, Frankreich

GAU

Diese Abkürzung steht für »größter anzunehmender Unfall«. In Kernkraftwerken zum Beispiel können Unfälle sehr gefährliche Folgen für Mensch und Natur haben. Um solchen Unfällen vorbeugen zu können, überlegen Spezialisten, was alles passieren könnte. Wenn sämtliche schlimmen Pannen eintreten, die man sich nur ausdenken kann, wäre das in so einem Kraftwerk ein GAU oder Super-GAU, wie es auch heißt. Es werden Sicherheitsvorkehrungen getroffen, um so gut wie möglich auf die Folgen vorbereitet zu sein. Hierzu gehört auch der Katastrophenplan (⇨ Katastrophenschutz), wo genau geregelt ist, wer was zu tun hat, wenn dieser GAU tatsächlich eintritt. Solch ein verheerender Unfall, der nicht mehr zu kontrollieren war, geschah zum Beispiel 1986 in einem Kernkraftwerk in Tschernobyl in der Ukraine. Nach dem Bruch einer Kühlwasserleitung schmolz der Kern des Reaktors und es wurde eine riesige Menge von gefährlicher Radioaktivität freigesetzt, die das Land weithin verseuchte. Viele Menschen starben, bis heute kann ein großes abgesperrtes Gebiet nicht betreten werden. Dieser GAU von Tschernobyl hatte Auswirkungen bis nach Deutschland und andere europäische Länder, denn der Wind trug die Strahlung viele tausend Kilometer weit. Auch in den USA kam es 1979 in einem Atomkraftwerk bei Harrisburg zu einem schweren Störfall, der beinahe zu einem GAU geführt hätte.

Geburtenrate

Experten klagen über eine niedrige Geburtenrate in Deutschland. Bei einer niedrigen Geburtenrate sinkt die Bevölkerungszahl und es gibt zunehmend mehr alte als junge Menschen. Mit dieser Rate ist gemeint, dass die Frauen im Alter zwischen 15 und 45 Jahren zurzeit in unserem Land im Durchschnitt 1,3 Kinder bekommen. Das ist natürlich nur eine statistische Zahl. Vielleicht kann man sich das besser verdeutlichen, wenn man es umrechnet: Auf 1000 Einwohner kamen im Jahr 2002 in Deutschland nur 8,7 Neuge-

Grips

Wenn man Experten danach fragt, wieso in Deutschland die Geburtenrate so niedrig ist, erhält man viele verschiedene Antworten. Welche Gründe könnt ihr euch denken?

borene. Damit liegt Deutschland von insgesamt 190 Ländern, die es auf der Welt gibt, fast am Ende der Skala, nämlich auf dem 185. Platz. Im Vergleich dazu: In Somalia werden pro 1000 Einwohnern jedes Jahr fast 50 Babys geboren. Das ist Platz 1 in der Welt.

Lies dazu auch mal nach unter den Stichwörtern Demographie *und* Bevölkerungswachstum.

Nachgefragt

Jessy, 15

Wie sind die Regeln im Gefängnis?

Es gibt Regeln, wie der Tagesablauf aussieht, und daran müssen sich die Häftlinge halten. Es gibt bestimmte Essenszeiten und auch die Nachtruhe muss eingehalten werden. Es gibt feste Besuchszeiten für die Angehörigen. Für Jugendliche besteht oft die Möglichkeit, eine Ausbildung zu machen. Vielleicht könnt ihr ja mal mit eurer Klasse ein Gefängnis besuchen und euch vor Ort informieren.

Gefängnis

Jemand ist von einem Gericht zu einer Haftstrafe verurteilt worden, weil er an einem Einbruch oder einem Banküberfall beteiligt war, also gegen ein Gesetz verstoßen hat. Er kommt für eine bestimmte Zeit in ein Gefängnis, um dort seine Strafe zu verbüßen. Ein Gefängnis besteht oft aus mehreren Gebäuden, die von hohen Mauern umgeben sind. Die Fenster sind vergittert, die Ein- und Ausgänge werden besonders gesichert und bewacht.

Eine Gefängniszelle

Schon gewusst?

Es gibt auch einen so genannten »offenen Strafvollzug«. Hier können Häftlinge, die nicht so lange Strafen verbüßen müssen, auch das Gefängnisgelände verlassen. So verlieren sie nicht ganz den Kontakt zu ihrem normalen Leben.

Es gibt Gefängnisse für Männer, Frauen und Jugendliche. Für die Häftlinge, die im Gefängnis eingesperrt sind, dort ihre Strafe »absitzen«, wie es in der Umgangssprache heißt, ist der Tagesablauf genau eingeteilt in Freizeit und Arbeit. Manche können im Gefängnis auch einen Beruf erlernen. Wenn sich Häftlinge gut benehmen, kann ihnen ein Teil ihrer Strafe erlassen werden. Die Häftlinge sollen nach Verbüßung ihrer Strafe möglichst wieder ein normales Leben führen können. Die amtliche Bezeichnung für ein Gefängnis ist »Justizvollzugsanstalt« oder »Strafvollzugsanstalt«.

Internet

www.bnd.de – da kommst du direkt zum deutschen Nachrichtendienst.

Geheimdienst / Nachrichtendienst

Alle kennen James Bond, Geheimagent mit der Kennnummer 007. Seine Abenteuer sind spannend verfilmt, doch mit der Wirklichkeit eines echten Geheimagenten haben sie nicht viel zu tun. Fast alle Staaten dieser Welt haben Geheimdienste, die man auch Nachrichtendienste nennt. Die Geheimdienste sollen über andere Staaten oder auch Personen Informationen beschaffen, die man nicht unbedingt in der Zeitung lesen oder im Fernsehen finden kann. Die Mitarbeiterinnen und Mitarbeiter der Dienste sollen zum Beispiel herausfinden, ob irgendwo Terroranschläge (⇨ Terrorismus) vorbereitet werden oder ob ein Staat vielleicht einen Krieg plant, von dem man nichts weiß. Vom Geheimdienst werden zum Beispiel auch die international tätigen Terroristen beobachtet oder der internationale Rauschgifthandel. Wenn solche Gefahren rechtzeitig erkannt werden, können die Geheimdienste ihre Regierungen warnen. Dann

kann die Regierung etwas dagegen unternehmen. In Deutschland ist es der Bundesnachrichtendienst (BND), der diese Informationen beschaffen und auswerten muss. Neben dem Bundesnachrichtendienst gibt es den so genannten »Verfassungsschutz«. Er achtet darauf, dass unser Grundgesetz überall beachtet wird und dass frühzeitig erkannt wird, wenn zum Beispiel Terroristen hier Attentate planen. Der Verfassungsschutz passt auch darauf auf, dass keine Zeitschriften verkauft werden, in denen dazu aufgerufen wird, Menschen Gewalt anzutun, weil sie Ausländer sind oder eine bestimmte Meinung vertreten.
Der dritte Geheimdienst in unserem Land ist der »Militärische Abschirmdienst« (MAD). Er kümmert sich um den Schutz militärischer (⇨ Streitkräfte / Armee) Anlagen gegen Sabotage und Spionage. Alle drei Dienste werden von einer Kommission des Parlaments kontrolliert.

Gelöbnis

Menschen im Staatsdienst, zum Beispiel ehrenamtliche Richterinnen oder Beamte, die aus Glaubens- oder Gewissensgründen keinen Eid ablegen wollen, können dennoch ein Versprechen abgeben, das man mit einem Eid vergleichen kann. Das ist das so genannte Gelöbnis, bei dem sie sich verpflichten, dem Staat treu zu dienen. Bei wehrpflichtigen Soldaten (⇨ Streitkräfte / Armee) wird dieses Gelöbnis oft öffentlich in einer Feierstunde vorgenommen. Die Soldaten bekräftigen feierlich, dass sie das Recht und die Freiheit des deutschen Volkes tapfer verteidigen wollen. Berufssoldaten leisten den militärischen Eid (⇨ Vereidigung) , der auch Treue- und Gehorsamseid genannt wird.

Gemeinde

Jeder von uns wohnt in einer Gemeinde (man sagt auch »Kommune«). Das kann ein Dorf sein oder, wenn es mehr als 10.000 Einwohner sind, eine Stadt. Im Grundgesetz steht in Artikel 28, dass die Gemeinden alle Angelegenheiten der Gemeinschaft, also der Menschen, die dort leben, selbst regeln dürfen. Das kann der Bau einer neuen Schule oder eines neuen Schwimmbades sein. Dabei muss sich die Gemeinde an das geltende Recht halten. Manchmal trifft die Gemeinde Entscheidungen, die die Einwohnerinnen und Einwohner ärgern. Das ist sehr oft so, wenn zum Beispiel die Abgaben für die Müllabfuhr oder für das Wasser erhöht werden. Oft schließen sich mehrere einzelne Gemeinden zu Verbandsgemeinden zusammen, weil die Aufgaben, wie zum Beispiel der Straßenbau, gemeinsam besser zu bewältigen sind. Mit »Gemeinde« bezeichnet man auch die Anhängerschaft einer bestimmten Glaubensrichtung, eine Kirchengemeinde.

Lies auch mal nach unter dem Stichwort Landrat/Landrätin/Landkreis.

Das Ortsschild von Rehberg, einem Ortsteil der Gemeinde Kamern

Internet

www.kinderrathaus.de

Gemeinnützigkeit

»Gemeinnutz geht vor Eigennutz« schrieb sinngemäß der französische Schriftsteller und Denker Charles Montesquieu bereits Mitte des 18. Jahrhunderts. Dieser Satz ist auch heute noch die Grundlage vieler Gesetze. Von Gemeinnutz abgeleitet ist der Begriff »gemeinnützig«. Gemeint ist damit eine Tätigkeit, die der Allgemeinheit und nicht nur dem Wohle eines Einzelnen dient. Ein Sportverein ist zum Beispiel gemeinnützig, denn er soll vielen Menschen nützlich sein. Es gibt viele Organisationen, die gemeinnützig sind: zum Beispiel soziale, wohltätige Einrichtungen der Kirchen oder Institutionen, die sich – wie beispielsweise das Deutsche Rote Kreuz – um Kranke kümmern, oder Institutionen, die der Alten- oder Jugendhilfe (⇨ Kinder- und Jugendhilfe) dienen. Auch Vereine und Stiftungen, die sich um die Förderung von Kunst, Kultur, Bildung und Erziehung kümmern, können gemeinnützig sein.

Eine gemeinnützige Organisation kann von bestimmten Steuern befreit werden. Voraussetzung dafür ist aber, dass die Gemeinnüt-

Grips

Kennst du gemeinnützige Organisationen in deiner Gemeinde?

zigkeit von den Behörden anerkannt ist. Die Gemeinnützigkeit wird aber nur bestätigt, wenn eine solche Organisation nicht das Ziel hat, finanzielle Gewinne zu machen, also Geld zu verdienen. Wer einer gemeinnützigen Organisation eine Geldspende gibt, kann eine solche Spende steuerlich »absetzen«, das heißt er muss weniger Steuern zahlen.
Noch eine Ergänzung: Im deutschen Strafrecht und im Jugendstrafrecht können Freiheitsstrafen zur Bewährung ausgesetzt oder auch ein Verfahren ganz eingestellt werden mit der Auflage für Täter, gemeinnützige Arbeit zu verrichten.
Lies auch mal nach unter den Stichwörtern Wohlfahrtsverband *und* Nichtregierungsorganisation (NRO/NGO).

Generationenkonflikt

»Wir wollen aber nicht so sein wie unsere Eltern oder unsere Großeltern« – so oder ähnlich hört man es heute und hörte man es in früheren Zeiten von vielen Jugendlichen. Jugendliche wollen vieles anders machen als ihre Eltern. Sie wollen nicht, dass ihnen alles vorgeschrieben wird. Sie wollen sich von der älteren Generation abgrenzen und suchen eigene Wege im Leben. Das zeigt sich zum Beispiel in einer besonderen Jugendkultur mit eigener Musik, anderer Kleidung, anderen Vorstellungen von der Gestaltung des Lebens. Oft erkennen die Jüngeren nicht an, was für die Älteren selbstverständlich war und ist. Sie widersprechen den Eltern und Lehrern. Manchmal kommt es zum Streit und dann ist der Konflikt zwischen den Generationen da. In vielen Gesellschaften und Kulturen gab und gibt es solche Auseinandersetzungen zwischen den Generationen.
Heute spielen dabei auch noch der Kampf um Arbeitsplätze und die beruflichen Chancen eine Rolle. So kritisieren junge Menschen beispielsweise, dass in vielen Berufsfeldern das Lebensalter oder die Dauer der Berufstätigkeit (man nennt das »Dienstalter«) für den Aufstieg und die bessere Bezahlung oft wichtiger sind als die Leistung im Beruf. Dieses so genannte »Senioritätsprinzip« kann ein Grund für einen Konflikt zwischen den Generationen sein.
Lies auch mal nach beim Stichwort Generationenvertrag.

Generationenvertrag

Die Bezeichnung »Generation« kommt aus dem Lateinischen und meint alle innerhalb eines bestimmten Zeitabschnitts geborenen Menschen. Der Abstand zwischen den Generationen ist der durchschnittliche Abstand zwischen den Geburtsjahren von Großeltern, Eltern und Kindern. Nehmen wir an, das wären 25 Jahre. Die Großeltern sind dann die ältere Generation (50 Jahre älter als ihr), ihnen folgt die Generation eurer Eltern (25 Jahre älter als ihr). Ihr und alle mit euch Gleichaltrigen seid die nächste oder die jüngste Generation. Eure Kinder bilden dann 25 Jahre nach eurer Geburt wieder die nächste Generation und immer so weiter. Eine Gesellschaft setzt sich aus mehreren Generationen (Urgroßeltern, Großeltern, Eltern, Kindern) zusammen.

Der Generationenvertrag ist kein echter Vertrag, den alle Menschen unterschrieben haben. Er ist vielmehr eine Idee, ein Grundprinzip, das auf folgende Weise funktioniert: Der Teil der Bevölkerung, der arbeitet, also die jüngere Generation, kommt für die ältere Generation auf, die nicht mehr arbeitet. Die arbeitende Generation zahlt nach diesem Vertrag Beiträge in die Rentenversicherung (⇨ Sozialversicherung) ein. Diese Beiträge werden aber nicht einfach zusammengezählt und an jeden Einzahler später, wenn er selber Rentner (⇨ Rente / Pension) ist, wieder ausgezahlt. Dieses Geld dient vielmehr dazu, dass damit die Rente der älteren Generation, die früher selbst auch in die Versicherung eingezahlt hat, bezahlt wird. Und wenn die jetzt Arbeitenden im Ruhestand sind, so werden sie nach diesem Generationenvertrag aus den Beiträgen ihre Rente erhalten, die ihre Kinder, wenn sie arbeiten, in die Rentenversicherung einzahlen.

Lies auch mal nach unter den Stichwörtern Familie und Rente.

Grips

Wer zahlt für wen beim Generationenvertrag?

Schon gewusst?

144 Staaten haben die Genfer Konvention bis jetzt unterzeichnet.

Internet

Den gesamten Text der Konvention findest du unter www.bamf.de

Genfer Konvention

Viele Staaten haben sich darauf geeinigt, dass es ein ganz wichtiges Ziel in einem Krieg sein sollte, Menschen so gut wie möglich zu schützen. Deshalb haben sie die Genfer Verträge unterschrieben, in denen festgelegt ist, wie man die Zivilbevölkerung (also die Menschen, die keine Soldaten (⇨ Streitkräfte / Armee) sind), Flüchtlinge, Verwundete und Kriegsgefangene behandeln muss. So dürfen zum Beispiel Kriegsgefangene nicht gefoltert (⇨ Folter) oder getötet werden. Verstoßen ein Staat oder seine Bürger gegen diese Vorschriften, so können diese Personen vor dem Internationalen Gerichtshof in Den Haag angeklagt werden.

Der erste Vertrag wurde bereits 1864 vom Internationalen Roten Kreuz ausgearbeitet und in Genf von zwölf Regierungen unterschrieben. Mittlerweile gibt es insgesamt vier Verträge, die fast jedes Land unserer Erde unterschrieben hat.

Lies mal nach unter den Stichwörtern Haager Abkommen *und* Internationaler Gerichtshof.

Gentechnologie

Lebewesen und Pflanzen besitzen ein Erbgut, das sich normalerweise, wie der Begriff schon sagt, vererbt. Mit Hilfe der Gentechnologie können Wissenschaftlerinnen und Wissenschaftler in dieses Erbgut eingreifen, zum Beispiel um es nach eigenen Vorstellungen gezielt zu verändern. Körpereigene Stoffe, wie zum Beispiel Insulin, kann man mit Hilfe der Gentechnologie in großen Mengen herstellen. So können Medikamente einfach und preiswert hergestellt werden. Diese Gentechnologie nennt man auch »rote Gentechnologie« (nach der Farbe des Blutes). Ein anderes Ziel der Gentechnologie ist es, Saatgut zu verbessern. Dabei spricht man von »grüner Gentechnologie« (weil die Pflanzen grün sind).

Die Gentechnologie ist sehr umstritten, weil nicht immer klar ist, wie sich Veränderungen des Erbguts in der Natur oder beim Menschen auswirken werden. Wenn es schädliche Folgen gibt, können diese möglicherweise nur schwer oder gar nicht rückgängig gemacht werden.

Lies auch nach unter dem Stichwort Klonen.

Gericht

Wenn mich jemand verletzt, betrogen, beleidigt oder mir sonstwie Schaden zugefügt hat, kann ich vor ein dafür zuständiges Gericht gehen und klagen. Ein Richter oder eine Richterin werden in einem Gerichtsverfahren feststellen, ob derjenige, den ich verklagt habe, gegen ein Gesetz verstoßen hat. Wenn die Klage begründet ist, verkündet die Richterin in einem Urteil, wie der Beklagte den Schaden wiedergutmachen muss.

Wenn der Beschuldigte gegen ein Strafgesetz verstoßen hat, weil er mir zum Beispiel mein neues Fahrrad mit Gewalt weggenommen und mich dabei auch noch schwer verletzt hat, muss ich

zunächst eine Strafanzeige bei der Polizei machen. Dann übernimmt eine Staatsanwältin oder ein Staatsanwalt die Anklage vor dem Strafgericht. Der Beschuldigte heißt dann vor Gericht Angeklagter und wird, wenn er schuldig ist, zu einer Strafe verurteilt. Zu seiner Verteidigung bekommt er eine Rechtsanwältin oder einen Rechtsanwalt , die darauf achten müssen, dass das Gericht ihn nicht verurteilt, wenn seine Schuld nicht eindeutig bewiesen werden kann. Dann nämlich muss der Angeklagte freigesprochen werden.
Wenn dem Angeklagten ein Verbrechen, zum Beispiel ein schwerer Raub oder sogar die Tötung eines Menschen vorgeworfen wird, für das eine hohe Strafe ausgesprochen werden kann, dann besteht das Strafgericht aus Richtern und »Schöffen«. Die Schöffen sind keine Berufsrichter, sondern kommen aus anderen Berufen. Gemeinsam mit den Richtern fällen die Schöffen das Urteil.
Für einen Gerichtsprozess (man sagt oft auch nur »Prozess«) gelten genau festgelegte Regeln. Am Ende eines Prozesses wird das Urteil verkündet, das immer mit dem Satz beginnt: »Im Namen des Volkes ergeht folgendes Urteil …«. Mit diesem Satz wird ausgedrückt, dass die Richter nicht ihre eigene Meinung, sondern nur das verkünden dürfen, was die geltenden Gesetze vorgeben.
Das Wort Gericht hat noch eine zweite, völlig andere Bedeutung, die ihr natürlich alle kennt. Schließlich hat jeder ein Lieblingsgericht, oder?

Gesellschaft

In einem Staat leben viele unterschiedliche Gruppen und Gemeinschaften. Eure Klasse ist eine solche Gemeinschaft, die für eine gewisse Zeit zusammen ist. Es gibt bestimmte Dinge, die diese Gruppen und Gemeinschaften verbinden. Das können gemeinsame Ziele sein – zum Beispiel wollen alle Schülerinnen und Schüler einen Schulabschluss erreichen – oder die gleiche Herkunft, eine gemeinsame Religion, ein besonderes Vertrauen zueinander oder auch andere Dinge. Alle Gruppen und Gemeinschaften gehören zur Gesellschaft eines Staates. Sie leben zusammen in der gleichen staatlichen Ordnung und im gleichen Wirtschaftssystem und für alle gelten dieselben Gesetze.

So, wie es unterschiedliche Regierungsformen gibt, so gibt es auch unterschiedliche Gesellschaften auf dieser Welt. Um zwei Beispiele zu nennen: Es gibt Dienstleistungsgesellschaften (⇨ Dienstleistung), wie in Deutschland und den meisten westlichen Staaten, und Agrargesellschaften, in denen die Menschen hauptsächlich von der Landwirtschaft leben. Heute spricht man manchmal davon, dass wir in einer Informations- und Wissensgesellschaft leben. Damit will man ausdrücken, dass für die heutige Gesellschaft die schnelle Information über Fernsehen und Internet eine besonders wichtige Rolle spielt.
Das Wort »Gesellschaft« wird auch in anderen Bereichen benutzt. In der Wirtschaft gibt es zum Beispiel Aktiengesellschaften oder Gesellschaften mit beschränkter Haftung (GmbH). Es gibt Gesellschaften, die die Wissenschaft und Kultur fördern wollen, andere engagieren sich im Sport oder für wohltätige Zwecke, wieder andere zum Beispiel in der Entwicklungshilfe (⇨ Entwicklungsländer). Hier bedeutet »Gesellschaft« das Gleiche wie »Organisation«.

Grips

Bevor ein neues Gesetz in Kraft tritt, haben viele Menschen lange und ausführlich darüber nachgedacht und diskutiert. Warum, glaubst du, ist das so?

Gesetz

Für viele Bereiche in unserem Leben gelten Gesetze. Wenn ein Stein zu Boden fällt, wirkt das Gesetz der Schwerkraft. Das ist ein unveränderliches Naturgesetz. Ein Autodieb oder ein Einbrecher verstoßen nicht gegen ein Naturgesetz, sondern gegen ein vom Staat erlassenes Gesetz. An diese Gesetze oder Regeln muss man sich halten. Nur dann kann das friedliche Zusammenleben vieler Menschen funktionieren. Was Gesetz ist, wird bei uns von der Regierung, dem Deutschen Bundestag und dem Bundesrat bestimmt. In den Gesetzesbüchern werden diese Regeln und Vorschriften (amtlich heißt das Erlaubnis, Verbot oder Gebot) aufgeschrieben.

Nachgefragt

Jana, 13

Wieso ändert man manchmal ein Gesetz?

Gesetze werden zum Beispiel dann geändert, wenn sie nicht mehr zeitgemäß sind. Manche Gesetze sind ja schon sehr alt und passen nicht mehr in die heutige Welt. Dann müssen sie geändert werden. Und wenn sie völlig überholt sind, dann werden sie gestrichen.

Der Gesetzgebungsprozess

ist ganz einfach ...

1. Gesetzesinitiative

Bundestag, Bundesrat und Bundesregierung können Gesetzesentwürfe in den Bundestag einbringen.

2. Beratung

Im Bundestag werden die Gesetzesentwürfe beraten.

3. Beschlussfassung

Zu den Gesetzesentwürfen finden im Bundestag drei Lesungen statt. Der Beschluss der dritten Lesung wird dem Bundesrat mitgeteilt.

Stimmen Bundesrat und Bundestag überein, kommt das Gesetz zustande.

Stimmen Bundesrat und Bundestag nicht überein, kann der Vermittlungsausschuss angerufen werden. Dabei gibt es zwei Möglichkeiten.

4. Unterzeichnung und Veröffentlichung

Stimmen Bundesrat und Bundestag überein, wird das Gesetz von der Bundesregierung gegengezeichnet, vom Bundespräsidenten unterschrieben und im Bundesgesetzblatt verkündet. Im Gesetz steht, ab wann es gilt.

... und kann ziemlich kompliziert sein:

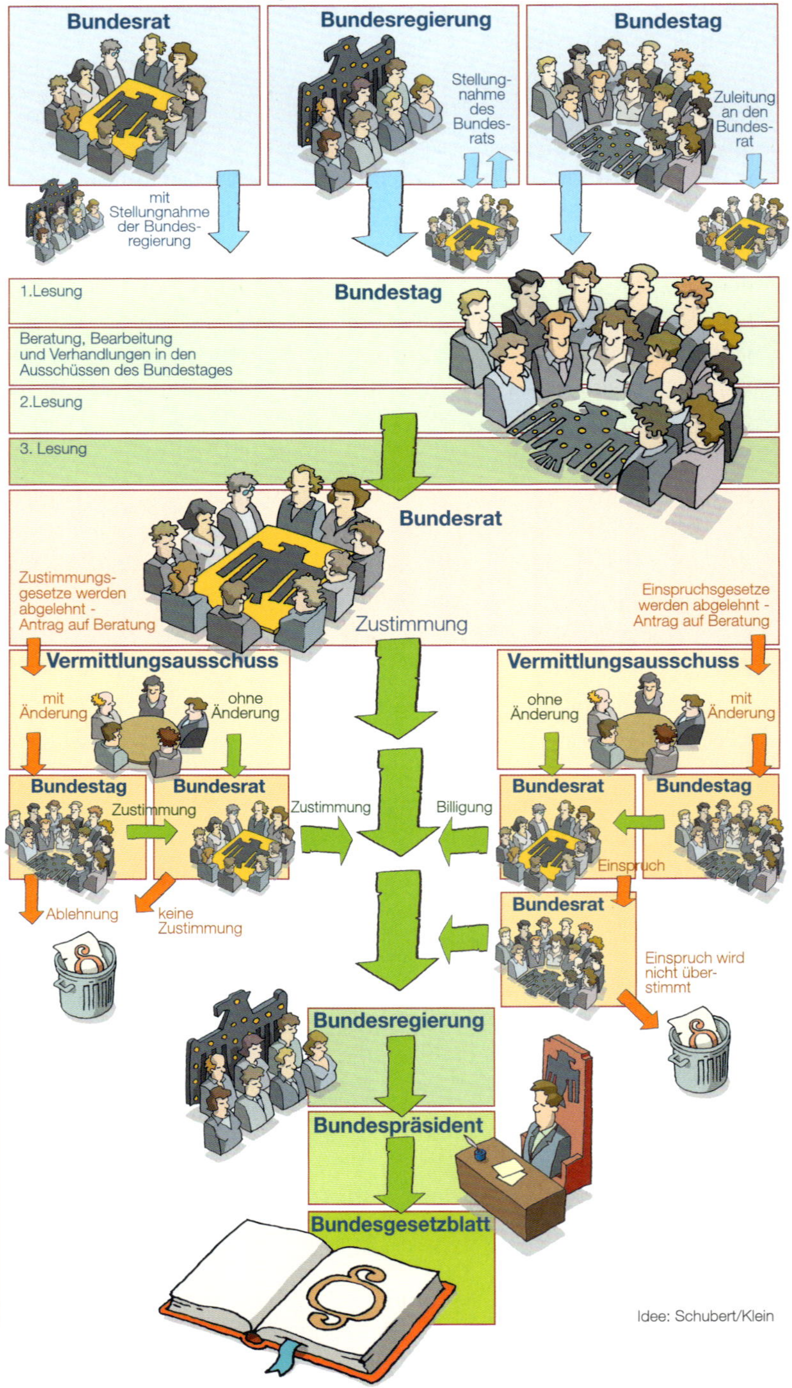

Idee: Schubert/Klein

Gesetzgebung

Wie entsteht ein Gesetz? Kann ich einfach als normaler Bürger an die Regierung schreiben und zum Beispiel ein Gesetz verlangen, damit ich nicht so viele Jahre zur Schule gehen muss? Und wird dieses Gesetz dann gemacht? So einfach ist es natürlich nicht. Es gibt genaue Vorschriften, wie es zu einem Gesetz kommt. Das kann manchmal ziemlich lange dauern und auch kompliziert sein.

In Deutschland können nur die Bundesregierung (⇨ Regierung), der Bundesrat oder mehrere Mitglieder des Deutschen Bundestages eine so genannte »Gesetzesinitiative« starten, also den ersten Schritt tun, damit ein Gesetz entsteht.

Wünscht die Regierung beispielsweise ein neues Gesetz zur Einführung von Mautgebühren (⇨ Maut) auf Autobahnen, dann macht sie dafür einen Gesetzentwurf. Diesen Entwurf gibt sie an den Bundesrat. Der Bundesrat äußert sich dazu und gibt den Gesetzentwurf zur weiteren Beratung in den Bundestag.

Möchte der Bundesrat, dass ein bestimmtes Gesetz gemacht wird, dann gibt er einen Gesetzentwurf zuerst an die Regierung. Danach kommt der Entwurf in den Bundestag.

Ein einzelner Bürger, der ein neues Gesetz für notwendig hält, kann selbst keinen Gesetzentwurf in den Bundestag einbringen. Er müsste vielmehr einen Bundestagsabgeordneten davon überzeugen, dass dieses Gesetz notwendig ist. Dieser Abgeordnete muss dann noch mindestes 32 weitere Mitglieder des Bundestages suchen, die mit ihm zusammen diesen Gesetzentwurf dem Bundestag zur weiteren Beratung vorlegen.

Liegt dem Bundestag ein Gesetzentwurf vor, dann finden drei Beratungen darüber statt. Diese Beratungen nennt man auch »Lesungen«. In der 1. Lesung, der so genannten Grundsatzdebatte, wird der Gesetzentwurf vorgestellt und die Abgeordneten sagen dazu allgemein ihre Meinung. Dann wird der Gesetzentwurf zur genaueren Überprüfung an einen speziellen Ausschuss des Bundestages geleitet. Dort werden Einzelheiten beraten und Sachverständige befragt. In der 2. Lesung im Parlament berichten die Mitglieder des Ausschusses über die Ergebnisse ihrer Sitzung und was die Experten zu dem neuen Gesetz gesagt haben. Meistens werden Änderungsvorschläge vorgetragen. In der 3. Lesung kommt es noch einmal zur Aussprache über das Gesetz. Das Für

Internet

www.wdrmaus.de/sachgeschichten/gesetz

und Wider wird erörtert, vielleicht gibt es weitere Änderungen. Dann kommt es zur Schlussabstimmung. Wenn die Mehrheit (⇨ Mehrheitsprinzip) der anwesenden Abgeordneten dem Gesetz zugestimmt hat, ist das Gesetz »verabschiedet« und wird in der Regel dann bald gültig sein. Es gibt allerdings Ausnahmen: Bei Gesetzen, die die Verfassung ändern, müssen zwei Drittel aller Mitglieder des Bundestages dem Vorhaben zustimmen.

Es gibt auch Gesetze, denen nach dem Bundestag auch der Bundesrat zustimmen muss, bevor sie gültig werden. Dies sind so genannte Zustimmungsgesetze. Dazu gehören alle Gesetze, die die Angelegenheiten der Bundesländer besonders betreffen.

Aber auch Gesetze, die unser Grundgesetz ändern, oder Verträge mit anderen Staaten gehören dazu.

Was aber passiert, wenn der Bundesrat ein Gesetz ablehnt? Ist es damit endgültig gescheitert? Nein. Es beginnt dann eine erneute Beratung im so genannten Vermittlungsausschuss. Dort sitzen Mitglieder des Bundestages und des Bundesrates, die versuchen, doch noch eine Lösung zu finden. Dieser Ausschuss schlägt dem Bundestag wieder Änderungen vor, über die dann erneut abgestimmt werden muss. Wenn bei Zustimmungsgesetzen keine Einigung erzielt werden kann, tritt das Gesetz nicht in Kraft.

Bei allen anderen Gesetzen hat der Bundesrat nur ein Einspruchsrecht. Das heißt, der Bundesrat kann Bedenken vortragen, kann sagen, dass er das Gesetz ablehnt. Damit wird das Gesetz aber nur aufgeschoben. In einer erneuten Abstimmung kann der Bundestag das Gesetz doch noch beschließen.

Wenn ein Gesetz so beraten und beschlossen wurde, wie es unsere Verfassung vorschreibt, wird das Gesetz von der Bundeskanzlerin oder vom zuständigen Minister unterzeichnet. Dann muss noch der Bundespräsident den Gesetzestext unterschreiben (in der Fachsprache spricht man von »ausfertigen«). Veröffentlicht, also verkündet, wird das Gesetz im Bundesgesetzblatt. Erst danach tritt das Gesetz in Kraft, und zwar an dem Tag, der im Gesetz festgeschrieben wurde.

Lies auch mal nach bei den Stichwörtern Deutscher Bundestag, Bundesrat, Gewaltenteilung, Gesetz *und* Vermittlungsausschuss.

Gewaltenteilung

Genauer müsste es »Teilung der Staatsgewalt« heißen. Gewalt kennt man: Wenn jemand zum Beispiel einem anderen Schaden zufügt, tut er das oft mit Gewalt. Mit »Staatsgewalt« bezeichnet man die Möglichkeiten, die ein Staat hat, um dafür zu sorgen, dass die Gesetze auch eingehalten werden. Wenn jemand gegen Gesetze verstößt, kann er eingesperrt werden. So will der Staat seine Bürgerinnen und Bürger und damit sich selbst schützen (denn er besteht ja aus den Bürgerinnen und Bürgern). Aber der Staat darf keineswegs machen, was er will. Er muss sich selbst auch an die Gesetze halten. Damit der Staat seine Macht nicht unkontrolliert einsetzen kann, gibt es die Gewaltenteilung. Diese Teilung ist ein Grundprinzip unserer demokratischen Ordnung. Damit soll verhindert werden, dass diejenigen, die die politische Macht haben, ihre Macht missbrauchen. So sollen die Freiheiten der Bürgerinnen und Bürger gesichert werden. Die Staatsgewalt wird bei uns in drei verschiedene Bereiche aufgeteilt:

Die Legislative ist die gesetzgebende Gewalt.

Bevor ein Gesetz entsteht, müssen bestimmte Spielregeln eingehalten werden. Die Regierung schlägt vor, was in einem Gesetz stehen soll. Im demokratischen Staat entscheidet dann die so genannte »gesetzgebende Versammlung«, also das Parlament darüber, ob dieser Vorschlag angenommen und zum Gesetz werden soll. In Deutschland ist es der Deutsche Bundestag in Verbindung mit dem Bundesrat, die darüber entscheiden. Doch bevor das Gesetz gültig wird, muss es der Bundespräsident erst noch unterschreiben.

Die Exekutive ist die ausführende Gewalt.

Die kennt jeder, zum Beispiel in Gestalt eines Polizisten oder der Stadtverwaltung. Sie kümmern sich darum, dass alles seine Ordnung hat und richtig abläuft. Auf der Ebene des Bundes ist das die Regierung, also der Bundeskanzler und die Minister und Ministerinnen; auf der Ebene der Bundesländer sind das zum Beispiel die Ministerpräsidenten und die Minister eines Bundeslandes. In den Städten und Gemeinden ist das zum Beispiel die Bürgermeisterin. Die Exekutive hat also dafür zu sorgen, dass die Gesetze nicht nur auf dem Papier stehen, sondern auch im täglichen Leben umgesetzt werden.

Nachgefragt

Lisa, 15

Seit wann gibt es die Gewaltenteilung?

Die drei Staatsgewalten wurden schon in der Antike unterschieden. Die Idee, dass es in einem Staat die Gewaltenteilung geben sollte, stammt von dem großen Denker Montesquieu, der das 1748 niedergeschrieben hat. 1787 haben die USA als erstes Land die Gewaltenteilung in ihrer Verfassung festgeschrieben.

Grips

Was, glaubst du, würde passieren, wenn die Gewalten nicht getrennt voneinander wären ?

Und wenn jemand gegen die Gesetze verstoßen hat und vor dem Gericht erscheinen muss, dann ist er bei der Judikative gelandet. Das ist die rechtsprechende Gewalt (⇨ Rechtsprechung). Da sorgen die Staatsanwälte und Staatsanwältinnen, die Richterinnen und Richter dafür, dass Verstöße gegen die Gesetze nach bestimmten Regeln verhandelt werden, und das heißt in den meisten Fällen: Die Täter werden bestraft. Die Richter sind unabhängig. Sie müssen aber die Gesetze beachten. Weder die Regierung noch irgendeine andere Einrichtung oder Person kann sie dazu zwingen, ein Urteil zu fällen, das sie nicht richtig finden.

Gewaltmonopol

Anderen Menschen Gewalt anzutun ist, wie ihr wisst, verboten. Man darf nicht einfach mit brutalen Mitteln seinen Willen durchsetzen und andere schädigen. Wenn man vom Gewaltmonopol des Staates spricht, meint man damit, dass nur der Staat Gewalt anwenden darf. Das kann mit oder ohne Waffen geschehen. Der Staat darf Recht und Gesetz, wenn sie bedroht sind, schützen. Allerdings muss er selbst dabei die Gesetze achten. Dieses Gewaltmonopol übt die Polizei aus, zum Beispiel um einen bewaffneten Bankräuber zu stoppen oder um Terrorakte zu verhindern. Im Kriegsfall gelten besondere Gesetze, auf deren Grundlage das Militär (⇨ Streitkräfte / Armee) Gewalt ausüben darf. Bürger dürfen nur in Ausnahmefällen Gewalt anwenden; wenn sie bedroht werden und in Notwehr handeln. Notwehr bedeutet, dass man keine andere Möglichkeit hatte, sich zu verteidigen, und deshalb ist sie nicht strafbar. Ob aber tatsächlich eine Handlung als Notwehr zu beurteilen ist, oder ob es sich nur um eine Schutzbehauptung handelt, um eine Gewalttat zu vertuschen, wird von einem Gericht im Ernstfall sehr genau geprüft.

Schon gewusst?

Der 1. Mai ist der »Tag der Arbeit«. An diesem Tag werden regelmäßig von den Gewerkschaften Demonstrationen organisiert.
Am 1. Mai 1890 fanden zum ersten Mal große Demonstrationen statt, bei denen die Arbeiter auf ihre Interessen aufmerksam machten.

Gewerkschaft

Vor etwa 150 Jahren entstanden in Deutschland die ersten Fabriken. Die Arbeiterinnen und Arbeiter arbeiteten dort oft unter sehr schlechten Bedingungen. Deshalb schlossen sich viele von ihnen zu Selbsthilfe- oder Schutzvereinen zusammen, um für menschenwürdige Arbeitsbedingungen, für mehr Lohn und gegen Kinderarbeit zu kämpfen. Denn sie waren davon überzeugt, dass sie gemeinsam in den Vereinen stärker waren als alleine. Aus diesen Vereinen entwickelten sich die Gewerkschaften. Diese wurden nach und nach als offizielle Vertreter der Arbeiter und Angestellten anerkannt. In Deutschland geschah dies 1918. Heute gibt es für viele verschiedene Berufe Gewerkschaften, so zum Beispiel eine für Lokführer, für Ingenieure, für Bauarbeiter, für Metallarbeiter, für Drucker, für Journalisten, für Polizisten, Briefträger, Bauern usw. Diese einzelnen Gewerkschaften haben sich im Deutschen Gewerkschaftsbund (DGB) zusammengeschlossen. Er hat etwa 7,3 Millionen Mitglieder. Der DGB wiederum ist ein Mitglied des Europäischen Gewerkschaftsbundes (EGB). Wenn sich auch die Situation der arbeitenden Menschen seit der Gründung der Schutzvereine und später der Gewerkschaften zum Besseren verändert hat, so sind die Hauptziele aller freien Gewerkschaften in demokratischen Ländern doch fast noch die gleichen wie zu Beginn ihrer Entstehung: Arbeit für alle Menschen, genügend Lohn und Gehalt, um ohne Sorgen leben zu können, kürzere Arbeitszeiten und Mitbestimmung in den Betrieben. Für diese

Nachgefragt

Robert, 13

Was für eine Bedeutung haben die Gewerkschaften in der sozialen Marktwirtschaft?

Die Gewerkschaften kümmern sich unter anderem darum, dass es faire Arbeitsverträge für die Arbeitnehmer gibt. Darin steht dann etwa, wie hoch der Lohn ist und wieviel Urlaub einem Arbeitnehmer zusteht.

Ziele verhandeln die Gewerkschaften in bestimmten Abständen mit den Unternehmern, und das Ergebnis steht in einem Tarifvertrag. Wenn sich die Gewerkschaften nicht mit den Unternehmern einigen können, kommt es manchmal zum Arbeitskampf.
Lies auch mal die Stichwörter Interessenverbände *und* Tarifvertrag *nach.*

Schon gewusst?

Gleichberechtigung ist ein Grundrecht.
In Artikel 3 des Grundgesetzes heißt es: »Alle Menschen sind vor dem Gesetz gleich. Männer und Frauen sind gleichberechtigt.«

Gleichberechtigung

Die Menschen sind gleichberechtigt, wenn sie alle die gleichen Rechte haben. Das ist nicht selbstverständlich. In Deutschland begannen vor etwa 100 Jahren die Frauen um ihre Gleichberechtigung zu kämpfen. Sie wollten die gleichen Ausbildungschancen, sie wollten das Wahlrecht haben (das es in Deutschland erst seit 1918 für die Frauen gibt). Als die Bundesrepublik Deutschland im Jahre 1949 gegründet wurde, wurde die Gleichberechtigung von Frauen und Männern im Grundgesetz festgeschrieben. Tatsächlich aber gibt es immer noch viele Benachteiligungen von Frauen. Für die Durchsetzung gleicher Rechte von Frauen und Männern setzen sich bis heute vor allem viele Frauenorganisationen ein.
Die Bezeichnung »Gleichberechtigung« kann auch in anderen Bereichen angewendet werden, zum Beispiel im Zusammenleben von schwarzen und weißen Menschen. So haben etwa in Südafrika die schwarzen Menschen die Gleichberechtigung und damit Gleichbehandlung erst vor wenigen Jahren erkämpft.
Lies auch mal nach unter den Stichwörtern Demokratie *und* Wahlrecht.

Schon gewusst?

Im Jahr 2005 haben sich 141 Staaten im so genannten Kyoto-Protokoll dazu verpflichtet, das Klima besonders zu schützen.

Globale Erwärmung

Misst man auf unserer Erde mit ganz vielen Thermometern an vielen Orten pausenlos die Temperatur, kommt man im Durchschnitt ungefähr auf 15 Grad. Diese Messungen finden seit vielen Jahren statt. Dabei haben die Wissenschaftlerinnen und Wissenschaftler festgestellt, dass die Oberfläche der Erde sich langsam aber sicher erwärmt. Bis zum Jahre 2100 sagt man eine weitere

durchschnittliche Erwärmung von mindestens 1,4 bis maximal 5,8 Grad voraus. Diese unnatürliche Erwärmung wird nach Meinung der meisten Fachleute von Menschen verursacht: Von Autos, Heizungen und Kraftwerken werden immer mehr Schadstoffe in die Luft gepustet. Diese Schadstoffe (vor allem Kohlendioxid) entstehen durch die Verbrennung von Benzin, Öl, Gas und anderen Stoffen. So verschlimmert sich der so genannte Treibhauseffekt. Denn wie das Glas in einem Treibhaus verhindern Gase in hohen Luftschichten, dass zuviel Wärme von der Erde in den eiskalten Weltraum abgestrahlt wird. Eigentlich ist es für uns auf der Erde wichtig, dass nicht alle Wärme in den Weltraum entweicht, denn sonst wäre die Temperatur auf der Erde ständig minus 33 Grad. Aber etwas Wärme muss abstrahlen können, damit hier die Temperatur für die Menschen erträglich ist. Weil aber die Treibhausgase durch die Schadstoffe immer undurchlässiger geworden sind, kann nicht genug Wärme abstrahlen und deshalb wird es auf der Erde immer wärmer.

Computer haben die katastrophalen Folgen dieser Veränderung ausgerechnet. Die Gletscher werden schmelzen, auch die eisigen Polkappen der Erde. Das wird zu einem Anstieg des Meeresspiegels um einen Meter führen und weite Küstengebiete in der Welt werden überschwemmt. Es wird zu starken Klimaveränderun-

links: natürlicher Energiekreislauf

rechts: »Treibhauseffekt«

gen kommen, die schwere Auswirkungen auf die Gesundheit der Menschen und die Landwirtschaft haben.
Wissenschaftler und Politiker in vielen Ländern wollen, dass man ganz schnell etwas dagegen tut. Deshalb hat sich eine Reihe von Staaten dazu verpflichtet – und dies in Verträgen zum Klimaschutz niedergeschrieben –, durch Gesetze dafür zu sorgen, dass weniger Schadstoffe in die Luft gelangen.
Der Vollständigkeit halber muss gesagt werden, dass die Forschungen über die Ursachen der globalen Erwärmung noch am Anfang stehen. In der Wissenschaft gibt es dazu eine Reihe unterschiedlicher Meinungen.

Schon gewusst?

Auf manchen Waren gibt es einen Aufkleber »Transfair«. Damit wird garantiert, dass es bei der Herstellung und dem Verkauf dieser Waren fair zuging und die Arbeiter in den Herkunftsländern nicht ausgebeutet wurden.

Globalisierung

Dieser Begriff kommt von »global« und bedeutet »weltumspannend«. Wahrscheinlich habt ihr schon bei unterschiedlichen Gegenständen ein Schildchen gesehen mit der Aufschrift »Made in Taiwan« oder »Made in China«. Warum kommen diese Waren aus China und aus anderen fernen Ländern in unsere Geschäfte? Die Unternehmen, die Spielzeug oder andere Dinge verkaufen, wollen ihre Waren so preiswert wie möglich herstellen. Sie lassen deshalb die Waren dort produzieren, wo es nicht so viel kostet. In vielen ärmeren Ländern dieser Welt gibt es Fabriken, in denen die Menschen viel weniger Geld für die Arbeit bekommen als in Deutschland. Und wenn zum Beispiel deutsche Unternehmen Fabriken im Ausland bauen, müssen sie dort oft auch weniger Steuern zahlen als hier. Dies führt dann dazu, dass die Herstellung der Waren in ärmeren Ländern billiger ist als in Deutschland. Folglich können die Waren in Deutschland dann auch billiger verkauft werden. Durch die moderne Computertechnologie und die Reisemöglichkeiten ist dies alles viel besser möglich als früher, die Welt ist »näher zusammengerückt«.
Wenn wir also weniger bezahlen für die Waren, ist die Globalisierung doch nur von Vorteil, oder? Das sehen nicht alle Menschen so. Viele kritisieren, dass bei uns die Preise nur deshalb so niedrig sind, weil die Arbeiterinnen und Arbeiter in den armen Ländern oft für einen Hungerlohn arbeiten müssen. Nicht selten sind es sogar Kinder, die viele Stunden am Tag in den Fabriken schuften.

Manche Menschen fragen, wo denn die Arbeiter und Arbeiterinnen aus Deutschland in der Zukunft Arbeit finden werden, wenn die Unternehmen ihre Fabriken im Ausland aufbauen. Andere Menschen betonen, dass die Globalisierung in armen Ländern Arbeitsplätze für Menschen schafft, denen es dort sehr schlecht geht.
Viele Menschen bemühen sich darum, dass der Handel zwischen den Ländern gerecht und fair zugeht. Dabei ist es besonders wichtig, dass auch in den armen Ländern die Menschen unter menschenwürdigen Lebensbedingungen arbeiten können.

Grips

Welche Vorteile und welche Nachteile siehst du bei der Globalisierung?

Grips

Kennt ihr noch andere Beispiele für wirkliche oder gedachte Grenzen?

Grenze

Die Grenze ist eine gedachte Linie zwischen zwei Gebieten. Solche Gebiete können Grundstücke, Städte, Dörfer und Staaten sein. Bei Staaten handelt es sich bei dieser Linie um eine Staatsgrenze zwischen zwei benachbarten Ländern. Manchmal verläuft die Grenze entlang natürlicher Trennlinien wie Flüssen und Gebirgen. Zwischen Deutschland und Frankreich ist es zum Beispiel ein Stück des Rheins. Grenzzeichen oder bestimmte Markierungen zeigen an, wo die Grenze verläuft. Man darf sie nicht heimlich überschreiten oder unerlaubte Waren von einem Land in ein anderes transportieren. Meistens muss man an den Grenzen seinen Pass vorzeigen oder Zoll bezahlen. Zwischen den Staaten der Europäischen Union ist das Überschreiten der Grenzen inzwischen ziemlich einfach. Man kann leicht von einem Land in ein anderes reisen, ohne an einem Schlag-

baum aufgehalten zu werden. So heißen die farbigen Schranken, die an Straßen für Reisende in ein anderes Land geöffnet oder geschlossen werden können und so den Weg freigeben oder versperren.
Schlagbäume seht ihr auch bei der Ein- und Ausfahrt von Tiefgaragen. Damit ist die »Bezahlgrenze« zwischen innen und außen angezeigt.
Lies auch mal nach bei den Stichwörtern Europäische Union *und* Schengener Abkommen

Grundgesetz

Das Grundgesetz (es wird oft mit GG abgekürzt) ist die Verfassung der Bundesrepublik Deutschland, wie unser Land offiziell heißt. Das Grundgesetz gibt es seit der Staatsgründung der Bundesrepublik Deutschland im Jahr 1949. In ihm stehen die allerwichtigsten »Spielregeln« für das Zusammenleben der Menschen in Deutschland. Alle Behörden, Gerichte, alle Bürgerinnen und Bürger müssen sich daran halten. Kein Gesetz, das in unserem Land gilt, darf dem Grundgesetz widersprechen. Damit ihr eine

Internet

Den Text des Grundgesetzes findest du im Internet auf der Seite des Deutschen Bundestages: www.bundestag.de

Nachgefragt

Ginny, 13

Kann sich das Grundgesetz irgendwie ändern? Wenn ja, von wem, wer macht das?

Die Abgeordneten des Deutschen Bundestages können mit Zweidrittelmehrheit ein Gesetz beschließen, das das Grundgesetz ändert. Der Bundesrat muss mit Zweidrittelmehrheit zustimmen. Aber nicht alle Artikel dürfen geändert werden – z. B. darf die Geltung der Menschenrechte nie aufgehoben werden. So steht es in Artikel 79 des Grundgesetzes.

Internet

Bei www.uno.de kann man sich über die Menschenrechte informieren.

Auszüge aus dem Grundgesetz auf einer Plexiglas-Wand am Spreeufer in Berlin

Vorstellung bekommt, was in unserer Verfassung steht, hier ein kurzes Zitat aus dem ersten Abschnitt des Grundgesetzes:
»Alle Menschen sind vor dem Gesetz gleich. Männer und Frauen sind gleichberechtigt […] Niemand darf wegen seines Geschlechtes, seiner Abstammung, seiner Rasse, seiner Sprache, seiner Heimat und Herkunft, seines Glaubens, seiner religiösen oder politischen Anschauungen benachteiligt oder bevorzugt werden. Niemand darf wegen seiner Behinderung benachteiligt werden.«
Lies auch mal nach beim Stichwort Grundrechte/Menschenrechte.

Grundrechte / Menschenrechte

Alle Menschen sollten bestimmte Rechte haben, gleichgültig in welchem Land oder Staat der Erde sie leben. Dies sind die Menschenrechte. Sie wurden von den Vereinten Nationen im Jahr 1948 aufgeschrieben. So sollen alle Staaten dieser Welt angespornt werden, sich daran zu halten. Viele Staaten, darunter auch Deutschland, haben diese Rechte in ihrer Verfassung als so genannte Grundrechte festgeschrieben. Dazu gehören zum Beispiel das Recht auf Leben und auf Freiheit und körperliche Unversehrtheit. Dies heißt zum Beispiel, dass niemand gefoltert (⇨ Folter) werden darf. Jeder hat auch das Recht, seine Meinung frei zu sagen, ohne dafür bestraft zu werden. Jeder Mensch soll außerdem sicher sein, dass er glauben kann, was er will, er darf keine Nachteile wegen seiner Religion erfahren. Das Wahlrecht bestimmt, dass die Menschen in demokratischen Wahlen regelmäßig wählen dürfen; das Recht auf Bildung besagt, dass alle Menschen etwas lernen dürfen, und das Recht auf Eigentum stellt sicher, dass jeder etwas als sein Eigentum besitzen darf. Das sind nur einige der Grundrechte. In vielen Ländern der Welt werden diese Menschenrechte von der Staatsmacht missachtet. Das zeigt, dass es keineswegs selbstverständlich ist, dass die Menschenrechte anerkannt sind und dass jeder aufpassen muss, dass der Staat diese Rechte auch achtet.

Nutze bei
www.auswaertiges-amt.de die Suchfunktion und gib »G 8« ein.

Schon gewusst?

Die Grundrechte stehen in den Artikeln 1-19 unseres Grundgesetzes.

Grips

Welches Grundrecht hältst du für besonders wichtig?

Nachgefragt

Stephan, 15

Seit wann gibt es die Menschenrechte bzw. die Grundrechte und von wem wurden sie beschlossen??

Die Menschenrechte gibt es schon immer, weil sie nach unserem Verständnis zum Menschsein gehören. Aufgeschrieben wurden sie zum ersten Mal im 17. Jahrhundert in England. 1776 erklärte dann die amerikanische »Virginia Bill of Rights«, dass alle Menschen von Natur aus gleich und frei sind, und dass ihr Leben und ihr Besitz unverletzlich sind. Während der Französischen Revolution wurden die Menschenrechte, das heißt vor allem Freiheit und Gleichheit aller Bürger, durch die französische Nationalversammlung beschlossen.

Haager Abkommen

Das Haager Abkommen ist ein Vertrag zwischen vielen Staaten, in dem genau festgelegt ist, welche Regeln im Kriegsfall von den Staaten zu beachten sind. Es ist also ein Teil des Kriegsrechts. Das Abkommen besteht aus mehreren völkerrechtlichen Verträgen. Es ist nach der Stadt Den Haag, Niederlande, benannt, weil es dort abgeschlossen wurde. Die ersten Verträge, die »Haager Landkriegsordnung« genannt wurden, stammen von 1899 und 1907. Später wurden sie durch weitere Vereinbarungen ergänzt. Vereinbart wurde zum Beispiel, dass Waffen, die nur den Zweck haben, so viele Menschen wie möglich zu töten (zum Beispiel mit Giftgas), im Krieg nicht eingesetzt werden dürfen. Weiterhin ist vorgeschrieben, dass Kulturgüter geschützt werden müssen. Man darf also nicht gezielt Denkmäler oder Kunstschätze zerstören. Es wird auch beschrieben, wie man Kriegsgefangene zu behandeln hat. Hierzu gibt es aber noch besondere Verträge, die in der so genannten Genfer Konvention zusammengefasst sind.

Lies auch mal nach unter dem Stichwort Genfer Konvention.

Nachgefragt

Andi, 15

Was passiert eigentlich, wenn ein Staat gegen das Haager Abkommen verstößt? Was für Strafen gibt es da denn?

Eine mögliche Strafe bei einem Verstoß gegen das Haager Abkommen ist zum Beispiel ein wirtschaftliches oder politisches Embargo. Das heißt dann, dass die anderen Staaten nichts mehr an das Land liefern und keine politischen Kontakte mehr zu ihm pflegen.

Haftbefehl

Das Wort »Haft« bedeutete früher in der mittelhochdeutschen Sprache so viel wie »Fessel«, »Band«. Wenn die Polizei jemanden verhaftet, wird er, wenn man ihn für gefährlich hält, mit Handschellen gefesselt. Eine solche Verhaftung geht aber nicht so einfach. In den meisten Fällen braucht die Polizei einen Haftbefehl.

Schon gewusst?

Die Polizei kann in den meisten Fällen einen Verdächtigen nicht einfach verhaften. Sie braucht dazu einen Haftbefehl, den eine Richterin oder ein Richter ausstellt.

Den beantragt der Staatsanwalt bei einem Richter. Dieser prüft, ob die Gründe, die der Staatsanwalt nennt, ausreichen, um die beschuldigte Person einzusperren, also in Untersuchungshaft zu nehmen. Dabei muss sich der Richter genau an die Vorschriften der deutschen Strafprozessordnung halten. In den entsprechenden Paragrafen steht, was der Haftbefehl im Einzelnen enthalten muss, wie bei der Verhaftung und danach vorgegangen werden muss. Denn man kann jemanden nicht einfach festnehmen, wenn der »Tatverdacht« nicht ausreichend ist. In jedem Fall muss der Richter oder die Richterin bei einer Vorführung und Befragung des Verhafteten noch einmal alles genau prüfen (in der Fachsprache ist das ein »Haftprüfungstermin«). Es könnte ja sein, dass der Festgenommene inzwischen durch Zeugenaussagen entlastet worden ist. Dann muss der Richter den Haftbefehl zurücknehmen. Oder aber der Richter kann den Beschuldigten gegen die Zahlung einer bestimmten Summe (»Kaution«) wieder freilassen. Das geht aber nur, wenn die Straftat kein schweres Verbrechen wie Mord oder schwerer Raub war und das Gericht der Meinung ist, dass der Täter bis zu seinem Prozess nicht flüchten wird.

Handelsabkommen

Mit »Handel« bezeichnet man üblicherweise den Kauf und Verkauf von wirtschaftlichen Gütern und Dienstleistungen. Wenn zwei oder mehrere Staaten einen Handelsvertrag oder ein Handelsabkommen schließen, dann regeln sie damit den Handel untereinander oder, wie es auch heißt, die gegenseitigen Außenhandelsbeziehungen. In einem solchen Abkommen (⇨ Konvention) kann zum Beispiel stehen, dass die Ein- und Ausfuhr von Gütern zwischen den Ländern ungehindert ablaufen soll. Oder es können Vereinbarungen getroffen werden, die den Zugang zu Häfen oder Flughäfen, die wirtschaftliche und technische Zusammenarbeit und die Lieferung von Rohstoffen regeln. Es gibt sehr viele Dinge, die man vereinbaren kann, um den Handel zu erleichtern. Im Zeitalter der Globalisierung gewinnen Abkommen über die Handelserleichterungen immer mehr an Bedeutung.

Lies auch mal die Stichwörter Welthandelsorganisation *und* Globalisierung.

Hauptstadt

Kannst du mir die Hauptstadt von diesem oder jenem Land nennen? Das ist eine beliebte Quizfrage. Von der Bundesrepublik Deutschland ist es Berlin, von Frankreich Paris, von England London. Hauptstadt ist meistens die Stadt eines Landes, in der Regierung und Parlament ihren Sitz haben. Oft ist das die größte Stadt des Landes, das muss aber nicht immer so sein. Washington zum Beispiel ist die Hauptstadt, aber lange nicht die größte Stadt der USA.

Schon gewusst?

Zwischen 1949 und 1990 hatte die Bundesrepublik Deutschland eine so genannte »vorläufige« Hauptstadt. Dies war Bonn.

Von oben nach unten:

Budapest, die Hauptstadt von Ungarn

Das Brandenburger Tor in Berlin, der Hauptstadt Deutschlands

Von oben nach unten:

London, die Hauptstadt von Großbritannien

Paris, die Hauptstadt von Frankreich

Nachgefragt

Cornelia, 9

Seit wann ist Berlin die Hauptstadt von Deutschland?

1871 wurde Berlin die Hauptstadt des Deutschen Reiches (so hieß Deutschland damals) und blieb es bis 1945. Von 1949 bis zum Ende der DDR war Ostberlin Hauptstadt der DDR. 1990 wurde Berlin Hauptstadt der Bundesrepublik Deutschland.

Grips

Welche anderen Hauptstädte kennt ihr noch?

Hierarchie

Das Wort hat seinen Ursprung im Griechischen. Man bezeichnet damit eine strenge Rangordnung. In einer Hierarchie hat jede Person ihre genau festgelegten Rechte und Befugnisse. Nehmen wir das Militär: Oben steht der General, dann kommen die Offiziere, Unteroffiziere und schließlich die einfachen Soldaten (⇨ Streitkräfte / Armee). Man kann sich eine Hierarchie als eine Pyramide vorstellen: An der Spitze stehen die ranghöchsten Personen, unten die mit dem niedrigsten Rang. Hierarchien gibt es in vielen Bereichen: in der Kirche, in der Verwaltung des Staates, der Bundesländer und der Gemeinden, in der Rechtsprechung und in großen Wirtschaftsunternehmen. In Organisationen, die hierarchisch aufgebaut sind, können meistens die höher stehenden Personen den unteren Rängen Anweisungen geben. Diese müssen dann ausgeführt werden.

Internet

Schau mal nach bei: www.kindernetz.de und suche dort nach »Weltreligionen«.

Hinduismus

Dieser Tempel in Prambanan auf der indonesischen Insel Java ist dem Hindu-Gott Shiva gewidmet.

Der Hinduismus ist die wichtigste Religion in Indien. Er entstand im 2. Jahrtausend vor Christus. Heute leben etwa 800 Millionen Hindus in Indien. Jeder Mensch (Hindu heißt übersetzt »Mensch«) gehört, davon gehen die Hindus aus, einer bestimmten »Kaste« an. Damit ist eine Gesellschaftsschicht gemeint, die von allen anderen Schichten der Gesellschaft streng getrennt ist. Die oberste Kaste sind Priester (Brahmanen), dann kommen Krieger, Bauern und Handwerker und schließlich Knechte. Außerhalb der Kasten befinden sich die »Parias«, die Rechtlosen und Geächteten. Ähnlich wie im Buddhismus müssen die Menschen nach der hinduistischen Lehre einen langen Kreislauf von Wiedergeburt und Tod durchlaufen, ehe sie erlöst werden. Man kann auch als Tier wiedergeboren werden, daher ist es den Hindus auch verboten, Fleisch zu essen. Die Hindus verehren zwar keinen Gott oder Gründer ihrer Religion, wie es bei den anderen Weltreligionen (Christentum, Islam, Judentum und Buddhismus) der Fall ist. Dennoch gibt es eine Vielzahl von hinduistischen Gottheiten, zu denen gebetet wird und denen Opfergaben dargebracht werden. Die wichtigsten Gottheiten sind der Gott Vishnu, der das Leben erhält, die Göttin Shiva, die für Vergänglichkeit und Tod steht, und Ganesha, der Gott der Weisheit.

Schon gewusst?

Viele Frauen in Indien tragen einen roten Punkt auf der Stirn. Dies ist ein Bindi. Früher war es ein Zeichen dafür, dass die Frau verheiratet war. Die rote Farbe sollte Glück bringen. Heute ist er vor allem Schmuck und wird auch von unverheirateten Frauen getragen.

Hoheitsrechte

Jeder Bürger weiß, dass dem Staat bestimmte Rechte und Befugnisse zustehen. Der Staat erhebt Steuern, erlässt Gesetze und passt mit Hilfe der Polizei darauf auf, dass die Gesetze eingehalten werden. Der Staat sorgt dafür, dass es Gerichte gibt, die Recht sprechen. Er stellt auch sicher, dass die Urteile, die gesprochen werden, durchgesetzt, also vollstreckt werden. Der Staat übt so seine Hoheitsrechte oder, wie es heißt, seine innere Souveränität aus. Dabei muss er sich immer nach der Verfassung richten. Auch gegenüber anderen Staaten hat jeder Staat Hoheitsrechte, die ihm aufgrund seiner Souveränität zustehen. Hoheitsrechte können auf Organisationen wie zum Beispiel die EU (⇨ Europäische Union (EU)) oder die NATO übertragen werden.

Holocaust

Das Wort Holocaust stammt aus dem Griechischen (»holókaustus«) und bedeutet »völlig verbrannt«. Es bezeichnet die systematische Vernichtung ganzer Bevölkerungsgruppen (Völkermord). Auf hebräisch heißt Völkermord »Schoah« (»große Katastrophe«). Damit ist die Vernichtung der europäischen Juden gemeint.

Auch Kinder wurden im KZ Auschwitz gefangen gehalten und ermordet. Das Bild wurde kurz nach der Befreiung durch sowjetische Truppen aufgenommen.

Nach der Zerstörung des Warschauer Ghettos durch deutsche Truppen 1943 werden jüdische Kinder, Frauen und Männer aus der Stadt getrieben.

Als die Nationalsozialisten in Deutschland 1933 die Herrschaft übernahmen, begannen sie, einzelne Bevölkerungsgruppen auszugrenzen. Die Nationalsozialisten betrachteten sich als »Herrenrasse«. Die Juden waren für sie eine minderwertige Rasse (⇨ Rassismus). Sie wurden für viele Missstände im Land verantwortlich gemacht. Sie wurden angegriffen und viele durften ihre Berufe nicht mehr ausüben. Die Juden durften nichts mehr selbst entscheiden. Wehren konnten sie sich nicht, weil man ihnen auch ihre Bürgerrechte weggenommen hatte. Sie mussten ab 1941 sogar ein Kennzeichen tragen, den so genannten Judenstern. Dies war ein gelber, sechseckiger Stern in Form des Davidsterns. Man nahm den Juden ihr Eigentum, ihre Wohnungen und Häuser weg. Die Juden wurden aus Deutschland vertrieben (deportiert) und in besetzten Ländern in Osteuropa in abgeriegelten Stadtteilen eingesperrt. Diese Stadtteile wurden »Ghettos« genannt. Eines der größten Ghettos entstand im eroberten Warschau, der Hauptstadt Polens. Als die Nationalsozialisten ihren Eroberungskrieg auf ganz Europa ausdehnten, wurden die Juden überall verfolgt. Es begann ein systematischer Völkermord. Die Nationalsozialisten schafften die Juden wie auch Sinti und Roma, Obdachlose, Behinderte, politisch Verfolgte, so genannte »Asoziale« oder Kriegsgefangene in so genannte Konzentrationslager. Manche Lager waren vor allem dafür da, um die Juden in Gaskammern zu ermorden. Von diesen Vernichtungslagern war Auschwitz-Birkenau das größte. Über sechs Millionen jüdische Menschen sind von 1933 bis 1945 getötet worden. Nur ganz wenige verfolgte Menschen haben diesen unmenschlichen Terror überlebt.

Lies auch die Stichwörter Konzentrationslager, Nationalsozialismus, Pogrom, Judentum, Antisemitismus *und* Kriegsverbrechen.

Internet

www.annefrankguide.net - hier findest du Informationen über das Leben von Anne Frank und die Geschehnisse im Zweiten Weltkrieg.

Humanismus

Dieses Wort leitet sich vom lateinischen Begriff »humanitas« ab. Es bedeutet »Menschlichkeit«. Allgemein bezeichnet man mit Humanismus eine Geisteshaltung oder Einstellung. Wer eine humanistische Geisteshaltung hat, achtet die Würde jedes einzelnen Menschen. Er strebt ein Leben ohne Gewalt an, in dem jeder seine Meinung frei äußern darf. Als »Humanismus« wird aber auch eine kulturelle Strömung des 14. und 15. Jahrhunderts bezeichnet. Sie hatte ihren Ursprung in Italien und verbreitete sich dann in vielen Ländern Westeuropas. Die Humanisten haben sich an den Werken der griechischen und lateinischen Philosophen orientiert und diese zur Grundlage ihrer Ideen gemacht. Der Mensch sollte, so forderten sie, allseitig gebildet (⇨ Bildung) sein und eine unabhängige Persönlichkeit werden. Nachdem die humanistischen Ideen zeitweise an Bedeutung verloren hatten, gab es ab 1750 eine Erneuerungsbewegung, den so genannten Neuhumanismus. Zu seinen Vertretern zählen die Dichter Johann Wolfgang von Goethe und Friedrich Schiller und der Gelehrte Wilhelm von Humboldt. Besonders in Preußen und Bayern wurden im 19. Jahrhundert Schulen und Universitäten nach neuhumanistischen Ideen ausgerichtet. Bis heute beziehen sich gelehrte und gebildete Menschen immer wieder auf diese Ideen.

von links nach rechts:

Johann Wolfgang von Goethe (1749–1832)

Friedrich Schiller (1759–1805)

Wilhelm von Humboldt (1767–1835)

Immunität

Das Wort kommt aus dem Lateinischen. Es bedeutet, dass Abgeordnete eines Parlaments – in Deutschland also zum Beispiel des Deutschen Bundestages – nicht von der Polizei und den Gerichten verfolgt werden können. Warum ist das bei den Volksvertretern so, wo doch alle anderen Bürgerinnen und Bürger von Polizei und Staatsanwalt verfolgt werden, wenn sie etwas angestellt haben? Das Grundgesetz gibt die Begründung: Das Parlament muss immer arbeiten und funktionieren können. Wenn seine Mitglieder aber verhaftet würden, wäre es in seiner Arbeit behindert. Das heißt aber nicht, dass die Abgeordneten machen können, was sie wollen. Wenn ein Abgeordneter bei einer Straftat ertappt und festgenommen wird, dann ist der Schutz durch die Immunität aufgehoben und der Täter kann wie jeder andere Bürger seine Strafe bekommen. Aber auch das Parlament kann die Immunität eines seiner Mitglieder aufheben, wenn ein dringender Tatverdacht besteht. Im Übrigen gilt diese Freiheit vor Strafverfolgung nur so lange für den Abgeordneten, wie er gewählt ist.

Auch Diplomaten im Ausland genießen im Gastland Immunität, also Schutz vor Strafverfolgung. Sie können nicht nach den Gesetzen des Gastlandes verurteilt werden.

Zum Schluss sei noch erwähnt, dass es in der Medizin ebenfalls den Begriff »Immunität« gibt. Es ist die Fähigkeit des Organismus, sich gegen schädliche Stoffe – Krankheitserreger, Gifte – zur Wehr setzen zu können.

Indemnität

Dieses aus dem Lateinischen stammende Wort bedeutet, dass ein Abgeordneter weder dienstlich noch gerichtlich verfolgt und bestraft werden kann wegen Äußerungen, die er im Parlament oder in Ausschüssen macht. Er darf auch nicht für sein Verhalten bei Abstimmungen bestraft werden. Es soll auf diese Weise sichergestellt werden, dass ein Abgeordneter seine Meinung frei äußern kann, ohne Angst vor Nachteilen zu haben. Allerdings ist der Abgeordnete nicht geschützt, wenn er jemanden verleumdet oder beleidigt. Im Gegensatz zur Immunität kann die Indemnität nicht aufgehoben werden.

Industriestaat

Länder, in denen es viele Fabriken und Industrieanlagen gibt, nennt man Industrieländer oder Industriestaaten. Um Rohstoffe (⇨ Energiepolitik) wie Erdöl oder Eisenerz verarbeiten und daraus Waren (man nennt sie Industrieprodukte) herstellen zu können, braucht man eine hoch entwickelte Technik.

Eine wichtige Voraussetzung für den Erfolg der industriellen Produktion ist, dass es immer mehr und immer bessere Produkte gibt. Dafür benötigen die Industrieländer Wachstum. Das heißt, sie müssen immer mehr produzieren und immer mehr Geld durch den Verkauf ihrer Produkte verdienen, damit das nötige Geld für die Entwicklung neuer Techniken und die Herstellung neuer Waren vorhanden ist.

Viele Jahre lang hat das gut funktioniert. In den Industrieländern hat mit dem Fortschritt der Wohlstand zugenommen. Mit der wachsenden industriellen Produktion wurden auch viele Arbeitsplätze geschaffen. In den letzten Jahren hat sich allerdings gezeigt, dass durch den technischen Fortschritt auch Arbeitsplätze verloren gehen. In vielen Fabriken machen heute Roboter die Arbeit, die vor einigen Jahren noch von Menschen erledigt wurde. In fast allen Industrieländern ist Arbeitslosigkeit heute ein großes Problem.

Zu den größten Industrieländern gehören die USA, die Länder der Europäischen Union, Australien und Japan.

Der Begriff »Industrie« kommt übrigens vom lateinischen Wort »industria«, was auf Deutsch »Fleiß« bedeutet.

Lies auch mal nach unter den Stichwörtern Schwellenland *und* Entwicklungsländer.

Grips

Welche Industrieprodukte kennst du?

Inflation

Eine Inflation gibt es dann, wenn in einem Staat insgesamt mehr Geld vorhanden ist als es Waren und Güter gibt. Wie kann es dazu kommen? Wenn zum Beispiel die oberste Bank in einem Staat, die Zentralbank, zu viel Geld drucken lässt. Der Grund dafür kann sein, dass eine Regierung zu viele Schulden hat und deshalb von der Zentralbank verlangt, mehr Geld zu drucken, um die Schulden zu bezahlen. Das kommt heute aber nur noch selten vor, weil

die meisten Regierungen und Zentralbanken wissen, dass das für die Wirtschaft eines Landes gefährlich ist.
Eine Inflation kann dadurch anfangen, dass bestimmte Waren mehr und schneller gekauft werden, als sie hergestellt werden können. Dann steigen zuerst die Preise und die Menschen kaufen die Waren noch schneller, bevor sie noch teurer werden. Oft befürchten Menschen und Unternehmen, dass auch andere Waren jetzt teurer werden und kaufen diese dann auch. Das kann dazu führen, dass plötzlich alle ihr Geld nicht mehr behalten, sondern schnell ausgeben. Vielleicht machen die Menschen zusätzlich auch noch Schulden, um noch mehr Waren kaufen zu können. Die mittlerweile seltenen Waren werden teurer und teurer und das viele Geld, das man dafür bezahlen muss, verliert immer mehr an Wert.
Die Zentralbanken passen daher immer sehr gut auf, wenn die Preise steigen, und beobachten genau, wie schnell die Menschen das Geld ausgeben. Damit die Menschen nicht noch mehr Schulden machen und so die Inflation antreiben, sorgt die Bank dafür, dass es teurer wird, Geld zu leihen. Die wichtigste Aufgabe der Zentralbanken ist es also, dafür zu sorgen, dass der Wert unseres Geldes stabil bleibt.
Lies auch mal nach unter den Stichwörtern Europäische Zentralbank *und* Deutsche Bundesbank.

Innere Sicherheit und öffentliche Ordnung

Alle Maßnahmen und Einrichtungen des Staates, die dem Schutz von Leben und Eigentum seiner Bürger und Bürgerinnen dienen und zur öffentlichen Ordnung beitragen, bezeichnet man als Einrichtungen der »Inneren Sicherheit«. Für Sicherheit und Ordnung muss vor allem die Polizei sorgen, aber auch die Feuerwehr, die Staatsanwaltschaft und andere staatliche Einrichtungen sind hier gefordert. Gemeint ist damit, dass Polizei, Feuerwehr usw. ordnungsgemäß funktionieren und sich dabei an die Verfassung und die Gesetze halten. Auf diese Weise tragen sie dazu bei, dass es friedlich und sicher zugeht im Land. Für die innere Sicherheit und die öffentliche Ordnung ist aber auch jeder Bürger und jede Bürgerin verantwortlich. So sollte man nicht bei jedem kleinen Streit mit Nachbarn sofort die Polizei holen, sondern versuchen, miteinander zu sprechen und so eine Lösung zu finden.

Die amerikanische Botschaft in Berlin wird durch Beamte des Bundesgrenzschutzes gesichert.

Innovation

In diesem Begriff steckt das lateinische Wort »nova«, was »neu« bedeutet. Wenn jemand etwas Neues erfindet und das auch umsetzt, so ist das eine Innovation. Stellt euch vor, ihr erfindet einen Roboter, der für euch euer Zimmer aufräumt. Diese Erfindung, die man Invention (Idee, Einfall) nennt, wird aber erst dann zur Innovation, wenn solche Roboter tatsächlich gebaut und auf dem Markt verkauft werden. Eine große Innovation im Bereich der Kommunikation war zum Beispiel das Internet, das inzwischen sehr viele Menschen nutzen.

Institution

Dieser Begriff, der sich vom lateinischen Begriff »instituere« ableitet (»verwalten«, »einrichten«, »anordnen«) hat mehrere Bedeutungen:

1. Damit werden öffentliche oder staatliche Einrichtungen oder Organisationen bezeichnet, die einen ganz bestimmten Zweck haben und auf Dauer eingerichtet wurden. Das sind zum Beispiel Schulen oder Universitäten, Forschungseinrichtungen des Staates, das öffentlich-rechtliche Fernsehen, das Parlament und die Parteien.
2. Die Ehe ist auch eine Institution, weil ihr feste Verhaltensregeln zu Grunde liegen. Schließen zwei Menschen eine Ehe, so haben sie von diesem Tag an bestimmte Rechte, aber auch Pflichten.
3. Das Grundgesetz bezeichnet man ebenso als Institution. Denn es regelt verbindlich unser Verhalten und ist die Grundlage unseres Rechtssystems.

Grips

Kennst du noch andere Institutionen?

Integration

Übersetzt aus dem Lateinischen heißt dieses Wort »Wiederherstellung eines Ganzen«. Im deutschen Sprachgebrauch kann es auch als »Eingliederung« verstanden werden. Wenn zum Beispiel ein neuer Schüler in eure Klasse kommt und sich mit eurer Hilfe in die Klassengemeinschaft gut einfügt, dann wird er integriert. Ausländer oder Menschen mit anderer Religion, die in Deutschland bleiben möchten, bei uns vielleicht Asyl erhalten haben, werden ebenfalls in die deutsche Gesellschaft eingegliedert. Auch das nennt man Integration. Auch Strafgefangene, die lange im Gefängnis waren, müssen nach ihrer Freilassung wieder in das normale Leben integriert werden. Das Gleiche gilt etwa für Arbeitslose oder Menschen, die wegen einer Krankheit lange nicht arbeiten konnten. Auch sie müssen wieder in die Arbeitswelt eingegliedert werden. Und die Wiederherstellung einer großen politischen oder wirtschaftlichen Einheit ist auch eine Integration. Die Eingliederung neuer Staaten in die Europäische Union, in der viele unterschiedliche Staaten gemeinsame Ziele verfolgen, ist eine (europäische) Integration.

Interessenverbände

Personen oder Gruppen schließen sich freiwillig zu einem Verband zusammen, um bestimmte Ziele (Interessen) gegenüber einer Verwaltung oder Regierung durchzusetzen. Denn ein solcher Interessenverband kann stärker auftreten, wenn viele Mitglieder darin vertreten sind und mit einer Stimme sprechen. Schüler- oder Lehrerverbände sind zum Beispiel solche Interessenverbände, die versuchen, ihre Ziele und Anliegen gegenüber den Schulbehörden durchzusetzen. Auch Gewerkschaften oder die Vereinigungen der Arbeitgeber sind Interessenverbände. Sie vertreten besonders bei den Tarifverhandlungen die Interessen ihrer Mitglieder. Große

Verbände haben oft eigene Vertretungen in der Stadt, wo auch die Regierung eines Landes ihren Sitz hat. So können sie schnell wichtige Leute im Parlament, in den Parteien und in der Regierung treffen und über ihre Angelegenheiten reden. Sie machen dann Lobby-Arbeit. Wenn Interessenverbände besonders stark sind und versuchen, auf Politik und Gesetzgebung Einfluss zu nehmen, werden sie auch als »pressure groups« bezeichnet. (Das Wort kommt aus dem Englischen und heißt wörtlich übersetzt »Druckgruppen«, also Leute, die Druck ausüben).
Lies auch mal nach beim Stichwort Lobby.

Der Internationale Gerichtshof in Den Haag

Internationaler Gerichtshof

Der Internationale Gerichtshof ist ein Teil der Vereinten Nationen (⇨ UNO) und hat seinen Sitz in Den Haag, Niederlande. Er wurde 1946 gegründet und besteht aus 15 Richtern und Richterinnen, die für neun Jahre gewählt werden. Die Richter und Richterinnen stammen aus 15 unterschiedlichen Ländern, die sich in ihren Gesetzen, ihrer Religion und Kultur unterscheiden. Somit sind am Gerichtshof die wichtigsten Kulturkreise vertreten.
Der Internationale Gerichtshof hat verschiedene Aufgaben. Er kann zum Beispiel Streitigkeiten zwischen Staaten schlichten. Allerdings geht das nur dann, wenn die beteiligten Staaten den Gerichtshof dazu auffordern. Eine andere wichtige Aufgabe besteht darin, für die Vereinten Nationen zu prüfen, ob in einem bestimmten Krieg ein Kriegsverbrechen begangen worden ist.
Im Jahre 1993 wurde in Den Haag von der UNO ein weiteres internationales Strafgericht eingerichtet, das so genannte Kriegsverbrechertribunal. Es ist für Kriegsverbrechen zuständig, die nach 1991 während des Krieges im ehemaligen Jugoslawien verübt wurden. Ein weiteres Haager Strafgericht, das so genannte Ruanda-Tribunal, untersucht die Massenmorde, die 1994 im afrikanischen Ruanda begangen wurden.
Lies auch mal nach unter dem Stichwort Genfer Konvention.

Internationaler Währungsfonds (IWF)

Der Internationale Währungsfonds (abgekürzt IWF) ist eine Sonderorganisation der Vereinten Nationen (⇨ UNO). Er wurde 1944 zusammen mit der Weltbank gegründet. Der IWF hat seinen Sitz in Washington. Die Aufgabe des Währungsfonds ist es, Mitgliedsstaaten, die in einer wirtschaftlichen Krise stecken, Geld zu leihen, um ihnen aus den Zahlungsschwierigkeiten zu helfen. Woher kommt aber das Geld, das der IWF verleiht? Dem IWF gehören mittlerweile 184 Mitgliedsstaaten an, die alle einen bestimmten Beitrag an den Währungsfonds bezahlen. Aus diesem gemeinsamen Topf (Fonds) werden die Kredite vergeben, allerdings nur zu genau festgelegten Bedingungen. So müssen sich die Länder, die einen Kredit erhalten, vorschreiben lassen, was sie zu tun haben, um ihre wirtschaftliche Situation zu verbessern. Zum Beispiel wird ihnen gesagt, wo bei den Staatsausgaben (⇨ Staatshaushalt) gespart werden muss. Ziel des Währungsfonds ist es, den Handel zwischen den Ländern weltweit zu fördern und Handelsbeschränkungen abzubauen.

Lies auch mal nach unter den Stichwörtern Weltbank *und* Welthandelsorganisation.

Intrige

Jemand will dir schaden und überlegt, wie er das am besten anstellen kann. Er erzählt schlechte Dinge über dich. Er stellt Dinge so hin, dass alle anderen Menschen meinen, du hättest einen Fehler gemacht. Wer so handelt, spinnt eine Intrige. Ein Intrigant (so nennt man jemanden, der Intrigen spinnt) spielt Menschen gegeneinander aus; er ist hinterhältig. In der Politik spricht man manchmal davon, dass jemand Opfer einer Intrige geworden ist. Damit ist gemeint, dass dieser Mensch von anderen auf gemeine Weise verleumdet wurde.

Internet

Unser Tipp: bei www.kindernetz.de unter »Islam« klicken.

Islam

Der Islam ist eine der großen Religionen unserer Welt. »Islam« ist arabisch und heißt »Ergebung in Gottes Willen«. Ungefähr 700 Millionen Menschen vor allem in Asien und Afrika bekennen sich zum Islam, sie werden Moslems oder Muslime genannt.

Sie verehren einen Gott, den sie Allah nennen. Dieser Gott wählte, so heißt es in der Überlieferung, den Kaufmannssohn Mohammed als seinen Propheten aus. Mohammed begründete zwischen den Jahren 610 und 632 im arabischen Mekka und Medina die islamische Religion. Mohammed schrieb die Lehre im heiligen Buch des Islam, dem Koran, auf. Fünf Gebote sollen die Muslime befolgen: Sie sollen nur an Allah glauben und an keinen anderen Gott. Sie sollen fünfmal am Tag beten, wo immer sie sich auf der Welt befinden (freitags nach Möglichkeit in der Moschee, dem Gotteshaus der Moslems). Sie sollen Almosen an die Armen geben. Jedes Jahr sollen sie einen Monat lang tagsüber fasten (dieser Monat heißt Ramadan). Sie dürfen kein Schweinefleisch essen und keinen Alkohol trinken. Wenn es ihnen möglich ist, sollen die Muslime einmal im Leben an die heiligen Orte Mekka und Medina pilgern, um dort zu beten.

Gottesdienst in einer Moschee

Grips

Kennst du weitere große Religionen?

Nachgefragt

Walid, 15

Wieso haben manche Menschen vom Islam eine schlechte Meinung?

Viele Menschen kennen die Religion des Islam nicht, hören vom Islam nur im Zusammenhang mit dem so genannten Heiligen Krieg oder mit Terroranschlägen. Deswegen ist es ganz wichtig, dass die Menschen mit unterschiedlichem Glauben miteinander sprechen, von ihrer Religion erzählen. Die friedlichen Führer der verschiedenen Religionen müssen immer wieder deutlich machen, dass Mord und Terror im Namen einer Religion nicht akzeptiert werden können, dass Unterdrückung und die Verfolgung Andersgläubiger mit den Inhalten einer menschenwürdigen, friedlichen Religion nicht vereinbar sind.

Islamismus

Die Gesetze des Islam, wie sie im Heiligen Buch dieser Religion, dem Koran, aufgeschrieben sind, sollen in den moslemischen Ländern wieder eingeführt und streng befolgt werden. Nur dann können alle politischen und wirtschaftlichen Probleme gelöst werden: Diese Forderung, die notfalls auch mit Gewalt durchgesetzt werden soll, wird als »Islamismus« bezeichnet. Nach den Vorstellungen der Islamisten müssen alle Moslems (so heißen die Anhänger des Islam) zum »rechten Glauben« zurückfinden. Es soll ein islamischer Gottesstaat errichtet werden, in dem die alte islamische Gesetzgebung, die so genannte Scharia, wieder eingeführt wird. Die Scharia enthält sehr strenge Regeln für alle Lebensbereiche. So wird darin zum Beispiel verlangt, dass Dieben die Hand abgehackt wird und dass es in der Gesellschaft eine ganz strenge Trennung von Männern und Frauen gibt. Verstöße werden streng bestraft. Eines der Hauptziele der fanatischen Islamisten ist, dass sich der so genannte islamische Gottesstaat nach und nach in der ganzen Welt ausbreitet. Ergänzend muss man sagen, dass solche extremen islamistischen Meinungen nicht von der Mehrheit der Moslems vertreten werden.

Internet

www.sowieso.de – das ist eine Online-Zeitung für junge Leser. Junge Journalisten schreiben für Jugendliche hier: www.fluter.de, www.youth-reporter.de

Journalist/in

In den Zeitungen lesen wir Artikel über viele verschiedene Themen. Im Fernsehen verfolgen wir ein Fußballspiel und hören jemanden, der das Geschehen kommentiert. Journalisten, Reporter und Auslandskorrespondenten sind diejenigen, die für Fernsehen, Radio, Zeitungen oder Nachrichtenagenturen über wichtige Ereignisse berichten. Das Wort Journalist kommt vom französischen Begriff »journal«, das bedeutet so viel wie Tageszeitung (⇨ Zeitung). Viele Journalisten haben sich auf bestimmte Bereiche spezialisiert. Ein Spezialgebiet ist zum Beispiel die Politik, einige berichten über Sportereignisse, andere über Kultur oder Themen aus der Wissenschaft. Auch die Fotografinnen und Fotografen, deren Bilder in den Zeitungen erscheinen, sind Journalisten, nämlich Bildjournalisten.

Lies auch mal nach unter den Stichwörtern Presse, Presserecht, Pressesprecher *und* Zeitung.

Der spanische Autorennfahrer Fernando Alonso gibt Journalisten vor dem Großen Preis von Brasilien 2005 in São Paulo Interviews.

Judentum

Das Judentum ist eine der fünf großen Weltreligionen (neben Christentum, Islam, Buddhismus und Hinduismus). Es entstand etwa 2000 Jahre v. Chr. Weltweit gehören über 14 Millionen Menschen dem Judentum an. Unter den Weltreligionen, die nur einen Gott verehren (das sind die so genannten monotheistischen Religionen), ist das Judentum die älteste. Aus ihm haben sich das Christentum und der Islam entwickelt. Die wichtigsten Schriften sind der Tanach (das Alte Testament) sowie der Talmud (die Sammlung der Gesetze und religiösen Traditionen). Die Juden glauben an einen Gott, den sie Jahwe nennen. Er wird als Schöpfer der Welt verehrt. Das Gotteshaus der Juden heißt Synagoge.

Mit »Judentum« ist zunächst die Religion des jüdischen Volkes gemeint. Mit diesem Begriff bezeichnet man aber auch alle Menschen, die dem jüdischen Volk angehören. Nach religiöser Tradition gilt als Jude, wer eine jüdische Mutter hat. Aber es ist auch möglich, das Judentum anzunehmen. Wichtig für die gläubigen Juden ist die Einhaltung der religiösen Gesetze. Dazu gehört besonders die Achtung des Sabbath, der am Freitag Abend beginnt und bis zum Samstag Abend dauert. Die Juden haben auch einen eigenen Kalender und eigene Feiertage.

Die Menora, der siebenarmige Leuchter, ist für die Juden das Symbol für den Tempel, Gottes Gegenwart und das ewige Leben.

In ihrer langen Geschichte sind die Juden immer wieder verfolgt und vertrieben worden. Seit der Zerstörung des Tempels in Jerusalem durch die Römer im Jahr 70 n. Chr. lebten sie zerstreut über die ganze Welt in der Diaspora. In der Zeit des Nationalsozialismus wurden die Juden in Deutschland und in den von den Deutschen besetzten Ländern Europas verfolgt, 6 Millionen Juden wurden während des Holocaust ermordet. Nach dem Zweiten Weltkrieg wurde der Staat Israel als jüdischer Staat gegründet. Heute lebt dort etwa die Hälfte aller Juden. In Deutschland leben heute wieder mehr als 100.000 Juden.

Judikative

Gewaltenteilung

Jugendkriminalität

Mit »Jugendkriminalität« bezeichnet man alle Straftaten, die von Jugendlichen (14-17 Jahre) und Heranwachsenden (18-20 Jahre) begangen werden. Jugendliche, die sich strafbar gemacht haben, können vor Gericht gestellt werden. Diese Fälle werden nach dem Jugendstrafrecht verhandelt. Wenn Kinder bis 14 Jahre Straftaten begehen, spricht man von Kinderkriminalität. Kinder gelten zwar als strafunmündig, können also nicht vor Gericht gestellt werden. Allerdings können auch schon Kinder ab 7 Jahren zu Schadenersatz und Schmerzensgeld verpflichtet werden. Der Begriff »Kriminalität« kommt übrigens vom lateinischen Wort »crimen« und bedeutet »Vergehen«, »Verbrechen«.

Natürlich werden nicht alle Jugendlichen, die einmal eine Straftat begangen haben, später kriminell, und nicht jede Straftat ist ein

Internet

Hierhin könnt ihr mailen, wenn ihr Hilfe braucht: info@kinderundjugend telefon.de

Schon gewusst?

Wenn ihr Hilfe braucht oder jemanden, der euch einen Rat geben kann: Das Kinder- und Jugendtelefon des Deutschen Kinderschutzbundes hat die Tel.-Nr. 0800 111 0 333, montags bis freitags, 15.00 bis 19.00 Uhr.

Verbrechen, für das man ein Leben lang büßen muss. Aber bei fast jeder Straftat gibt es Menschen, die dadurch Schaden erleiden, Angst haben oder sich bedroht fühlen.
Opfer von jugendlichen Kriminellen sind oft andere Jugendliche. Gegen Drogenkriminalität, Gewalttaten oder Erpressung auf dem Schulhof muss man versuchen, sich zur Wehr zu setzen. Wer Opfer geworden ist, sollte darüber auf jeden Fall mit seinen Eltern oder einem Vertrauenslehrer sprechen. Hilfe gibt es in der Regel auch beim Jugendamt (⇨ Kinder- und Jugendhilfe) oder der Polizei.
Lies auch mal nach unter dem Stichwort Jugendstrafrecht.

Jugendschutzgesetz

Das Jugendschutzgesetz ist kein einzelnes Gesetz, sondern es bezeichnet mehrere besondere gesetzliche Vorschriften zum Schutz von Kindern und Jugendlichen. So gibt es, um ein Beispiel zu nennen, das »Jugendarbeitsschutzgesetz«. Es verbietet, dass Jugendliche unter 15 Jahren arbeiten. (Hier gibt es einige genau geregelte Ausnahmen, wenn Kinder zum Beispiel in Filmen oder beim Theater mitspielen dürfen). Ein weiteres Jugendschutzgesetz, genauer das »Gesetz zum Schutz der Jugend in der Öffentlichkeit«, befasst sich mit den Gefahren, denen Kinder und Jugendliche ausgesetzt sind, wenn sie zum Beispiel Spielhallen besuchen. Der Zutritt für sie ist verboten. Auch darf an Kinder und Jugendliche kein Alkohol verkauft werden. Wenn diese Gesetze nicht eingehalten werden, kann der Besitzer des Geschäfts oder Lokals bestraft werden. Wer Bücher,

Zeitungen oder Videos, die Gewalttaten beschönigen, an Kinder und Jugendliche verleiht oder verkauft, muss auch mit einer Strafe rechnen.

§§§

Jugendstrafrecht

Wenn ein Jugendlicher ab 14 Jahre eine Straftat begeht und angezeigt wird, muss er damit rechnen, auch bestraft zu werden. Es wird angenommen, dass Jugendliche in diesem Alter reif genug sind, um einzusehen, dass zum Beispiel Stehlen oder Beschädigen von Sachen, dass Körperverletzung oder Einbrechen kein Spaß sind, sondern Unrecht. Allerdings werden die Täter in diesem jugendlichen Alter (von 14 bis 18 Jahren, in vielen Fällen auch bis 21 Jahren) nicht nach dem gleichen Strafrecht wie Erwachsene verurteilt. Bei ihnen gilt das Jugendstrafrecht. Das wurde in Deutschland 1974 eingeführt. Es soll in erster Linie nicht bestrafen, sondern erziehen.

Wenn ein Jugendlicher gegen ein Gesetz verstoßen hat und straffällig geworden ist, sind die so genannten Jugendgerichte zuständig. Hier werden die jungen Täter oder Täterinnen nicht gleich ins Gefängnis gesperrt, sondern zuerst verwarnt. Es werden so genannte Auflagen erteilt: Zum Beispiel muss sich ein junger Dieb jede Woche beim Gericht melden oder bestimmte soziale Arbeiten übernehmen. Je nach Schwere des Falles kann er auch einige Wochen unter Jugendarrest gestellt werden. Das Gericht prüft immer, ob bei einem jungen Täter die Hoffnung besteht, dass er nicht wieder straffällig wird.

Bei ganz schweren Fällen, wenn jemand immer wieder eines Raubes überführt wurde oder sogar einen Mord begangen hat, kann eine Jugendstrafe im Gefängnis verhängt werden. Dies bedeutet dann Jugendhaftanstalt für mindestens sechs Monate, bei schweren Verbrechen bis zu zehn Jahren.

Die Verhandlungen vor dem Jugendgericht sind – anders als andere Gerichtsverfahren – nicht öffentlich. Dies heißt, dass bei Jugendlichen bis 18 Jahren keine Zuschauer bei dem Verfahren dabei sein dürfen, bei älteren Jugendlichen sind Zuschauer zugelassen. Die Strafen werden in einem so genannten Erziehungsregister (⇨ Führungszeugnis) gespeichert.

Schon gewusst?

Das Jugendschutzgesetz schützt Kinder zum Beispiel davor, dass sie gezwungen werden, Geld zu verdienen.

Internet

Bei www.kindersache.de/politik/ findet ihr einiges zu Kinderrechten.

Kabinett

Das Wort kommt aus dem Französischen und heißt eigentlich »kleines intimes Zimmer«. In Deutschland meint die Bezeichnung Bundeskabinett den Kreis von Personen, die die Bundesregierung (⇨ Regierung) bilden. Dazu gehören der Bundeskanzler bzw. die Bundeskanzlerin sowie die Bundesminister (⇨ Minister/in) und Bundesministerinnen. Früher war das Kabinett ein kleiner Kreis von Beratern, die der König (⇨ Monarchie) um sich versammelte. Dieser Kreis kam wahrscheinlich in einem kleinen Zimmer zusammen. Daher der Name, der sich bis heute erhalten hat.

Internet

Die Mitglieder des Kabinetts findet ihr hier: www.bundesregierung.de oder auch bei www.bundeskanzlerin.de auf der Seite für Kinder.

Kalter Krieg

»Kalter Krieg« ist die Bezeichnung für eine Konfrontation zwischen verschiedenen Staaten: Einzelne oder mehrere Staaten stehen sich feindlich gegenüber, doch sie kämpfen nicht mit kriegerischen Mitteln gegeneinander. (Die Waffen sind kalt, es wird also nicht geschossen.) Der Konflikt wird mit Propaganda und Drohungen und mit gegenseitiger Aufrüstung ausgetragen. Beide Seiten häufen immer mehr Waffen an, um den Gegner zu bedrohen. So besteht immer die Gefahr, dass aus dem »kalten« Krieg ein »heißer«, ein echter Krieg wird. Wenn man von *dem* Kalten Krieg spricht, so meint man in der Regel den so genannten Ost-West-Konflikt ab 1947. Nach dem Zweiten Weltkrieg war ein westliches Lager unter der Führung der USA und ein östliches unter Führung der Sowjetunion entstanden. Starke Gegensätze zwischen diesen beiden Siegermächten führten zu schweren Spannungen. Krisen, die zu einem dritten Weltkrieg zwischen den Supermächten hätten führen können, waren zum Beispiel die Blockade Berlins (1948/49), der Koreakrieg (1950–53), der Vietnamkrieg (1946–75), die Kubakrise (1963) oder der Einmarsch sowjetischer Truppen in Afghanistan (1979). Erst durch die Umbrüche in Osteuropa, den Abbruch der Mauer zwischen Ost- und Westdeutschland und die Auflösung der Sowjetunion (1991) wurde der Kalte Krieg beendet.

Schon gewusst?

Mit »Kalter Krieg« ist die spannungsgeladene Situation zwischen den beiden Großmächten USA und Sowjetunion nach dem Ende des 2. Weltkrieges gemeint.

Internet

Viele Infos gibt es hier beim Stichwort »Kalter Krieg«: www.dhm.de/lemo

Kampfverbände

Streitkräfte / Armee

Kandidat/in

Bei den Römern trug jemand, der sich um ein öffentliches Amt bewarb und auch schon erste Prüfungen bestanden hatte, eine Art Umhang, Toga genannt. Dieser war glänzend-weiß. Diese Farbe hieß im Lateinischen »candidus«, und wer sie trug, war der »candidatus«. Diese Bezeichnung hat sich bis heute erhalten: Wer sich zum Beispiel als Abgeordneter um einen Platz im Deutschen Bundestag bewirbt, wer Bürgermeisterin werden will oder Klassensprecher, muss zwar kein weißes Gewand mehr tragen, aber er oder sie ist bis zur Wahl der Kandidat oder die Kandidatin. In der Alltagssprache ist dieser Begriff im Laufe der letzten Jahrzehnte ausgedehnt worden. So kennt man etwa die Bezeichnung »Quizkandidat« für jemanden, der vielleicht eine Million Euro gewinnen will, aber sich nicht um ein öffentliches Amt bewirbt.

Kanzlerdemokratie

Der Bundeskanzler hat als Regierungschef in unserem Land einen großen Einfluss. Daher wurde – vermutlich von Journalisten – das Wort »Kanzlerdemokratie« erfunden. Damit soll die besondere Stellung des Bundeskanzlers bzw. der Bundeskanzlerin als Regierungschef/in im deutschen politischen Regierungssystem herausgestellt werden. Mit dem Begriff „Kanzlerdemokratie" könnte der Eindruck erweckt werden, dass der Bundeskanzler eine ähnliche Machtfülle hat wie der Präsident in einer Präsidialdemokratie. Allerdings ist beispielsweise in Frankreich, wo es eine Präsidialdemokratie gibt, die Stellung des Präsidenten sehr viel stärker als die des Bundeskanzlers in Deutschland, weil der französische Präsident direkt vom Volk gewählt wird.

Lies auch mal nach beim Stichwort Bundeskanzler/in.

Kapitalismus

Kapitalismus ist eine Wirtschafts- und Gesellschaftsordnung. Das Kapital sind Maschinen, Anlagen, Fabrikhallen, Geld, Fahrzeuge etc. Das Kapital ist im Kapitalismus im Besitz von Unternehmern. Der Staat schützt das Privateigentum, die Unternehmer können ohne staatliche Eingriffe weitgehend frei arbeiten und arbeiten lassen. In der Vergangenheit, als es noch keine Gesetze zum Schutz der Arbeiter gab, führte dies oft dazu, dass die Arbeiter ausgebeutet wurden und für wenig Lohn arbeiten mussten. Die Unternehmer häuften immer mehr Kapital an, die Arbeiter verarmten. Dies führte besonders in der Zeit der so genannten Industriellen Revolution im 19. Jahrhundert, als das Leben der Menschen immer mehr durch die Arbeit in den Fabriken bestimmt wurde, zu Auseinandersetzungen und politischen Gegenbewegungen. Karl Marx (⇨ Kommunismus) (1818–1883) war der schärfste Gegner des kapitalistischen Systems. Er kritisierte, dass die Arbeiter ohne Besitz und wirtschaftlich abhängig von den Kapitalbesitzern waren, die sich um die Situation der Arbeiter nicht scherten.

Mit Beginn des 20. Jahrhunderts sind die kapitalistischen Wirtschaftsordnungen der westlichen Industriestaaten reformiert worden. Der Staat beeinflusste durch Gesetze und politische Maßnahmen das Wirtschaftsgeschehen und die stärker gewordenen Gewerkschaften vertraten die Interessen der Arbeiter. Auch heute arbeiten die Wirtschaftssysteme in vielen Industrieländern nach den kapitalistischen Prinzipien. Angebot und Nachfrage (⇨ Freie Marktwirtschaft) bestimmen Markt und Produktion, viele Fabriken sind in privater Hand oder gehören Aktiengesellschaften und großen Konzernen. Der Staat schützt das Privateigentum. Er versucht aber, durch Gesetze dafür zu sorgen, dass die Menschen nicht mehr ausgebeutet werden können. Es wird statt Kapitalismus heute meist von Marktwirtschaft gesprochen. In Deutschland gibt es die soziale Marktwirtschaft.

Lies auch mal nach unter den Stichwörtern Arbeitsrecht, Freie Marktwirtschaft, Gewerkschaft *und* Sozialismus.

Kartell

Bundeskartellamt

Katastrophenschutz

Eine Katastrophe ist ein großes Unglück. Das kann eine Epidemie sein (also die schnelle Ausbreitung einer hoch ansteckenden, gefährlichen Krankheit) oder ein Chemieunfall. Das kann eine große Zerstörung nach einem Sturm, einem Erdbeben oder einer Überschwemmung (⇨ Naturkatastrophe) sein oder nach einem Terrorangriff. Plötzlich herrscht ein gefährlicher Notstand und dann muss schnell geholfen werden. Dabei wollen die Helfer immer Leben retten, aber auch vor Gesundheitsschäden oder vor Angriffen schützen. Alle Maßnahmen, die getroffen werden, damit bei einem solchen Notfall die Hilfe rechtzeitig kommt und erfolgreich sein kann, nennt man Katastrophenschutz. Die Feuerwehr, das Technische Hilfswerk, das Deutsche Rote Kreuz, die Deutsche Lebensrettungs-Gesellschaft und weitere Einrichtungen der Städte und Gemeinden sind für den Katastrophenschutz ausgerüstet. Ihre Mitarbeiterinnen und Mitarbeiter üben regelmäßig für den Notfall. Sie üben im Voraus, was bei welcher Katastrophe getan werden muss, wer für welche Aufgaben zuständig ist und wie man alles schnellstens organisiert.

Lies auch mal nach unter den Stichwörtern Krise/Krisenstab, Naturkatastrophe *und* Technisches Hilfswerk.

Internet

Gute Infos gibt es hier:
www.thw-jugend.de

Feuerwehrleute helfen während des Hochwassers in Südbayern 2005.

Kinder knüpfen Teppiche, um das Einkommen der Familie zu verbessern.

Kinderarbeit

In Deutschland ist es verboten, dass Kinder im Alter unter 15 Jahren arbeiten. Es gibt einige Ausnahmen, die im Jugendschutzgesetz festgelegt sind. Auch in allen anderen EU-Staaten (⇨ Europäische Union) ist die Erwerbstätigkeit von Kindern und Jugendlichen grundsätzlich verboten. Schaut man in der Geschichte einige Jahrhunderte zurück, stellt man fest, dass das nicht immer so war. Im Mittelalter mussten Kinder zusammen mit ihren Eltern im Dienste der Feudalherren (⇨ Feudalismus) oft schwere Arbeit auf den Feldern leisten. Im 19. Jahrhundert, als immer mehr Industriebetriebe entstanden, nahm auch die Kinderarbeit stark zu. Kinder wurden als billige Arbeitskräfte vor allem in England und Deutschland im Bergbau und in Textilfabriken ausgenutzt. Teilweise mussten sie jeden Tag bis zu 16 Stunden arbeiten.

Kinderarbeit ist heute noch ein sehr ernstes Problem. Nach Schätzungen der UNO verrichten über 250 Millionen Kinder in vielen armen Ländern in Asien, Südamerika, Afrika, aber auch in Ländern Osteuropas täglich schwere Arbeit. Sie werden in Plantagen, im Bergbau und in Textilfabriken oft wie Sklaven ausgebeutet. Aus vielen Großstädten Südostasiens weiß man, dass dort Tausende von Kindern in Bordellen an Kunden verkauft werden. Oft werden die Kinder und Jugendlichen von Unternehmern und verbrecherischen Banden gezwungen, ohne Lohn zu arbeiten, um so die Schulden ihrer Eltern abzuarbeiten. Die Internationale Arbeitsorganisation (ILO), eine Organisation der UNO, hat die Bekämpfung der Kinderarbeit in der Welt zu einem ihrer wichtigsten Ziele gemacht.

Schon gewusst?

Geschätzt wird, dass heute weltweit etwa 250 Millionen Kinder zwischen fünf und vierzehn Jahren körperlich arbeiten müssen.

Kindergeld

Kindergeld zahlt in Deutschland der Staat an Eltern sowie allein erziehende Elternteile bis zum 18. Lebensjahr ihrer Kinder. Diese Unterstützung erhalten die Eltern unabhängig davon, ob die Kinder noch zur Schule gehen, eine Lehre machen oder selbst Geld verdienen. Wenn die Kinder nach dem 18. Lebensjahr noch in der Ausbildung sind, wird das Kindergeld höchstens bis zum 27. Lebensjahr weitergezahlt. Es wird nicht mehr gezahlt, wenn Kinder mehr als eine bestimmte Summe im Jahr verdienen. Wenn Kinder wegen einer Behinderung nicht in der Lage sind, ihren Lebensunterhalt selber zu verdienen, wird das Kindergeld ohne zeitliche Begrenzung gezahlt.

Kinderhandel

Bereits im Jahre 1921 wurde ein internationales Abkommen (⇨ Konvention) geschlossen, das Kinderhandel unter Strafe stellt. In Deutschland wird der Handel mit Kindern heute mit Gefängnisstrafen bis zu fünf Jahren bestraft. Wenn also zum Beispiel jemand sein Kind für andere arbeiten lässt, um damit Geld zu verdienen, macht er sich strafbar.

Internet

Wenn ihr mehr Infos sucht, hier gibt es sie: www.unicef.de/kids

In manchen besonders armen Ländern ist Kinderhandel ein großes Problem. Kriminelle Menschenhändler bieten Eltern in afrikanischen oder südamerikanischen Ländern, die in bitterer Armut leben, Geld für ihre Kinder. Aus großer Geldnot und weil die Menschenhändler den Eltern erzählen, dass sie für eine bessere Zukunft der Kinder sorgen, verkaufen sie die Kinder. Die Menschenhändler schaffen sie in ein anderes Land, wo sie weit weg von ihrer Heimat auf Plantagen oder in Fabriken arbeiten müssen. Viele Kinder sehen ihre Familien niemals wieder. Andere Kinder werden an Paare, die selber keine Kinder bekommen können, zur Adoption verkauft.

Insgesamt, so sagt eine Statistik, werden pro Jahr über eine Million Kinder in aller Welt verkauft. Daher hat das Kinderhilfswerk UNICEF im Jahre 2002 eine Aktion gestartet: »Kinder sind unverkäuflich«. Auch andere Hilfsorganisationen setzen sich dafür ein, dass der Kinderhandel in der Welt noch schärfer verfolgt und bestraft wird. Außerdem soll den Menschen in den armen Ländern geholfen werden, damit sie ihre Kinder besser versorgen können und nicht gezwungen sind, sie wegzugeben.

Schon gewusst?

Das Buch »Die Rechte der Kinder – von logo einfach erklärt« gibt es beim Bundesministerium für Familie, Senioren, Frauen und Jugend, 53107 Bonn.

Internet

www.kindersache.de

Kinderrechtskonvention

Am 20. November 1998 haben die Staaten der UNO eine wichtige Konvention (Übereinkommen) unterschrieben. Hierin sind die Rechte der Kinder zusammengefasst. Denn die Achtung der Kinderrechte ist eine wichtige Voraussetzung für ein friedliches Zusammenleben der Menschen. Da Kinder nicht so stark sind wie Erwachsene und sich oft nicht wehren können, wenn ihnen Unrecht geschieht, brauchen sie besonderen Schutz. Schon vor etwa 100 Jahren haben das viele Staaten erkannt und die so genannte »Genfer Erklärung über die Rechte der Kinder« niedergeschrieben. Jetzt hat die UNO diese »Genfer Erklärung« von 1924 erweitert und verbessert. Die Kinderrechtskonvention hat über 50 Artikel. Darin heißt es unter anderem, dass die Kinder vor Ausbeutung und Gewalt geschützt werden müssen und dass sich die Staaten darum kümmern sollen. Sie sollen dafür sorgen, dass Kinder nicht mehr verhungern, dass sie keine Kinderarbeit leisten müssen, dass sie nicht misshandelt werden. Dass es trotz der Konvention immer noch viel Gewalt gegen Kinder, Ungerechtigkeit und Ausbeutung gibt, ist leider eine traurige Tatsache.

Kinderschutzbund

Deutscher Kinderschutzbund (DKSB)

Kindersoldaten

Mit dieser Bezeichnung sind Kinder und Jugendliche unter 18 Jahren gemeint, die in Kriegen und Aufständen kämpfen. Nach Schätzungen der UNO gibt es weltweit über 300 000 Kindersoldaten, darunter alleine in Afrika 200 000. Es ist zwar seit 2002 international verboten, dass Kinder und Jugendliche in Kriegen kämpfen, doch nicht alle Länder halten sich an das Verbot. Wie kommt es aber, dass Kinder als Kämpfer, als Kuriere, als Spione oder sogar zur Minenräumung eingesetzt werden? Oft werden sie gar nicht gefragt, sondern brutal aus ihren Dörfern entführt und unter Gewaltandrohung zum Kampf gezwungen. Oft werden die

Kinder auch unter Drogen gesetzt und auf diese Weise willenlos gemacht. Viele Kindersoldaten werden mit falschen Versprechungen angeworben. Ihnen wird gesagt, sie könnten viel Geld verdienen und so ihre armen Familien unterstützen. Die erwachsenen Soldaten (⇨ Streitkräfte / Armee) zeigen ihnen, wie sie mit Waffen umgehen und andere Menschen töten. Was die Kindersoldaten im Krieg erleben, ist oft so grausam, dass sie ihr ganzes späteres Leben unter den Erinnerungen leiden.
Internationale Organisationen wie zum Beispiel das UNO-Kinderhilfswerk UNICEF versuchen, diesen Kindern zu helfen. Wenn sie aus den Armeen oder Truppen, für die sie gekämpft haben, befreit sind, werden die ehemaligen Kindersoldaten in besondere Kinderheime gebracht. Dort hilft man ihnen dabei, die schrecklichen Erlebnisse zu verarbeiten. Man versucht, ihnen eine Ausbildung zu ermöglichen, damit sie ein neues Leben beginnen können.

Kindersoldat im Kongo

Kinder- und Jugendhilfe

Kinder, Jugendliche und junge Erwachsene haben in unserem Land ein Recht auf Hilfe, auf Schutz und auf Förderung. Das ist unter anderem im Kinder- und Jugendhilfegesetz geregelt. Dort steht auch, wie diese Hilfe genauer aussehen kann. Dafür einige Beispiele: Wenn Eltern und Kinder Probleme miteinander haben, können sie zusammen mit den Beratern und Beraterinnen der Jugendämter in den Städten und Gemeinden überlegen, wie man die Probleme lösen könnte. Auch allein erziehende Elternteile können Beratung und Hilfe bei den Jugendämtern finden. Bei Trennung der Eltern, Entscheidungen über das Sorgerecht, Erziehung von Kindern im Heim oder bei Unterbringung in Pflegefamilien muss das Jugendamt mit Rat und Tat zur Seite stehen. Dies ist natürlich erst recht der Fall, wenn Kinder und Jugendliche vernachlässigt und misshandelt werden, Hunger leiden oder auf andere Weise in Not geraten. Zu den vielen Aufgaben der Kinder- und Jugendhilfe, wie sie in dem Gesetz stehen, gehört auch die Hilfe für den Fall, dass Jugendliche Straftaten begangen haben und vor Gericht müssen.

Nachgefragt

Frauke, 12

Wieso ist das Klonen in Deutschland verboten?

Die Menschenwürde setzt voraus, dass jeder Mensch einzigartig ist, dass er als Individuum geachtet und behandelt wird. Wenn man Menschen nur »herstellt«, damit sie anderen Menschen oder der Forschung nutzen, widerspricht das dem Gedanken der Menschenwürde. Außerdem ist gar nicht klar, was alles durch das Klonen passieren kann.

Internet

Gute Infos gibt es auf: www.wasistwas.de

Klausurtagung / Klausursitzung

Wenn ihr eine Klassenarbeit schreibt, seid ihr in einer Klausur. Das Wort kommt aus dem Lateinischen (»claudere« heißt »abschließen« oder »verschließen«). Ihr könnt keinen von draußen fragen, seid mit eurer Arbeit für eine bestimmte Zeit alleine im Klassenraum. In der Politik hört man, dass sich Politikerinnen und Politiker oder Arbeitsgruppen in einer Klausursitzung befinden, um schwierige Fragen zu beraten. Dann wollen sie nicht gestört werden, auch nicht vom Fernsehen, um so in Ruhe und konzentriert arbeiten zu können.
Übrigens: Auch in Klöstern gibt es bestimmte Bereiche, die man Klausur nennt. Dort halten sich nur die Nonnen oder Mönche zum Gebet und zur Meditation auf und von außen hat niemand Zutritt.

Klonen

Der Begriff »Klon« kommt aus dem Griechischen und heißt »Sprössling«. Mit Klonen bezeichnet man die künstliche Entwicklung von genetisch identischen Nachkommen eines einzigen Lebewesens. Anders als bei der normalen Zeugung, bei der die Erbanlagen des Vaters und der Mutter unterschiedlich vererbt werden und jedes Kind genetisch anders und einzigartig ist, sind die Klone »kopiert«. Mit dem Klonen werden verschiedene Ziele verfolgt. Zum Beispiel könnte man mit diesem Verfahren selten gewordene Tierarten vor dem Aussterben bewahren. Aber man könnte auch nur einzelne Organe züchten, um sie bei kranken Menschen zu ersetzen. Bisher gibt es nur sehr wenige erfolgreiche Klonversuche. Das Klonen eines Menschen ist bislang noch nicht durchgeführt worden. Weltweit gibt es sehr unterschiedliche Meinungen dazu, ob man dies überhaupt tun darf. In Deutschland ist das Klonen von Menschen verboten.

Dolly (rechts), das erste Klon-Schaf der Welt

Koalition

Das Wort kommt von dem lateinischen »coalescare«, auf Deutsch »zusammenwachsen«. Der Begriff bezeichnet ein Bündnis unabhängiger Partner oder Parteien, das sich für einen bestimmten Zweck zusammengefunden hat. Meist wird ein solches Koalitionsbündnis nur für eine bestimmte Zeit vereinbart, wenn zum Beispiel Parteien alleine nicht genügend Stimmen haben, um regieren zu können. Ein solches Regierungsbündnis, das eine breite Mehrheit (⇨ Mehrheitsprinzip) im Parlament hat, schafft es leichter, Gesetze durchzusetzen. Es kommen auch Koalitionen zwischen ganz unterschiedlichen Staaten vor, die aber einen gemeinsamen Zweck verfolgen. Und jeder von euch kennt natürlich auch Koalitionen. Eigentlich ist jede Fußballmannschaft eine Koalition, denn unterschiedliche Leute haben sich verbündet, um das Spiel zu gewinnen.

Kodex

Ihr habt bestimmt schon einmal die Idee gehabt, mit einigen Freunden oder Freundinnen eine Bande oder einen Club zu gründen. Als erstes habt ihr euch wahrscheinlich überlegt, welchen Zweck und welches Ziel die ganze Sache haben soll. Anschließend habt ihr vielleicht eine Liste von Regeln aufgeschrieben, die ihr für den Club wichtig findet. Diese Liste wäre dann der Kodex eures Clubs. Die Regeln müssen übrigens nicht unbedingt aufgeschrieben werden, aber sie müssen allen Mitgliedern der Gruppe bekannt sein.

Schon gewusst?

Ein Kodex ist eine Sammlung von Regeln, die für alle gelten.

Vielleicht habt ihr auch schon einmal von dem Begriff »Ehrenkodex« gehört. Damit sind die Regeln gemeint, nach denen sich eine bestimmte Gruppe, ein Club oder ein Verein verhalten will. Pfadfinder zum Beispiel haben sich vorgenommen, jeden Tag eine gute Tat zu vollbringen. Der Begriff Kodex, also eine Sammlung von Regeln oder Anweisungen, stammt aus dem Lateinischen und bedeutet übersetzt »Schreibtafel aus Holz«.

Nachgefragt

Konstantin, 14

Wie viele Kolonien gibt es heute noch?

Es gibt heute keine Kolonien mehr. Aber es gibt Länder, die nicht selbstständig sind. Dazu gehören beispielsweise die so genannten französischen Übersee-Departements wie Martinique oder Guadeloupe. Das sind Länder, die zu Frankreich »gehören«, aber die in anderen Erdteilen liegen. Wichtig ist – und das unterscheidet diese Länder von den früheren Kolonien – dass diese Unselbstständigkeit nicht aufgezwungen ist, sondern freiwillig vereinbart wurde.

Internet

Weitere Infos gibt es hier: www.dhm.de/lemo

Kolonialismus / Kolonien

Im Laufe der letzten 200 Jahre haben viele europäische Staaten Länder in anderen Erdteilen unterworfen. Diese Länder konnten sich gegen die Übermacht der Europäer nicht wehren und wurden zu so genannten Kolonien (aus dem Lateinischen »colonia«, was »Ansiedlung außerhalb des römischen Bürgergebietes« bedeutet). Diese Eroberungspolitik bezeichnet man als Kolonialismus. Die fremden Länder wurden oft nur deshalb unterworfen, weil die Eroberer die Schätz, die es dort gab, für sich haben wollten. Das konnten Goldschätze sein oder Diamanten. Auch kaufte man für wenig Geld in den fremden Ländern Gewürze, Tee, Kaffee, Tabak oder Südfrüchte und verkaufte diese dann für viel Geld in den Heimatländern. Die ersten Kolonien wurden von den großen Seefahrernationen Großbritannien, Spanien, Portugal, Frankreich und den Niederlanden erobert. Deutschland, das kein klassisches Seefahrerland war, hatte nur für kurze Zeit (bis zum Ende des Ersten Weltkrieges) wenige Kolonien in Afrika und Asien, Spanien hatte vor allem Kolonien in Mittel- und Südamerika und England in Asien und im Nahen Osten. Diese Kolonien wurden von deutschen, französischen, englischen und spanischen Beamten verwaltet. Die Menschen, die in den Kolonien lebten, waren den fremden Herrschern untertan und hatten oft keine eigenen Rechte. Bis zum Ausbruch des Ersten Weltkrieges im Jahre 1914 lebte mehr als die Hälfte aller Menschen dieser Welt in Kolonien. Erst nach dem Ende des Zweiten Weltkrieges im Jahre 1945 gaben die europäischen Staaten ihre Kolonien allmählich wieder auf, so dass diese Länder unabhängig wurden. Etliche von ihnen leiden bis heute darunter, dass sie so lange von fremden Staaten beherrscht wurden.

Kommission

Dieser lateinische Ausdruck hat zwei Bedeutungen. Einmal heißt er »Ausschuss«. In einen Ausschuss werden Frauen und Männer zum Beispiel vom Deutschen Bundestag oder einer Regierungsstelle berufen, um eine bestimmte Sache zu untersuchen. Am Ende legt diese Untersuchungskommission einen Bericht vor. Oder ein Minister oder eine Ministerin stellt eine Experten-

Kommission zusammen, die helfen soll, Entscheidungen in schwierigen Fragen zu treffen. Jede Regierung beschäftigt solche Kommissionen, weil Fachleute sich in bestimmten Gebieten besonders gut auskennen und deshalb die Regierung beraten können. In einem Abschlussbericht geben die Kommissionen der Regierung bestimmte Empfehlungen. Es gibt Kommissionen, die aufgelöst werden, nachdem ihre Arbeit erledigt ist. Andere Kommissionen, wie zum Beispiel die Kommission der EU, bestehen dauernd.

Eine zweite Bedeutung des Wortes Kommission ist »Auftrag«. Ich kann mein Auto einem Händler in Kommission geben. Das bedeutet, dass er das Auto in meinem Auftrag verkauft. Aus Krimis kennt ihr den »Kommissar« oder die »Kommissarin«. Sie haben vom Staat den Auftrag, Verbrechen aufzuklären.

Kommission der EU

Diese Kommission soll darauf aufpassen, dass in den Ländern der Europäischen Union alle Beschlüsse auch wirklich durchgeführt werden. Die Kommission besteht zur Zeit aus 24 Mitgliedern, die von den Regierungen der EU-Staaten vorgeschlagen und für fünf Jahre ernannt werden. Jeder EU-Kommissar und jede EU-Kommissarin hat ein bestimmtes Aufgabengebiet. Nehmen wir an, ein Staat macht mehr Schulden, als es nach den EU-Verträgen erlaubt ist. Dann wird der Kommissar für Währungsfragen diesen Staat ermahnen. Der Staat muss dann gegenüber der Kommission erklären, wie er seine Schulden wieder abtragen will. Schafft der Staat das nicht, wird der EU-Kommissar ein Bußgeld verhängen. Die EU-Kommission ist also eine Art europäische Exekutive (⇨ Gewaltenteilung).

Lies auch mal nach beim Stichwort Europäische Union (EU).

Internet

Auf www.eu-kommission.de findest du Informationen zur Arbeit der EU-Kommission.

Kommune

Gemeinde

Grips

Welche Beispiele für Kommunikation fallen dir noch ein?

Kommunikation

Im Lateinischen heißt das Wort »Unterredung«, »Mitteilung«. Das heißt, wenn ihr mit euren Freunden Informationen über die Hausaufgaben austauscht, dann kommuniziert ihr. Wenn Politiker verhandeln und ihre unterschiedlichen Meinungen zu einer Sache austauschen, tun sie das auch. Zur Kommunikation gehört die Sprache, also das gesprochene und das geschriebene Wort. Aber auch Gesten, wie beispielsweise Handbewegungen, oder Lachen und Weinen, kurz alles, was zu einer Mitteilung gehört und eine Information weiter trägt, gehört zur Kommunikation. Das Fernsehen ist ein Massenkommunikationsmittel, weil sich die Journalisten oder Moderatoren an ein Millionenpublikum wenden und mit ihm kommunizieren. Natürlich sind auch Zeitungen, Briefe, das Internet, Telefone und vieles andere Kommunikationsmittel.

Auch Tiere kommunizieren miteinander, geben sich Zeichen. Hunde wedeln mit dem Schwanz und das heißt, ich bin dir freundlich gesonnen, ich tu dir nichts.

Kommunismus

Dieser Begriff geht auf das lateinische Wort »communis« zurück, was »gemeinsam« bedeutet. Der Kommunismus hat eine bestimmte Vorstellung von einer idealen menschlichen Gesellschaft: Allen Menschen sollen gemeinsam die Produktionsmittel gehören, die für den Lebensunterhalt notwendig sind. Das sind zum Beispiel Geräte und Maschinen, das Land, auf dem angepflanzt wird, die Tiere, von denen die Menschen leben, die Häuser, in denen sie wohnen. Nach dieser Vorstellung, die es schon im Altertum gab, sollen alle Dinge, die gemeinsam hergestellt werden, auch gerecht untereinander verteilt werden.

Als politische Lehrmeinung entstand der Kommunismus im 19. Jahrhundert, als die Industrialisierung begann. Immer mehr Menschen mussten damals in den Fabriken für wenig Lohn arbeiten. Diejenigen, denen die Maschinen und Fabriken gehörten (die so genannten »Kapitalisten«), wurden immer reicher, ohne aber die Arbeiter an diesem Wohlstand teilhaben zu lassen. Karl Marx

(1818–1883) machte sich Gedanken darüber, wie man die Wirtschaft und den technischen Fortschritt gerecht gestalten könnte. In seinem Buch »Das kommunistische Manifest«, das Karl Marx gemeinsam mit Friedrich Engels geschrieben hat, forderte er das Ende der »Ausbeutung des Menschen durch den Menschen«. Das Privateigentum sollte abgeschafft werden. Der technische Fortschritt sollte allen und nicht nur einigen wenigen zugute kommen. Auf diese Weise würde über kurz oder lang eine klassenlose Gesellschaft entstehen, in der alle Menschen gleichberechtigt wären. Keine bestimmte Gruppe in der Gesellschaft würde bevorzugt. Die Lehre von Marx wurde »Marxismus« genannt.

Dieser Grundgedanke wurde von anderen Denkern (zum Beispiel Wladimir Iljitsch Lenin) weiterentwickelt und im 20. Jahrhundert Grundlage verschiedener politischer Herrschaftsformen. Nach der so genannten russischen Oktoberrevolution im Jahr 1917, in der Lenin eine führende Rolle spielte, entstand in der Sowjetunion eine Staats- und Gesellschaftsordnung, die als Endziel eine kommunistische Gesellschaft anstrebte. Auf dem Weg zu einer solchen Gesellschaft sollte als Vorstufe der Sozialismus verwirklicht werden. Neben der Sowjetunion gab es noch viele andere Länder, die auf unterschiedliche Weise versucht haben, den Kommunismus zu verwirklichen.

Mit dem Ende der Sowjetunion (1991) als der größten Macht des Kommunismus ist diese Bewegung weitgehend zum Stillstand gekommen oder ganz verschwunden. Als Lehre wird der Kommunismus heute kaum noch verbreitet.

Lies dazu auch die Stichwörter Sozialismus *und* Kapitalismus.

Schon gewusst?

Unter »Produktionsmitteln« versteht man die Werkzeuge, Maschinen, Gebäude und Rohstoffe, die man zum Produzieren von Industriegütern und Waren braucht.

Kompetenz

Dieser Begriff stammt von dem lateinischen Wort »competere« (»zusammentreffen«) ab und bedeutet »Fähigkeit«, »Eignung«, »Zuständigkeit«. Wie ihr wisst, dürft ihr eure Zeugnisse nicht selbst unterschreiben. Dazu fehlt euch die Kompetenz. In diesem Fall ist nicht nur eure fehlende Eignung, sondern auch die fehlende Zuständigkeit gemeint. Aber vielleicht besitzt ihr die Fachkompetenz, also die Fähigkeit, einen Computer einzurichten oder ein

Fahrrad zu reparieren. Fachkompetenz benötigt man, um einen Beruf ausüben zu können. Zum Beispiel darf nicht jeder Arzt operieren. Er muss die Fähigkeit und die Zuständigkeit hierfür nachweisen. Doch selbst wenn jemand beides besitzt, kann er trotzdem noch unfähig sein, wenn er sein Fach nicht beherrscht und schwerwiegende Fehler macht. Das nennt man Inkompetenz.

Kompromiss

Das Wort kommt aus dem Lateinischen. Es bedeutet so viel wie »Übereinkunft« (⇨ Konvention). Es gibt einen Kompromiss, wenn sich Menschen gegenseitig Zugeständnisse machen. Das wäre zum Beispiel der Fall, wenn zwei Freunde sich nicht über ein Reiseziel einigen können. Der eine will ans Meer, der andere in die Berge. Sie fahren dann vielleicht nach einigem Suchen und weiteren Gesprächen an eine Küste oder einen See, wo auch Berge in der Nähe sind. In der politischen Arbeit müssen ständig Kompromisse eingegangen werden, wenn Ziele erreicht werden sollen. Das ist vor allen Dingen dann der Fall, wenn zwei oder mehrere Parteien ein Bündnis, eine Koalition bilden wollen, um zu regieren. Jede Partei muss ein Stück ihrer eigenen Interessen und Vorstellungen aufgeben, damit eine Einigung mit den anderen zustande kommt. Nicht umsonst gebraucht man für ein solches Bündnis auch das Wort Koalitionskompromiss.

Grips

Was, glaubst du, ist eine gute Vorgehensweise, wenn man einen Kompromiss erzielen will?

Konflikt

Jeder von uns hat schon einmal mit Freunden oder in der Familie Streit gehabt. Meistens beginnt es so, dass man unterschiedliche Meinungen hat und sich nicht einigen kann. Der Begriff »Konflikt« kommt vom lateinischen Wort »confligere«, das »zusammenschlagen« oder »zusammenprallen« bedeutet. Bei einem Konflikt gibt es zwischen Menschen, einzelnen Gruppen oder Staaten ein Problem, das für alle Beteiligten wichtig ist und geklärt werden muss. Aber auch ein einzelner Mensch kann mit sich selber im Konflikt liegen. Wenn ein guter Freund beispielsweise von mehreren Personen angegriffen wird, haben wir sicher den Wunsch, ihm zu helfen. Gleichzeitig haben wir aber auch Angst, selbst angegriffen zu werden. Diesen Konflikt müssen wir mit uns selber lösen, indem wir uns entscheiden, was wir tun.

Es gibt Konflikte, die sich über Jahre immer mehr verstärken und ganze Regionen oder Staaten in einen Dauerstreit (Dauerkonflikt) bis hin zum Krieg bringen. Die bisher nicht zu lösenden Probleme zwischen Israel, den Palästinensischen Gebieten und den arabischen Nachbarstaaten zum Beispiel nennt man Nahostkonflikt. Da diese Auseinandersetzungen aber meist mit militärischen (⇨ Streitkräfte / Armee) und terroristischen Taten ausgetragen werden, ist das Wort Konflikt in diesem Falle eigentlich zu schwach.

Lies auch mal nach beim Stichwort Nahostkonflikt.

Konjunktur

Mit diesem Begriff bezeichnet man die wirtschaftliche Gesamtlage eines Staates, den Zustand seiner Volkswirtschaft. Es gibt Anzeichen und Merkmale (Indikatoren), an denen man erkennen kann, wie es um die Konjunktur bestellt ist. Das sind zum Beispiel die Zahl der Arbeitslosen (Arbeitslosenquote), ein hohes oder niedriges Zinsniveau, steigende oder fallende Aktienkurse, hohe oder niedrige Preise an den Börsen, die Auftragslage für die Industrie und viele andere Anzeichen. Befindet sich ein Land in einer schlechten wirtschaftlichen Situation, wird darüber nach-

gedacht, welche Maßnahmen ergriffen werden müssen, welche Konjunkturpolitik gemacht werden muss, um die wirtschaftliche Lage zu verbessern. Wenn die Wirtschaft in einem Land voll ausgelastet ist und Vollbeschäftigung herrscht, dann spricht man von Hochkonjunktur.
Der Verlauf der Konjunktur, also die wirtschaftliche Gesamtentwicklung eines Landes über einen längeren Zeitraum, lässt sich in einer so genannten Konjunkturkurve aufzeichnen. Meistens sieht diese Konjunkturkurve wie eine Wellenbewegung aus.
Lies auch mal nach unter den Stichwörtern Aufschwung *und* Abschwung/Rezession.

Konkurrenz

Wettbewerb/Konkurrenz

Konsens

Wenn eure Klasse auf einem Schulfest ein Theaterstück aufführen möchte, müsst ihr euch erst einmal einigen, welches Stück ihr wählt. Die einen wünschen sich vielleicht ein lustiges Stück, also eine Komödie, die anderen möchten lieber einen Krimi. Ihr werdet wahrscheinlich im gemeinsamen Gespräch abwägen, welche Vor- und Nachteile die Komödie bietet, und diese mit den Vor- und Nachteilen eines Krimis vergleichen. Wenn ihr anschließend zu einer Entscheidung kommt, die allen oder zumindest den meisten gefällt, habt ihr einen Konsens geschaffen. Wörtlich bedeutet Konsens »gemeinsame Meinung«. Auch im politischen Leben muss oft nach einem Konsens gesucht werden. Das ist zum Beispiel immer dann der Fall, wenn sich Parteien mit unterschiedlichen Meinungen bemühen, zu einer gemeinsamen Entscheidung zu kommen.
Lies auch mal beim Stichwort Kompromiss.

Konservatismus

Dieser Begriff kommt von dem lateinischen Wort »conservare« und heißt »bewahren«. Konservatismus bezieht sich auf Denkweisen und Bewegungen in Politik, Religion oder Gesellschaft. Gemeint ist damit, dass man an überlieferten Werten und Vorstellungen festhält, sie verteidigt und neue Entwicklungen eher kritisch betrachtet. In der Vergangenheit versuchten die Anhänger des Konservatismus, alte politische Strukturen zu bewahren. Dabei war ihnen wichtig, dass die überlieferte Verteilung von Macht und Reichtum bestehen blieb und nicht durch Neuerungen verändert wurde. Entstanden ist der Konservatismus im späten 18. Jahrhundert als Gegenbewegung zu den Umwälzungen der Französischen Revolution. Die Anhänger des Konservatismus versuchten im 19. Jahrhundert, an den Ordnungen der Monarchie festzuhalten. Erst im 20. Jahrhundert, insbesondere nach dem Zweiten Weltkrieg, als immer mehr Staaten demokratische Ordnungen einführten, öffnete sich auch der Konservatismus gegenüber modernen Entwicklungen.

Schon gewusst?

Von dem lateinischen Begriff »conservare« stammt auch das Wort »Konserve« ab.

Konvention

Eine Konvention ist eine »Übereinkunft« (so die Übersetzung aus dem Lateinischen), einfacher gesagt, ein Abkommen oder ein Vertrag zwischen mehreren Staaten. In den internationalen Beziehungen gibt es viele Konventionen. Zum Beispiel die Konvention über das Verbot zur Entwicklung, Herstellung und Lagerung biologischer Waffen (⇨ Massenvernichtungswaffen), die im März 1975 geschlossen wurde und die inzwischen 140 Staaten unterschrieben haben. Oder die Konvention über das Verbot zur Herstellung und zum Einsatz chemischer Waffen, die 1997 in Kraft trat. 130 Staaten haben sich dazu verpflichtet, sich an diese Übereinkunft zu halten.

Mit dem Begriff »Konvention« bezeichnet man auch Umgangs- oder Verhaltensregeln, die von den meisten Menschen erwartet und eingehalten werden. So grüßt man freundlich, wenn man einen Nachbarn trifft, jüngere Leute überlassen älteren Menschen

Grips

Welche gesellschaftlichen Konventionen kennst du?

in der U-Bahn oder im Bus ihren Sitzplatz oder lassen ihnen den Vortritt am Fahrstuhl. Man zieht zu bestimmten Gelegenheiten einen Schlips an, im Restaurant verhält man sich leise. Wenn man gegen diese Regeln verstößt, ist das natürlich nicht strafbar. Es wird höchstens geschimpft, wenn sich ein anderer in der Schlange vordrängelt und damit eine Konvention nicht beachtet.

Konzentrationslager (KZ)

Konzentrationslager gab es in Deutschland in der Zeit des Nationalsozialismus. Das waren Lager, in denen Menschen eingesperrt wurden, weil die Nationalsozialisten sie aus dem Weg räumen wollten. Wer in einem KZ war, hatte keine Möglichkeit, sich dagegen zu wehren, er war den Aufsehern hilflos ausgeliefert.
In die Konzentrationslager der Nationalsozialisten wurden Juden, Sinti und Roma und andere Menschen verschleppt. Sie haben dort unter schlimmsten Bedingungen versucht zu überleben. Sie litten unter Hunger und Folter und mussten zudem schwerste

Konzentrationslager unter NS-Herrschaft (mit den heutigen Grenzverläufen)

- ▲ Konzentrationslager
- ▼ Vernichtungslager
- ■ Groß-Ghetto

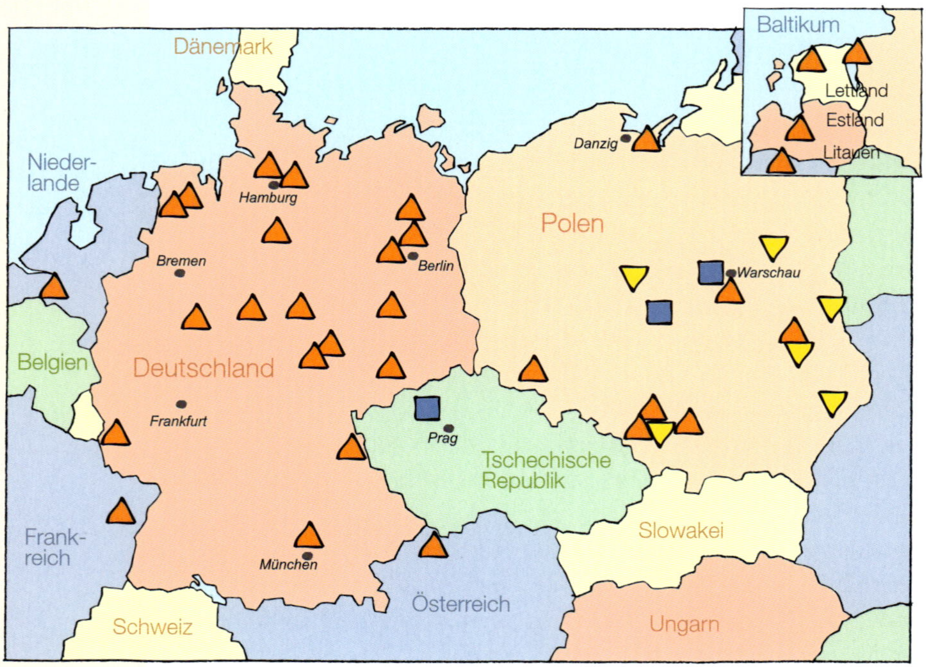

Zwangsarbeit leisten. Viele Menschen, auch viele Kinder, wurden in den Lagern getötet. Ab 1941 gab es in Deutschland KZs, in denen Menschen systematisch ermordet wurden. Das größte Vernichtungslager war in Auschwitz, dem heutigen Oswiecim (Polen). Man kann es heute noch besuchen. Der unvorstellbare Menschenhass der Nazionalsozialisten wurde bereits am Eingangstor des Lagers sichtbar. Die Aufschrift »Arbeit macht frei« war menschenverachtend, denn die Arbeit, die die Häftlinge in den Lagern leisten mussten, machte nicht frei, sondern bedeutete für viele Millionen Menschen den Tod. Mehr als sechs Millionen Juden sind Opfer des Holocaust geworden.
Es hat sowohl vor dem Nationalsozialismus als auch danach in vielen Ländern der Welt immer wieder Konzentrationslager gegeben, in denen diktatorische Regierungen ihre Gegner gefangen hielten, quälten und töteten. Vernichtungslager aber, in denen Millionen von Menschen systematisch ermordet wurden, gab es nur unter den Nationalsozialisten.
Lies auch nach unter den Stichwörtern Nationalsozialismus, Holocaust *und* Diktatur.

Konzern

Ein Konzern (das Wort kommt aus dem Englischen) besteht aus mehreren miteinander verbundenen Unternehmen. Ein Konzern hat eine Leitung, den so genannten Vorstand, der darüber entscheidet, welche Ziele der Konzern erreichen will. Die einzelnen Unternehmen, die nicht unbedingt alle aus derselben Branche stammen, müssen nach den Vorgaben des Vorstandes arbeiten. Für einen Konzern ist es wichtig, dass er wirtschaftlich gut arbeitet, das heißt Gewinne macht. Der Konzernvorstand überlegt sich deshalb, welche Unternehmen voneinander profitieren können. Beispielsweise fällt bei der Margarineherstellung ein Rohstoff an, der zur Produktion von Seife genutzt werden kann. Die Konzernleitung wird überlegen, ob sie eine eigene Firma gründen soll, die Seife herstellt und dafür das Produkt nutzt, das bei der Margarineherstellung entsteht. Oder sie kauft vielleicht ein fremdes Seifen-Unternehmen hinzu und wird auf diese Weise das Produkt aus der Margarineherstellung nutzen.

Schon gewusst?

Ein Konzern wird gebildet, damit er mehr Produkte herstellen und verkaufen kann, um so mehr Gewinne zu erwirtschaften.

Korruption

Aus dem Lateinischen übersetzt heißt das Wort »Bestechlichkeit«, »Verderbtheit«, »Verfall«. Spricht man von Korruption, bedeutet es, dass jemand seine berufliche Stellung oder sein öffentliches Amt dazu missbraucht, um sich einen Vorteil zu verschaffen und dabei andere zu schädigen. Das ist verboten. Ein einfaches Beispiel: Nehmen wir einen Beamten in einer Stadtverwaltung, der darüber zu entscheiden hat, welche Firma eine von der Stadt geplante Straße bauen darf. Die Firma kann mit einem solchen Auftrag viel Geld verdienen und versucht deshalb, den Beamten heimlich mit Geld zu bestechen. Wenn dieser das Geld nimmt und den Straßenbau-Auftrag an die Firma vergibt, ist er korrupt. Jeder, dem man Korruption nachweisen kann, wird bestraft.

Kredit

Unter Kredit versteht man das Geld, das sich jemand für eine bestimmte Zeit bei einem anderen Menschen oder bei einer Bank ausleiht. Derjenige, der das Geld gibt (der Kreditgeber oder auch Gläubiger), vertraut darauf, dass der Kreditnehmer (Schuldner) das Geld irgendwann zurückzahlt. Normalerweise kostet ein Kredit Geld. Diesen Preis, den man für einen Kredit bezahlen muss, nennt man Zinsen.

Alle, die ein Sparbuch haben, sind Gläubiger. Wer Geld auf ein Sparbuch einzahlt, gibt der Bank einen Kredit. Die Bank bezahlt dafür Zinsen, die sie im Sparbuch einträgt.

Schon gewusst?

Ein Kredit ist eine geliehene Geldsumme. Für das Leihen bezahlt man Geld, das sind die Zinsen.

Krieg

Tote, Verletzte und zerstörte Häuser im Irak-Krieg 2003

Krieg entsteht, wenn Regierungen und Politiker verschiedener Länder nicht mehr miteinander reden, um ihre Konflikte auf friedliche Weise zu lösen. Dann versuchen diese Staaten, den Streit gewaltsam mit Waffen und Militär (⇨ Streitkräfte / Armee) zu lösen. Kommt es zum Krieg, gibt es immer viele Verletzte und Tote. Die Menschen leiden unter den Folgen eines Krieges oft auch dann noch, wenn der Krieg schon lange vorbei ist. Weil Kriege so grausam sind, sollten die Staaten immer versuchen, Konflikte auf friedlichem Wege zu lösen. Dass dies möglich sein kann, zeigt das Beispiel von Deutschland und Frankreich. Sie waren sehr lange verfeindet und haben viele Kriege gegeneinander geführt. Inzwischen sind aus den früheren Feinden befreundete Staaten geworden.

Trotz vieler solcher Beispiele gibt es auf der Welt immer wieder Kriege. Es gibt Angriffs- oder Verteidigungskriege, Eroberungs-, Befreiungs- und Glaubenskriege oder Kriege, mit denen man einem anderen Krieg zuvorkommen will. Kriege werden zu Land, zur See oder in der Luft ausgetragen oder überall zugleich. Wenn es sich um einen Krieg zwischen Volksgruppen innerhalb eines Staates handelt, nennt man das »Bürgerkrieg«.

In früheren Jahrhunderten wurde der Krieg mit Feuerwaffen, Gewehren und Kanonen geführt. Mit den Massenvernichtungswaffen, die heute viele Staaten besitzen – Atomwaffen, biologische und chemische Waffen – kann man nicht nur Menschen töten, sondern die Welt lange unbewohnbar machen. Zwar hoffen alle Politikerinnen und Politiker, dass diese Waffen in den Kriegen nicht eingesetzt werden, aber niemand kann das sicher sagen. Aufgrund dieser Gefahren schließen sich auf der ganzen Welt immer wieder Millionen von Menschen zu Protestaktionen gegen den Krieg zusammen.

Lies auch mal unter den Stichwörtern Streitkräfte/Armee *und* Kindersoldaten *nach.*

Kriegsrecht

Das Kriegsrecht ist ein Teil des Völkerrechts. Es sind Verträge, in denen genau steht, wie sich alle Beteiligten im Krieg zu verhalten haben. Früher hat zum Beispiel der König (⇨ Monarchie) eines Landes selbst bestimmt, ob er gegen ein anderes Land Krieg führt, um seine Ziele durchzusetzen. Das nannte man Kriegsfreiheit. Doch 1928 haben mehrere Staaten in Paris einen Vertrag geschlossen (den Kriegsächtungspakt) und festgelegt, dass ab diesem Zeitpunkt nicht mehr Kriegsfreiheit, sondern Kriegsverbot gelten solle. Im Laufe der Zeit haben immer mehr Staaten diesen Vertrag unterschrieben. Ein Angriffskrieg ist also nach dem Kriegsrecht verboten.

Trotzdem entwickeln sich aus Streitigkeiten zwischen Staaten immer wieder Kriege. Damit der angegriffene Staat sich wehren kann, hat er das Recht, sich selbst zu verteidigen. Wenn ihm ein anderer Staat mit Krieg droht, darf der bedrohte Staat selbst einen Krieg beginnen (das nennt man dann Präventivkrieg).

Die Regeln und Grundsätze, die während eines Krieges gelten sollen, sind unter anderem im Haager Abkommen und in der Genfer Konvention aufgeschrieben. Diese Regeln bestimmen zum Beispiel, dass Kriegsgefangene menschenwürdig behandelt werden müssen, oder dass Zivilisten, also Menschen, die keine Soldaten (⇨ Streitkräfte / Armee) sind, nicht gefangen genommen werden dürfen.

Auch wenn viele Staaten diese Regeln offiziell anerkennen, heißt das leider nicht, dass sie sich im Krieg auch immer daran halten.

§§§

Kriegsverbrechen

Im Kriegsrecht ist vorgeschrieben, wie sich die Krieg führenden Staaten zu verhalten haben. Es ist zum Beispiel verboten, die Zivilbevölkerung grausam zu behandeln und Soldaten (⇨ Streitkräfte / Armee) oder Truppen, die sich ergeben, zu töten. Wer das tut, begeht ein Kriegsverbrechen. Auch Plünderungen sind nicht erlaubt. Plündern bedeutet, dass fremde Geschäfte und Wohnungen einfach leer geräumt werden oder Kunstschätze, die dem besetzten Staat gehören, gestohlen werden. Weiterhin ist es auch

verboten, besetzte Gebiete wirtschaftlich auszubeuten. Wenn man Fabriken, in denen keine Waffen, sondern Lebensmittel hergestellt werden, zerstört oder abbaut, wäre das eine wirtschaftliche Ausbeutung. Es dürfen auch keine Menschen, die nicht dem eigenen Staat angehören, gezwungen werden, für die Besetzer zu arbeiten (als Zwangsarbeiter). Eines der schlimmsten Verbrechen, die in einem Krieg geschehen können, ist der Völkermord. Das ist die Vernichtung eines ganzen Volkes oder einer Volksgruppe durch die Sieger.
Wer im Krieg gegen diese Vorschriften verstößt, also ein Kriegsverbrechen begeht, kann vor dem Internationalen Gerichtshof angeklagt werden.
Lies auch mal nach bei den Stichwörtern Kriegsrecht, Haager Abkommen *und* Genfer Konvention.

Krise / Krisenstab

Das Wort »Krise« kommt aus dem Griechischen und heißt »schwierige Lage«. Eine Krise des Staates kann eintreten, wenn der Staat kein Geld mehr hat, wenn er bedroht wird, wenn die Regierung zurücktritt. Oder er wird von Verbrechern oder Terroristen erpresst, zum Beispiel durch die Entführung eines Politikers. Und immer wieder gibt es große Krisen für ganze Regionen durch Naturkatastrophen wie schwere Stürme und Überschwemmungen. Dabei muss oft rasch gehandelt werden, um den Schaden nicht allzu groß werden zu lassen. Ein Krisenstab aus Fachmännern und Fachfrauen wird gebildet. Sie beraten sich Tag und Nacht, um die richtigen Maßnahmen gegen die Naturgewalten zu treffen oder Staatsfeinde, zum Beispiel Terroristen, zu bekämpfen und Entführte schnell zu befreien.
Krisen, also schwierige Lagen, kann es natürlich auch in vielen anderen Bereichen geben: Eine Grippe ist eine Gesundheitskrise. Wenn ich sehr traurig bin, weil ich einen nahen Angehörigen verloren habe, kann ich in eine seelische Krise kommen. Schlechte Schulnoten – und das kennen sicher einige von euch – führen manchmal zu einer Krise des Selbstbewussteins, und man denkt, man sei nicht mehr viel wert (hoffentlich gibt es dann Lehrerin-

nen, Lehrer und Eltern, die euch wieder aufrichten, also auch so eine Art Krisenhilfe anbieten). Frauen und Männer in Ehen verstehen sich manchmal nicht mehr, dann kommt es zu einer Ehekrise. Gut ist es, wenn man einen Weg aus der Krise findet.
Lies auch mal nach unter dem Stichwort Katastrophenschutz.

Kultur / Kulturkreis

Kultur umfasst alles, was der Mensch geschaffen hat. Unter Kultur verstehen wir auch die Art und Weise, wie das Zusammenleben der Menschen gestaltet ist.

Grips
Wo ist dir das Wort »Kultur« schon einmal begegnet?

Stellt euch vor, ihr landet zusammen mit einigen Leuten auf einer einsamen Insel, die noch kein Mensch zuvor betreten hat. Als erstes werdet ihr sicher die Insel erkunden und dann besprechen, was ihr tun müsst, um zu überleben – zum Beispiel Früchte sammeln, Fische fangen, Trinkwasserquellen suchen, Werkzeuge und Hütten bauen. Aber wie fängt man Fische? Wer holt das Wasser? Wie verbringt ihr eure Freizeit? Was tut ihr, wenn es Streit gibt? Mit der Zeit werdet ihr gemeinsam Regeln aufstellen, um euer Zusammenleben auf eine friedliche Weise zu ordnen. Zur Kultur gehört also auch eine Gesellschaftsordnung (⇨ Gesellschaft). Doch auch Sprache, Religion, Wirtschaft, der Umgang mit der Natur, Kunstgegenstände, Musik, Literatur, Traditionen und Bräuche sind Bestandteile der menschlichen Kultur – also alles, was die Menschen mit ihren Händen, mit ihrer Intelligenz und ihrer Phantasie selber gemacht haben.
Da die Lebensweise der Menschen nicht überall auf der Welt gleich ist, spricht man von Kulturkreisen, denen die einzelnen Volksgruppen wie Araber, Inuit (Eskimos) oder Europäer angehören.
Von Kultur wird auch in der Biologie gesprochen, wenn etwa auf bestimmten Böden Pflanzen gezüchtet oder mit geeigneten Methoden Bakterien oder andere Zellenarten herangezogen werden, um sie – als Beispiel – zur Schädlingsbekämpfung oder in der Arzneimittelforschung einzusetzen.

Kultusministerkonferenz

Deutschland ist ein so genannter föderaler Staat (⇨ Bundesländer) mit verschiedenen Einzelstaaten. Jedes Bundesland hat seine eigene Regierung. In jeder Regierung gibt es auch einen Minister oder eine Ministerin für Bildung, für Wissenschaft und Kultur. Dazu gehören auch die Schulen. Damit die Bundesländer in diesen Bereichen nicht alle eine ganz unterschiedliche Politik machen, also zum Beispiel die Schülerinnen und Schüler in Bayern ganz andere Dinge lernen als in Schleswig-Holstein, werden die Themen Bildung, Kultur und Wissenschaft in einer »Ständigen Konferenz der Kultusminister der Länder in der Bundesrepublik Deutschland« besprochen und aufeinander abgestimmt. Das nennt man auch »koordinieren«.

Außerdem arbeitet diese Konferenz auch mit der Bundesregierung zusammen, wenn es darum geht, wie die internationalen kulturellen Beziehungen gestaltet werden sollen.

Kuratorium

Ein Kurator (das lateinische Wort heißt auf Deutsch »Verwalter«) ist ein von einer staatlichen Behörde eingesetzter hoher Aufsichtsbeamter. Das kann zum Beispiel jemand sein, der zuständig ist für die Schätze eines oder mehrerer staatlicher oder städtischer Museen. Ein Kuratorium ist eine Versammlung von Frauen und Männern, die in staatlichem Auftrag über eine öffentliche Anstalt oder Stiftung die Aufsicht führt, eine Art staatlicher Aufsichtsrat könnte man sagen. Das »Kuratorium junger deutscher Film« ist beispielsweise eine Stiftung, die Kinderfilme im Kino fördert. Ein »Internationales Kuratorium für das Jugendbuch« vergibt alle zwei Jahre den internationalen Kinder- und Literaturpreis (Hans-Christian-Andersen-Preis). Ein »Kuratorium für Verkehrssicherheit« kümmert sich um Fragen des Verkehrs, dem »Kuratorium Deutsche Altershilfe« geht es um die Lebenssituation älterer Menschen. Das sind nur wenige Beispiele aus der Vielzahl von Kuratorien, die es in Deutschland gibt.

Länderfinanzausgleich

Finanzausgleich

Landesliste / Reserveliste

Eine Landesliste ist wichtig, wenn es ein Verhältniswahlrecht gibt. Beim Verhältniswahlrecht ist es entscheidend, wie viele Stimmen für eine Partei bei der Wahl abgegeben werden. Diese Stimmen werden zusammengezählt und dann wird ausgerechnet, mit wie vielen Abgeordneten die Partei im Parlament vertreten ist (man sagt auch: wie viele Sitze dieser Partei im Parlament zustehen).

Jede Partei legt vor der Wahl in einer so genannten Landesliste fest, wer für diese Partei nach der Wahl im Parlament als Abgeordneter arbeiten wird. Diese Liste nennt in einer festgelegten Reihenfolge die Kandidatinnen und Kandidaten, die sich um einen Sitz im Parlament bewerben. Je weiter oben auf der Liste ein Kandidat steht, desto besser sind seine Chancen, über die Landesliste ins Parlament zu kommen.

Das deutsche Wahlsystem ist ein Mischsystem aus Verhältniswahlrecht und Mehrheitswahlrecht. Es gibt (nach dem Mehrheitswahlrecht) Abgeordnete, die in ihrem Wahlkreis direkt ins Parlament gewählt werden. Aber es gibt bei Landtagswahlen und Bundestagswahlen (nach dem Verhältniswahlrecht) auch Abgeordnete, die über die Landeslisten ins Parlament kommen.

Nachdem die direkt gewählten Abgeordneten und die über die Landeslisten bestimmten Abgeordneten das neue Parlament gebildet haben, verliert die Landesliste keineswegs an Bedeutung. Sie wird dann wieder wichtig, wenn ein Abgeordneter oder eine Abgeordnete vorzeitig aus dem Parlament ausscheidet. Dann dient die Landesliste als »Reserveliste«. Derjenige, der ausscheidet, wird bis zur nächsten Wahl durch einen Nachrücker oder eine Nachrückerin aus der Reserveliste ersetzt. Das ist zumeist derjenige, der ganz oben auf der Reserveliste steht.

Landesverrat

Spionage / Landesverrat

Landesverweis / Ausweisung / Abschiebung

Beim Stichwort »Exil« habt ihr schon gelesen, dass Menschen, deren politische Einstellungen einer herrschenden Macht nicht passen, manchmal aus ihrem eigenen Land verbannt, ausgewiesen werden. Oft geschieht das mit Gewalt. Allerdings geht das in demokratischen Staaten nicht, denn ein Grundprinzip von Demokratien ist ja gerade, dass Menschen viele verschiedene Meinungen haben dürfen.

Trotzdem kann es vorkommen, dass Menschen aus Deutschland ausgewiesen und »abgeschoben« werden. Dabei kann es sich um Ausländerinnen und Ausländer handeln, deren Antrag auf Asyl abgelehnt wurde. Sie erhalten dann einen so genannten Ausweisungs-Bescheid. Er verbietet es, sich weiterhin in dem Land, in dem sie den Asylantrag gestellt haben, aufzuhalten. Wenn sie nicht freiwillig gehen, kann die Ausweisung zurück ins Heimatland auch durch die Polizei erfolgen. Dann nennt man es »Abschiebung«. Des Landes verwiesen werden können auch Ausländer, die Straftaten begehen oder eine Gefahr für die Sicherheit des Landes darstellen. Darüber muss ein Gericht entscheiden. Eine Ausweisung von deutschen Staatsbürgern aus Deutschland ist nach dem Grundgesetz nicht erlaubt.

Landfriedensbruch

Diese Straftat begehen Menschen, die bei einer Demonstration Steine auf Polizisten werfen, Schaufenster einschlagen, parkende Autos beschädigen oder sonstige Gewalttaten begehen. Von Landfriedensbruch spricht man auch, wenn jemand versucht, durch Reden, Parolen, Gesten oder auch Lieder eine Menschenmenge zur Gewalt gegen Personen oder Sachen zu verleiten.

Landfriedensbruch kann, wenn es zu Gewalttätigkeiten kommt, mit bis zu zehn Jahren Gefängnis bestraft werden. Übrigens: Wenn ich mich in einer Demonstration befinde, deren Teilnehmer gewalttätig werden, ich selber aber friedlich bleibe und mich von den Krawallen fernhalte, kann ich nicht wegen Landfriedensbruches bestraft werden.

Landrat / Landrätin / Landkreis

Grips

In welchem Landkreis liegt dein Heimatort?

Auf Ortsschildern liest man unter dem Namen der Stadt oft auch den Kreis, zu dem ein Ort gehört. Kreise, auch Landkreise genannt, gibt es in allen Bundesländern Deutschlands (außer in den Stadtstaaten Berlin, Hamburg und Bremen). Mehrere Städte oder Gemeinden bilden einen Landkreis. Diese Kreise verwalten sich selbst. Sie haben die Verantwortung für eine Reihe von öffentlichen Aufgaben, zum Beispiel im Bau- und Wohnungswesen, in der Abfallbeseitigung, bei der Förderung der Wirtschaft und im sozialen Bereich. Auch Polizei- und Verkehrsangelegenheiten gehören teilweise zu den Aufgaben eines Kreises. Jugend- und Kultureinrichtungen wie Jugendzentren, Begegnungsstätten, Büchereien und Theater werden ebenfalls in manchen Gegenden von Kreisen unterhalten. Der Leiter oder die Leiterin des Kreises ist der Landrat oder die Landrätin. Er repräsentiert den Kreis nach außen und leitet die Kreisverwaltung. Er wird vom Kreistag, dem Parlament eines Landkreises, für vier bis sechs Jahre gewählt (in Bayern auch direkt von den Einwohnern eines Landkreises). In manchen Bundesländern gibt es neben dem Landrat einen Oberkreisdirektor. Dieser ist für die Leitung der Verwaltung des Kreises zuständig.

Lies auch mal nach unter dem Stichwort Gemeinde.

Landsknechte

Söldner / Landsknechte

Landtag

»Landtag« nennt man die Volksvertretung, also das Parlament in einem Bundesland. Seine Aufgaben ähneln denen des Deutschen Bundestages. Sie beschränken sich aber auf das jeweilige Bundesland, also zum Beispiel auf Rheinland-Pfalz oder Thüringen. Landtage kontrollieren die Arbeit der Landesregierung (⇨ Regierung) und beschließen Gesetze. In Bremen und Hamburg heißen die Landesparlamente »Bürgerschaft«, in Berlin nennt sich das Landesparlament »Abgeordnetenhaus«.
Lies auch mal nach unter dem Stichwort Bundesländer.

Internet

Die Landtage haben ihre eigenen Internetseiten. Die findest du, wenn du nach dem »www.« den Namen deines Bundeslandes eintippst und ».de« anhängst. Von dort geht es dann weiter zum Landtag.

Lauschangriff

Überwachung (»Lauschangriff«)

Lebenshaltungskosten / Warenkorb

Das meiste, was wir zum Leben brauchen, also zum Beispiel Essen, Wohnung oder Kleidung, hat einen bestimmten Preis. Rechnet man alle Preise zusammen, ergibt das die Lebenshaltungskosten. Viele Menschen wollen wissen, wie hoch die Lebenshaltungskosten im Durchschnitt sind oder auch, ob sie im letzten Jahr gestiegen sind. Deswegen wird in einer amtlichen Statistik der so genannte Preisindex (durchschnittlicher Messwert) dieser Kosten errechnet.

Um die Lebenshaltungskosten möglichst genau zu ermitteln, stellen die Statistiker in bestimmten Zeitabständen in Super-

märkten und anderen Geschäften immer die gleichen Sachen zusammen. Weil sie diese Waren wie in einem Einkaufskorb sammeln, spricht man dabei auch von einem »Warenkorb«. Das sind zum Beispiel immer ein Pfund Butter, ein Liter Milch, fünf Kilo Kartoffeln, Kleidung und eine Menge anderer Dinge, die man zum Leben braucht. Am Schluss wird alles zusammengerechnet. Dazu kommen die Kosten für Miete, Strom, Wasser, Benzin, Schulgeld, Fahrgeld, Autosteuer und noch vieles mehr. Angenommen, die Gesamtsumme beträgt heute zweitausend Euro. Wenn vor fünf Jahren genau die gleichen Sachen tausendfünfhundert Euro gekostet haben, ist das Leben inzwischen um fünfhundert Euro oder um ein Drittel teurer geworden.

Legislative

Gewaltenteilung

Legislaturperiode

In demokratischen Staaten wird ein Parlament nur für einen bestimmten Zeitraum gewählt, der Deutsche Bundestag zum Beispiel nur für vier Jahre. Danach wird wieder neu gewählt. Diesen Zeitraum nennt man eine Legislaturperiode. In dem Wort steckt der Begriff »Legislative« (auf Deutsch: »gesetzgebende Gewalt«), den ihr schon unter dem Stichwort »Gewaltenteilung« kennen gelernt habt. Eine Legislaturperiode ist also die Zeitspanne, in der ein gewähltes Parlament Gesetze macht (und auch seine sonstige Arbeit erledigt). Wenn das Parlament nach Ende der vom Gesetz festgelegten Zeit wieder aufgelöst wird, ist das Ende der Legislaturperiode erreicht. Damit endet dann auch die Amtszeit der jeweiligen Regierung.

Liberalismus

Liberalismus (vom lateinischen »liber«, das heißt »frei«) ist eine Weltanschauung, die die Freiheit und damit die freie Entfaltung des einzelnen Menschen in den Mittelpunkt rückt.
Über viele Jahrhunderte wurden die Menschen geistig, wirtschaftlich und politisch durch den Staat, in dem sie lebten, bevormundet. Das änderte sich nur sehr langsam. Zu Beginn des 19. Jahrhunderts entstand eine politische Bewegung, welche die Beschränkung der staatlichen Macht gegenüber den Bürgern forderte. Dies war der Liberalismus. Er forderte zudem die Durchsetzung der Menschenrechte (⇨ Grundrechte), die Meinungs- und Gewissensfreiheit, die Pressefreiheit und betonte die Gleichheit aller Menschen vor dem Gesetz.
Man unterschied von Anfang an zwischen politischem und wirtschaftlichem Liberalismus. In der Politik ging es darum, die Macht des Staates zu beschränken. Den Menschen sollte nicht vorgeschrieben werden, was sie zu denken und zu glauben hatten. Tun können, was man will, so lange dadurch nicht die Rechte eines anderen Menschen verletzt werden, dies sollte als Grundsatz gelten. Auch das Prinzip der Gewaltenteilung in den Verfassungen hat im Liberalismus seinen Ursprung.
Im Hinblick auf das wirtschaftliche Handeln bedeutete Liberalismus, dass der Markt sich selber regulieren sollte, ohne Bevormundung durch den Staat. Jeder Mensch sollte, so hieß es, die Möglichkeit haben, Privateigentum zu erwerben und damit zu wirtschaften. Dass aber in einem solchen Wirtschaftssystem, in dem allein der Markt entscheidet, die Armen zumeist immer ärmer und die Reichen immer reicher wurden, war unverkennbar. Nach dem Zweiten Weltkrieg hat man sich in Deutschland für eine soziale Marktwirtschaft entschieden und dabei bewusst Grenzen für die freie Marktwirtschaft gesetzt.

Nachgefragt

Philipp, 8

Warum regiert der Bundeskanzler nur 4 Jahre lang?

Das Grundgesetz schreibt das so vor. Als das Grundgesetz geschrieben wurde, wollte man eine Zeitdauer festlegen, in der politische Entscheidungen gut vorbereitet und durchgesetzt werden können. Die Amtszeit sollte also nicht zu kurz sein. Sie sollte aber auch nicht so lang sein, dass die Menschen das Gefühl bekommen, sie würden »ewig« von derselben Regierung regiert, ohne es ändern zu können.

Heutzutage sind Überlegungen des Liberalismus in viele politische, wirtschaftliche und soziale Denkweisen eingeflossen.
Lies auch mal nach unter den Stichwörtern Freie Marktwirtschaft, Kapitalismus, Konservatismus *und* Sozialismus.

Linksextremismus

Die Grundeinstellung von Linksextremisten gegenüber dem Staat ist – wie bei den Rechtsextremisten – von starker Ablehnung bestimmt. Es soll eine andere politische Ordnung errichtet werden, die nicht demokratisch ist. Anders als beim Rechtsextremismus ist der Linksextremismus nicht gegen Ausländer gerichtet und hat auch nicht den Faschismus und Nationalsozialismus zum Vorbild. Gemeinsam ist beiden Einstellungen, dass sie nichts dagegen haben, wenn in der politischen Auseinandersetzung Gewalt gegen Personen und Sachen angewendet wird. Das aber ist in Deutschland verboten.

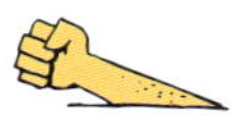

Lobby / Lobbyismus

Das englische Wort »Lobby« bezeichnete ursprünglich den Vorraum oder die Eingangshalle des englischen Parlamentsgebäudes. Dort unterhielten sich die Abgeordneten mit Personen, die keine gewählten Abgeordneten waren und daher nicht in den Sitzungssaal durften. Heute bezeichnet der Begriff »Lobby« eine Interessenvertretung in der Politik. Die Lobby kann zum Beispiel einen Wirtschaftszweig vertreten, einen Sportverband oder eine Umweltschutzorganisation (⇨ Umweltschutz). Es können zum Beispiel auch Mitglieder von Schülervertretungen oder Lehrerverbänden sein, die wollen, dass mehr Lehrer eingestellt und die Klassen kleiner werden. Die Personen, die für die Lobby arbeiten, nennt man »Lobbyisten«. Sie versuchen, zum Beispiel durch Gespräche Einfluss auf Entscheidungen von Politikern zu

Grips

Welche Forderungen würdest du stellen, wenn du Lobbyist für Kinder und Jugendliche wärst?

nehmen. Für die Politiker ist es wichtig, mit den Lobbyisten zu sprechen, weil sie von ihnen viele Informationen bekommen, die ihnen helfen, die richtigen Entscheidungen zu treffen. Der Lobbyismus spielt deshalb in Deutschland eine große Rolle bei politischen Entscheidungen.

Lohnnebenkosten

Ein Unternehmer stellt Mitarbeiter und Mitarbeiterinnen ein, die für ihn arbeiten und dafür bezahlt werden. Für den Unternehmer entstehen dadurch Arbeitskosten, die auch Personalkosten genannt werden. Sie setzen sich aus verschiedenen Teilen zusammen: Es sind die Löhne und Gehälter, die direkt an die Arbeitnehmer ausgezahlt werden. Dazu kommen die Lohnnebenkosten. Das sind die Steuern und die Beiträge für die Sozialversicherungen (Kranken-, Renten- und Arbeitslosenversicherung). Der Unternehmer ist verpflichtet, einen Teil dieser Beiträge – meist die Hälfte - zu übernehmen. Dann gibt es auch noch Sonderzahlungen, die zu diesen Nebenkosten gerechnet werden. Sie sind von Betrieb zu Betrieb unterschiedlich. Dazu gehören zum Beispiel das Urlaubs- oder Weihnachtsgeld oder auch besondere Geldzahlungen, wenn jemand ein Arbeitsjubiläum hat.

Magistrat

Den Gemeindevorstand, also die Regierung einer Stadt, bezeichnet man in manchen Teilen Deutschlands als Magistrat. Der Magistrat ist für die Verwaltung der Gemeinde zuständig und muss die Beschlüsse des Gemeinderates, also des Stadtparlamentes, ausführen. Das Wort »Magistrat« kommt aus dem Lateinischen und heißt »Amt« oder »Behörde«. Der Magistrat besteht aus einem hauptamtlichen Bürgermeister (in größeren Städten heißt er »Oberbürgermeister«) und den so genannten Beigeordneten, die für bestimmte Sachgebiete wie die Schulen, den Straßenbau oder die Finanzen zuständig sind. Die Beigeordneten werden vom Gemeinderat gewählt. Eigentlich sollen die Beigeordneten alle ehrenamtlich tätig sein, also kein Geld für ihre Arbeit bekommen. Weil aber einige Aufgaben in einer Stadt besonders viel Arbeit machen, kann die Gemeinde festlegen, welche Beigeordnete hauptamtlich tätig sein sollen, also für ihre Arbeit bezahlt werden.

Lies auch mal nach unter dem Stichwort Landrat / Landrätin / Landkreis.

Eine echte Majestät: Königin Elizabeth II. von Großbritannien

Majestät

Schon im alten Rom gab es diesen Titel für Kaiser und Kaiserinnen. »Majestät« kommt aus dem Lateinischen und bedeutet so viel wie »Größe«, »Würde«, »Erhabenheit«. Im alten Rom galt dieses als göttliche Eigenschaft. Deshalb wurden manche römischen Kaiser auch wie Götter verehrt. Im Mittelalter wurde der Titel »Majestät« für die deutschen Kaiser gebraucht und ab Mitte des 16. Jahrhunderts auch für mächtige Könige und Königinnen (⇨ Monarchie). Aber damit wurden diesen Herrschern keine göttlichen Eigenschaften mehr zugeschrieben. Bis heute hat sich der Titel »Majestät« in Monarchien erhalten. Übrigens wurde zu allen Zeiten Majestätsbeleidigung bestraft.

Mandat

Wie so viele fachliche Bezeichnungen stammt auch dieses Wort aus dem Lateinischen und bedeutet »Auftrag«, »Weisung«. Ein gewählter Abgeordneter im Deutschen Bundestag, in einem Stadt- oder Landesparlament (⇨ Landtag) oder zum Beispiel auch eine Schulsprecherin hat einen bestimmten Auftrag ihrer Wählerinnen und Wähler erhalten. Sie erhält somit das Mandat, sie zu vertreten. Auch eine Rechtsanwältin kann das Mandat (den Auftrag) erhalten, jemanden rechtlich zu beraten, dessen Interessen zu vertreten und einen Angeklagten beispielsweise vor Gericht zu verteidigen. Dieser ist dann ihr Mandant.

Manifest

Das Wort kommt aus dem Lateinischen und bedeutet »Grundsatzerklärung«. Vor wichtigen Wahlen verfasst eine Partei manchmal ein Wahlmanifest. Darin schreibt sie ihr Programm auf. Die Bürger sollen schließlich genau wissen, was sie erwartet, wenn diese Partei an die Regierung kommt.
Im Jahre 1848 wurde in London ein später sehr berühmt gewordenes Manifest veröffentlicht: das »Kommunistische Manifest«. Es war das politische Programm des kurz zuvor gegründeten »Bundes der Kommunisten«. Geschrieben haben es die Deutschen Karl Marx und Friedrich Engels.

Manipulation

Wenn ich will, dass andere Menschen etwas ganz Bestimmtes tun, versuche ich, sie so zu beeinflussen, dass sie nach meinem Willen handeln. Wenn die anderen Menschen das nicht merken oder es vielleicht eigentlich auch gar nicht wollen, dann manipuliere ich sie. In der Werbung wird zum Beispiel oft Manipulation betrieben. Da heißt es dann zum Beispiel, dass das Waschmittel W weißer wäscht und das Auto A schneller fährt. Und wenn der Fernsehzuschauer diese Reklame oft genug sieht, glaubt er es vielleicht und kauft dann das Waschmittel oder das Auto, ohne die

Grips

Hast du das schon einmal erlebt, dass mit einer bewusst falschen Behauptung ein bestimmter Zweck verfolgt wurde?

angepriesenen Eigenschaften wirklich überprüft zu haben. Die Menschen können auf ganz unterschiedliche Weise manipuliert werden: Es können zum Beispiel falsche Dinge erzählt werden. Wenn also jemand sagt, dass eine bestimmte Eisdiele nur schlechtes Eis verkauft, dann kaufen die Leute dort nicht mehr. Oder man erzählt nicht die ganze Wahrheit: So werden manchmal in der Presse einige Politiker oder Politikerinnen immer nur sehr gut dargestellt, andere kommen ganz schlecht weg. Dahinter steckt meistens der Wunsch, die Leser in eine ganz bestimmte Richtung zu beeinflussen.

Marktwirtschaft

Freie Marktwirtschaft

Am 6. August 1945 wurde über der japanischen Industriestadt Hiroshima die erste Atombombe abgeworfen. Das Bild zeigt das zerstörte Zentrum Hiroshimas ein Jahr nach dem Abwurf der Atombombe.

Massenvernichtungswaffen

Als »Massenvernichtungswaffen« bezeichnet man bestimmte militärische (⇨ Streitkräfte / Armee) Waffen oder Kampfstoffe. Wenn diese Waffen eingesetzt werden, können Hunderte, Tausende oder sogar Hunderttausende von Menschen sterben. Als die USA 1945 im Krieg gegen Japan zum ersten Mal in der Geschichte der Menschheit eine Atombombe über Hiroshima abwarfen, starben innerhalb von wenigen Stunden fast 200.000 Menschen. Massenvernichtungswaffen werden auch ABC-Waffen genannt. Das »A« steht für Atomwaffen. Das »B« steht für bakteriologische Waffen. Schlimme Krankheitserreger (Bakterien) können von Flugzeugen oder Raketen aus versprüht werden. Die Menschen, die damit in Berührung kommen, erkranken an Pest, Cholera, Typhus, Milzbrand und anderen schrecklichen Seuchen. Das »C« steht für chemische Waffen. Granaten, Raketen oder Flugzeuge werden mit chemischen Mitteln, zum Beispiel mit Nervengasen, ausgerüstet und dann abgeschossen oder versprüht. Viele Menschen werden dadurch getötet oder lebensgefährlich verletzt. Die UNO ist seit Jahren bemüht, die Länder, die im Besitz dieser Massenvernichtungswaffen sind, durch Verhandlungen, Verträge und Konventionen dazu zu bringen, diese nicht einzusetzen oder sie wieder zu vernichten.

Materialismus

Dieser Begriff ist vom lateinischen Begriff »materia« abgeleitet, was auf Deutsch »Stoff« und »Material« heißt. Oft bezeichnet man mit Materialismus eine Lebenseinstellung, in der Geld, Wertgegenstände, hohes Einkommen, Statussymbole wie Autos und teure Kleidung wichtiger sind als alles andere. Materialistisch eingestellte Menschen unternehmen fast alles, um ihren Besitz zu vermehren.
Die philosophische Lehre des Materialismus geht davon aus, dass alles, was wir sehen und anfassen können, Materie ist oder mit Materie zu tun hat. Dazu gehören auch alle geistigen Vorgänge wie Denken und Fühlen.

Maut

Habt ihr schon einmal in den Ferien erlebt, dass eure Eltern zum Beispiel in Italien, Spanien oder Frankreich Gebühren für die Benutzung von Schnellstraßen und Autobahnen bezahlt haben? In Österreich kauft man ein kleines Schildchen (eine »Vignette«), das auf die Windschutzscheibe des Autos geklebt wird. Damit darf man dann die Autobahnen für die Zeit benutzen, für die man die Gebühr entrichtet hat. In Deutschland müssen LKW eine Mautgebühr zahlen, wenn sie die Autobahn benutzen. Viele Länder lassen sich die Benutzung bestimmter Straßen, manchmal auch Brücken und Tunnel bezahlen. Das Wort »Maut« stammt aus dem Gotischen (»mota«) und bedeutet »Zoll«, »Abgabe« oder »Wegegeld«.
Lies dazu auch mal nach beim Stichwort Freihandelszone.

Mautstation des Warnowtunnels in Rostock

Schon gewusst?

Auch Streitschlichter sind Mediatoren.

Mediation

Das lateinische Wort »Mediation« heißt auf Deutsch »Vermittlung«. Normalerweise versuchen wir, unsere Konflikte selber zu lösen. Aber manchmal haben sich Menschen derart zerstritten, dass ein ruhiges und sinnvolles Gespräch nicht mehr möglich ist. In diesem Fall kann man einen so genannten Mediator, also einen Vermittler, bitten, den Streit zu schlichten. Mediator kann zum Beispiel eine Lehrerin oder ein Psychologe sein oder auch ein Schüler, dessen Aufgabe es ist, Streit zu schlichten. Wichtig ist, dass der Mediator oder die Mediatorin unparteiisch ist und beide Konfliktparteien dieser Person vertrauen. Denn nur so kann eine Lösung gefunden werden, die beide Seiten zufrieden stellt. Das Ziel solcher Vermittlungsgespräche ist nicht nur, den Streit zu schlichten. Es soll auch Verständnis dafür geweckt werden, warum jemand etwas getan oder gesagt hat, was zu dem Streit geführt hat. Im besten Fall führt Mediation auch dazu, dass in Zukunft weniger Konflikte auftreten.

Grips

Welche Medien benutzt du?

Internet

Coole Internet-Medien für Kinder:
www.hanisauland.de,
www.seitenstark.de,
www.radiojojo.de,
www.blinde-kuh.de

Medien

Wenn wir fernsehen, Radio hören, uns in der Bibliothek ein Buch ausleihen oder Zeitung lesen, nutzen wir Medien. Wenn wir durchs Internet surfen, sind wir mit anderen Computern in der Welt verbunden und nutzen die elektronischen Medien. Medien (das Wort kommt vom lateinischen »medium« und bedeutet so viel wie »Vermittler«) sind also Mittel oder bestimmte Verfahren, mit denen Nachrichten und Informationen verbreitet werden, auch Bilder und Filme. Man kann sich durch Medien weiterbilden, sich informieren,

Ideen austauschen oder sich einfach unterhalten. Und weil sehr viele Menschen das beim Fernsehen oder Zeitungslesen tun, nennt man solche Medien auch »Massenmedien«. Diejenigen, denen solche Medien gehören, etwa eine Fernsehstation oder ein Verlagshaus, erreichen sehr viele Menschen und haben also viele Möglichkeiten, die Meinung dieser Menschen zu beeinflussen. Deshalb ist es sinnvoll, sich in möglichst vielen verschiedenen Medien zu informieren.

Mehrheitsprinzip

Bei einer Abstimmung – ob in der Schule bei der Wahl der Klassensprecherin oder bei der Wahl für ein Bürgermeisteramt – wird nach dem Mehrheitswahlrecht entschieden. Es gibt unterschiedliche Mehrheiten. Man unterscheidet zwischen absoluter und relativer (auch einfacher) Mehrheit. Außerdem gibt es den Begriff der qualifizierten Mehrheit.

Die absolute Mehrheit ist dann erreicht, wenn eine Person oder eine Partei mehr als die Hälfte aller Stimmen bekommt.

Beispiel: Es gibt 100 abgegebene Stimmen. Auf Hannah entfallen 60, auf Udo 25, auf Max 15 Stimmen. Hannah hat die absolute Mehrheit.

Die relative Mehrheit ist dann erreicht, wenn eine Person oder Partei die meisten Stimmen bei einer Wahl erreicht, aber nicht mehr als die Hälfte aller Stimmen.

Beispiel: Es gibt 100 abgegebene Stimmen. Udo bekommt 45, Hannah 35, Max 20 Stimmen. Udo hat die relative Mehrheit.

Bei manchen Abstimmungen im Parlament muss eine so genannte qualifizierte Mehrheit erreicht werden. Das heißt, es muss entweder mehr als die Hälfte der Stimmen erreicht werden, manchmal auch eine Zweidrittelmehrheit oder eine Dreiviertelmehrheit aller Stimmen.

Diese unterschiedlichen Mehrheiten sind in einer Demokratie sehr wichtig. Es ist das Mehrheitsprinzip, nach dem oftmals Entscheidungen getroffen werden: Bei Abstimmungen und Wahlen setzt sich der Wille der Mehrheit gegenüber der Minderheit durch.

Und die Entscheidung ist dann für alle gültig. Der Klassensprecher spricht eben auch für diejenigen, die ihn nicht gewählt haben. Und ein Gesetz hält man ein, auch wenn man nicht unbedingt dafür war.

Mehrheitswahlrecht

Beim Mehrheitswahlrecht wird derjenige gewählt, der die erforderliche Mehrheit (⇨ Mehrheitsprinzip) der Stimmen erhalten hat. Beim Mehrheitswahlrecht kann immer nur einer gewinnen. Alle Stimmen, die nicht für den Sieger abgegeben wurden, werden nicht gezählt, sondern fallen sozusagen unter den Tisch.

Dieses Mehrheitswahlrecht wird in manchen Ländern auch bei Wahlen zum Parlament angewandt. Dann gilt folgende Regel: Diejenige Kandidatin, welche die meisten Stimmen in ihrem Wahlkreis bekommen hat, ist gewählt. Sie erhält auf diese Weise ein so genanntes Direktmandat. Sie ist dann für eine gewisse Zeit Vertreterin ihres Wahlkreises im Parlament. Das relative Mehrheitswahlrecht wird zum Beispiel bei Parlamentswahlen in den USA und in Großbritannien, das absolute Mehrheitswahlrecht in Frankreich und in Australien angewandt. In Deutschland gibt es bei den Wahlen zum Deutschen Bundestag eine Mischung aus Mehrheitswahlrecht und Verhältniswahlrecht (⇨ Landesliste/Reserveliste).

Lies auch mal nach unter den Stichwörtern Mehrheitsprinzip, Landesliste/Reserveliste, Wahlsystem *und* Überhangmandat.

Mehrwertsteuer / Umsatzsteuer

Die Mehrwertsteuer, sie wird auch als »Umsatzsteuer« bezeichnet, ist eine so genannte Verbrauchssteuer. Die Regelungen zur Mehrwehrtsteuer sind ziemlich kompliziert. Daher erklären wir das Prinzip mit Hilfe eines einfachen Beispiels: Der Unternehmer Schulze stellt in seiner Firma Hemden her. Für die Stoffe, die er dafür einkauft, muss er dem Staat Steuern zahlen. Dies ist die so genannte Umsatzsteuer. Der Großhändler, der die Hemden an die einzelnen Geschäfte liefert, zahlt auch die Umsatzsteuer. Das tut auch der kleine Laden oder das Kaufhaus, in dem wir die Schulze-Hemden kaufen. Auch wir, die Käufer, müssen diese Steuern zahlen, dadurch wird das Schulze-Hemd teurer. Anders als der Unternehmer, der Großhändler oder der Ladenbesitzer, die die Umsatzsteuer vom Finanzamt zurückerhalten (dies hat steuerrechtliche Gründe), müssen die Käufer und Käuferinnen die Mehrwertsteuer zusätzlich zum eigentlichen Preis zahlen. Sie erhalten sie nicht vom Finanzamt zurück. Nicht nur dieses Hemd, sondern alle Güter, die wir täglich kaufen und verbrauchen, werden um den Prozentsatz der Mehrwertsteuer teurer. Wir sehen es übrigens auf den Quittungen an der Kasse, wie hoch die Steuer ist. Da sieht man die Abkürzung »MwSt.«. In Deutschland beträgt sie zurzeit auf die meisten Güter 16 Prozent vom Netto-Preis. Bei bestimmten Produkten, zum Beispiel bei Büchern oder Lebensmitteln, beträgt die Mehrwertsteuer 7 Prozent.

Die Einnahmen aus der Umsatzsteuer/Mehrwertsteuer stehen nach einem bestimmten Verteilerschlüssel dem Bund, den Bundesländern oder den Gemeinden zu. Nach der Lohn- und Einkommenssteuer, die jeder arbeitende Bürger bezahlen muss, ist die Mehrwertsteuer eine der wichtigsten Einkommensquellen des Staates. In den Ländern der Europäischen Union ist die Mehrwertsteuer unterschiedlich hoch. Sie reicht von 15 bis 25 Prozent.

Lies auch mal nach bei den Stichwörtern Steuern *und* Staatshaushalt.

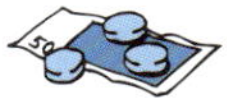

Meinungsforschung / Marktforschung (Demoskopie)

In diesem Namen steckt schon die Bedeutung: Es wird Meinung erforscht. Für Meinungsforschung wird auch das griechische Wort »Demoskopie« gebraucht. Diejenigen, die das machen, sind Meinungsforschungsinstitute oder Institute für Demoskopie. Sie bekommen zum Beispiel von einer Waschmittelfirma den Auftrag, ein neues Produkt zu testen. Das Institut stellt dann einen Katalog von Fragen zusammen und legt ihn bestimmten Personen vor. In diesem Falle vielleicht Hausfrauen, weil man annimmt, dass es die Hausfrauen sind, die die Waschmittel einkaufen. So will ein Meinungsforscher herausbekommen, ob es sich lohnt, eine neues Waschmittel auf den Markt zu bringen. In einem solchen Falle wird die Meinungsforschung »Marktforschung« genannt.

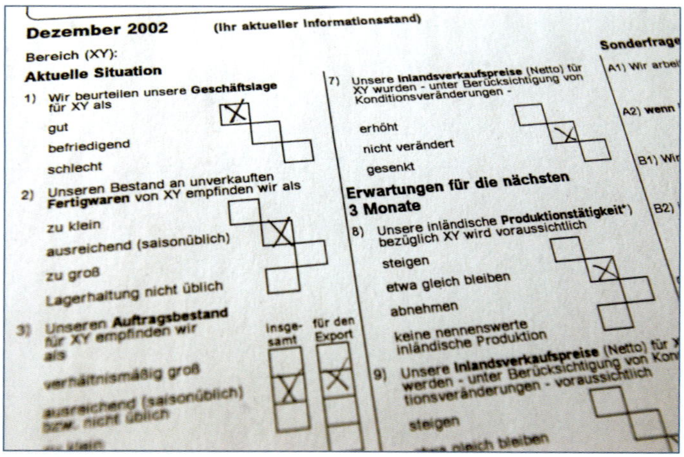

Vor Wahlen werden Menschen besonders häufig nach ihrer Meinung befragt. Im Auftrag von Zeitungen, Fernsehstationen oder Parteien werden Personen entweder nach dem Zufallsprinzip ausgesucht oder nach Alter, Beruf, Geschlecht, Wohnort usw. Sie werden gefragt, welche Partei sie wählen wollen oder was ihnen an der Politik nicht gefällt. Eine beliebte Frage ist auch, welcher Politiker oder welche Politikerin nach ihrer Einschätzung seine Sache am besten und welcher sie am schlechtesten macht. Nach Auswertung der Antworten ergibt sich ein Bild, wie die Wahl insgesamt ausgehen könnte. Für die Parteien und Politiker sind die Ergebnisse wichtig, denn sie können ihren Wahlkampf vielleicht noch entsprechend ändern, um die Wahl zu gewinnen.

Menschenrechte

Grundrechte / Menschenrechte

Migration

In den vergangenen Jahrhunderten haben sich immer wieder kleinere oder größere Gruppen von Menschen oder ganze Völker auf eine Wanderung begeben. Die Gründe waren und sind vielfältig. Manche Menschen wurden oder werden aus religiösen oder politischen Motiven verfolgt, manche sehen für sich und ihre Kinder keine Zukunft mehr dort, wo sie leben. Heute etwa ziehen bei uns in einigen Teilen Deutschlands Menschen vom Land in die Stadt, weil sie dort eher eine Arbeit finden können. Auch kommen Menschen aus anderen Ländern zu uns, weil es ihnen in ihrer Heimat schlecht ergangen ist. In der Zeit des Nationalsozialismus haben viele Menschen Deutschland verlassen, sind ins Exil gegangen, weil sie um ihr Leben fürchten mussten. Der Oberbegriff für alle diese Wanderungen ist Migration. »Migrare« heißt auf Lateinisch »wandern«, »sich bewegen«. Man kann noch genauere Unterscheidungen treffen: Immigration bedeutet Einwanderung, mit Emigration ist Auswanderung gemeint.
Naturforscher benutzen den Begriff »Migration« ebenfalls. So spricht man beim Vogelzug im Frühjahr und Herbst von »periodischer Migration«, also zeitweiliger Wanderung.

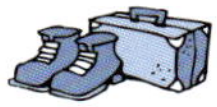

Militär

Streitkräfte / Armee

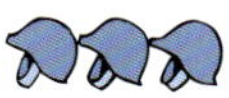

Minderheitsregierung

Normalerweise wird eine Regierung aus den Mitgliedern einer oder mehrerer Parteien gebildet. Diese Regierung wird von der Mehrheit der Abgeordneten im Parlament unterstützt. Diese Mehrheit ist wichtig, damit die Regierung ohne größere Probleme Gesetze beschließen und auch andere Vorhaben durchsetzen kann.

Es kann aber auch sein, dass die Partei oder die Parteien, welche die Regierung bilden, keine Mehrheit im Parlament haben. Dies kommt beispielsweise in skandinavischen Ländern öfters vor. Dann gibt es eine so genannte Minderheitsregierung. Eine solche Regierung braucht bei Abstimmungen die Unterstützung von anderen Parteien im Parlament. Denn Gesetze können nur beschlossen werden, wenn es dafür eine Mehrheit gibt. Eine Minderheitsregierung muss also von anderen Parteien im Parlament geduldet werden, sonst würde sie rasch scheitern. Daher hat eine Minderheitsregierung meist nur wenig Spielraum, wenn sie ihre Vorhaben im Parlament durchbringen will. Sie ist immer auf Kompromisse mit den anderen Parteien angewiesen. Eine Minderheitsregierung kann sehr schnell durch ein Misstrauensvotum gestürzt werden.

Mindestlohn

Der Mindestlohn ist die Untergrenze für die Bezahlung einer Arbeit. Weniger darf für diese Arbeit nicht bezahlt werden, damit die Lebensgrundlage der Arbeiter und Arbeiterinnen gesichert ist. Die Höhe des Mindestlohns wird entweder durch den Staat oder durch einen Gesamtarbeitsvertrag (zum Beispiel für die gesamte Metallindustrie) festgelegt. In vielen Ländern der Europäischen Union (beispielsweise in Frankreich, Spanien und Belgien) gibt es einen gesetzlich festgelegten Mindestlohn, der aber von Land zu Land unterschiedlich ist, weil in den einzelnen Ländern die Kosten für die Lebenshaltung nicht gleich sind. In Deutschland gibt es keine gesetzlich festgelegten Mindestlöhne. Allerdings hat der Bundesminister (⇨ Minister/in) für Wirtschaft und Arbeit 2003 einen tariflichen Mindestlohn für die Bauindustrie eingeführt, damit keine Arbeitsplätze durch so genanntes Lohndumping (besonders niedrige Löhne) verloren gehen. Diese Regelung gilt auch für ausländische Bauarbeiter, die zeitweise auf deutschen Baustellen arbeiten.

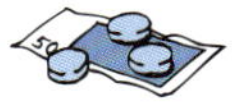

Minister/in

Diese Männer und Frauen gehören zu einer Regierung. Sie werden vom Bundeskanzler oder der Bundeskanzlerin vorgeschlagen und vom Bundespräsidenten zu Ministern oder Ministerinnen ernannt. Danach leiten sie ein Ressort, ein Ministerium, das für bestimmte Aufgaben zuständig ist. So kümmert sich zum Beispiel das Familienministerium um vieles, was mit den Familien zu tun hat, und das Außenministerium kümmert sich um die Beziehungen zu anderen Staaten. Manchmal tritt ein Minister oder eine Ministerin zurück, weil er oder sie etwas falsch gemacht hat oder mit der Politik des Bundeskanzlers oder der Bundeskanzlerin nicht einverstanden ist.

Internet

Wie es in einem Ministerium aussieht, seht ihr hier: www.kinder-ministerium.de
Die Namen der Bundesminister und -ministerinnen findet ihr hier: www.bundesregierung.de

Ministerpräsident/in

Das ist in Deutschland die Bezeichnung für die Regierungschefs der Bundesländer. Ausnahmen sind Hamburg und Bremen. Dort heißen die Chefs der Regierung »Erster Bürgermeister«. In Berlin heißt der Regierungschef »Regierender Bürgermeister«. In einigen Staaten ist »Ministerpräsident« die Bezeichnung für den Regierungschef, so zum Beispiel in Italien, Irland oder Polen. Bei uns, wie übrigens auch in unserem Nachbarland Österreich, heißt der Chef der Bundesregierung (⇨ Regierung) »Bundeskanzler« oder »Bundeskanzlerin«.

Misstrauensvotum

Wenn das Parlament der Meinung ist, dass die Regierung, ihr Chef oder einzelne Ministerinnen oder Minister ihre Arbeit nicht mehr gut oder nicht richtig machen, kann die Volksvertretung dem Regierungschef oder einem Regierungsmitglied das Vertrauen entziehen. Dies kann die Mehrheit (⇨ Mehrheitsprinzip) der Abgeordneten durch eine Abstimmung entscheiden. Das Parlament spricht dann in einem Votum (das Wort kommt aus dem Lateinischen und bedeutet »Urteil«, »Gutachten«, »Stimme«) das Misstrauen aus. Die ganze Regierung oder einzelne Mitglieder müssen in einem solchen Fall zurücktreten. Ein solches Misstrauensvotum gibt es nicht in allen Staaten, sondern nur in solchen mit einem parlamentarischen Regierungssystem.

In Deutschland ist im Grundgesetz in Artikel 67 nur das so genannte konstruktive Misstrauensvotum vorgesehen. Das Misstrauen kann in Deutschland auch nur dem Bundeskanzler oder der Bundeskanzlerin, nicht aber einzelnen Ministern ausgesprochen werden. Wenn das Misstrauensvotum im Bundestag (⇨ Deutscher Bundestag) eine Mehrheit erhält, kann der Bundespräsident den Bundeskanzler entlassen und damit auch die gesamte Regierung.

Warum aber heißt das Misstrauensvotum »konstruktiv«, also »aufbauend«? In Deutschland ist es nicht möglich, den Regierungschef einfach abzuwählen. Es muss gleichzeitig auch ein neuer Bundeskanzler oder eine neue Bundeskanzlerin gewählt werden, der oder die dann eine neue Regierung bildet. Die Abwahl und die Neuwahl erfolgen übrigens in ein- und derselben Abstimmung. Damit soll verhindert werden, dass zwischen zwei Abstimmungen eine Zeit liegt, in der es keine Regierung gibt.

Lies auch mal nach unter dem Stichwort Neuwahlen/vorzeitige Neuwahlen.

Mitbestimmung

Ihr wählt einen Klassensprecher, der in der Schülermitverwaltung eurer Schule eure Interessen vertritt. Eure Eltern wählen ebenfalls Vertreter, die in der Elternversammlung und Schulkonferenz dabei sind. So kann man dann bei bestimmten Entscheidungen der Schulleitung mitreden und mitbestimmen: Ob es zum Beispiel in einigen Fächern häufiger Projektarbeit geben wird oder die Sporthalle nachmittags geöffnet bleibt. Auch Arbeiter und Angestellte wählen ihre Vertreter und Vertreterinnen, so genannte Betriebs- oder Personalräte (⇨ Betriebsrat). Diese vertreten die Interessen der Arbeitnehmer und Arbeitnehmerinnen gegenüber der Leitung einer Firma oder einer Behörde. Da geht es dann um Entlassung oder Einstellung von Mitarbeitern, um Arbeitsbedingungen, Urlaubspläne und vieles mehr. Die Leitung hat die Pflicht, die Vertreter der Arbeiter und Angestellten anzuhören und ihnen bei wichtigen Entscheidungen ein Mitspracherecht zu geben. Schon vor über 150 Jahren, als die ersten Industriebetriebe eingerichtet wurden, tauchte der Begriff der Mitbestimmung der Arbeiter zum ersten Mal auf. Inzwischen gibt es ein so genanntes Betriebsverfassungsgesetz. Dieses regelt genau, wie viele Vertreter der Arbeiter und Angestellten in die Betriebs- und Personalräte gewählt werden dürfen (dies hängt von der Größe der Firma ab) und bei welchen Entscheidungen diese Vertreter gefragt werden müssen.

Lies auch mal nach unter den Stichwörtern Betriebsrat *und* Gewerkschaft.

Mobilmachung

Von »Mobilmachung« wird gesprochen, wenn ein Krieg kurz bevorsteht. Nicht nur die Soldaten (⇨ Streitkräfte / Armee) werden in Bereitschaft oder in Bewegung gesetzt, um jeden Augenblick angreifen oder sich verteidigen zu können. Auch diejenigen, die früher einmal Soldaten waren, inzwischen aber andere Berufe haben, werden wieder Soldaten. »Mobil« kommt übrigens aus dem Lateinischen und bedeutet so viel wie »beweglich«. In unserer Alltagssprache kennt ihr zum Beispiel den Ausdruck »alle Kräfte mobilisieren«, um etwas zu erreichen. Und was ein Mobile ist, dessen einzelne Teile vom leichten Luftstrom ständig hin- und her bewegt werden, wisst ihr sicher auch.

König Karl XVI. Gustav von Schweden und Königin Silvia. Schweden ist eine der ältesten Monarchien in Europa. Dort gab es schon vor mehr als tausend Jahren Könige.

Monarchie

»Monarchie« bezeichnet eine bestimmte Staatsform. Das Wort kommt aus dem Griechischen und bedeutet »Alleinherrschaft«. Im Gegensatz zur Republik übt in einer Monarchie eine einzelne Person, der Monarch oder die Monarchin, die Herrschaft aus. Das Recht zu regieren wird oft innerhalb der Familie weiter vererbt (dies heißt dann Erbmonarchie). Zum Beispiel ist Queen Elizabeth von England eine Monarchin oder König Juan Carlos von Spanien ein Monarch. In diesen beiden Ländern (wie auch in vielen anderen, in denen es heute noch Königinnen, Könige oder Fürsten gibt) kann die Königin oder der König aber keineswegs alles alleine entscheiden. Vom Volk gewählte Parlamente und demokratische Regierungen machen in der heutigen Zeit die Gesetze und bestimmen die Richtung der Politik. Die Monarchen, also zum Beispiel die Queen, stimmen sich zwar mit ihnen ab, haben aber vorwiegend nur noch die Aufgabe, Gesetze zu unterzeichnen, Minister und Ministerinnen zu ernennen und den Staat bei offiziellen Anlässen zu repräsentieren. (Dies nennt man

Schon gewusst?

Der Monarch, der in Europa am längsten geherrscht hat, war König Ludwig XIV., der Frankreich von 1643 bis 1715, also 62 Jahre lang alleine regierte.

»parlamentarische Monarchie«.) In früheren Jahrhunderten waren Pharaonen, Kaiser, Könige und Fürsten oder auch Priester wirklich die Alleinherrschenden über ihr Volk, ohne dass ihnen jemand reinreden durfte. Ihre Machtbefugnis war total, man nannte das eine »absolute Monarchie«.
Lies auch mal nach unter den Stichwörtern Absolutismus *und* Feudalismus.

Grips

Kennt ihr Länder, in denen es heute noch Monarchien gibt?

Monopol

Aus dem Griechischen übersetzt heißt das Wort »Vorrecht«, »alleiniger Anspruch« oder auch »Alleinverkauf«. Von einem Monopol spricht man also, wenn eine Person, ein Händler, ein Unternehmen oder Hersteller als alleiniger Verkäufer einer Ware oder einer Dienstleistung auftritt. Der Verkäufer hat dann ein Monopol. Damit verfügt der Alleinverkäufer über eine große Macht. Warum?
Nehmen wir an, es gäbe im ganzen Land nur eine Firma, die Fahrräder verkauft oder nur ein einziges Taxiunternehmen. Beide könnten, ohne die Konkurrenz (⇨ Wettbewerb / Konkurrenz) zu fürchten, die Preise bestimmen. Weil die Gefahr besteht, dass eine solche Monopolstellung ausgenutzt wird, gibt es in Deutschland gesetzliche Bestimmungen dagegen.
Man unterscheidet verschiedene Arten von Monopolen. Beim Staatsmonopol hat nur der Staat das Recht, bestimmte Waren herzustellen oder bestimmte Dienstleistungen zu verkaufen. Bis vor wenigen Jahren waren zum Beispiel die Post und die Eisenbahn staatliche Monopol-Unternehmen. Von einem natürlichen Monopol spricht man, wenn Rohstoffe (⇨ Energiepolitik) wie beispielsweise Gold oder Uran nur in bestimmten Ländern zu finden sind. Ein rechtliches Monopol hat jemand, wenn er ein Patent auf eine Erfindung hat, so dass niemand sonst die Sache herstellen und verkaufen darf.
Und dann gibt es noch das Gewaltmonopol. Damit ist gemeint, dass nur der Staat, beispielsweise durch die Polizei, Gewalt ausüben darf.

Internet

Unsere Tipps: www.klasse-wasser.de, www.bmu-kids.de

Nachhaltigkeit

Der Begriff Nachhaltigkeit stammt ursprünglich aus der Forstwirtschaft des 17. Jahrhunderts. Er bedeutet, dass man nicht mehr verbrauchen soll, als in der Natur nachwachsen kann. Am Mittelmeer zum Beispiel sind ganze Regionen ohne Wald, weil man in den letzten 2000 Jahren das Holz zum Schiffsbau und zum Heizen völlig verbraucht hat. Der Regen hat dann den ungeschützten Waldboden weggeschwemmt und nur noch Felsen hinterlassen, auf denen man nichts mehr anpflanzen kann.

Heutzutage versteht man unter Nachhaltigkeit, dass auf die nachfolgenden Generationen, also auf unsere Nachkommen, mehr Rücksicht genommen wird. Auch sie brauchen Rohstoffe (⇨ Energiepolitik) und Bodenschätze wie zum Beispiel Holz, Wasser, Erdöl, Kohle. Es gilt also immer noch der Leitsatz, dass wir nicht mehr ernten dürfen, als nachwachsen kann. Aber wir müssen auch dafür sorgen, dass unsere Umwelt nicht durch Fabrikabgase, Schmutzwasser oder Gifte geschädigt wird. Denn kranke Bäume zum Beispiel wachsen nicht so gut wie gesunde oder sterben ganz ab. Mittlerweile treffen sich Politiker aus der ganzen Welt, um zu beraten, wie man die Natur am besten schützen kann, damit die Lebensgrundlage für uns und unsere Nachkommen erhalten bleibt. Das letzte Treffen zu diesem Zweck fand 2002 in Johannesburg (Südafrika) statt und hieß »Weltgipfel für Nachhaltige Entwicklung«.

Nahostkonflikt

Den politischen und teilweise militärischen Konflikt im Nahen Osten zwischen Israel und den arabischen Staaten sowie zwischen Israel und den Palästinensern bezeichnet man als »Nahostkonflikt«. Um die Ursachen dieses Konfliktes verstehen zu können, ist es notwendig, die geschichtlichen Hintergründe zu kennen:

Im Jahre 70 unserer Zeitrechnung, also vor bald 2000 Jahren, wurde der Staat der Juden in Palästina von den Römern zerstört. Seine Bewohner wurden in viele Teile der Welt zerstreut (Diaspora). Jahrhunderte lang wurden die Juden in sehr vielen Ländern, in denen sie lebten, als Außenseiter angesehen und häufig auch verfolgt. Daher wuchs in ihnen der Wunsch, wieder einen eigenen Staat in ihrem ursprünglichen Heimatland zu errichten. Die Bewohner Palästinas waren inzwischen jedoch nur noch wenige Juden, sondern in der Mehrzahl Moslems (⇨ Islam), ein Teil von ihnen auch Christen. Sie sprachen arabisch, fühlten sich zur arabischen Welt gehörig. Als zu Beginn des 20. Jahrhunderts immer mehr jüdische Einwanderer nach Palästina kamen, wurde der Keim für den heutigen Nahostkonflikt gelegt. Großbritannien hatte nach dem Ersten Weltkrieg vom damaligen Völkerbund das Mandat, also den Auftrag erhalten, Palästina zu verwalten. Es genehmigte die Einwanderungen. Vor allem während des Holocaust flohen viele Juden vor dem nationalsozialistischen Terror nach Palästina. Als 1948 die britische Mandatszeit endete, wurde gegen den Willen der Palästinenser und der anderen arabischen Staaten der Staat Israel ausgerufen.

Es kam zu fünf israelisch-arabischen Kriegen. Der Nahe Osten wurde zu einem internationalen Krisenherd. Viele Araber flohen aus Palästina, viele leben bis heute in Flüchtlingslagern. 1964 wurde die Palästinensische Befreiungsorganisation (PLO) gegründet. Sie fordert seitdem die Errichtung eines eigenen Staates für die Palästinenser, den es aber bis heute nicht gibt. Mit einer Vielzahl von Verhandlungen und Verträgen zwischen Israel und den angrenzenden arabischen Staaten wurde versucht, die Spannungen im Nahen Osten zu mindern. 1994 und 1995 schlossen Israel und die PLO Abkommen (⇨ Konvention) über eine Teilselbstständigkeit der Palästinenser im Westjordanland und im Gazastreifen. Diese Abkommen stießen allerdings sowohl in Israel als auch in der palästinensischen Bevölkerung auf großen Widerstand. Er äußert sich nicht selten in gewaltsamen Anschlägen (Terror) auf Seiten der Palästinenser und militärischen Reaktionen der israelischen Streitkräfte. Immer wieder ist davon auch die Zivilbevölkerung betroffen. Bis heute wird – auch mit internationaler Beteiligung – um eine Lösung des Nahostkonflikts gerungen. Im Kern geht es um folgendes Problem: die Palästinenser fordern einen eigenen Staat, die Israelis fordern die Anerkennung des Staates Israel. Gibt es eine Lösung, so dass alle Menschen in dieser Region in Frieden leben können? Und wie könnte diese Lösung aussehen?

Lies auch mal nach bei den Stichwörtern Zionismus *und* Judentum.

Nationalhymne

Fast alle Staaten dieser Welt haben eine Nationalhymne. Die Nationalhymne wird bei feierlichen politischen oder sportlichen Anlässen gespielt und gesungen. Es handelt sich dabei meist um eine einfache Melodie, die als Ausdruck des National- oder Staatsbewusstseins empfunden wird. Wenn ein deutscher Olympiasieger oder eine -siegerin auf dem Siegertreppchen steht, wird die deutsche Nationalhymne gespielt und der Text mitgesungen. Es handelt sich dabei um das »Lied der Deutschen«, das 1841 von dem Dichter August Heinrich Hoffmann von Fallersleben gedichtet wurde.

Lies auch mal nach bei den Stichwörtern Deutsche Nationalhymne *und* Flagge.

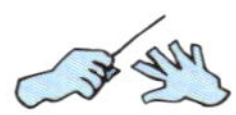

Nationalsozialismus

So bezeichnete sich eine politische Bewegung, die in Deutschland nach dem Ersten Weltkrieg, der 1918 zu Ende war, entstand. Die Nationalsozialisten machten sich die Not der Menschen zunutze und verfolgten ihre undemokratischen Ziele mit großem Fanatismus. Die Bewegung errichtete 1933 eine Diktatur in Deutschland, das so genannte »Dritte Reich«. Es gab nur noch eine einzige Partei, die Nationalsozialistische Deutsche Arbeiterpartei (NSDAP) mit ihrem »Führer« Adolf Hitler. Der Nationalsozialismus verfolgte noch stärker als der Faschismus in Italien extreme nationalistische, antisemitische (anti-jüdische), fremdenfeindliche Ziele. Fremde Länder sollten durch einen Krieg erobert werden, damit die Deutschen mehr »Lebensraum« bekommen würden. So wurde der Zweite Weltkrieg geführt. Er dauerte von 1939 bis 1945. Der Nationalsozialismus bezeichnete viele andere Völker gegenüber der »deutschen Rasse« (⇨ Rassismus) als minderwertig. Ihre Menschenverachtung zeigte die Diktatur vor allem in der fabrikmäßigen Tötung von Millionen wehrloser Opfer. Verfolgt und ermordet wurden politisch Andersdenkende, Homosexuelle, Sinti und Roma und vor allem Juden, die Hitler und den Nationalsozialisten als Hauptfeind galten. Die Ausrottung der Juden wird als »Holocaust« bezeichnet; in Israel spricht man von der »Schoah«. In so genannten Konzentrationslagern, riesigen Gefängnissen, wurden viele Menschen, die eine andere politische Meinung hatten oder einem anderen Volk angehörten, wie zum Beispiel die Sinti und Roma, eingesperrt. Oft hat man sie dort auch ermordet. Die Schreckensherrschaft der Nationalsozialisten war 1945 zu Ende. Nie zuvor hatte es in der Geschichte der Menschen Verbrechen von einem solchen Ausmaß gegeben.

Lies dazu auch die Stichwörter Holocaust, Konzentrationslager (KZ), Zweiter Weltkrieg *und* Diktatur.

Parteitag der NSDAP 1936 in Nürnberg

NATO

NATO ist die Abkürzung für den englischen Begriff »North Atlantic Treaty Organization« und heißt auf Deutsch »Nordatlantikpakt«. Es ist der Name eines politisch-militärischen (⇨ Streitkräfte / Armee) Bündnisses, das wenige Jahre nach dem Zweiten Weltkrieg im April 1949 von den USA, Kanada und neun europäischen Staaten gegründet wurde. Bei der Gründung des Paktes gab es ein wichtiges Ziel: Die kommunistischen Staaten sollten davon abgehalten werden, gegen die westlichen Staaten Krieg zu führen. Sie hatten sich 1955 unter der Führung der damaligen Sowjetunion im so genannten Warschauer Pakt zusammengeschlossen. Nach dem Ende des Warschauer Paktes 1991 änderten sich die Ziele der NATO. Der Einsatz für Frieden

Konferenz zum 50. Jahrestag der NATO

und Freiheit ist nun das wichtigste Ziel. Außerdem haben sich die NATO-Mitglieder verpflichtet, sich im Falle einer militärischen Bedrohung gegenseitig zu helfen. Mit den ehemaligen Mitgliedern des Warschauer Paktes wurde 1994 ein Vertrag »Partnerschaft für den Frieden« geschlossen. Immer mehr europäische Staaten, die früher dem Warschauer Pakt angehörten, sind inzwischen Mitglied der NATO geworden. Seit 1999 gehören Polen, Ungarn und die Tschechische Republik, seit März 2004 Estland, Lettland, Litauen, die Slowakei, Slowenien, Rumänien und Bulgarien zur NATO.

Naturkatastrophe

Naturkatastrophen sind sehr heftige und ungewöhnliche Naturereignisse, die zu vielen Todesopfern, Verletzten und Obdachlosen führen. Auch werden häufig große Schäden in der Natur und an Gebäuden, Straßen, Schienen und anderen Bauwerken angerichtet. Oft können sich die Menschen nach einer solchen Katastrophe in den betroffenen Gebieten nicht mehr selbst helfen. Sie sind dann auf internationale Hilfe angewiesen.

Es gibt sehr unterschiedliche Arten von Naturkatastrophen: Überschwemmungen, Hochwasser, Erdbeben oder Vulkanausbrüche. Aber auch schwere Stürme, starker Regen, Schnee, Hagel und Lawinen sowie Dürre, Busch- und Steppenbrände können katastrophale Folgen haben.

Sehr gefährlich sind zumeist Erdbeben und Vulkanausbrüche. Sie können zu riesigen Wellen führen, den so genannten Tsunamis (das Wort kommt aus dem Japanischen und bedeutet »große Welle«). Der Tsunami am 26. Dezember 2004 in Südasien und Afrika hat über 300 000 Menschen das Leben gekostet und in den Ländern furchtbare Schäden angerichtet. Die Riesenwelle wurde durch ein Seebeben, also ein Erdbeben unterhalb des Meeres, hervorgerufen. Wie kommt es zu einer Naturkatastrophe? Wissenschaftler nennen dafür unterschiedliche Gründe: Es gibt Ursachen, die in der Natur selbst liegen und die man nicht beeinflussen kann. So ist das Seebeben in Südostasien dadurch ausgelöst worden, dass zwei riesige Platten im Erdinneren aneinander gestoßen sind und dabei unvorstellbare Energien freigesetzt haben. Aber auch das Verhalten der Menschen trägt dazu bei, dass Naturkatastrophen in den letzten Jahrzehnten häufiger auftreten – mit schlimmen Folgen für Mensch und Natur. Treibhausgase wie Kohlendioxid, die ein Nebenprodukt der industriellen Entwicklung sind, erwärmen das Erdklima, was vermutlich auch ein Grund für die Zunahme von Naturkatastrophen ist. Um die schlimmsten Auswirkungen für die Menschen zu mindern, ist es wichtig, Frühwarnsysteme einzurichten. Denn auch wenn wir Naturkatastrophen selbst nicht verhindern können, so kann doch vieles getan werden, damit die Folgen nicht zu schlimm sind.

Dresden im Sommer 2002, vom Hochwasser überflutet

Neuwahlen / vorzeitige Neuwahlen

Von »Neuwahlen« spricht man, wenn ein Parlament, also zum Beispiel der Deutsche Bundestag, neu gewählt wird. Normalerweise finden Wahlen zum Bundestag nach dem Ende der Legislaturperiode alle vier Jahre statt. Nur in Ausnahmefällen, wenn nämlich der Bundestag vorzeitig durch den Bundespräsidenten aufgelöst wird, können Neuwahlen auch zu einem früheren Zeitpunkt stattfinden. Man spricht dann oft von »vorgezogenen Neuwahlen«.

Nach dem deutschen Grundgesetz kann der Bundestag selbst keine Neuwahlen beschließen. Auch der deutsche Regierungschef kann – im Gegensatz etwa zum englischen Premierminister – nicht einfach Neuwahlen ansetzen. Dieses Recht steht nur dem

Bundespräsidenten zu. Es muss allerdings besondere Gründe dafür geben. So könnte der Bundespräsident bei einem Rücktritt des Bundeskanzlers oder der Bundeskanzlerin vorzeitige Neuwahlen anordnen. Ein anderer Grund wäre gegeben, wenn der Bundeskanzler nicht mehr das Vertrauen des Bundestages hat. Dies kann der Kanzler feststellen, indem er die Vertrauensfrage stellt. Falls die Mehrheit (⇨ Mehrheitsprinzip) der Abgeordneten dem Kanzler das Vertrauen nicht ausspricht und auch niemand anderes zum Bundeskanzler gewählt wird, kann der Kanzler oder die Kanzlerin den Bundespräsidenten darum bitten, den Bundestag innerhalb von 21 Tagen aufzulösen. Wenn der Bundespräsident den Bundestag aufgelöst hat, muss die Neuwahl innerhalb von 60 Tagen stattfinden.
Seit der Gründung der Bundesrepublik Deutschland im Jahre 1949 ist es dreimal zu Neuwahlen nach einer gescheiterten Vertrauensfrage gekommen. 1972 hatte der damalige Bundeskanzler Willy Brandt, 1982 der damalige Bundeskanzler Helmut Kohl und 2005 der damalige Bundeskanzler Gerhard Schröder die Vertrauensfrage gestellt. Alle drei wollten, dass es Neuwahlen gibt. Deshalb haben sie dafür gesorgt, dass sie mit ihrer Vertrauensfrage im Bundestag scheiterten. Der Bundespräsident hat dann den Bundestag aufgelöst und Neuwahlen fanden statt.
Lies auch mal nach unter den Stichwörtern Misstrauensvotum *und* Vertrauensfrage.

Nichtangriffspakt

Wenn man weiß, dass der Begriff »Pakt« aus dem Lateinischen kommt und »Vertrag« oder »völkerrechtliches Bündnis« bedeutet, ist klar: In einem Nichtangriffspakt verpflichten sich zwei oder mehrere Staaten, ihre Streitfragen ohne die Anwendung von Waffengewalt auszutragen. Außerdem wird festgelegt: Wenn ein Vertragspartner Streit mit einem anderen Staat hat, der nicht dem Nichtangriffspakt beigetreten ist, müssen sich alle die Staaten, die zum Nichtangriffsbündnis gehören, neutral verhalten. Sie dürfen sich also nicht in den Konflikt einmischen.

Ein Blick in die Geschichte: Vor dem Zweiten Weltkrieg wurde eine Reihe von Nichtangriffspakten abgeschlossen. Der bekannteste war der so genannte Hitler-Stalin-Pakt, der 1939 zwischen der Sowjetunion und Deutschland geschlossen wurde. Als Hitler (⇨ Nationalsozialismus) aber kurz darauf den Zweiten Weltkrieg begann, wurde klar, dass dieser Nichtangriffspakt, wie auch die meisten anderen, nur ein Täuschungsmanöver war.

Nichtregierungsorganisation (NRO/NGO)

Wie der Name schon sagt, sind Nichtregierungsorganisationen (NRO) keine Regierungsorganisationen und keine staatlichen Einrichtungen. Es sind Zusammenschlüsse von Menschen, denen es wichtig ist, dass sie möglichst unabhängig von staatlicher Förderung ihre Arbeit tun können. Sehr oft wird auch von »NGO« gesprochen, das ist die Abkürzung des englischen Begriffes »Non Governmental Organization«. In NGOs/NROs schließen sich Menschen zusammen, die ein gemeinsames Interesse verfolgen. Sie engagieren sich zum Beispiel in Sportvereinen, Tierschutzvereinen oder Bürgerinitiativen. Das Ziel dieser so genannten NROs oder NGOs ist es, ihre Anliegen bekannt zu machen und darauf hinzuwirken, dass sich bestimmte Dinge in der Gesellschaft oder in der Politik verändern. Und weil viele Menschen eher gehört werden als einzelne, schließen sich die Menschen zusammen. Ein Beispiel hierfür sind kirchliche Organisationen wie Misereor oder der evangelische Entwicklungsdienst, die vor allem in der Entwicklungshilfe eine wichtige Rolle spielen. Auch die Gewerkschaften oder die Arbeitgeberverbände kann man als NROs bezeichnen.

Zu den bekanntesten international tätigen NROs in Deutschland zählen amnesty international und Greenpeace. Die Umweltschutzorganisation Greenpeace wurde 1971 in Kanada gegründet. Sie hat mittlerweile weltweit fast drei Millionen Mitglieder, davon

Internet

NGO zum Umweltschutz: www.greenpeace4kids.de

Grips

Kennst du eine Nichtregierungsorganisation in deiner Stadt oder Gemeinde?

alleine in Deutschland über 500.000. Die Organisation Attac, 1998 in Frankreich gegründet und inzwischen in 41 Ländern tätig, ist mit ihrem weltweiten Kampf gegen die Globalisierung als NRO bekannt geworden. Aber auch die vielen kleinen NROs, die oft nur wenige Mitglieder haben, leisten wichtige Arbeit, weil hier Menschen arbeiten, die ihre Verantwortung für die Gesellschaft und unsere Welt ernst nehmen.

Lies auch mal nach unter den Stichwörtern Gemeinnützigkeit *und* Wohlfahrtsverband.

Nord-Süd-Konflikt

Die meisten reichen Industriestaaten liegen auf der nördlichen Halbkugel, die ärmeren Entwicklungsländer Afrikas, Asiens und Lateinamerikas befinden sich überwiegend im südlichen Teil unserer Erde. Mit »Nord-Süd-Konflikt« sind die Probleme gemeint, die sich aus den Unterschieden zwischen den reichen und den armen Staaten ergeben. Man spricht dabei häufig von »Nord-Süd-Gefälle«. Dieses Gefälle ist vor allem mit dem Ende des Kolonialismus entstanden: Nach dem Zweiten Weltkrieg haben sich die einstigen Kolonialmächte aus den von ihnen beherrschten und teilweise ausgebeuteten Ländern zurückgezogen. Zurück blieb meist große Armut, denn es gab kaum Industrie, Wirtschaft und Handel. Die Probleme wurden noch vermehrt durch stark wachsende Bevölkerungszahlen (man spricht auch von »Bevölkerungsexplosion«). Hinzu kam, dass die Bodenschätze und andere Naturreichtümer der armen Länder wie Erdöl, Eisenerze oder Kupfer, aber auch das Holz der Regenwälder von internationalen Konzernen ausgebeutet wurden, ohne dass dafür faire Preise gezahlt wurden. Diese Probleme sind bis heute nicht gelöst.

Seit vielen Jahren versuchen die Entwicklungsländer, auf internationalen Konferenzen zu einer Einigung mit den reichen Industriestaaten zu kommen. Man spricht dabei von »Nord-Süd-Dialog«. Um den Nord-Süd-Konflikt zu entschärfen, streben die armen Länder gerechte Handelsbeziehungen und eine Weltwirtschaftsordnung an, in der die Gegensätze ausgeglichen werden.

Lies auch mal nach unter den Stichwörtern Dritte Welt *und* Entwicklungsländer.

Notstandsgesetz

Eine schwere Überschwemmung (⇨ Naturkatastrophe) oder ein Erdbeben haben Teile des Landes verwüstet. Ein feindlicher Staat droht damit anzugreifen. Unruhen im Inneren sind ausgebrochen, die innere Sicherheit ist in Gefahr. Es gibt viele Notsituationen, die man sich ausmalen kann und die hoffentlich nicht eintreten werden. Sollte es aber doch passieren, muss der Staat reagieren. In unserer Verfassung gibt es ganz bestimmte Regeln dafür, wie die Staatsorgane (zum Beispiel die Regierung, Polizei, Bundeswehr, Bundesgrenzschutz) in diesen Notlagen handeln können, um die Situation zu meistern. In dieser so genannten Notstandsverfassung steht, dass in einem solchen Fall die normalen Grundrechte der Bürger zeitweilig eingeschränkt oder außer Kraft gesetzt werden können. Das kann zum Beispiel das Post- und Fernmeldegeheimnis (⇨ Überwachung) betreffen. Polizei und Zivilschutz können schnell verstärkt werden, neue Gesetze können ohne ein langwieriges Verfahren rasch beschlossen werden, um einer drohenden Gefahr rechtzeitig zu begegnen. Als die Notstandsgesetze 1968 gemacht wurden, gab es besonders von Studenten heftige Proteste. Man befürchtete, diese Gesetze könnten dazu missbraucht werden, die Bürger mehr zu kontrollieren.

Oberbefehlshaber

Die meisten Länder besitzen Streitkräfte (Heer, Marine, Luftwaffe), um sich im Fall eines Angriffs verteidigen zu können. Früher hatte in Deutschland der Kaiser (von 1871 bis 1918) oder der Reichspräsident (von 1919 bis 1934, dann bis 1945 der Diktator Adolf Hitler) die oberste Kommandogewalt und war damit der Oberbefehlshaber der Streitkräfte. In unserer Demokratie teilen sich der Bundeskanzler oder die Bundeskanzlerin und der Verteidigungsminister die Befehlsgewalt über die Streitkräfte, also über die Bundeswehr. Im Grundgesetz ist genau geregelt, wer wann die Befehls- und Kommandogewalt besitzt: In Friedenszeiten ist es der Bundesverteidigungsminister (Artikel 65a GG). Aber sobald der Verteidigungsfall ausgerufen wird, also das Land in wirklicher Gefahr ist, übernimmt der Bundeskanzler oder die Bundeskanzlerin den Oberbefehl über die Bundeswehr (Artikel 115b GG).

OECD

Die englische Abkürzung »Organization for Economic Cooperation and Development« bedeutet »Organisation für wirtschaftliche Zusammenarbeit und Entwicklung«. Diese Organisation wurde 1961 gegründet und hat ihren Sitz in Paris. Ihre Hauptaufgabe ist es, die wirtschaftliche Zusammenarbeit zwischen den Industriestaaten zu fördern, die Stabilität der Währung zu sichern und Entwicklungsländer zu unterstützen. Die OECD hat derzeit 30 Mitgliedsländer.

Lies auch mal nach unter den Stichwörtern Industriestaat *und* Entwicklungsländer.

Öffentliche Hand

Manchmal hört man den Satz: »Dafür ist aber die öffentliche Hand zuständig, sie muss das bezahlen«. Damit kann der Bau eines Bürgersteigs, einer Straße, eines neuen Kindergartens, eines Bürgerzentrums, eines Stadions gemeint sein. Nicht eine einzelne Person oder eine Firma ist dafür zuständig, sondern entweder der Staat (man spricht hier auch vom Bund), ein Bundesland oder eine Gemeinde oder auch alle zusammen. Bund, Länder und Gemeinden bilden also gemeinsam die öffentliche Hand. Aus ihrer Kasse kommt das Geld für viele Dinge, die für das Leben der Bürgerinnen und Bürger notwendig sind und es erleichtern. Natürlich kann die öffentliche Hand nur Geld ausgeben, wenn sie auch etwas einnimmt. Das sind zum Beispiel die Steuern, die die Bürger bezahlen.

Schon gewusst?

Bund, Länder und Gemeinden bilden zusammen die so genannte »öffentliche Hand«.

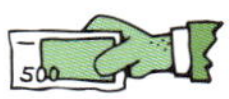

Ökologie

Die Ökologie ist eine Wissenschaft, die erforscht, wie sich Lebewesen und Umwelt gegenseitig beeinflussen. Es ist sehr wichtig, so viel wie möglich über diese Wechselwirkungen zu erfahren, damit wir unsere Umwelt besser schützen können. Heutzutage wird der Begriff »Ökologie« oft gleichbedeutend mit den Begriffen Umweltschutz und Naturschutz verwendet.
Wir alle brauchen die Natur zum Leben. Deshalb ist es wichtig, ihr Respekt entgegenzubringen und sie gut zu behandeln.

Internet

Hier gibt es gute Infos: www.bmu-kids.de

Ökosystem

Pflanzen und Tiere leben in einem bestimmten Lebensraum, beispielsweise in einem Ozean, einem Wassertümpel oder auch einem Laubwald. Ein solcher Lebensraum ist ein Ökosystem. Darin leben verschiedene Arten von Lebewesen, die gegenseitig voneinander abhängig sind. Bei unserem Waldbeispiel sieht das so aus: Die Bäume und die anderen Pflanzen produzieren den Sauerstoff, regeln den Wasserkreislauf. Wenn Pflanzen absterben, werden sie durch Bakterien und Mikroben zu fruchtbarem Boden zersetzt und neue Bäume, Büsche und andere Pflanzen können wachsen. Dann gibt es die kleinen und die großen Tiere, die zu

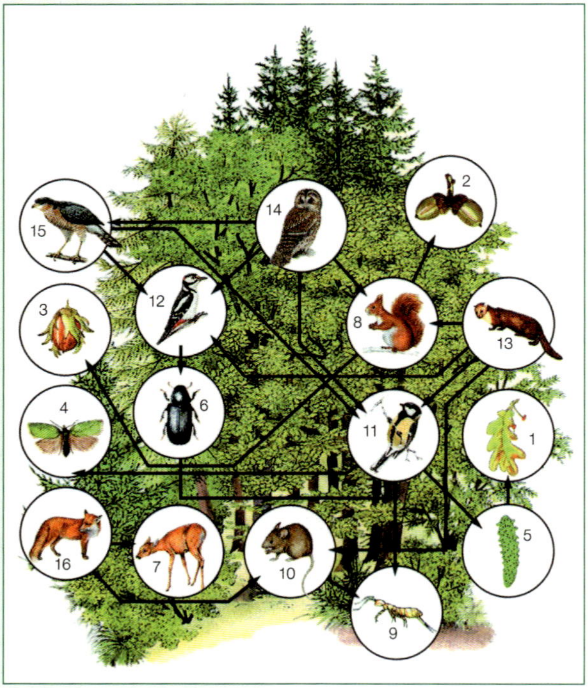

diesem Ökosystem des Waldes gehören. Sie fressen, verdauen, verteilen Samen und sind selber Teil einer Nahrungskette. Auch die Menschen sind Teil des Ökosystems. Sie nutzen den Wald als Erholungsgebiet oder auch, weil hier das Holz wächst, das sie brauchen.

Ein Ökosystem ist empfindlich. Zu große Eingriffe von außen gefährden es. Das kann passieren, wenn die Menschen zu viele Bäume fällen, eine Straße an der falschen Stelle durch den Wald bauen oder auch wenn die Felder zu stark gedüngt werden. Auch im Meer kann eine solche Störung auftreten, wenn zu viele Fische gefangen werden.

Die Menschen bewegen sich in mehreren Ökosystemen, sie sind – anders als die meisten Tiere und Pflanzen – nicht auf ein bestimmtes Gebiet, zum Beispiel einen Wald oder ein Meer, eingegrenzt. Aber letztlich lebt auch der Mensch in einem großen Lebensraum, denn unsere ganze Erde ist ein riesiges Ökosystem. In ihm sind alle anderen kleinen und großen Lebensräume enthalten.

Grips

Überleg' mal, welche Ökosysteme du kennst.

Oligarchie

Wir haben in diesem Lexikon schon verschiedene Staatsformen kennengelernt: Demokratie, Diktatur, Monarchie. Auch die Oligarchie ist eine Staatsform. Der Begriff kommt aus dem Griechischen und heißt übersetzt »Herrschaft von wenigen«. Damit ist diese Staatsform bereits erklärt: Eine kleine Gruppe von Personen oder eine Familie herrschen im Staat. Das Parlament (wenn es überhaupt eines gibt), die Gesetze, die Polizei und das Militär (⇨ Streitkräfte / Armee) werden meist von dieser Gruppe kontrolliert und die Macht wird an Familienmitglieder weiter vererbt. Von Freiheit kann in einem solchen Staat nicht die Rede sein. Eine Oligarchie ähnelt einer Diktatur, denn die Führungsgruppe tut alles, um an der Macht zu bleiben, und kümmert sich kaum darum, was die Menschen im Land wirklich wollen und brauchen.

OPEC

Diese Abkürzung steht für »Organization of the Petroleum Exporting Countries«, auf Deutsch »Organisation Erdöl exportierender Länder«. Die OPEC, die ihren Sitz in Wien hat, wurde 1960 von den Ländern Iran, Irak (der jetzt aber nicht mehr dazu gehört), Saudi-Arabien, Kuwait und Venezuela gegründet. Später sind weitere Länder der OPEC beigetreten (zum Beispiel Indonesien, Nigeria, Katar, Algerien und Libyen). Ziel dieser Organisation ist es, die gemeinsamen Interessen aller OPEC-Mitglieder zu vertreten. Die OPEC legt Fördermengen für Rohöl fest. Damit soll sichergestellt werden, dass die OPEC-Staaten dauerhaft auf dem Weltmarkt gute Einnahmen durch den Verkauf von Rohöl erzielen. Bevor es die OPEC gab, haben einzelne Staaten versucht, durch hohe Födermengen schnell mehr Geld zu verdienen. Dadurch sanken dann aber die Preise für Rohöl auf dem Weltmarkt und die anderen Ölstaaten hatten das Nachsehen. Weil die Wirtschaft der Industriestaaten stark vom Erdöl abhängig ist, kann die OPEC den Ölpreis gegenüber Ländern der westlichen Welt auch als

Schon gewusst?

In der Nordsee fördern Großbritannien und Norwegen Erdöl. Auch in Deutschland gibt es kleinere Erdölvorkommen.

Pipelines befördern das Erdöl in alle Welt.

politisches Druckmittel einsetzen. Um diese Abhängigkeit vom Erdöl zu lockern, versuchen die Industrieländer derzeit verstärkt, erneuerbare Energien wie zum Beispiel Solar- oder Windenergie einzusetzen. Wie abhängig in Deutschland jeder Einzelne von der Preispolitik der OPEC ist, merkt man an den Benzin- und Heizölpreisen, die direkt mit den Rohölpreisen in Verbindung stehen.

Internet

www.opec.org – hier findet man jede Menge Infos zu den Öl-Fördermengen und den Ölstaaten

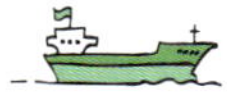

Opposition

Wenn es euch nicht passt, was Eltern, Lehrerinnen und Lehrer oder die meisten eurer Mitschülerinnen und Mitschüler sagen und wollen, dann seid ihr in der Opposition. Das Wort kommt aus dem Lateinischen und bedeutet, »im Widerspruch zur Mehrheit (⇨ Mehrheitprinzip) zu stehen«. In der Politik heißt das, dass Parteien im Bundestag, die nicht zu den Regierungsparteien gehören, sich in der so genannten parlamentarischen Opposition befinden. Sie sind ein wichtiger Teil in der Demokratie, weil sie als Opposition mit aufpassen, dass Gesetze eingehalten werden. Das ist also eine Art Kontrolle. Es gibt natürlich auch viele Gruppen und Parteien außerhalb des Bundestages (⇨ Deutscher Bundestag), die gegen die herrschende Regierungspolitik sind. Diese nennt man dann die »außerparlamentarische Opposition«.

Orthodoxie

Das griechische Wort »orthodox« heißt übersetzt »rechtgläubig«, »strenggläubig«. Im Christentum, im Judentum sowie im Islam bedeutet Orthodoxie eine strenge, wortwörtliche Auslegung der heiligen Schriften. Der persönliche Glaube richtet sich vollständig nach der Lehre der Kirche oder der religiösen Führer. Besonders in den christlichen Ostkirchen, die sich im Jahr 1054 von der römisch-katholischen Kirche getrennt haben, spielt der Begriff »Orthodoxie« eine große Rolle. Es gibt unter anderem die griechische, die russische, die serbische, die rumänische und die bulgarische orthodoxe Kirche mit insgesamt weltweit ungefähr 150 Millionen Mitgliedern.

OSZE

Dies ist die Abkürzung für »Organisation für Sicherheit und Zusammenarbeit in Europa«. Bis 1995 hieß diese Organisation KSZE (Konferenz für Sicherheit und Zusammenarbeit in Europa). Zur OSZE, die ihren Hauptsitz in Wien hat, gehören alle Staaten Europas, außerdem die USA, Kanada und sämtliche Staaten, die früher die Sowjetunion bildeten. Insgesamt sind es zur Zeit 55 Mitgliedsstaaten. Die Aufgabe der OSZE besteht in erster Linie darin, den Frieden in der Welt zu sichern. Hierzu treffen sich Vertreter in so genannten Gremien (Ausschüssen), um sich über verschiedene Themen auszutauschen. Sie diskutieren zum Beispiel über Wirtschaft, Technik oder Umweltschutz. Ziel dieser Treffen ist es, sich dauerhaft gut zu verstehen und wenn es Streit gib, diesen auf friedlichem Wege beizulegen. Und weil es immer gut ist, persönlich miteinander zu sprechen, vielleicht sogar Freunde zu werden, treffen sich in größeren Abständen auch die Staats- und Regierungschefs, um miteinander zu sprechen.
Lies auch mal nach unter dem Stichwort Sicherheitskonferenz.

Das Europäische Parlament tagt.

Parlament

Das Wort »Parlament« kommt von dem französischen Wort »parler« (auf Deutsch »sprechen«) und bedeutet »Volksvertretung«. Im Parlament sitzen die Abgeordneten (Volksvertreter). Im Parlament werden neue Gesetze diskutiert und beschlossen. Deshalb wird das Parlament auch Legislative (⇨ Gewaltenteilung), gesetzgebende Versammlung genannt. Das kommt vom lateinischen »legislatio«, das bedeutet »Gesetzgebung«. Die Volksvertretung kontrolliert die Regierung. Wenn zum Beispiel die Regierung vorschlägt, Soldaten (⇨ Streitkräfte / Armee) in ein Kriegsgebiet zu schicken oder die Steuern zu erhöhen, aber die Volksvertreterinnen und -vertreter dagegen stimmen, kann der Vorschlag nicht durchgeführt werden. In Deutschland gibt es Parlamente in den Gemeinden, in den Städten, in den Bundesländern und eines für das ganze Land, das ist der Deutsche Bundestag. Es gibt auch Studenten- und Schülerparlamente. In allen diesen Vertretungen sitzen die Gewählten und beraten, was das Beste für ihre Wählerinnen und Wähler ist. Auch die Europäische Union hat ein Parlament. Die Abgeordneten werden in den verschiedenen Mitgliedsländern der EU gewählt. Das Parlament arbeitet in Straßburg.

Lies mal nach unter den Stichwörtern Deutscher Bundestag, Europäisches Parlament *und* Gewaltenteilung.

Schon gewusst?

Der Hammelsprung im Parlament ist nicht etwa ein tierischer Temperamentsausbruch, sondern ein Abstimmungsverfahren im deutschen Parlament. Wenn bei einer Abstimmung mit Handzeichen nicht klar ist, wie die Mehrheit aussieht, wenn Zweifel am Ergebnis bestehen, dann müssen die Abgeordneten gezählt werden. Sie verlassen den Sitzungsraum und kehren durch eine von drei Türen zurück, die mit »Ja«, »Nein« und »Enthaltung« gekennzeichnet sind. Der Name »Hammelsprung« geht zurück auf ein Bild über einer Abstimmungstür im Berliner Reichstagsgebäude.

Parlamentarismus

Ein Parlament ist eine Volksvertretung. Mit »Parlamentarismus« bezeichnet man die Regierungs- oder Herrschaftsform, in deren Mittelpunkt eine vom Volk gewählte Vertretung steht. In Deutschland ist das der Deutsche Bundestag. Diese Vertretung soll, da sie aus freien Wahlen hervorgegangen ist, den Willen der Bürgerinnen und Bürger repräsentieren. Sie spielt bei allen wichtigen Entscheidungen, zum Beispiel bei der Gesetzgebung oder bei der Kontrolle der Regierung, eine wichtige Rolle. Man könnte sagen, im Parlamentarismus bestimmt – im Gegensatz zu totalitären Systemen – das Volk seine Geschicke weitgehend selbst.

Parteien

Menschen schließen sich zu einer Partei zusammen oder treten einer Partei bei, weil sie ähnliche politische Meinungen oder Ziele vertreten. Diese Vorstellungen werden in Parteiprogrammen festgeschrieben. Die Mitglieder einer Partei sind überzeugt, dass sie zusammen mehr erreichen, als wenn jeder für sich alleine arbeitet. Deswegen versucht jede Partei, auch andere Menschen, die in keiner oder einer anderen Partei sind, von ihrem Programm zu überzeugen. Zum Beispiel bei Wahlveranstaltungen, wo Reden gehalten werden, Flugblätter, Luftballons und Kugelschreiber mit dem Schriftzug der Partei verteilt werden. Alle Parteien wollen gewählt werden, denn die Partei, die die meisten Stimmen bekommt, kann regieren.

Man liest oder hört es so oder ähnlich öfter in Zeiten vor einer Wahl: »Dieser gehört einer linken Partei an, jene ist in einer rechten oder gehört der Mitte an.« Wie sind diese Bezeichnungen für eine bestimmte Partei entstanden? Sie beziehen sich ursprünglich auf eine Sitzordnung im Parlament. Schon in der ersten deutschen Nationalversammlung 1848 in der Frankfurter Paulskirche (die sich bei ihrer Sitzordnung die französische Nationalversammlung von 1789 zum Vorbild nahm) wurde zwischen linken und rechten Gruppierungen unterschieden. Aus der Sicht des Parlamentspräsidenten saßen links die Fortschrittlichen, die die Gesellschaft damals zum Teil radikal verändern wollten. In der Mitte saßen die freiheitlich-liberalen (⇨ Liberalismus) und auf der rechten Seite im Parlament die konservativen (⇨ Konservatismus) Gruppierungen. Der Deutsche Bundestag, den es seit 1949 gibt, hat diese Tradition der Sitzordnung fortgesetzt, zuerst im alten Bonner Bundestagsgebäude und seit einigen Jahren, nach der Wiedervereinigung, im umgebauten Berliner Reichstagsgebäude.

Nachgefragt

Stefanie, 10

Warum gibt es so viele unterschiedliche Parteien?

Es gibt in der Demokratie viele Parteien, weil die Menschen unterschiedliche Ansichten haben, wie die Politik im Staat aussehen soll. Die Parteien müssen dafür sorgen, dass die verschiedenen Meinungen in der Politik berücksichtigt werden. Viele Dinge sind für alle Parteien wichtig, zum Beispiel, dass es den Menschen gut geht, dass die Menschen genug Arbeit haben. Aber wie sollen diese Ziele erreicht werden? Da haben die Parteien unterschiedliche Auffassungen. Zum Beispiel sind die Parteien nicht alle einer Meinung, wo der Staat sparen soll. Soll es zum Beispiel weniger Geld für den Umweltschutz geben oder weniger Geld für die Kranken oder weniger für den Straßenbau? Die Parteien, die gemeinsam eine Regierung bilden, müssen dafür sorgen, dass sie sich da, wo sie unterschiedlicher Meinung sind, einigen.

Aus der Sicht des heutigen Bundestagspräsidenten sitzen links bis zur Mitte hin die so genannten linken Parteien, nämlich Die Linkspartei, SPD, Bündnis 90/Die Grünen und ungefähr ab der Mitte nach rechts die bürgerlich-konservativen Parteien CDU und CSU und die liberale Partei FDP.

Pass

In einem Pass sind genaue Angaben zur Person eingetragen wie Geburtsdatum, Geburts- und Wohnort, Größe oder Augenfarbe. Im Personalausweis ist das alles auf einer Karte, die ein bestimmtes Format hat, vermerkt. In einem Pass, man nennt ihn auch Reisepass, gibt es einige Seiten mehr. Diese zusätzlichen Seiten sind für Stempel, Einreisegenehmigungen (das nennt man auch »Visum« oder in der Mehrzahl »Visa«), so genannte Sichtvermerke vorgesehen, die man für Reisen in einige Länder außerhalb von Europa braucht. Der neue Reisepass enthält einen Chip. Darauf sind persönliche Daten und das Passbild zusätzlich elektronisch gespeichert. Die elektronische Vermessung von persönlichen Daten (zum Beispiel der Gesichtskonturen) nennt man auch »Biometrie«. Dadurch soll ein Missbrauch von Pässen verhindert werden. Ob und wieviele Daten so gespeichert werden sollen, ist bei Bürgern und bei den Parteien umstritten. Um durch europäische Länder zu reisen, genügt meist der Personalausweis. Wenn ihr unter 16 Jahre alt seid, sind eure Daten in den Pässen eurer Eltern vermerkt. Oder ihr habt einen eigenen Kinderausweis. Wer 16 Jahre wird, muss einen Pass oder Personalausweis beantragen. In Deutschland ist es für deutsche Staatsbürger Pflicht, sich ab 16 Jahre mit dieser amtlichen Urkunde, denn das ist ein Pass, auszuweisen. Der Pass ist zehn Jahre gültig.

Das Wort »Pass« hat übrigens noch andere Bedeutungen. Zum Beispiel kann es ein Übergang über einen Gebirgszug (Passstraße) sein. Bei Kamelen, Giraffen oder auch Pferden nennt man einen bestimmten Gang »Passgang«. Der Begriff »Pass« kommt vom lateinischen »passus«, das heißt »Schritt«.

Schon gewusst?

Wer einen deutschen Pass besitzt, ist deutscher Staatsbürger, ganz egal, in welchem Land er geboren ist.

Patentrecht

Angenommen, jemand hat eine geniale Idee, wie man eine Maschine konstruieren kann, die es bisher noch nicht gab. Damit ihm keiner die Idee raubt, dann möglicherweise selbst diese Maschine baut und damit viel Geld verdient, lässt der Erfinder seine Idee schnell schützen. Wie geht das? Er legt dem so genannten Patentamt seine Pläne vor, vielleicht hat er auch schon ein Modell seiner Maschine mitgebracht. Auf diesem Amt werden die Pläne von Ingenieuren genau geprüft. Wenn diese Fachleute der Meinung sind, dass die Idee wirklich gut und vor allem neu ist, wird die Erfindung in die »Patentrolle« eingetragen. Das bedeutet, ab jetzt ist die Idee zu der neuen Maschine nach dem Patentrecht geschützt. Sein Erfinder hat alleine das Recht, sie zu bauen, zu nutzen und zu verkaufen. Er darf sein Patentrecht auch auf eine Firma übertragen. Der Schutz des Patents gilt für höchstens 20 Jahre und ist auch vererbbar. Wer das Patentrecht verletzt – in unserem Fall würde das bedeuten, dass ein anderer die Maschine ohne Erlaubnis nachbaut – wird bestraft. Das Deutsche Patentamt befindet sich in München. Weil viele Staaten auf vielen wirtschaftlichen und wissenschaftlichen Gebieten zusammenarbeiten, gibt es inzwischen auch ein Europäisches Patentübereinkommen und zahlreiche internationale Patentabkommen.

PATENT-URKUNDE

№ 67207

AUF GRUND DER ANGEHEFTETEN BESCHREIBUNG UND ZEICHNUNG IST DURCH BESCHLUSS DES KAISERLICHEN PATENTAMTES

an Rudolf Diesel, Ingenieur, in Berlin

EIN PATENT ERTHEILT WORDEN.

GEGENSTAND DES PATENTES IST:

GESETZ v. 7. APRIL 1891

Arbeitsverfahren und Ausführungsart für Verbrennungskraftmaschinen.

ANFANG DES PATENTES: 28. Februar 1892.

DIE RECHTE UND PFLICHTEN DES PATENTINHABERS SIND DURCH DAS PATENTGESETZ VOM 7. APRIL 1891 (REICHS-GESETZBLATT FÜR 1891 SEITE 79) BESTIMMT.

ZU URKUND DER ERTHEILUNG DES PATENTES IST DIESE AUSFERTIGUNG ERFOLGT.

Berlin, den 23. Februar 1893.

KAISERLICHES PATENTAMT.

Beglaubigt durch

Bureau-Vorsteher des Kaiserlichen Patentamtes.

Die Patent-Urkunde, die Rudolf Diesel, der Erfinder des nach ihm benannten Dieselmotors, 1893 auf »Arbeitsverfahren und Ausführungsart für Verbrennungskraftmaschinen« erhielt.

Patriotismus

Aus dem Französischen übersetzt heißt das Wort »Vaterlandsliebe«. (Ursprünglich ist es abgeleitet vom griechischen Wort »patriótes«

und das bedeutet »jemand, der aus demselben Geschlecht stammt«.) Statt »Vaterlandsliebe« könnte man auch sagen »Verehrung und gefühlsmäßige Bindung an die kulturellen und geschichtlichen Werte und Leistungen des Volkes, in dem man lebt«. Ein Patriot hat oft eine besonders enge Beziehung zu den Symbolen seines Landes wie Nationalhymne, Flagge, Orden, bestimmte Feste, die an geschichtliche Ereignisse erinnern.

Patrioten gibt es in allen Ländern der Erde. Oft wird ein Satz des früheren amerikanischen Präsidenten John F. Kennedy zitiert, der an den Patriotismus seiner Landsleute mit dem Satz appellierte: »Frage nicht, was dein Land für dich tun kann, sondern was du für dein Land tun kannst.« Damit sollte die Leistungsbereitschaft und die Opferbereitschaft der Bürger gestärkt werden.

Falsch verstandenen Patriotismus, der nur die eigene Nation (⇨ Volk) gelten lässt und andere Nationen abwertet, nennt man »Nationalismus«. Er ist oft verbunden mit Überheblichkeit und Arroganz gegenüber Menschen anderer Nationalität. Eine solche Haltung kann zu schweren Störungen im Zusammenleben innerhalb eines Staates, aber auch innerhalb der Staatengemeinschaft führen.

Schon gewusst?

Die Friedenstaube ist das Symbol des Pazifismus.

Pazifismus

Dieser Begriff kommt vom lateinischen Wort »pacificus«, das heißt »friedliebend«. Es bezeichnet eine Grundhaltung, die jede Anwendung von Gewalt ablehnt und mit aller Kraft für den Frieden eintritt. Ein Pazifist lehnt aus Gewissensgründen jede Form von Krieg grundsätzlich ab. Selbst wenn ein Staat angegriffen wird, soll dieser sich nicht mit militärischen (⇨ Streitkräfte / Armee) Mitteln verteidigen. Pazifisten dulden nur friedliche und gewaltfreie Aktivitäten. Jede Form von Kriegs- oder Wehrdienst ist gegen ihre Überzeugung. In manchen Staaten dieser Welt werden Pazifisten wegen dieser Haltung verfolgt oder sogar mit Gefängnis bestraft.

Internet

Besuch doch mal www.blinde-kuh.de/peace/

Pazifismus hat in verschiedenen Religionen und Kulturen seine Ursprünge. Mahatma Gandhi, der mit gewaltlosem Widerstand für die Unabhängigkeit Indiens stritt, ist einer der bekanntesten Vertreter dieser Haltung. Er war eher bereit, Misshandlungen zu erdulden als mit gewalttätigen Aktionen auf die Gewalt der britischen Kolonialmacht (⇨ Kolonien) zu antworten.
Seit dem 19. Jahrhundert wird der Pazifismus von Friedensgesellschaften vertreten und gefördert. Durch die Friedensbewegung vor allem in den 1970er und 1980er Jahren wurden die Gedanken des Pazifismus einer größeren Öffentlichkeit bekannt.

Pension

Rente / Pension

Petition

Jeder Bürger, jede Bürgerin hat das Recht, sich mit einer schriftlichen Bitte (das lateinische Wort dafür ist »petitio«) oder auch einer Beschwerde an das Parlament, an den Bundespräsidenten oder eine Behörde zu wenden. Dies steht in Artikel 17 des Grundgesetzes. Der Empfänger einer solchen Petition ist verpflichtet, den Brief anzunehmen und zu beantworten. Damit ist allerdings nicht die Verpflichtung verbunden, die Bitten der Bürger zu erfüllen oder den Beschwerden immer Recht zu geben. Im Deutschen Bundestag und in den Parlamenten der Länder gibt es so genannte Petitionsausschüsse, die diese Bitten an die Volksvertretung im Einzelnen genau prüfen und darauf antworten.
Lies auch mal nach beim Stichwort Deutscher Bundestag.

Schon gewusst?

Jeder Bürger, auch du, hat das Recht, eine schriftliche Bitte, eine so genannte Petition, an das Parlament oder den Bundespräsidenten zu schicken.

PISA-Studie

Der Begriff »PISA-Studie« steht für »Programme for International Student Assessment« und bezeichnet eine internationale Studie, die die OECD im Jahre 2000 durchgeführt hat. Die Organisation

Schon gewusst?

Pisa heißt auch eine Stadt in Oberitalien. Sie ist bekannt für ihren schiefen Turm.

hat 180.000 15-jährige Schüler und Schülerinnen in 32 Ländern in den Fächern Landessprache, Lesen, Mathematik und Naturwissenschaften getestet und die erbrachten Leistungen miteinander verglichen. In Deutschland haben circa 5000 Schüler und Schülerinnen aus 219 Schulen teilgenommen. Am besten hat Finnland in diesem Test abgeschnitten. Deutschland landete auf der Bewertungsliste nur im hinteren Mittelfeld. Daraufhin wurden innerhalb Deutschlands im Jahr 2003 noch weitere Tests an Schulen durchgeführt, um die Schulleistungen in den verschiedenen Bundesländern miteinander zu vergleichen. Diese Ergebnisse waren auch nicht befriedigend. Gelernt hat man aus diesen Untersuchungen, dass das gesamte deutsche Bildungssystem verbessert werden muss.

Planwirtschaft

Zentralverwaltungswirtschaft / Planwirtschaft

Im Plenarsaal des Deutschen Bundestages kommen die Abgeordneten zu Diskussionen, Aussprachen und Abstimmungen zusammen.

Plenum

Das Wort stammt aus dem Lateinischen und bedeutet »voll«. Das hat aber, so wie es heute im Deutschen gebraucht wird, nichts mit einem vollen Glas zu tun. »Plenum« bezeichnet vielmehr eine Sitzung in einem Parlament, Kongress oder einer sonstigen Versammlung, in der alle Gruppen und Menschen, die dazu gehören, vertreten sind. Angenommen, ihr beratet in eurer Klasse in kleinen Gruppen über Vorschläge für ein Klassenfest. Wenn ihr euch anschließend

wieder mit der gesamten Klasse zusammensetzt, um alles gemeinsam zu besprechen, dann trefft ihr euch im Plenum.
Im Deutschen Bundestag heißt es ebenfalls Plenum oder Plenarsitzung, wenn sich alle Mitglieder der Volksvertretung versammeln, um über die Vorschläge, die in den Ausschüssen des Bundestages erarbeitet wurden, zu entscheiden.

Pluralismus

»Singular«, »Plural« (beides lateinisch), das bedeutet Einzahl, also »ich«, und Mehrzahl, also »wir«. Ihr kennt diese Begriffe sicher aus dem Deutschunterricht. Wir können uns also vorstellen, was man mit Pluralismus meint: etwas, das mit vielen Menschen und Dingen zu tun hat. Der Pluralismus spielt in der deutschen Demokratie und allen demokratischen Staaten eine wichtige Rolle. Er bedeutet, dass man Achtung und Respekt vor allen Menschen hat, die in einem Staat leben, dass man ihre verschiedenen Meinungen, Interessen, Ziele und Hoffnungen anerkennt. Und der Staat akzeptiert, dass sich die Menschen in ganz unterschiedlichen Einrichtungen zusammenschließen. Das können Parteien, Verbände und Vereine sein, Kirchen oder Gewerkschaften oder auch Bürgerinitiativen. Niemand

Nachgefragt

Sabrina, 12

Warum gibt es Pluralismus?

Pluralismus heißt, dass es in einem Staat ganz viele unterschiedliche Meinungen gibt, dass die Menschen das Recht haben, ihre Meinungen, Ansichten, Einstellungen auch kundzutun. Dies ist ein wichtiger Grundzug eines freien Staates. In unserem Grundgesetz ist diese Meinungsfreiheit ausdrücklich zugesichert. Dies ist ein wesentlicher Unterschied zu einer Diktatur, wo die Machthaber bestimmen, was für alle richtig zu sein hat. Viele Meinungen zu akzeptieren ist manchmal schwierig. Hin und wieder kommt es auch zu Streit: Dann muss man sich um eine Einigung bemühen, mit der alle leben können.

darf anderen seine politische oder religiöse Überzeugung aufzwingen.
Grundsätzlich ist eine pluralistische Demokratie offen für viele Ideen und Vorstellungen, auch wenn sie noch so abseitig sind oder nur von wenigen Menschen vertreten werden. Aber: Sie dürfen den demokratischen Staat nicht gefährden.

Pogrom / Reichspogromnacht

Seit dem Mittelalter wurden in Russland und anderen osteuropäischen Staaten immer wieder Juden verfolgt. Sie wurden beraubt, vertrieben, oft auch ermordet. Solche gewalttätigen Verfolgungen, die sich gegen Minderheiten in einem Staat richten, bezeichnet man als »Pogrome«. Das Wort kommt aus dem Russischen und bedeutet »Verwüstung«, »Unwetter«. Die Gewalttaten gegen Juden wurden meist von staatlichen oder kirchlichen Stellen unterstützt. Als Grund für die Pogrome dienten immer wieder falsche Anschuldigungen. Man machte die Juden zu Sündenböcken für vieles, was im Staat falsch lief. Weil die Juden immer in der Minderheit waren, waren sie den Gewalttätern ausgeliefert.
Die so genannte Reichspogromnacht fand in der Nacht vom 9. zum 10. November 1938 statt. In dieser Nacht begannen im nationalsozialistischen Deutschland direkte und gezielte Gewaltaktionen gegen die jüdische Bevölkerung. Sie waren der Anfang der systematischen Vernichtung der Juden, der Beginn des Holocaust. In dieser Reichspogromnacht wurden jüdische Geschäfte geplündert und zerstört, Synagogen wurden niedergebrannt. Die Polizei griff nicht ein, nur wenige Menschen trauten sich, ihren jüdischen Mitbürgern zu helfen. In dieser Nacht starben 91 Juden, 30 000 Menschen wurden verhaftet und verschleppt.
Lies dazu auch nach unter den Stichwörtern Holocaust, Nationalsozialismus *und* Judentum.

Politik

Im alten Griechenland hießen die Stadtstaaten »Polis«. Das waren Städte, die sich selber verwalteten. Daher leitet sich das Wort »Politik« ab. Es ist die Staatskunst, also alles, was das geordnete Zusammenleben der Bürgerinnen und Bürger regelt. Politik umfasst alle Dinge, die von Regierungen, Ministerinnen und Ministern, aber auch zum Beispiel von Verwaltungen (Ämtern) und Bürgermeistern in den Gemeinden bestimmt und gesetzlich festgelegt werden. Wenn in deiner Stadt ein neues Schwimmbad gebaut oder ein neue Straße geplant wird, dann ist das eine kommunalpolitische Entscheidung. (»Kommune« ist ein anderer Begriff für »Gemeinde«.) Oder wenn auf der höchsten Staatsebene der Bundeskanzler oder die Bundeskanzlerin und das Kabinett Beschlüsse fassen über die Beziehungen zu anderen Staaten, dann ist das Außenpolitik. Es gibt fast keinen Bereich im Zusammenleben der Menschen, der nicht mit Politik zu tun hat. Das zeigt sich schon in den Bezeichnungen: Kinder- und Jugendpolitik, Schulpolitik, Arbeitsmarktpolitik, Gesundheitspolitik, Rentenpolitik (⇨ Rente/Pension).

Aber Politik hat nicht nur etwas mit Regierung und Ministern zu tun. »Politik« hat oft eine viel weitere Bedeutung. Darunter versteht man alles, was mit der Durchsetzung von Forderungen und Zielen zu tun hat, mit Einflussnahme und Gestaltung, sowohl im persönlichen als auch im öffentlichen Bereich.

Grips

Was gehört deiner Meinung nach zu einem guten Politikunterricht in der Schule?

Nachgefragt

Fabian, 12

Wie wird man Politiker?

Man muss vor allem Freude daran haben zu überlegen, wie man Probleme in der Stadt, im Land lösen könnte. Um seine Ideen umzusetzen, tut man sich am besten irgendwann mit anderen Menschen zusammen, die ähnliche Vorstellungen haben. Man tritt also einer Partei bei – so haben es die meisten Politikerinnen und Politiker getan. Und dann kandidiert man für politische Ämter und hofft, gewählt zu werden.

Politikverdrossenheit

Was bedeutet es, wenn man sagt, jemand ist verdrossen? Er (oder sie) mag dann eine bestimmte Sache nicht, zum Beispiel die Schule. Er ist missmutig, wenn er hingehen muss, und hat keine Lust dazu. Zu diesem Gefühl könnte man auch »Schulverdrossenheit« sagen.

Immer wieder hört und liest man, dass es in Deutschland eine große »Politikverdrossenheit« gäbe. Die Menschen, so wird gesagt, verspürten ein allgemeines Unbehagen an der Politik und den Politikerinnen und Politikern. Die Politik sei viel zu kompliziert und oft auch unverständlich. Viele Menschen beklagen, dass die Politik sich nicht wirklich um sie kümmern würde, dass ihre Sorgen von den Politikern nicht ernst genug genommen würden.

Tatsächlich haben viele Menschen schlechte Gefühle, wenn sie über Politik sprechen. Allerdings darf man daraus nicht den Schluss ziehen, dass sie sich nicht für Politik interessieren. Im Gegenteil. Viele Millionen Menschen engagieren sich in ihren Städten und Gemeinden, viele übernehmen ehrenamtliche Aufgaben und zeigen so, dass sie bereit sind, in der Gesellschaft Verantwortung zu tragen. Allerdings fordern die Menschen, dass sich in der Politik wichtige Dinge ändern: Die oft schwierige Sprache soll verständlicher werden. Außerdem sollen die Politiker nicht mehr so viel streiten, sondern gemeinsam die Probleme, die es gibt, lösen.

Politische Bildung

Wenn ihr wissen wollt, was zum Beispiel Demokratie ist, wie eine Wahl funktioniert oder was Föderalismus (⇨ Bundesländer / Föderalismus) ist, so könnt ihr euch darüber nicht nur in diesem Lexikon informieren. Es gibt verschiedene Einrichtungen, die Informationen, Bücher und Broschüren zu vielen Fragen der Politik zur Verfügung stellen und auch Tagungen veranstalten. Manche dieser Einrichtungen werden vom Staat finanziert, zum Beispiel die Bundeszentrale für politische Bildung und die Landeszentralen für politische Bildung. Aber auch Stiftungen, die von den Parteien eingerichtet wurden, erhalten vom Staat Geld, um ihre Arbeit zu tun. Und es gibt auch viele nicht staatliche Einrichtungen, die diese Arbeit in unserer Gesellschaft machen, zum Beispiel die Kirchen, die Gewerkschaften, Vereine.

Warum ist diese Arbeit für den Staat wichtig? Die Antwort ist: Je besser die Bürger Bescheid darüber wissen, wie ein demokratischer Staat funktioniert, umso eher werden die Menschen auch bereit sein, Verantwortung im Staat zu übernehmen. Denn die Demokratie ist darauf angewiesen, dass jeder etwas für den Staat tut. Der Staat hat also ein großes Interesse daran, die Fähigkeiten und Kenntnisse der Bürgerinnen und Bürger zu erweitern, ihre politische Bildung zu stärken. Denn mit Menschen, denen es egal ist, wer sie regiert, und die nie bereit sind, auch mal etwas für andere zu tun (zum Beispiel für ihre Schule, für ihre Stadt oder auch für den Nachbarn), kann der demokratische Staat nicht funktionieren.

Internet

www.bpb.de – die Seite, wo es jede Menge Infos gibt. Schau auch mal vorbei bei www.neuneinhalb.de und bei www.hanisauland.de

Politische Willensbildung

In einer Demokratie gibt es verschiedene Parteien, unterschiedliche Interessengruppen, Bürgerinitiativen und viele sonstige Organisationen, die Politik machen. Menschen, die in einer Demokratie leben, haben die Möglichkeit, sich zum Beispiel bei Wahlen zwischen mehreren (oder vielen) Kandidaten und Kandidatinnen, Parteien oder sonstigen Gruppen zu entscheiden. Sie werden sich überlegen, wer ihre Interessen am besten vertritt. Wenn jemand dann der Meinung ist, dass ein Bürgermeister oder eine Partei im Bundestag (⇨ Deutscher Bundestag) ihn schlecht vertreten hat, wird er die Ziele und Programme anderer Parteien studieren. Vielleicht trifft er dann bei der nächsten Wahl eine andere Entscheidung und wählt jemand anderen. Dieser Bürger macht also nicht einfach das nach, was er immer getan hat oder was andere machen, sondern er hat sich genau überlegt, was jetzt für ihn richtig ist. Er hat einen eigenen Willen entwickelt, eine selbstständige Entscheidung getroffen. Und er hat diese Entscheidung mit seinem Wahlzettel anderen mitgeteilt. Man nennt diesen Vorgang »politische Willensbildung«.
Die Parteien haben die Verpflichtung, den politischen Willen ihrer Wähler ernst zu nehmen und nach Möglichkeit in den Parlamenten (das kann in der Gemeinde sein, im Landtag oder im Bundestag) in politische Entscheidungen umzusetzen.

Polizei

Den Spruch »Die Polizei, dein Freund und Helfer« kennt ihr sicher. Manchmal schimpfen die Leute auch über die Polizeibeamten, zum Beispiel wenn sie Falschparker aufschreiben oder einem Mofafahrer wegen abgefahrener Reifen einen Strafzettel verpassen. Aber viel öfter noch ist man froh, dass es die Polizei gibt. Spätestens wenn man einen Unfall hat oder Opfer eines Einbruchs oder Überfalls wurde, braucht man die Polizei. Der Ursprung des Namens Polizei kommt vom griechischen Wort »Politeia«, das heißt »Staatsgewalt« (⇨ Gewaltenteilung). Das zeigt schon, wofür die Polizei zuständig ist: für die Sicherheit (⇨ Innere Sicherheit und öffentliche Ordnung) und Ordnung.

Grips

Um welche Aufgaben kümmert sich die Polizei?

Internet

www.time4teen.de – die Seite für Kinder und Jugendliche der Polizei in Baden-Württemberg.

Die Polizei führt in Wiesbaden einen Info-Tag zum Thema »Kinder im Verkehr« durch.

Ihre Aufgabe ist es, Gefahren für den Einzelnen und die Allgemeinheit abzuwehren, die Bürger zu schützen und strafbare Handlungen zu verfolgen. In unserem Alltag haben wir es am häufigsten mit der Schutz- und Verkehrspolizei zu tun. Aber die Polizei kümmert sich um noch viel mehr. Die Kriminalpolizei zum Beispiel ist zuständig, wenn schwere Verbrechen wie Raub oder Mord aufgeklärt werden müssen. Für die Sicherheit auf dem Wasser sorgt die »Schifffahrts- und Wasserpolizei«.

Wenn die Polizei aktiv wird und zum Beispiel Verbrecherinnen oder Verbrecher festnimmt, muss sie dabei bestimmte Regeln beachten. Es gibt nämlich Gesetze, die festlegen, was die Polizei tun darf und was nicht. Sie ist, wie man sagt, an Recht und Gesetz gebunden.

Lies dazu auch mal das Stichwort Gewaltenteilung.

Präsident/in

Das Wort kommt aus dem Lateinischen und bedeutet so viel wie »Vorsitzender«. Wir kennen es als Bezeichnung für unser Staatsoberhaupt, den Bundespräsidenten. Den Titel gibt es auch in vielen anderen Bereichen, zum Beispiel gibt es den Bundestagspräsidenten, die Gerichtspräsidentin oder den Polizeipräsidenten. Auch vielen Verbänden und Vereinen sitzt ein Präsident oder eine Präsidentin vor (als Beispiel: der Präsident des Deutschen Sportbundes). Es gibt den Titel manchmal nur für eine kurze Zeit: So kann ein Mann oder eine Frau etwa zum Tagungs- oder Kongresspräsidenten ernannt werden.

Lies auch mal nach bei den Stichworten Bundespräsident *und* Bundestagspräsident.

Presse

Alle Erzeugnisse, die in Druckerpressen hergestellt werden, wurden bis zur Mitte des 19. Jahrhunderts als »Presse« bezeichnet. Das waren alle Druckschriften wie Zeitungen, Flugblätter, Plakate und Bücher. Später wurde der Ausdruck »Presse« nur noch für die regelmäßig erscheinenden gedruckten Medien (so genannte Printmedien) wie Zeitungen und Zeitschriften gebraucht. Je besser die Drucktechnik wurde, desto mehr Zeitungen konnten jeden Tag gedruckt und verkauft werden.

Unternehmen, die Zeitungen herstellen und vertreiben, nennt man Zeitungs- oder Zeitschriftenverlage. Wenn sie mehrere verschiedene Zeitungen und Zeitschriften herstellen und verbreiten, bezeichnet man sie als Pressekonzerne.

In Deutschland kann man heute viele hundert Zeitungen und Zeitschriften kaufen oder auch im Internet lesen. Darin werden ganz unterschiedliche Informationen gegeben und vielfältige Meinungen und Argumente geäußert. Das Recht auf freie Meinungsäußerung wird durch die Pressefreiheit garantiert, die im Grundgesetz festgeschrieben ist.

Lies dazu auch die Stichwörter Zeitung *und* Journalist/in.

Internet

Unser Tipp für junge Presseleute: www.youth-reporter.de

Schon gewusst?

Nachrichten gibt es im Fernsehen auch für Kinder – bei logo.

Pressefreiheit

Das Recht der freien Meinungsäußerung, und dazu gehört die Pressefreiheit, gehört in unserer Demokratie zu den Grundrechten. Es soll damit sicher gestellt werden, dass alle Bürgerinnen und Bürger frei ihre Meinung sagen und schreiben können und sich ihre Informationen beschaffen können, wo sie wollen. Niemand darf den Journalisten und Journalistinnen vorschreiben, was sie zu schreiben oder zu berichten haben. Durch bestimmte Vorschriften und Gesetze wird die Pressefreiheit allerdings eingeschränkt. Es

Grips

Welche Tageszeitungen kennst du?

darf niemand beschädigt oder beleidigt werden, die persönliche Ehre der Menschen muss geachtet werden. Es darf auch nichts in Zeitungen geschrieben oder im Fernsehen gezeigt werden, was dem Jugendschutz widerspricht. Manche warnen davor, dass die Pressefreiheit in Gefahr sei, wenn einzelne Unternehmen zu viele Zeitungen oder Fernsehstationen kaufen. Damit könnte die Meinung im Lande zu sehr beeinflusst werden und vielleicht auch Druck auf die Journalisten ausgeübt werden. Solche Presse-Konzentration, wie das heißt, kann man in manchen Ländern, auch in Deutschland, beobachten. Hier gibt es das Bundeskartellamt, das solche Vorgänge kontrolliert.

Lies mal nach bei den Stichwörtern Presserecht *und* Zensur.

Presserecht

Dieses Recht ist in den so genannten Landespressegesetzen festgeschrieben. Es regelt die Rechte und Pflichten der Presse. So haben die Journalisten, die für Zeitungen schreiben oder für das Fernsehen berichten, das Recht, von den Behörden informiert zu werden. Sie berichten dann den Bürgerinnen und Bürgern darüber, was sie erfahren haben. Ein Ort, wo die Journalisten wichtige Informationen aus der Politik erhalten, ist zum Beispiel die Bundespressekonferenz. Diese Veranstaltung findet einmal pro Woche statt. Dort stellt sich der Bundeskanzler oder ein Pressesprecher oder eine Ministerin der Regierung den Fragen der Journalisten und berichtet über bestimmte Gesetze und Vorhaben der Regierung. Aber die Presse hat nicht nur Rechte, sie hat auch Pflichten. Die Journalistinnen und Journalisten sind verpflichtet, nichts Falsches zu veröffentlichen und genau zu prüfen, ob alles, was sie berichten, seine Richtigkeit hat. Verstöße gegen das Presserecht können bestraft werden.

Pressesprecher

Ihr habt bei den Stichworten Pressefreiheit und Presserecht gelesen, dass Journalisten korrekt berichten müssen. Dazu müssen sie selber auch gut informiert werden über Pläne und Vorhaben, von denen die Bürgerinnen und Bürger wissen sollten. Es sind die Pressesprecher, die diese Informationen geben. So gibt es zum Beispiel einen Pressesprecher der Bundesregierung (⇨ Regierung). Er muss in der so genannten Bundespressekonferenz (⇨ Presserecht) auf alle Fragen der Journalisten und Journalistinnen antworten. Auch jedes Ministerium (⇨ Ressort) sowie Stadtverwaltungen, viele andere Behörden oder große Firmen haben Presseabteilungen. Deren Mitarbeiterinnen und Mitarbeiter informieren die Presse, den Rundfunk sowie das Fernsehen und damit die Öffentlichkeit, also uns alle.

Privatisierung

Das Wort »privat« kommt aus dem Lateinischen und heißt übersetzt »der Herrschaft beraubt«, »nicht öffentlich«, »persönlich« oder »vertraulich«. Privates Vermögen ist also ein persönliches Vermögen (zum Beispiel Geld, Wertgegenstände, Haus, Auto). Auch der Staat besitzt Vermögen, das so genannte öffentliche Vermögen. Das können etwa Grundstücke sein, Industrieanlagen, Verkehrswege wie Straßen und Eisenbahnen, aber auch Goldbarren und Aktien. Entschließt sich der Staat aus bestimmten Gründen, Teile seines Vermögens an Privatpersonen, private Gesellschaften oder private Firmen zu verkaufen, so geht dieses Staatseigentum in Privatbesitz, also in nicht-öffentlichen Besitz über. Es wird privatisiert. So wurde beispielsweise aus der Deutschen Bundesbahn die Deutsche Bahn AG und die Deutsche Bundespost wurde in drei Aktiengesellschaften umgewandelt: in die Deutsche Post AG, die Deutsche Telekom AG und die Deutsche Postbank AG. Die Gründe für solche Umwandlungen von Staatseigentum in Privateigentum sind vielfältig: Die Wirtschaft, der Wettbewerb sollen angekurbelt werden. Der Staat hat weniger Verantwortung für diese großen Unternehmen und vor allem können mit dem Geld aus dem Verkauf Staatsschulden bezahlt werden. Ob es sich allerdings lohnt, Staatseigentum zu verkaufen, um Schulden zu begleichen, ist bei den Wirtschaftsexpertinnen und -experten umstritten.

Prognose

Das Wort kommt aus dem Griechischen und bedeutet so viel wie Vorhersage. Damit ist allerdings nicht das gemeint, was zum Beispiel ein Wahrsager vorhersagt oder das, was in deinem Horoskop steht. Mit »Prognose« meint man eine Voraussage über die Zukunft, die sehr gut begründet ist, weil sie Forschungsergebnisse mit berücksichtigt. Das kann der tägliche Wetterbericht sein, den wir in den Nachrichten sehen oder im Radio hören. Er wird mit Hilfe von Satelliten und anderen wissenschaftlichen Methoden erstellt. Es kann eine wirtschaftliche Prognose sein oder eine, die vorhersagt, wie viele Bürgerinnen und Bürger in fünfzig Jahren in diesem Land leben werden. Das wäre dann eine Prognose zur Bevölkerungsentwicklung (⇨ Bevölkerungswachstum). Vor Wahlen interessiert besonders die Wahlprognose. Diese wird mit Hilfe der Meinungsforschung erstellt.

Schon gewusst?

Eine Prognose ist eine Vorhersage, die wissenschaftlich begründet ist.

Propaganda

Das ist die schriftliche oder mündliche Verbreitung (»propagare« heißt im Lateinischen »ausbreiten«) von Ideen und Informationen mit dem Ziel, andere Menschen von diesen Ideen zu überzeugen. Eigentlich ist es also eine spezielle Art von Werbung. Durch den Einsatz der Massenmedien (⇨ Medien) kann Propaganda besonders wirksam werden. Dadurch, dass Propaganda von politischen Machthabern in autoritären diktatorischen Staaten oft eingesetzt wurde, um das Volk in ihrem Sinne zu beeinflussen, hat das Wort einen negativen Beigeschmack bekommen. So gab es zum Beispiel im nationalsozialistischen Deutschland den »Reichsminister für Volksaufklärung und Propaganda« Joseph Goebbels.

Punk

Das Wort kommt aus dem Englischen und bedeutet so viel wie »Dreck«, »Mist«. Punkmäßige schrille Kleidung, an der Metallketten hängen, dazu auffallende bunte Frisuren oder einen Irokesenschnitt kennt ihr bestimmt. Manche Leute sind schockiert, wenn sie solche Jugendliche sehen, die Sicherheitsnadeln als Piercing tragen. Und das sollen sie auch, hätten die Erfinder der Punk-Bewegung gesagt. Das waren Ende der 1970er Jahre vor allem Jugendliche in englischen Städten. Sie waren meist arbeitslos, hatten wenig Zukunftsaussichten. Mit ihrer Aufmachung verstanden und verstehen sie sich noch heute als Aussteiger aus der bürgerlichen Gesellschaft. Auch ihre Musik, der Punkrock, der den gängigen Pop und die Rockmusik ablehnt, bringt ihre Ablehnung der Gesellschaft zum Ausdruck. Diese Musik ist durch Übersteuerung und Rückkoppelung noch lauter als die Rockmusik, die Texte sind abfällig und bissig.

Ab 1990 entstand neben der zurückgehenden Punk-Bewegung die Bewegung der Neo-Punks. Diese Jugendkultur verstand sich weniger als Protestbewegung. Die aufmüpfige Punk-Mode war mittlerweile von der Modeindustrie entdeckt worden und es wurde schick, ein bisschen »punky« zu sein. Mit dem politischen Anspruch, die Gesellschaft aufzurütteln und durch unangepasstes Verhalten die gesellschaftlichen Missstände anzuprangern, hatte der Neopunk nichts mehr zu tun. Dennoch gibt es noch die ursprünglichen Punkgruppen. Für die Rechtsextremisten gehören sie zum Hauptfeindbild.

Putsch

Staatsstreich / Putsch

Rabatt

Habt ihr schon einmal auf dem Flohmarkt gehandelt? Häufig lohnt sich das Feilschen und man bekommt das, was man gerne kaufen möchte, etwas billiger. Ein Rabatt ist ein Preisnachlass. Ihr zahlt also nicht den Normalpreis, sondern weniger. Wenn ihr euch zum Beispiel ein Fahrrad kauft und der Händler euch eine Luftpumpe oder eine Fahrradklingel gratis dazu gibt, so ist dies auch eine Art Rabatt. Weitere Preisnachlässe bekommt man zum Beispiel über Rabattmarken oder Punkte, die man sammelt und später gegen eine Prämie oder Geld eintauschen kann. Bis 2001 gab es genaue Vorschriften, wieviel Rabatt ein Händler geben durfte, das waren drei Prozent vom Kaufpreis. Seit 2001 können die Kunden mit den Verkäufern die Rabatte direkt aushandeln und wenn sie das geschickt machen, gibt ihnen der Verkäufer vielleicht zehn Prozent Rabatt statt drei.

Rassismus

Internet

www.basta-net.de – hier geht es um Toleranz, hier kann man mitmachen.

Sicher kennt ihr das Wort »Rasse«, zum Beispiel aus der Tierwelt. Die Tierarten sind in sich noch einmal in Tierrassen unterteilt. Wenn Hunde eine Art sind, dann sind die Bernhardiner eine Rasse der Hunde. Die Bernhardiner haben ganz bestimmte äußere Merkmale, die sich vererben und die sie von anderen Hunden unterscheiden.

Der Begriff »Rassismus« ist von »Rasse« abgeleitet. Der Rassismus behauptet, dass eine bestimmte Art von Menschen, zum Beispiel die Menschen mit weißer Hautfarbe, besser und zu größeren Leistungen fähig seien als andere Menschen. Meist versuchen Menschen mit solchen unsinnigen Aussagen, den eigenen Stellenwert zu erhöhen und andere, ihnen fremde Menschen und Völker abzuwerten, auf eine niedrigere Stufe zu stellen. Im Laufe der Geschichte sind solche dummen Behauptungen sogar als angebliche wissenschaftliche Lehre verkündet worden. Während der Zeit des Nationalsozialismus dienten solche Behauptungen dazu, die Ausrottung ganzer Bevölkerungsgruppen zu rechtfertigen. Rassismus ist eine schlimme Form der Diskriminierung.

Lies auch nach bei den Stichwörtern Nationalsozialismus, Holocaust *und* Diskriminierung.

Rechtsanwalt / Rechtsanwältin

Wenn jemand eine Straftat begangen hat, angeklagt wird und sich vor Gericht verantworten muss, hat er nach deutschem Gesetz das Recht, sich zu verteidigen oder verteidigen zu lassen. Dazu braucht er in den meisten Fällen jemanden, der sich gut mit den Gesetzen auskennt. Das ist eine Rechtsanwältin oder ein Rechtsanwalt. Diese Rechtsgelehrten, wie sie in früheren Zeiten hießen, haben Rechtswissenschaft (Jura) studiert und dürfen Angeklagte vor Gerichten vertreten. Der Anwalt studiert sehr gründlich den Fall seines Mandanten, also desjenigen, den er vertritt. Wenn der Anwalt davon überzeugt ist, dass sein Mandant unschuldig ist, versucht er, dies vor Gericht zu beweisen und einen Freispruch zu erwirken. Oder der Anwalt versucht – oft mit Hilfe von Sachverständigen – die Handlungsweise des Angeklagten zu erklären. Vielleicht ist der Angeklagte schwer beleidigt worden oder er war krank und kann deswegen für seine Tat nicht voll verantwortlich gemacht werden. Auf jeden Fall tun Anwälte alles, damit die Angeklagten möglichst keine oder eine geringe Strafe bekommen.
Natürlich kostet die Arbeit eines Rechtsanwaltes Geld. Aber wenn ein Angeklagter seinen Rechtsanwalt nicht bezahlen kann, hat er trotzdem Anspruch darauf, vor Gericht verteidigt zu werden. Dann sorgt der Staat dafür, dass der Angeklagte einen Anwalt bekommt, das ist ein so genannter Pflichtverteidiger.
Anwälte arbeiten aber nicht nur vor Gericht. Sie sind auch auf vielen anderen Gebieten tätig, in denen es um Rechtsfragen geht. So gibt es zum Beispiel Fachanwältinnen und -anwälte für Familienrecht, Steuerrecht, für Verkehrs- oder Mietrecht.
Lies auch mal unter dem Stichwort Gericht nach.

Rechtsextremismus

In dem Begriff steckt das lateinische Wort »extrem«. Menschen, die Extremisten sind, lehnen die Regeln ab, nach denen unser demokratischer Staat funktioniert. Sie wollen sie sogar abschaffen. Wer extremistisch ist, will keine Toleranz und Offenheit gegenüber Menschen, die anderer Meinung sind. Rechtsextremisten wollen den Staat mit Gewalt verändern. Sie treten meistens in

Internet

www.andi.nrw.de – hier kannst du mitmachen gegen Extremismus

kleinen Gruppen auf, sind sehr oft gewalttätig, tragen Kleidung und Frisuren, die nach Stärke und Macht aussehen sollen (Glatzen, Springerstiefel) und schreien ausländerfeindliche Parolen. Manchmal verstellen sich diese Menschen auch. Sie sprechen zwar davon, dass sie Recht und Ordnung achten, aber in Wirklichkeit unterdrücken sie andere Menschen, die nicht ihrer Meinung sind. Vorbilder für diese menschenverachtende Einstellung sind häufig der Nationalsozialismus und der Faschismus. Daher spricht man bei rechtsextremistischen Gruppen heute oft von Neonazis (neuen Nationalsozialisten).

Rechtsprechung

In einem demokratischen Rechtsstaat müssen sich die Menschen darauf verlassen können, dass die Gesetze für alle gelten und dass der Staat dafür sorgt, dass die Gesetze auch eingehalten werden. Darum kümmern sich unabhängige Richterinnen und Richter, die in Streitfällen entscheiden. So wird sichergestellt, dass die Menschen nicht nach eigenem Gefühl und ohne Rücksicht auf die geltenden Gesetze ihre Streitfälle entscheiden. Dies wäre Selbstjustiz. Und weil Selbstjustiz zu einem großen Chaos führen würde, in dem jeder gegen jeden vorgeht, ist sie in modernen Staaten wie unserem strikt verboten. Die Rechtsprechung (man nennt sie auch »Justiz« oder »rechtsprechende Gewalt« oder »Judikative«) bezeichnet man in einem demokratischen Staat, in dem die Gewaltenteilung herrscht, auch als »Dritte Gewalt« neben der »Legislative« und der »Exekutive«.

Lies auch mal nach bei den Stichwörtern Gewaltenteilung *und* Gericht.

Rechtsstaat

Das ist die Bezeichnung für einen Staat, in dem alles, was der Staat tut, nach den Regeln der Verfassung und den geltenden Gesetzen erfolgen muss. In Deutschland gibt das Grundgesetz diese Regeln vor. Der Gegensatz zum Rechtsstaat ist zum Beispiel ein Polizeistaat oder eine Diktatur. Dort hält sich der Staat an keinerlei

Verfassung oder Grundgesetz. In einem Rechtsstaat sollen sich die Bürgerinnen und Bürger darauf verlassen können, dass ihre Rechte vom Staat geschützt werden. In Deutschland überprüfen die unabhängigen Gerichte, ob der Staat die Gesetze einhält und die Rechte seiner Bürgerinnen und Bürger schützt.
Lies mal nach bei den Stichwörtern Gesetz, Verfassung *und* Grundgesetz.

Rechtsweg

Wenn ich zum Gericht gehe, um dort mein Recht zu suchen, zum Beispiel weil mich jemand beleidigt, verletzt oder sonst wie geschädigt hat, dann schlage ich den Rechtsweg ein. Das heißt, ich versuche nicht, mein Recht selbst zu finden, indem ich einen Beleidiger verprügele oder mich auf andere Weise räche (das wäre »Selbstjustiz«). Vielmehr suche ich auf dem vom Gesetz vorgesehenen Weg mein Recht. Der Rechtsweg, so sagt es unsere Verfassung, steht jedem offen, der sich in seinen Rechten verletzt sieht oder der seine Rechte durchsetzen will.
Im Grundgesetz übrigens ist eine so genannte Rechtswegsgarantie enthalten. Das bedeutet, wenn ein Vertreter der öffentlichen Gewalt, also etwa ein Polizist oder ein anderer Beamter, mich in meinen Rechten verletzt, kann ich vor einem Gericht um Rechtsschutz bitten.

Grips

Es gibt die Redewendung »vom rechten Weg abkommen«. Hat das etwas mit dem Rechtsweg zu tun?

Redaktion

Das lateinische Wort »redigere« heißt »zurückführen«, »in Ordnung bringen«. In einer Redaktion sitzen Redakteure und Redakteurinnen, die redigieren, also etwas in Ordnung bringen. Das können zum Beispiel Zeitungs- oder Zeitschriftenartikel sein, die von Journalisten geschrieben wurden. Diese Texte müssen vielleicht verbessert, verlängert, umgestellt oder gekürzt werden. Sie müssen eine gute Überschrift bekommen, damit die Leser sofort neugierig werden, und eventuell muss auch noch ein Bild für einen Artikel ausgesucht werden. In der Redaktion trägt man also die Verantwortung dafür, wie ein Artikel oder ein Bildbericht zum Schluss aussieht. Das Gleiche gilt für die Filme im Fernsehen, die von Redakteuren der Fernsehanstalten bestellt, bearbeitet (»geschnitten«) und für die Sendung fertig gemacht werden. Auch bei der Arbeit an Büchern arbeiten Redaktionen, zum Beispiel wenn sie ein Lexikon zusammenstellen wie das, in dem ihr gerade lest.

Regierung

Die Regierung leitet den Staat. Sie besteht aus einer Gruppe von Personen, die man auch Regierungsmannschaft oder Kabinett nennt. Chef der Regierung ist in Deutschland der Bundeskanzler oder die Bundeskanzlerin. Die Regierung trifft sich regelmäßig in Sitzungen. Dort werden die nötigen Entscheidungen über die Innen- und Außenpolitik eines Staates getroffen. Das können zum Beispiel neue Gesetze sein zu Kindergeld und Steuern oder Maßnahmen zu Regelungen im Straßenverkehr. Oder es wird beraten und festgelegt, wie die Beziehungen Deutschlands zu anderen Ländern am besten geregelt werden können. Die Regierung muss auf jeden Fall darauf achten, dass die schon bestehenden Gesetze eingehalten werden. In Deutschland gehört der Regierungschef oder die Regierungschefin normalerweise der stärksten Partei im Deutschen Bundestag an.

Lies auch mal nach unter dem Stichwort Bundeskanzler/in.

Internet

www.bundesregierung.de – hier findet ihr Infos über die Regierung, die Minister und Ministerinnen und vieles mehr.

Reichspogromnacht

Pogrom / Reichspogromnacht

Rente / Pension

Wenn ihr die Schule beendet habt, werdet ihr nach einer Lehre oder nach einem Studium ins Arbeitsleben eintreten. Ihr bekommt einen Lohn oder ein Gehalt, von dem monatlich ein bestimmter Anteil in die Rentenversicherung (⇨ Sozialversicherung) unseres Landes eingezahlt wird. Wenn ihr das Rentenalter erreicht habt (das liegt heute in der Regel bei 65 Jahren), könnt ihr euer Arbeitsleben beenden und in den Ruhestand gehen. Um euren Lebensunterhalt zu sichern, beantragt ihr dann eure Rente. Dies ist ein Betrag, der euch monatlich ausgezahlt wird. Die Höhe ist davon abhängig, wie lange ihr eingezahlt habt. Sie hängt aber auch davon ab, wie viele Leute zu diesem Zeitpunkt arbeiten und in die Rentenversicherung einbezahlen. Denn mit dem Geld, das die Menschen, die im Moment arbeiten, in die Rentenversicherung einzahlen, wird die Rente derjenigen finanziert, die bereits im Ruhestand sind. (Das ist übrigens ein so genannter Generationenvertrag, weil nämlich die jüngere, arbeitende Generation für die ältere Generation einzahlt. Wenn dann die Jüngeren alt sind, zahlen für sie wiederum diejenigen, die dann arbeiten.) Man kann während des Arbeitslebens zusätzlich auch in eine private Versicherung einbezahlen, um sicherzugehen, dass die Rente später auch ausreicht.

Pension heißt das Ruhegehalt, also die Rente einer Beamtin oder eines Beamten. (Eine Pension ist ja auch, wir ihr wisst, ein Haus, das Unterkunft und Verpflegung bietet und in dem ihr vielleicht schon mal Ferien gemacht habt.)

Und für die, die es genau wissen wollen: Das Wort Rente kommt aus dem Altfranzösischen »rente« und stammt vom lateinischen »reddere« ab, das heißt »zurückgeben«.

Republik

Bei den alten Römern stand der lateinische Begriff »res publica« für »Gemeinwesen«, und das ist das Volk eines Staates. Wenn nur vom Staatsvolk alle Entscheidungsgewalt ausgeht, wenn seine gewählten Vertreterinnen und Vertreter die Regierung bilden und die Gesetze machen, dann nennt man das eine Republik (der Gegensatz wäre eine absolute Monarchie oder eine Diktatur). Deutschland ist eine parlamentarisch-demokratische Republik. Das Deutschland eine Republik ist, kommt auch im Namen unseres Staates zum Ausdruck: Bundesrepublik Deutschland. Manchmal bezeichnen sich auch Diktaturen als »Republik«, zum Beispiel die Deutsche Demokratische Republik (DDR), die von 1949 bis 1990 existierte.

Lies auch mal nach bei den Stichwörtern Demokratie *und* Bundesrepublik Deutschland.

Nachgefragt

Peter, 13

Wie geht das mit der Rente, wenn ich mal alt bin, die Leute immer älter werden und es immer weniger Kinder gibt?

Dies ist ein Problem, über das heute sehr viel gesprochen wird. Das jetzige Rentensystem geht davon aus, dass die arbeitende Generation durch ihre Einzahlungen in die Rentenkasse für die Renten der nicht mehr arbeitenden älteren Menschen sorgt. Wenn nicht mehr genug Menschen arbeiten und einzahlen, gibt es auch weniger Geld für die Rentner. Deswegen überlegen die Politiker und Fachleute, was zu tun ist. Die einen sagen, dass das Rentensystem geändert werden muss. Andere sagen, dass eine Änderung nicht ausreicht, dass die Menschen vor allem selbst für ihr Alter vorsorgen müssen (was aber für Menschen, die wenig verdienen, fast nicht möglich ist). Wieder andere sagen, man muss alles unternehmen, dass mehr Menschen nach Deutschland kommen, um hier zu arbeiten und dadurch auch in die Rentenkasse einzuzahlen. Viele sehen das Hauptproblem darin, dass es auf Dauer gar nicht genug Arbeitsplätze geben wird, um die Renten zu erwirtschaften. Die Politik bemüht sich darum, dieses schwierige Problem mit möglichst guten Ergebnissen zu lösen.

Reserveliste

Landesliste / Reserveliste

Resolution

Das Wort kommt aus dem Lateinischen und bedeutet »Beschluss« oder »Entschließung«. Zum Beispiel werden von der UNO Resolutionen verabschiedet. So kann es sein, dass die Mehrheit im Sicherheitsrat (⇨ UNO / Vereinte Nationen) der UNO feststellt, dass von einem bestimmten Land eine große Gefahr ausgeht, weil es zu viele gefährliche Waffen besitzt. Das Land wird dann mit einer Resolution aufgefordert, diese Waffen zu vernichten. Oder es gibt eine andere Resolution, in der zwei Länder aufgefordert werden, schleunigst ihren Streit friedlich beizulegen. Auf jeden Fall soll mit einer Resolution Druck ausgeübt und die Öffentlichkeit auf ein Problem aufmerksam gemacht werden.

Schon gewusst?

»Resolution« bedeutet »Beschluss«. Ein resoluter Mensch ist ein Mensch mit großer Entschlusskraft.

Ressort

»Ressort« ist ein französisches, ins Deutsche übernommenes Wort, das »Arbeits-«, »Geschäfts-« oder »Amtsbereich« bedeutet. In der Politik spricht man dann von Ressorts, wenn es um die Arbeit von Ministern oder Ministerinnen geht. Der Minister des Inneren zum Beispiel ist dafür zuständig, dass es im Inneren des Staates nach Recht und Gesetz zugeht, dass die innere Sicherheit und Ordnung gewährleistet wird. In allen diesen Fragen muss er den Kollegen und Kolleginnen im Kabinett Auskunft geben und den Volksvertretern im Deutschen Bundestag Rede und Antwort stehen. So ist zum Beispiel das Ressort des Ministers des Auswärtigen für alle Fragen der Außenpolitik zuständig, für die Beziehungen zu den anderen Staaten. Manchmal gibt es in einer Regierung auch Minister oder Ministerinnen ohne ein Ressort. Dann sind sie für Sonderaufgaben zuständig.

Lies auch mal nach unter dem Stichwort Minister/in.

Ressourcen

Dieser Begriff stammt aus dem Französischen. Man bezeichnet damit bestimmte Mittel, die nötig sind, um ein Ziel zu erreichen. Diese Mittel können Geld sein, aber auch gute Ideen. So braucht ein Architekt beispielsweise eine pfiffige Idee, um ein modernes Stadion zu planen und zu bauen. Ressourcen können auch landwirtschaftliche Flächen und Arbeitskräfte (⇨ Arbeitsmarkt / Arbeitsmarktpolitik) sein, die für die Produktion von Nahrungsmitteln oder für die Wirtschaft in der Zukunft gebraucht werden. Oft spricht man von natürlichen Ressourcen. Dazu zählen unsere Flüsse, Seen und Wälder, die alle wichtig sind für das Klima und das Produzieren von Sauerstoff. Ressourcen sind auch Rohstoffe (⇨ Energiepolitik) wie etwa Öl und Erdgas, Eisenerz und andere Bodenschätze.

Schon gewusst?

»Ressource« heißt Erwerbsquelle, Rohstoff, Geldmittel.

Revolution

Wenn Menschen sich durch eine bestehende Ordnung, durch ihre Regierung oder ihre Herrscher unterdrückt oder ungerecht behandelt fühlen, sehen sie manchmal keine Möglichkeit mehr für ein besseres Leben. Sie schließen sich zusammen, werden gemeinsam stark und verändern schnell (und oft mit Gewalt) die bestehende Ordnung. Ein solches Handeln nennt man »Revolution«. Dieses französische Wort bedeutet auch »Umwälzung« (ursprünglich kommt es vom lateinischen Begriff »revolvere«, das heißt »zurückdrehen«, »zurückrollen«). Die bekannteste Umwälzung in der Geschichte ist die Französische Revolution von 1789. Damals wurde durch einen großen Volksaufstand der König (⇨ Monarchie) gestürzt. Unter schweren Opfern entstand eine neue politische Ordnung, in der nicht mehr der König, sondern das Volk die Macht hatte. Eine weitere Revolution mit großen und lang anhaltenden Auswirkungen war die russische Oktoberrevolution von 1917. Die Aufständischen töteten den damaligen Herrscher von Russland (man nannte ihn »Zar«) und seine Familie und begründeten für lange Zeit die Herrschaft des Kommunismus

Die »friedliche Revolution« in der DDR im Herbst 1989. Viele tausend Menschen demonstrierten, wie hier in Leipzig, und forderten Freiheit und Selbstbestimmung.

Grips

Welche Erfindung würdest du als »revolutionär« bezeichnen?

in Russland und anderen Ländern. Manchmal werden Regierungen, Könige oder andere Herrscher nicht vom Volk, sondern vom Militär (⇨ Streitkräfte / Armee) gestürzt. Dann nennt man das eine »Revolte« (⇨ Staatsstreich) des Militärs oder einen »Putsch«.
Im Gegensatz zu den oben beschriebenen, meist gewaltsamen Umstürzen, gibt es auch den Begriff »friedliche Revolution«. Als Beispiel dafür gilt das Ende der DDR und die deutsche Wiedervereinigung im Jahre 1990. Dies geschah, ohne dass ein einziger Schuss fiel – alleine durch den friedlichen Protest der Bevölkerung der damaligen DDR, die in großen Massen auf den Straßen demonstriert hatte.
Auch eine schnelle Entwicklung in Wissenschaft und Technik nennt man »Revolution«. So war zum Beispiel die Erfindung der Dampfmaschine durch James Watt im 18. Jahrhundert der Auslöser der »Industriellen Revolution«. Die Erfindung der Eisenbahn läutete eine Verkehrsrevolution ein. Als »revolutionär« bezeichnet man auch die Veränderungen in der Wirtschaft und der Gesellschaft, die durch die Erfindung der Computersysteme und Informationsmedien eingetreten sind.

Rezession

Abschwung / Rezession

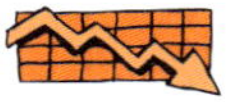

Richter/in

Richter und Richterinnen sind unabhängige unparteiische Männer und Frauen, die, wenn es zu einem Streit kommt, bei Gericht Entscheidungen treffen. Es kann dabei zum Beispiel um Streitereien zwischen Nachbarn gehen, um Verkehrsunfälle oder Ehescheidungen. Aber auch schwere Straftaten wie Einbrüche und Mord werden vor Gericht verhandelt. Am Ende einer Gerichtsverhandlung spricht die Richterin oder der Richter das Urteil (so nennt man die Entscheidung). Die Urteile können sehr verschieden sein – manchmal müssen Übeltäter Geld bezahlen, manchmal müssen sie ins Gefängnis. Oder aber der Richter spricht den Angeklagten (⇨ Rechtsanwalt / Rechtsanwältin) frei, wenn dieser unschuldig ist oder seine Schuld nicht bewiesen werden kann.

Auf jeden Fall sind Richter nur dem Gesetz verpflichtet. Das heißt, sie müssen sich an die Gesetze halten, aber niemand sonst darf ihnen sagen, wie sie urteilen müssen. Dies ist deshalb so wichtig, weil die Gerichte unabhängig sein sollen. Es soll nicht möglich sein, dass jemand einen Richter oder eine Richterin dazu zwingt, eine bestimmte Entscheidung zu treffen.

Es gibt Berufsrichter, die auf Lebenszeit ernannt sind. Sie haben Rechtswissenschaft (Jura) studiert und eine lange Ausbildung hinter sich, bis sie Richter oder Richterin werden. Dann gibt es die Schöffen (in Amerika heißen sie »Geschworene«). Das sind ehrenamtliche Richter und Richterinnen, die aus der Bevölkerung für eine bestimmte Zeit ausgewählt werden. Sie sind bei Verhandlungen genauso unabhängig und haben das gleiche Stimmrecht wie die Berufsrichter.

Lies auch mal nach unter den Stichwörtern Gericht, Gewaltenteilung *und* Rechtsstaat.

§§§

Rune

Runa – das ist ein ganz frühes Wort für »Geheimnis«, »Geflüster«. Man bezeichnete damit germanische Schriftzeichen, die vom 2. Jahrhundert n.Chr. bis etwa ins 11. Jahrhundert gebräuchlich waren. Viele dieser Schriftzeichen bestanden nur aus einem oder zwei Strichen, sahen etwa so aus wie unser heutiges »X« oder das »Y«. Inschriften mit diesen Zeichen hat man auf Holz oder Steinen gefunden. Auch auf Knochen oder Metall konnten die Zeichen eingeritzt sein. Die Menschen glaubten, dass von Sachen, zum Beispiel Gebrauchsgegenständen oder auch Gedenksteinen, die mit diesen kurzen Runen-Inschriften versehen waren, magische Kräfte ausgingen. Die Verbreitung der Runen erstreckte sich besonders über Skandinavien und Island bis nach England. Das weiß die Forschung heute, allerdings weiß man noch nicht genau, was viele dieser Zeichen im Einzelnen bedeuten und wo die Runen-Schrift ursprünglich herkam.

Ein Runenstein, auf den eine Schlange geritzt ist, in Gripsholm (Schweden). Der Runenstein wurde vermutlich um 1050 n. Chr. errichtet. Die Inschrift lautet (frei übersetzt): »Tola errichtete diesen Stein für seinen Sohn Harald, Ingvars Bruder...«

Sachverständigenrat

Sachverständige sind Fachleute oder Experten auf einem bestimmten Gebiet. Eine Gruppe von Sachverständigen bildet einen Sachverständigenrat. Spricht man von »dem« Sachverständigenrat, ist fast immer eine ganz besondere Expertengruppe gemeint: der »Sachverständigenrat zur Begutachtung der gesamtwirtschaftlichen Entwicklung«. Dieser Rat wurde erstmals 1963 durch ein Gesetz einberufen und tritt seitdem jedes Jahr zusammen. Er soll die Bundesregierung (⇨ Regierung) in wirtschaftspolitischen Fragen beraten. Die Fachleute in diesem Gremium nennt man auch die »fünf Weisen«. Sie werden jeweils für fünf Jahre in den Rat berufen. Die Aufgabe des Sachverständigenrates ist es, jedes Jahr bis Mitte November ein Gutachten zu erstellen. Darin beschreiben die Gutachter die wirtschaftliche Lage in Deutschland und geben einen Ausblick auf die kommende Entwicklung. Der Sachverständigenrat kann darauf hinweisen, wenn in der Wirtschaftspolitik etwas verbessert werden müsste. Die Bundesregierung ist verpflichtet, zu dem Jahresgutachten des Rates Stellung zu nehmen.
Daneben gibt es noch weitere Sachverständigenräte. So befasst sich zum Beispiel der »Sachverständigenrat für Umweltfragen« mit der Situation der Umwelt.

Schattenkabinett

Zum Bundeskabinett gehören die Personen, die die Regierung bilden: der Bundeskanzler oder die Bundeskanzlerin und seine Ministerinnen und Minister. Ein Schattenkabinett ist kein echtes Kabinett. Es sind vielmehr die Männer und Frauen, mit denen die Opposition die Regierung bilden will, wenn sie die Wahl gewinnt. Meistens wird das Schattenkabinett in einem Wahlkampf der Öffentlichkeit vorgestellt
Lies auch mal nach unter dem Stichwort Opposition.

Schengener Abkommen

1985 entschieden sich die fünf europäischen Staaten Belgien, Frankreich, Niederlande, Deutschland und Luxemburg, die Kontrollen an ihren gemeinsamen Grenzen schrittweise abzuschaffen und eine gemeinsame Sicherheits- und Asylpolitik zu machen. Dazu unterschrieben sie in Schengen, einer kleinen Stadt in Luxemburg, ein Abkommen (⇨ Konvention), das so genannte Schengener Abkommen. Im Laufe der Jahre sind viele weitere Länder dem Schengener Abkommen beigetreten, auch solche, die nicht der Europäischen Union angehören, wie zum Beispiel Island. Das Schengener Abkommen regelt neben dem Verzicht auf Grenzkontrollen auch, wie eine Verbrecherfahndung international ablaufen soll. Denn auch dabei sind die Länder auf eine gute Zusammenarbeit angewiesen. Hierzu gibt es ein spezielles Schengener Informationssystem, das SIS, in dem alle Daten, die für die Verbrecherjagd wichtig sind, gespeichert werden.

Lies dazu auch nach unter den Stichwörtern Europäische Union *und* Pass.

Schoah

Holocaust

Schulpflicht

Jedes Kind im Alter von sechs Jahren hat die Pflicht (und das Recht), in die Schule zu gehen. Genauer gesagt, die Eltern müssen dafür sorgen, dass ihr Kind in die Schule geht. Das war nicht immer so, denn diese allgemeine Schulpflicht, wie sie genannt wird, gibt es in Deutschland erst seit ungefähr 200 Jahren. Vorher hatten meist nur die Kinder reicher Eltern die Möglichkeit, entweder von Privatlehrern oder in Kloster- oder Fürstenschulen das Rechnen und Schreiben zu lernen. Heute gehen die Kinder zuerst in die Grundschule, danach in die Hauptschule oder wahlweise, je nach Interesse und Begabung, in die Realschule, die Gesamtschule oder auf das Gymnasium. Es gibt auch Sonderschulen (zum Beispiel für lernbehinderte Kinder). In Berufsschulen wird man ganz speziell auf einen bestimmten Beruf vorbereitet.

Kinder sind verpflichtet, eine Schule zu besuchen. Die gesetzliche Schulpflicht besteht in Deutschland vom 6. bis zum 18. Lebensjahr. Die Pflicht, Vollzeit die Schule zu besuchen, dauert bis zur 9. oder 10. Klasse. Danach besteht eine Pflicht zur Berufsausbildung, falls nicht eine allgemeine Schule (zum Beispiel das Gymnasium) besucht wird.

Schulen gibt es übrigens schon seit über 5000 Jahren. Im alten Griechenland oder in Ägypten wurden dort Schreiber für die Handelsleute und für die Verwaltung ausgebildet.

Lies auch nach unter dem Stichwort Bildungswesen.

Früh übt sich, wer eine Meisterin oder ein Meister werden will – das wusste man schon im Altertum.

Schwarzarbeit

Wer in Deutschland arbeitet, muss Steuern und Abgaben an die Sozialversicherung bezahlen. Dies gilt, von einigen wenigen Ausnahmen abgesehen, für alle. Auch wer Arbeiter beschäftigt, muss für sie Abgaben bezahlen. Wieviel das im Einzelnen ist, hängt vom Lohn oder Gehalt ab und von der jeweiligen Steuerklasse. Wenn jemand Geld verdient, ohne es zu versteuern, dann ist das in den meisten Fällen illegal. Illegal ist in der Regel auch, wenn jemand andere für sich arbeiten lässt und keine Abgaben an die Sozialversicherung zahlt. All das nennt man Schwarzarbeit. Auf diese Weise entgehen dem Staat jedes Jahr Einnahmen in Milliardenhöhe. Weil der Staat aber das Steuergeld braucht, um seine Aufgaben zu erfüllen, müssen dann diejenigen, die regulär ihre Abgaben leisten, noch mehr bezahlen. Sie zahlen sozusagen für die Schwarzarbeiter mit. Hinzu kommt, dass Schwarzarbeiter durch ihre illegale Tätigkeit Arbeitslosen die

Chance auf einen Arbeitsplatz wegnehmen. Schwarzarbeit ist in hohem Maße schädlich für die gesamte Volkswirtschaft, also für uns alle. Schwarzarbeiter und Leute, die andere für sich schwarzarbeiten lassen, handeln gegen das Gesetz und müssen mit Bußgeldstrafen rechnen.

Schwarzmarkt

In Krisenzeiten, zum Beispiel nach Kriegen, leben die Menschen oft in sehr schwierigen Verhältnissen. Da vieles zerstört ist, gibt es wenig zu kaufen und kaum etwas zu essen. Daher muss der Staat dieses Wenige, zum Beispiel Lebensmittel und Heizmaterial, genau einteilen (»rationieren«), damit jede Familie etwas bekommt. Es werden so genannte Lebensmittelkarten ausgegeben, aber es reicht trotzdem nicht für alle. So war das in Deutschland nach den Weltkriegen des letzten Jahrhunderts. Durch verbotenen Tauschhandel, zum Beispiel von Wertgegenständen gegen Lebensmittel, versuchten die Menschen zu überleben. Händler, welche die Notlage anderer ausnutzten, verlangten viel zu hohe Preise für die seltenen Güter, die sie sich teilweise auf ungesetzlichem Wege beschafft hatten. Solche Geschäfte wurden bestraft. Sie konnten nur geheim, sozusagen im Dunkeln gemacht werden. Nach dem Ersten Weltkrieg entstand darum für diese Art des illegalen Tauschens und Handels der Begriff »Schwarzmarkt«. Heute, da fast alles in Geschäften zu bekommen ist, gibt es kaum noch einen Schwarzmarkt. Wenn aber zum Beispiel Pop-Konzerte oder Fußballspiele ausverkauft sind, werden Eintrittskarten häufig auf dem Schwarzmarkt zu überhöhten Preisen angeboten.

Schwarzmarkt in der Zeit nach dem Zweiten Weltkrieg

Schwellenland

Die Länder, die nicht mehr zu den armen Entwicklungsländern zählen, aber auch noch nicht zu den reichen Industrienationen, nennt man Schwellenländer. Das heißt, sie stehen an der Schwelle dazu, ein Industriestaat zu werden. Zu den Schwellenländern

zählen derzeit beispielsweise Thailand, Südkorea, Taiwan, China, Brasilien und Mexiko.
Lies auch mal nach unter den Stichwörtern Industriestaat, Entwicklungsländer *und* Nord-Süd-Konflikt.

Schon gewusst?

»Ankerländer« nennt man die Länder, die für die Entwicklung ihrer Region eine große Bedeutung haben.

Senat / Senator/in

Der Begriff kommt vom lateinischen »senatus« und heißt übersetzt »Rat der Alten«. Im Römischen Reich war das eine Versammlung von Beratern, die großen Einfluss auf die Leitung und Politik des Staates hatte. Die Senatoren waren meistens Adelige und wurden auf Lebenszeit von den Herrschern ernannt. Auch heute gibt es Senate. In Deutschland bezeichnet man beispielsweise die Regierungen der Stadtstaaten Berlin, Hamburg und Bremen als »Senat«, ihre Mitglieder heißen Senatoren. Auch bei den Oberlandesgerichten oder beim Bundesverfassungsgericht gibt es Senate. Diesen Senaten gehören Richter und Richterinnen an, die bestimmte Zuständigkeiten haben. Als »Akademischer Senat« wird oft die Leitung einer Universität bezeichnet.
Auch in manchen Parlamenten gibt es einen Senat. In den USA beispielsweise ist der Senat neben dem Repräsentantenhaus ein Teil des Kongresses (so heißt das amerikanische Parlament). Der Senat ist dort die Vertretung der amerikanischen Bundesstaaten, die jeweils mit zwei Senatoren (Abgeordneten) im Kongress vertreten sind.

Sicherheitskonferenz

Sicherheitskonferenzen sind Zusammenkünfte, auf denen Fachleute über Fragen der Sicherheitspolitik diskutieren. Auf der jährlichen Münchner Sicherheitskonferenz treffen sich die Verteidigungsminister der NATO-Staaten mit Militärexperten und Gästen, oft Staatsmännern und Staatsfrauen aus vielen Ländern. Sie diskutieren über Fragen, die die Sicherheit aller Staaten, die zur NATO gehören, betreffen. Oft werden diese Konferenzen von Demonstrationen verschiedener Gruppen begleitet, die fordern, dass man sich anders als mit militärischen (⇨ Streitkräfte / Armee)

Mitteln für den Frieden in der Welt einsetzen sollte. 1962 wurde übrigens die erste Sicherheitskonferenz abgehalten.
Auch die Organisation für Sicherheit und Zusammenarbeit in Europa (OSZE) beschäftigt sich auf Versammlungen und Konferenzen, die mehrmals im Jahr stattfinden, mit Fragen der Sicherheit und guten Nachbarschaft zwischen den Staaten. An diesen Konferenzen nehmen dann die 55 Staats- und Regierungschefs, die der Organisation angehören, teil.
Lies auch nach unter den Stichwörtern NATO *und* OSZE.

Skinheads

Jugendliche, vor allem junge Männer mit kurz geschorenen Haaren oder Glatze, habt ihr bestimmt schon auf der Straße gesehen. Wenn sie auch noch »Rangers«, also schwere Arbeiterstiefel mit Stahlkappen, Bomberjacken oder Tarnanzüge tragen, gehören sie sehr wahrscheinlich zu einer Gruppe von Skinheads (das ist ein englisches Wort, das genau übersetzt »Hautköpfe«, also Glatzen bedeutet). Solche Gruppen sah man in England erstmals 1970, oft in den Stadtvierteln der Arbeiter, wo die Menschen kaum Arbeit fanden, kein Geld und wenig Chancen auf eine Verbesserung ihrer Lebensverhältnisse hatten. Durch ihr besonderes Aussehen wollten und wollen sich diese jungen Leute von anderen unterscheiden und auf diese Weise gegen die Gesellschaft, die ihnen ihrer Ansicht nach keine Chance gibt, protestieren. Sie betrachten sich als besonders »männlich«, fühlen sich in der Gruppe stark. Sie haben sich mittlerweile in ganz verschiedene Gruppen geteilt. Da gibt es diejenigen, die sich wie früher als Vertreter der Arbeiter und ihrer schlechten Lebenssituation fühlen. Da gibt es auch solche, die es »cool« finden, »Skin« zu sein, die das wie eine Mode sehen. Und es gibt schließlich – in durchaus großer Zahl – rechtsradikale und rechtsextreme Skinheads. Diese rechten Skins sind gegen Ausländer und bereit, mit Gewalt gegen Fremde vorzugehen. Viele von ihnen sind Neonazis und faschistisch eingestellt und rufen entsprechende Parolen bei Aufmärschen und Versammlungen. Man kann sie meistens von den anderen Skingruppen an ihren Symbolen und Tattoos (Hakenkreuz, SS-Zeichen, germanische Runen, Adler und Ähnlichem) unterscheiden.

Söldner / Landsknechte

Söldner sind Männer, die in den Krieg ziehen und für diejenigen kämpfen, die sie bezahlen. Anders als ein normaler Soldat legt ein Söldner aber keinen Eid (⇨ Vereidigung / Diensteid) gegenüber seinem Dienstherrn ab. Bezahlte Söldnerheere, die für fremde Herrscher oft weit weg von ihrer Heimat kämpfen, gab es schon im Altertum. Während des Mittelalters bis zur Zeit der Französischen Revolution hatten auch viele europäische Herrscher Söldnerheere. Erst als die allgemeine Wehrpflicht (⇨ Wehrdienst / Wehrpflicht) und fest stationierte Heere eingeführt wurden, verschwanden die meisten Söldnerheere. Heute gibt es nur noch Reste davon. So dienen zum Beispiel in der französischen Fremdenlegion Männer aus vielen Ländern, die im Auftrag Frankreichs in Afrika und Asien an Kriegen teilnahmen. In Deutschland ist das Anwerben von Söldnern gesetzlich verboten.

Eine besondere Söldnertruppe waren die Landsknechte. Sie gab es bis ins 16. Jahrhundert hinein. Es waren bezahlte Fußsoldaten. Sie wurden von den Kriegsherren meistens auf dem Land, wo große Not herrschte, angeworben. Um nicht hungern zu müssen, kämpften diese Männer gegen Bezahlung. Sie sorgten selber für ihre Ausrüstung. Das waren Schwerter und Spieße. Mit ihren Schuhen und mit ihrer bunten Kleidung unterschieden sie sich von den anderen Soldaten und Söldnern. Oft waren die Landsknechtstruppen nicht daran interessiert, nach dem Krieg wieder in ihre armen Dörfer zurück zu kehren. Stattdessen zogen sie mit ihren Familien und ihren Kampfgenossen weiter durch das Land und waren als »wilde Gesellen« bei der Bevölkerung gefürchtet.

Jungen und Mädchen in Berlin beteiligen sich an einer Spendenaktion, um Kinder in Südafrika zu unterstützen.

Solidarität

Du empfindest, dass dein Freund von einem Lehrer ungerecht behandelt wird. Du stehst auf und sagst es laut. Du stellst dich also auf seine Seite, zeigst so dein Zusammengehörigkeitsgefühl. »Solidarität« kommt aus dem Lateinischen und heißt genau das: »Zusammengehörigkeit«. Es können auch mehrere Personen oder auch Gruppen sein, die sich gegenseitig helfen und unterstützen, zum Beispiel Nachbarschaftshilfe leisten und so zeigen, dass sie »solidarisch« sind. In der christlichen Religion heißt die Solidarität mit den Armen »Nächstenliebe«. Politisch hat sich dieses solidarische Handeln im 19. Jahrhundert entwickelt, als sich die Menschen in der so genannten Arbeiterbewegung für bessere Lebens- und Arbeitsbedingungen einsetzten. Solidarität kann also auch ausgeübt werden, wenn man sich persönlich gar nicht kennt. Man fühlt sich dann solidarisch, weil jemand anderes die gleiche politische Überzeugung wie man selbst hat oder weil es ihm schlecht geht und er Not leidet. Heute, da viele Menschen arbeitslos sind, ist es zum Beispiel wichtig, dass die Menschen, die einen Arbeitsplatz haben, solidarisch sind. Solidarität in einer Gesellschaft brauchen auch Minderheiten und Randgruppen, die benachteiligt werden, oder Menschen, die hungern, was in vielen Staaten dieser Welt noch immer der Fall ist.

Lies auch mal nach unter dem Stichwort Zivilcourage.

Schon gewusst?

»Solidarität« kommt aus dem Lateinischen und heißt »Zusammengehörigkeit«.

Sonnenenergie

Viele Politiker, Wissenschaftlerinnen und Wissenschaftler zerbrechen sich seit Jahren die Köpfe darüber, wie man die Energie der Sonne besser nutzen könnte.

Die Sonne ist ein Gasball, der auf seiner Oberfläche ungefähr 5700 Grad heiß ist. Ohne die Sonne gäbe es kein Leben auf der Erde, es wäre bei uns kalt und leer. In jeder Sekunde strahlt dieser Stern – denn die Sonne ist ein Stern – eine unvorstellbar große Menge an Licht und Wärme in den Weltraum. Dies ist möglich, weil im Inneren der Sonne bei einer Temperatur von 15 Millionen Grad dauernd Wasserstoff zu Helium verbrannt wird. Allein die Erde bekommt jedes Jahr von der Sonne so viel Energie, dass damit jeder Mensch auf dieser Erde ununterbrochen über 2000 Glühbirnen mit 60 Watt brennen lassen könnte. (Und es leben derzeit etwa 7 Milliarden Menschen auf der Erde!)

Grips

Wisst ihr, wie viel mal größer die Sonne ist als die Erde und wie lange ihre Strahlen brauchen, bis sie die Erde erreichen?

Das Erdöl, aus dem Benzin gemacht wird, die Kohle, die Stromkraftwerke antreibt, und auch das Erdgas, das die Häuser heizt – alle diese Stoffe, die in absehbarer Zeit verbraucht sein werden, sind vor vielen Millionen Jahren aus Pflanzen und Tieren entstanden. Sie konnten nur im Sonnenlicht und in der Sonnenwärme

Mit einer Solaranlage auf dem Dach wird Sonnenenergie genutzt.

wachsen. Ohne Sonnenenergie gäbe es auch keine Wasserkraftwerke. Die Sonne lässt Wasser verdunsten, das sich in Wolken sammelt. Die regnen sich in Bergen und Flüssen ab. Das talwärts fließende Wasser treibt dann Turbinen in den Kraftwerken an und erzeugt Strom. Ohne Sonne gäbe es auch keinen Wind. Der entsteht, wenn durch Sonnenenergie erwärmte Luftschichten aufsteigen und kalte Luft nachströmt. Damit können dann die großen Windräder angetrieben werden, die ebenfalls Strom erzeugen.

Bisher wird die Sonnenenergie also hauptsächlich über Umwege, Wasser und Wind, genutzt. Nur in geringem Maße wird sie ganz direkt genutzt, so zum Beispiel über die so genannten Sonnenkollektoren (Sonnensammler) auf Hausdächern. Darin wird mit einem bestimmten Verfahren die Sonnenwärme aufgefangen und gespeichert. Bei Bedarf wird dann das Haus damit geheizt. Ebenso gibt es die Möglichkeit, mit einer anderen Technik Sonnenenergie direkt in Strom umzuwandeln (Photovoltaik). Auch gibt es große Spiegel, mit denen man das Sonnenlicht in einem Punkt bündelt. In diesen Solaröfen können hohe Temperaturen erzielt werden. Das Problem ist nur: In vielen Teilen der Welt scheint nicht ständig die Sonne, und man kann die Sonnenkollektoren oder Sonnenöfen nicht immer dahin tragen, wo die Sonne gerade scheint. Vielleicht gelingt es eines Tages – und daran arbeiten Forscherinnen und Forscher auf der ganzen Welt –, dass die Vorgänge im Inneren der Sonne (»Kernfusion«) auf der Erde nachgebildet werden können. Dann könnte man sich ein kleines Sonnenkraftwerk vielleicht einmal vor der Haustüre bauen.

Internet

Hier gibts weitere Infos: www.sos-kinderdorf.de

SOS-Kinderdorf

Es gab und gibt in der Welt viele Kinder, deren Eltern nicht mehr leben oder die ihre Heimat verloren haben. Der Österreicher Hermann Gmeiner (1919–1986) überlegte nach dem Zweiten Weltkrieg, wie man den vielen Kindern, die im Krieg zu Waisen

SOS-Kinderdorf in Kapstadt. Das Kinderdorf bewohnen 110 Kinder, die in 15 Familienhäusern leben.

geworden waren, helfen konnte. Er kam auf die Idee, den Kindern ein neues Zuhause zu geben. Sie sollten, ähnlich wie in einer Familie, in kleinen Gruppen zusammenleben können. So entstand im Jahre 1949 das erste SOS-Kinderdorf. Jede Familie in einem solchen Dorf hat ein eigenes Haus. Dort wohnen fünf bis sechs Kinder vom Säuglingsalter bis zu etwa zehn Jahren und werden von einer »Kinderdorfmutter« betreut. Auch ältere Kinder können aufgenommen werden, wenn eine jüngere Schwester oder ein jüngerer Bruder von ihnen in der Kinderdorffamilie lebt. Denn es gilt der Grundsatz, dass Geschwister immer in derselben Familie aufwachsen sollen. Zehn bis zwölf Häuser gibt es in einem typischen Kinderdorf. Zurzeit leben ungefähr tausend Kinder in 14 deutschen Kinderdörfern.

Die Idee von Hermann Gmeiner ist inzwischen in der ganzen Welt verbreitet. In 132 Ländern gibt es SOS-Kinderdörfer, in denen mehr als 55000 Kinder und Jugendliche betreut werden. Sie können in SOS-Hermann-Gmeiner-Schulen und SOS-Kindergärten gehen oder in SOS-Berufsausbildungszentren einen Beruf erlernen. Das alles ist nur möglich, weil ungefähr 6,5 Millionen Menschen in aller Welt die Kinderdörfer mit Spenden und Patenschaften unterstützen.

Schon gewusst?

»SOS« ist ein Notsignal. Es wird zum Beispiel durch Winken mit Flaggen oder mit Morsezeichen oder durch Funk ausgesendet. Im Morsealphabet ist die Zeichenfolge für die Buchstaben SOS ...---... Nachträglich hat man die Buchstabenfolge SOS mit »Save Our Souls« (auf Deutsch: »Rettet unsere Seelen«) erklärt.

Souveränität

Das Wort kommt aus dem Französischen und bedeutet so viel wie »Unabhängigkeit«, »Überlegenheit«. Die Souveränität eines Staates besteht darin, dass er selbst entscheiden kann, was im Staat nach innen sowie in den Beziehungen zu anderen Staaten geschehen soll. Der souveräne Staat hat die Macht, seine Gesetze und seine Regierungsform selbst zu bestimmen, und fremde Staaten dürfen sich nicht einmischen. Diese Unabhängigkeit kann allerdings eingeschränkt werden. Dies ist zum Beispiel der Fall, wenn

ein Staat der EU (⇨ Europäische Union) beitritt. Dann werden freiwillig bestimmte Rechte etwa im Bereich der Wirtschafts–, Währungs- oder Landwirtschaftspolitik an die Gemeinschaft abgetreten.
Mit »Souverän« bezeichnet man den unumschränkten Herrscher eines Landes. Früher waren das Kaiser und Könige (⇨ Monarchie). In den modernen Demokratien ist es das Volk, von dem alle Macht im Staat ausgeht. Deshalb heißt es bei uns nach Wahlen, wenn eine neue Regierung gewählt wurde: Der Souverän hat entschieden.

Soziale Marktwirtschaft

Deutschlands Wirtschaftsordnung ist die soziale Marktwirtschaft. Sie wurde entwickelt aus der freien Marktwirtschaft. Damit keine zu großen sozialen Ungerechtigkeiten entstehen, greift der Staat durch bestimmte Regeln in die freie Marktwirtschaft ein. Zum Beispiel gibt es Gesetze zum Kündigungsschutz, die verbieten, dass ein Arbeitnehmer von einem Tag auf den anderen entlassen wird. Dies ist wichtig, denn eine solche sofortige Kündigung würde dem Arbeitnehmer in der Regel sehr große Probleme bereiten. Andere Gesetze sollen verhindern, dass sich große Firmen zu so genannten Kartellen (⇨ Bundeskartellamt) zusammenschließen, denn dann könnten diese Kartelle die Preise ihrer Produkte so absprechen, dass kleinere Betriebe nicht mehr mithalten können und »pleite« gehen. Auch sorgt der Staat dafür, dass bei gefährlichen Arbeiten die Arbeitnehmer vor zu großen Gesundheits- oder Sicherheitsrisiken geschützt werden. Kurz, die Freiheit der Marktwirtschaft wird da eingeschränkt, wo sie unsozial ist, wo sie nur den Starken dient und den weniger Starken schadet. Das Privateigentum wird geschützt, aber wer Eigentum hat, hat auch Verantwortung dafür, wie er damit umgeht. Die soziale Marktwirtschaft wurde nach dem Zweiten Weltkrieg von dem Wirtschaftsprofessor Alfred Müller-Armack und von Ludwig Erhard, dem ersten deutschen Bundeswirtschaftsminister, entwickelt. Ihre Ideen gelten im Wesentlichen bis heute.

Schon gewusst?

Ludwig Erhard, der zunächst Bundeswirtschaftminister und dann Bundeskanzler war, gilt als Begründer der sozialen Marktwirtschaft in Deutschland.

Einige Unterschiede zwischen freier und sozialer Marktwirtschaft

Freie Marktwirtschaft	Soziale Marktwirtschaft
Der Staat sorgt für die innere und äußere Sicherheit, greift aber nicht in das wirtschaftliche Geschehen ein.	Der Staat greift in das wirtschaftliche Geschehen ein, um auch soziale Ziele zu erreichen (zum Beispiel Kündigungsschutz, Mutterschutz)
Privateigentum ist nicht eingeschränkt.	Privateigentum ist grundsätzlich geschützt. Aber es gilt der Grundsatz: »Eigentum verpflichtet«. Es besteht also die Möglichkeit, dass – gegen Entschädigung – jemand enteignet werden kann, zum Beispiel wenn die Sicherheit des Staates betroffen ist.
Die Unternehmen können produzieren, was sie wollen, es herrscht so genannte Gewerbefreiheit.	Der Staat greift in die Gewerbefreiheit ein, zum Beispiel wenn die Gefahr besteht, dass von bestimmten Produkten besondere Gefahren ausgehen.
Jeder kann Verträge schließen, so wie er es möchte. Es herrscht also völlige Vertragsfreiheit.	Die Vertragsfreiheit ist eingeschränkt: Die Rechte von Menschen, die wirtschaftlich schwächer sind, müssen besonders geschützt werden (so gibt es zum Beispiel Gesetze gegen Wucher oder zum Kündigungsschutz).

Lies auch mal nach unter Freie Marktwirtschaft, Wirtschaft *und* Zentralverwaltungswirtschaft.

Sozialhilfe

Wer seinen Lebensunterhalt nicht aus eigener Kraft verdienen kann und bedürftig ist, erhält in Deutschland vom Staat Sozialhilfe. Das können zum Beispiel Kinder sein oder auch alte Menschen oder Mütter und Väter, die als Alleinerziehende mit kleinen Kindern leben. Bedürftige Menschen, die erwerbsfähig sind, also arbeiten können, können Arbeitslosengeld beantragen. Sozialhilfe bekommt man nur im Notfall. Bevor jemand Sozialhilfe bekommt, wird geprüft, ob er oder sie tatsächlich bedürftig ist und ob zum Beispiel die eigenen Eltern oder der Ehepartner helfen könnte.

Die Sozialhilfe ist unterteilt: Ein Teil soll den Lebensunterhalt sichern, mit dem anderen Teil werden die Mietkosten bis zu einer angemessenen Höhe übernommen. Die Höhe der Sozialhilfe ist von Bundesland zu Bundesland unterschiedlich. Überall aber soll die Sozialhilfe das Existenzminimum sichern. Der Gedanke, dass alle Menschen wenigstens das Nötigste zum Leben haben, ist ein Kernstück unseres Sozialstaats.

Lies auch nach beim Stichwort Sozialstaat.

Rot ist die Farbe der Sozialisten.

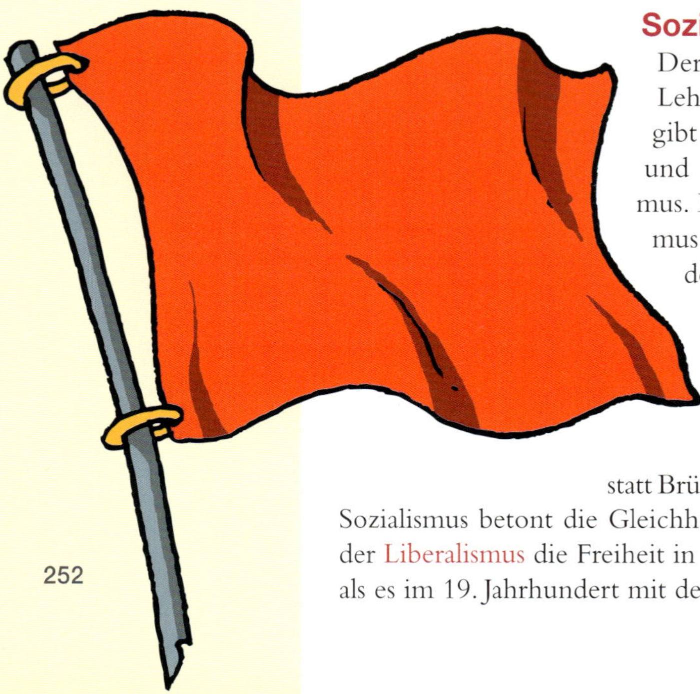

Sozialismus

Der Sozialismus ist eine politische Lehre mit zwei Hauptströmungen. Es gibt einen revolutionären Sozialismus und einen demokratischen Sozialismus. Einige Grundideen des Sozialismus sind schon im 18. Jahrhundert, in der Zeit der Aufklärung, beschrieben worden und in der Französischen Revolution von 1789 wurde dann der Ruf laut: Freiheit, Gleichheit, Brüderlichkeit (heute würden wir statt Brüderlichkeit Solidarität sagen). Der Sozialismus betont die Gleichheit und Brüderlichkeit, während der Liberalismus die Freiheit in den Vordergrund stellt. Aber erst als es im 19. Jahrhundert mit der Industrialisierung immer mehr

Armut und Elend unter den Arbeitern gab, entwickelte sich der Sozialismus zu einer Massenbewegung. Seine verschiedenen Ideen wurden nun zu einer politischen Lehre zusammengefasst.
Am Ende des 19. Jahrhunderts vertraten die Arbeiterschaft und die Gewerkschaften den demokratischen Sozialismus, der »gemäßigter Reform-Sozialismus« genannt wurde. Durch eine schrittweise Veränderung sollten die wirtschaftlichen und sozialen Verhältnisse und damit die Lebensbedingungen der Menschen verbessert werden. Keiner darf mehr über andere Menschen Macht ausüben, wenn er dafür nicht von allen demokratisch gewählt wird. Aus dieser Bewegung ist die Sozialdemokratische Partei Deutschlands, die SPD, hervorgegangen.
Der revolutionäre Sozialismus, der sich als zweite Hauptströmung entwickelte, strebte dagegen einen gewaltsamen Umsturz und einen radikalen Neuanfang in Wirtschaft und Gesellschaft an. Er verstand sich als Übergangsstadium zum Kommunismus. Nach der russischen Oktoberrevolution im Jahre 1917 entstand so in der Sowjetunion der »real existierende Sozialismus«. Und auch in anderen Staaten wurde das sozialistische System eingeführt. Um 1990 kam es zum Zusammenbruch der meisten sozialistischen Staaten.
In den demokratischen Staaten Westeuropas gibt es nach wie vor sozialistische und sozialdemokratische Parteien. Sie wollen Vorstellungen des Sozialismus auf der Grundlage der Demokratie verwirklichen.
Lies auch mal nach unter den Stichwörtern Kapitalismus *und* Kommunismus.

Sozialleistung

Wie ihr unter den Stichworten Sozialstaat und Sozialhilfe nachlesen könnt, hat sich unser Staat dazu verpflichtet, Menschen, die in Not geraten sind, zu helfen. Eine finanzielle Unterstützung für Bedürftige durch den Staat nennt man eine staatliche Sozialleistung. Dazu zählt man zum Beispiel die Sozialhilfe, aber auch die Beiträge des Staates zu den Sozialversicherungen (das sind Kranken-, Renten- und Arbeitslosenversicherung). Auch Kindergeld, Wohngeld, Ausbildungsförderungen oder Hilfen für

Behinderte gehören zu den sozialen Leistungen. Im Sozialbericht der Bundesregierung (⇨ Regierung) werden die Sozialleistungen des Staates in jedem Jahr genau aufgeführt.

Sozialstaat

In der deutschen Verfassung, dem Grundgesetz, sind nicht nur die politischen Rechte und Freiheiten für jede Bürgerin und jeden Bürger garantiert. Der Sozialstaat verpflichtet sich auch, allen Bürgern soziale Gerechtigkeit zu gewährleisten. Der Begriff »sozial« kommt aus dem Lateinischen und heißt »allgemein«. Es soll niemand allein gelassen werden, wenn er durch schwierige Umstände wie zum Beispiel Krankheit oder Arbeitslosigkeit in Not geraten ist. Der Staat unterstützt durch die Sozialhilfe mit dem Nötigsten. Der Staat sorgt auch für alte und kranke Menschen, wenn sie selbst oder ihre Angehörigen dazu nicht in der Lage sind. Die Bundesrepublik Deutschland wird nicht nur als »Rechtsstaat« bezeichnet, sondern – noch genauer – als »sozialer Rechtsstaat«. Alle Aktivitäten und Gesetze des Staates, die dazu da sind, um die Menschen abzusichern und das Leben von schwachen, kranken und schutzbedürftigen Menschen zu verbessern, nennt man Sozialpolitik. In einem Sozialstaat spielen sie eine wichtige Rolle. Die Sozialpolitik soll auch dazu beitragen, dass sich die Menschen in ihrem Staat wohlfühlen und dass es möglichst wenig Streit und Ärger in der Gesellschaft gibt.

Lies auch mal nach unter dem Stichwort Staat.

Nachgefragt

Sophia, 13

Wieso steckt der Sozialstaat momentan in einer Krise? Ich habe das in den Nachrichten gesehen und frage mich, warum eigentlich? Und wie wirkt sich das aus?

Wenn man vom Sozialstaat spricht, dann denkt man vor allem an die sozialen Aufgaben, die der Staat zu erfüllen hat. Viele davon kosten Geld. Es kostet Geld, Sozialhilfe oder Kindergeld zu zahlen, auch die sozialen Einrichtungen, die sich um Kinder oder Kranke oder alte Menschen kümmern, kosten viel Geld. Wir wissen, dass das Geld des Staates knapp ist, und es ist nicht zu erwarten, dass es in absehbarer Zeit besser wird. Wie also soll man die vielen Aufgaben, die es gibt, weiterhin finanzieren? Müssen wir uns daran gewöhnen, dass der Staat in Zukunft weniger Aufgaben als bisher übernehmen kann? Müssen wir uns selbst mehr als bisher um unsere Altersvorsorge kümmern und mehr Eigenverantwortung für unsere Gesundheit übernehmen? Oder muss man ganz andere Wege in der Politik gehen, um diese Probleme zu lösen? Solche Fragen werden diskutiert, wenn man von der Krise des Sozialstaates spricht.

Sozialversicherung

Sozialversicherungen sind Versicherungen, die vom Gesetz vorgeschrieben sind. Die Sozialversicherung soll die Arbeitnehmer vor den Folgen von Krankheit, Alter, aber auch vor Einkommensverlusten bei Arbeitslosigkeit schützen. Die Sozialversicherung umfasst in Deutschland verschiedene Versicherungen, die man auch Pflichtversicherungen nennt. Dies sind die gesetzliche Krankenversicherung, Pflegeversicherung, Unfallversicherung,

Renten- sowie Arbeitslosenversicherung (⇨ Arbeitslosengeld). Jeder, der arbeitet, muss monatlich einen bestimmten Betrag, der von seinem Einkommen abhängig ist, in diese Versicherungen einzahlen. Einen weiteren Anteil zahlen die Arbeitgeber. Deren Beitrag ist in den meisten Fällen genauso hoch wie der der Arbeitnehmer. Ein Sonderfall ist die Unfallversicherung. Die muss der Arbeitgeber für seine Beschäftigten alleine zahlen.
Hinter der Sozialversicherung steht der Gedanke, dass die Gemeinschaft der versicherten Arbeitnehmer dem Einzelnen hilft, wenn er in Not gerät, krank oder arbeitslos wird, einen Unfall erleidet oder im Alter pflegebedürftig ist.
Beamte und Beamtinnen sind nicht in der gesetzlichen Sozialversicherung. Sie sind nach einem besonderen Versorgungsrecht abgesichert.
In Deutschland gab es übrigens früher als in anderen Ländern die ersten Sozialversicherungen: 1883 die Krankenversicherung, 1884 die Unfallversicherung und 1889 die Invaliden- und Altersversicherung.

Spionage / Landesverrat

Stellt euch vor, ihr macht im Team mit einigen Klassenkameraden eine tolle Erfindung für einen Schülerwettbewerb. Ihr habt hart dafür gearbeitet und habt große Chancen auf den ersten Preis. Dann erfahrt ihr, dass ein anderes Team euer streng gehütetes Geheimnis ausgekundschaftet hat und eure Erfindung einfach übernommen hat, ohne dafür gearbeitet zu haben. Das nennt man Spionage, die Täter sind Spione. Dieses Beispiel kann man auf andere und größere Bereiche

übertragen, denn das Stehlen von Geheimnissen und fremdem Wissen gibt es auch in der Industrie und Wirtschaft und in den Beziehungen von Staaten untereinander. Firmen und wichtige Personen werden von Agenten und Agentinnen ausgekundschaftet. So will man an geheime Informationen gelangen und sich dadurch Vorteile verschaffen. Wenn jemand militärische (⇨ Streitkräfte / Armee) oder andere wichtige Geheimnisse von Deutschland an ein fremdes Land weitergibt, kann er wegen Landesverrats bestraft werden. Es kann nämlich sein, dass durch diesen Verrat die Sicherheit und der Frieden unseres Landes bedroht werden.
Lies auch mal nach unter dem Stichwort Überwachung.

Staat

Im Pass wird in einer Zeile nach der »Staatsangehörigkeit« gefragt. Bei den meisten von uns steht da: Deutsch. Bei unseren Nachbarn würde dort vermerkt sein, dass sie zum Beispiel die polnische oder die niederländische Staatsangehörigkeit haben. Kinder haben meist automatisch die gleiche Staatsangehörigkeit wie ihre Eltern.
Was bedeutet Staat? Das Wort kommt von dem lateinischen »status« und dem italienischen »stato« und heißt so viel wie »Zustand« oder »Verfassung«. Der Begriff wurde übrigens zum ersten Mal im 15. Jahrhundert von dem italienischen Schriftsteller Niccolo Machiavelli gebraucht und hat sich Ende des 18. Jahrhunderts auch im deutschen Sprachraum durchgesetzt.
Staat meint eine Vereinigung vieler Menschen, die (freiwillig) in einem bestimmten, abgegrenzten Gebiet leben. Meistens ist ein Staat über einen längeren Zeitraum gewachsen, seine Bürger sind durch die gleiche Staatsangehörigkeit verbunden. Man nennt diese Gemeinschaft das Staatsvolk; das Gebiet, auf dem das Staatsvolk lebt, ist das Staatsgebiet. Dazu gehört auch der Luftraum darüber und ein bestimmter Streifen am Küstenmeer, meistens drei Seemeilen. Ein Staat ist normalerweise von keiner anderen Macht abhängig, er gibt sich seine eigenen Gesetze. Die Polizei, das Militär (⇨ Streitkräfte / Armee) und andere Staatsorgane üben die Staatsgewalt (⇨ Gewaltenteilung) aus. Sie sorgen dafür, dass die Gesetze eingehalten werden und dass die Unabhängigkeit des Staates von keiner anderen Macht bedroht wird.

Ein Staat hat eine bestimmte Herrschafts- und Regierungsform. Bei uns und in vielen anderen Ländern ist das die Demokratie, in der das Volk seine Vertreter und Vertreterinnen in das Parlament wählt. Andere Staaten haben als Herrschaftsform zum Beispiel eine Monarchie oder eine Diktatur.

Staatenbund

So wird der Zusammenschluss mehrerer selbstständiger Staaten genannt. In einem solchen Bund behält jeder Staat seine eigene Souveränität. Jeder Staat hat also sein eigenes Staatsoberhaupt, seine eigene Regierung, seine eigene Verwaltung und Polizei. Er kann seine eigenen Gesetze machen und andere Staaten dürfen sich nicht einmischen. Weshalb aber schließen sich Staaten zu einem solchen losen Bund zusammen? Der Grund ist, dass mehrere Staaten gemeinsam ihre Ziele besser erreichen können als ein einzelner Staat. Zusammen können sie besser für Frieden und Sicherheit ihrer Bürger sorgen und auch andere Ziele wie wirtschaftlichen Wohlstand verfolgen. In der deutschen Geschichte gab es von 1815 bis 1866 den Deutschen Bund, in dem es keine übergeordnete Regierung wie bei einem Bundesstaat gab, sondern jedes Land dieses Bundes eigenständig war.

Staatsaffäre

Das Wort »Affäre« kommt aus dem Französischen (»affaire«). Man meint damit eine unangenehme Sache, einen Skandal oder einen peinlichen Vorfall. Wenn eine Affäre sehr groß ist, so spricht man von einer »Staatsaffäre«. Dies ist zum Beispiel dann der Fall, wenn es sich um einen Verrat von Geheimnissen handelt, an dem wichtige Mitglieder einer Regierung beteiligt sind. Dann kann dieser Skandal den ganzen Staat betreffen oder auch andere Staaten.

Das Wort wird auch in der Umgangssprache gebraucht. Wenn man einem anderen sagen will, er solle sich wegen einer bestimmten (kleinen) Sache nicht unnötig aufregen, fordert man ihn auf, keine »Staatsaffäre« aus dieser Sache zu machen.

Staatsangehörigkeit

Wenn jemand einem Staat angehört, hat er dort bestimmte Rechte und Pflichten. So darf er zum Beispiel wählen, muss sich aber auch an die Gesetze halten, Steuern zahlen und möglicherweise Wehrdienst leisten. Er ist ein Staatsbürger von Deutschland, England, Frankreich oder einem anderen Land. Er hat auch den Pass des Landes, dem er angehört.
Wie bekommt man die Staatsangehörigkeit eines Landes? In Deutschland steht das im Staatsangehörigkeitsgesetz: Die deutsche Staatsangehörigkeit wird durch Geburt erworben. Wenn also ein Elternteil deutsch ist, wird das Kind auch deutsch. Das kann auch durch Adoption geschehen. Der Geburtsort eines Kindes spielt dabei in Deutschland, im Gegensatz zu manchen anderen Ländern, keine Rolle. Ausländerinnen und Ausländer können, wenn bestimmte Voraussetzungen erfüllt sind, die so genannte Einbürgerung beantragen und dann die deutsche Staatsbürgerschaft erhalten.
Nach Artikel 16 des deutschen Grundgesetzes kann die deutsche Staatsangehörigkeit gegen den Willen des Betroffenen nicht aberkannt werden.
Es gibt Menschen, die mehr als eine Staatsangehörigkeit besitzen. Das kann zum Beispiel der Fall sein, wenn Vater und Mutter aus unterschiedlichen Ländern stammen. Es gibt aber auch Personen, die als staatenlos gelten, weil sie die Voraussetzungen für eine Staatsangehörigkeit in keinem Staat erfüllen.

Staatsanwaltschaft / Staatsanwalt / Staatsanwältin

Bei jedem Gericht in Deutschland gibt es eine Staatsanwaltschaft. Das sind die Anwälte oder Anwältinnen des Staates. Sie führen bei Verbrechen oder beispielsweise auch bei schweren Verkehrsunfällen mit Fahrerflucht Ermittlungen durch, um die Tat aufzuklären. Die Polizei und die Kriminalpolizei (»Kripo«) unterstützen die Staatsanwaltschaft dabei. Wenn die Untersuchung abgeschlossen ist und die Staatsanwaltschaft meint, den Täter gefunden zu haben und ihm die Tat nachweisen zu können, erhebt der Staatsanwalt oder die Staatsanwältin im Namen des Staates die Anklage.

Der Angeklagte wird von seinem Rechtsanwalt verteidigt. Bei der Gerichtsverhandlung vertritt der Staatsanwalt die Interessen des Staates. Der Staatsanwalt muss alles, was für und was gegen einen Angeklagten spricht, berücksichtigen, damit es eine faire Gerichtsverhandlung gibt. Er muss immer nach Recht und Gesetz handeln.

Lies auch mal nach unter den Stichwörtern Rechtsstaat, Gericht *und* Rechtsanwalt / Rechtsanwältin

Staatshaushalt / Haushalt

Es wird unterschieden zwischen einem privaten und einem öffentlichen Haushalt. Unter einem privaten Haushalt versteht man mehrere Personen – meist ist das eine Familie –, die zusammen wirtschaften, also mit dem Geld, das verdient wird, auskommen müssen.

Der öffentliche Haushalt umfasst dagegen alle Einnahmen und Ausgaben eines Staates (oder einer Stadt oder Gemeinde oder eines Bundeslandes). Damit der Staat sich über das Geld, das er einnimmt und ausgeben wird, ein klares Bild machen kann, erstellt er einen so genannten Haushaltsplan. Darin sind die zu erwartenden Einnahmen und Ausgaben aufgelistet. Man nennt diese Zusammenstellung auch »Budget« oder »Etat«. Dieser Haushaltsplan gilt für eine bestimmte Zeit, meistens ein Jahr lang. Die zu erwartenden Einnahmen sind zum Beispiel Steuern oder Gewinne aus dem Verkauf von Staatseigentum oder Erlöse aus Zinsen und sonstigen Geschäften. Den Einnahmen gegenüber stehen die notwendigen und geplanten Ausgaben, also zum Beispiel Personalkosten oder die Kosten für den Bau neuer Straßen und den Naturschutz (⇨ Umweltschutz). Man vergleicht dann die Einnahmen mit den Ausgaben und stellt fest, welche neuen Pläne (Investitionen) mit dem vorhandenen Geld verwirklicht werden können. Für den Staatshaushalt ist das Finanzministerium zuständig. Der Staatshaushalt (meistens sagt man nur »Haushalt«) muss vom Parlament, dem Deutschen Bundestag, genehmigt werden.

Lies auch mal nach unter den Stichwörtern Finanzen, Staatskasse *und* Bruttosozialprodukt.

Internet

www.bundesfinanzministerium.de – da kannst du nachlesen, wie hoch der Staatshaushalt ist, woher die Einnahmen kommen und wofür Geld ausgegeben wird.

Staatskasse

Was eine Kasse ist, weiß jeder. Da liegt Geld drin oder auch nicht (dann ist die Kasse leer). Die Staatskasse (früher hieß sie »Staatssäckel«) steht nicht irgendwo in einer Straße wie eine Sparkasse. Sie hat keinen Kassenraum, in dem Kunden vor einem Schalter stehen. Staatskasse ist einfach eine Bezeichnung für alle Einnahmen eines Staates. Es sind die Steuern aller Bürger und Firmen, die Gewinne aus Verkäufen oder sonstigen Geschäften, die der Staat getätigt hat, und viele andere Gelder. Diese Gelder liegen auf Konten der Deutschen Bundesbank oder bei anderen Banken. Wenn der Staat viele Einnahmen hat, ist die Staatskasse gefüllt, und man kann damit viele Dinge in Angriff nehmen, etwa Straßen bauen, Kindergärten und Schwimmbäder oder auch von den Bürgern im nächsten Jahr weniger Steuern verlangen. Oft aber seufzen die Politiker genauso wie die normalen Bürger: Seht her, wir können nichts machen, wir sind knapp bei (Staats-)Kasse!

Lies auch mal nach unter Finanzen *und* Steuern.

Staatsquote

Der Staat hat, wie jeder Privathaushalt, eine Menge Ausgaben. Der Staat bezahlt zum Beispiel den Straßenbau, die Verwaltungsbeamten, Arbeitslosen- und Kindergeld und vieles mehr. In jedem Jahr betragen diese Staatsausgaben viele Milliarden Euro. Aber der Staat hat auch Einnahmen. Die Bürger (sie sind ja der Staat) verdienen Geld, sie stellen Güter her oder erbringen Dienstleistungen. Alles das hat einen bestimmten Wert. Zusammen genommen ist es das so genannte Bruttoinlandsprodukt (⇨ Bruttosozialprodukt) eines Staates. Die Staatsquote (man sagt auch »Staatsausgabenquote«) ist das Verhältnis zwischen dem Geld, das der Staat zur Erfüllung seiner Aufgaben ausgibt, und dem, was seine Bürger erwirtschaften, also dem Bruttoinlandsprodukt. Dieses Verhältnis wird in Prozent gemessen. Ein Beispiel: Nehmen wir an, das Bruttoinlandsprodukt beträgt in einem Jahr zwei Milliarden Euro und die Staatsausgaben liegen bei einer Milliarde Euro, also der Hälfte. Dann beträgt die Staatsquote genau 50 Prozent.

Staatsräson / Staatsraison

Das Prinzip der Staatsräson (der Begriff kommt aus dem Lateinischen, »ratio status« heißt »Staatsvernunft«) hatte in früheren Jahrhunderten, als die Länder von Königen (⇨ Monarchie) und Fürsten regiert wurden, große Bedeutung. Es besagte, dass die Interessen des Staates über alle anderen Interessen gestellt wurden. Damit ist gemeint, dass der Staat alles tun darf, um zu überleben, ohne Rücksicht auf Verluste. Verfassung und Gesetze können aufgehoben, die Rechte der einzelnen Menschen missachtet werden, wenn die Staatsmacht meint, dass das dem Interesse des Staates dient.
In demokratischen Staaten spielt die Staatsräson keine Rolle mehr.

Staatsstreich / Putsch

In der Geschichte ist es schon häufig vorgekommen, dass eine Gruppe von Menschen, manchmal waren das Offiziere oder Minister, schnell und meist gewaltsam die herrschende Regierung abgesetzt, also »gestürzt« hat. Das konnte verschiedene Gründe haben. Manchmal wollten diese Menschen selber die Macht im Staat haben, manchmal glaubten sie, dass die Regierung ihre Arbeit so schlecht macht, dass man sie vertreiben müsse. Eine solche gewaltsame Absetzung der Regierung, die die geltenden Gesetze des Landes nicht beachtet, nennt man Staatsstreich. Wenn das Militär (⇨ Streitkräfte / Armee) die Regierung des eigenen Landes stürzt, nennt man das nicht Staatsstreich, sondern Militärputsch.
Lies auch mal nach beim Stichwort Revolution.

Stabilitäts- und Wachstumspakt

Im Jahr 1997 schlossen die Staats- und Regierungschefs der EU-Staaten in der irischen Hauptstadt Dublin diesen gemeinsamen Vertrag. Sie haben versprochen, dass sie gut und diszipliniert auf ihren Staatshaushalt und ihre Finanzen achten. Jedes Land hat sich verpflichtet, nicht mehr als drei Prozent Schulden pro Jahr bezogen auf das Bruttoinlandsprodukt (⇨ Bruttosozialprodukt) zu machen. Das hört sich kompliziert an. Nehmen wir daher als einfaches Beispiel eine Familie: Wenn sie in einem Jahr zehntausend Euro verdient, dürfte sie nach diesem Stabilitätspakt nicht mehr als dreihundert Euro Schulden im Jahr machen. Und wenn sie es doch tut, muss sie eine Strafe zahlen. Wenn nun ein Staat mehr Schulden macht als es dieser Pakt erlaubt, also mehr als drei Prozent von seinen Einnahmen, wird er von der Kommission der EU bestraft. Er muss dann an die EU viel Geld bezahlen. Es gibt allerdings Ausnahmen: Wenn etwa eine schwere Naturkatastrophe oder große wirtschaftliche Probleme ein Land zwingen, mehr als drei Prozent Schulden zu machen und das Land dies auch beweisen kann, kann von Strafen abgesehen werden.
Mit diesem Pakt sollen gute Bedingungen für ein besseres Wirtschaftswachstum in allen Ländern der Europäischen Union geschaffen werden.
Lies auch mal nach unter dem Stichwort Europäische Union.

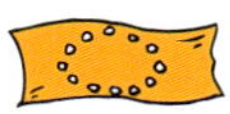

Internet

Hier ist die Adresse des Statistischen Bundesamtes: www.destatis.de

Statistisches Bundesamt

Was ist Statistik? Wenn ein Lehrer in seinem Heft alle mündlichen und schriftlichen Noten seiner Schüler aufschreibt, eine Tabelle mit der Reihenfolge der Besten aufstellt und vielleicht noch die Durchschnittsnote errechnet, dann hat er eine Statistik erstellt. Der Begriff kommt aus dem Lateinischen. Er bezeichnet die Zusammenfassung von bestimmten Ergebnissen, die in Zahlen ausgedrückt sind. In unserem Beispiel waren das die Noten für die Leistungen der Schüler. Man könnte auch die Anzahl der Autos auf unseren Straßen in einer Tabelle erfassen und mit der Zahl vom letzten Jahr

vergleichen. Das ist eine Verkehrsstatistik und wäre schon eine der Aufgaben des Statistischen Bundesamtes. Diese Behörde hat ihren Hauptsitz in Wiesbaden und ist dem Bundesinnenministerium unterstellt. In diesem Bundesamt werden alle Statistiken geführt und veröffentlicht, die für unser Land und seine Politik wichtig sind. Es wird zum Beispiel Buch geführt über die Anzahl der Einwohnerinnen und Einwohner, über ihr Alter, die Zahl der Häuser und Wohnungen, über die Zahl der ausländischen Mitbewohner, die Kosten für das Gesundheitswesen, über die Löhne und Gehälter, über Bildung, Kultur und Umwelt und viele Dinge mehr. Die Ergebnisse der Statistiken werden regelmäßig veröffentlicht. In der Statistik über den Umsatz des Einzelhandels steht zum Beispiel, ob die Bürger im letzten Monat mehr in den Geschäften gekauft haben als im gleichen Monat des letzten Jahres. In einer Statistik über die Teuerungsrate steht, ob und um wieviel Prozent die Preise im Vergleich zum Vorjahr gestiegen sind. Diese Statistiken können von den Politikern, den Unternehmen und allen interessierten Bürgern genutzt werden. Sie geben Auskunft über das, was im Staat passiert, sie dienen als Grundlage für zukünftige Planungen.
Das Statistische Bundesamt stellt selbst auch Voraussagen auf über Entwicklungen in der Zukunft. Zu seinen Aufgaben gehört außerdem die Zusammenstellung von Statistiken aus anderen Ländern, um Vergleichsmöglichkeiten zu schaffen.

Steuern

Manchmal stöhnen die Menschen über viel zu hohe Steuern, die sie dem Staat geben müssen, ohne dass sie sofort etwas dafür zurückbekommen. Die Steuern sind Geldzahlungen der Bürger. Der Staat verwendet dieses Geld, um bestimmte Aufgaben zu

Grips

Welche Steuern kennst du?

erfüllen. Es werden zum Beispiel Straßen, Schulen, Sportanlagen, Krankenhäuser und vieles mehr gebaut. Mit den Steuern werden auch die Lehrerinnen, die Polizisten und alle anderen, die für den Staat arbeiten, bezahlt. Auf bestimmte Produkte erhebt der Staat auch Sondersteuern. So muss man beispielsweise für Alcopops eine zusätzliche Abgabe bezahlen.

Und nun etwas für Spezialisten: Steuern werden auf unterschiedliche Weise bezahlt. Wer arbeitet und Geld verdient, zahlt einen bestimmten Anteil davon als Steuern an das Finanzamt. Das sind so genannte »direkte Steuern«, sie gehen direkt ans Finanzamt. Dann gibt es noch die »indirekten Steuern«. Die gehen sozusagen über einen Umweg ans Finanzamt. Dazu gehört zum Beispiel die so genannte Mehrwertsteuer. Die zahlen wir alle jedes Mal, wenn wir zum Beispiel Kaugummis, Milch, Benzin, Kleidung oder andere Sachen kaufen. Diese Steuer ist schon im Preis enthalten. Deshalb steht auf einer Rechnung auch meistens: einschließlich ... Prozent Mehrwertsteuer.

Lies auch mal bei den Stichwörtern Mehrwertsteuer / Umsatzsteuer, Staatskasse *und* Staatsquote *nach.*

Strafmündigkeit

Normalerweise ist jemand mündig, wenn er die Volljährigkeit erreicht hat, in Deutschland also mit 18 Jahren. Das bedeutet, dass dann das Erziehungsrecht und die gesetzliche Verantwortung der Eltern endet. Strafmündig allerdings kann ein Jugendlicher schon vor dem 18. Lebensjahr sein. Das ist der Fall, wenn er die Fähigkeit hat einzusehen, dass er ein Unrecht, eine strafbare Handlung begangen hat. Nach dem deutschen Gesetz sind alle Kinder unter 14 Jahren noch nicht strafmündig und müssen – jedenfalls vor Gericht – noch nicht die Verantwortung für ihre Straftaten übernehmen. Jugendliche zwischen dem 14. und 18. Lebensjahr sind zum Teil strafmündig und werden unter bestimmten Voraussetzungen für ihre Taten verantwortlich gemacht. Sie werden, wenn sie eine Straftat begangen haben, nach dem deutschen Jugendstrafrecht verurteilt. Voll strafmündig ist man ab dem 18. Lebensjahr. Allerdings kann auch ein Volljähriger noch bis zum Alter von 21 Jahren unter das Jugendstrafrecht fallen. Das

hängt davon ab, wie der Richter seine Chancen beurteilt, wieder ins normale Leben zurück zu finden. Wenn der Angeklagte (⇨ Rechtsanwalt / Rechtsanwältin) zum Beispiel seine Tat bereut und glaubhaft machen kann, dass er eine Ausbildung machen oder arbeiten will und sich an die Gesetze halten wird, kann das Urteil zu seinen Gunsten ausfallen.
Lies auch mal nach unter den Stichwörtern Jugendstrafrecht *und* Jugendkriminalität

§§§

Streik / Aussperrung

Arbeitnehmer und Arbeitgeber verhandeln über die Höhe von Löhnen und Gehältern und über Arbeitszeiten. Wenn sie sich nicht einigen können, kann es zu einem Arbeitskampf kommen. Dann können Arbeitnehmer für eine bestimmte Zeit ihre Arbeit niederlegen. Das ist ein Streik. (Das Wort kommt vom englischen Wort »to strike«, das bedeutet »stoßen« oder »schlagen«.) Auf diese Weise wollen die Arbeiter und Angestellten ihre Forderungen durchsetzen. Sie wollen die Arbeitgeber unter Druck setzen, denn wenn nicht gearbeitet wird, kann ein Betrieb in dieser Zeit nichts verdienen. Streikposten verhindern vor den Toren der Betriebe, dass Arbeitswillige ihren Arbeitsplatz erreichen.

Ärzte streiken für kürzere Arbeitszeiten und bessere Bezahlung.

Aber auch die Arbeitgeber können im Arbeitskampf Druck ausüben. Sie können für eine bestimmte Zeit die Betriebstore schließen und niemanden zur Arbeit lassen. Das nennt man Aussperrung. In dieser Zeit können die Arbeiter und Angestellten nichts verdienen. Solche Arbeitskämpfe erlaubt das Grundgesetz (Artikel 9).
Meistens wird ein Streik von den Gewerkschaften organisiert. Vorher aber müssen alle Möglichkeiten ausgeschöpft werden, um zu einer Einigung mit den Arbeitgebern zu kommen. Wenn die Verhandlungen gescheitert sind, müssen in einer so genannten »Urabstimmung« die Mitglieder der Gewerkschaften entscheiden, ob sie streiken wollen. Nur wenn die Mehrheit (⇨ Mehrheitsprinzip) zustimmt, kann gestreikt werden. Wenn nur für ein bis zwei Stunden die Arbeit niedergelegt wird, heißt das Warnstreik. Ein Warnstreik kann während der Tarifverhandlungen und ohne Urabstimmung stattfinden. Arbeitsniederlegungen, die nicht von den Gewerkschaften organisiert sind, werden als »wilde Streiks« bezeichnet. Sie sind rechtswidrig. Oft hört man auch von »Schwerpunktstreiks«. Dann legen Arbeiter nur in besonders wichtigen Betrieben die Arbeit nieder. Wenn zum Beispiel ein Betrieb bestreikt wird, der Ersatzteile für die Autoindustrie hergestellt, kann damit die gesamte Autoindustrie getroffen werden, weil überall die Ersatzteile fehlen. Beim »Bummelstreik« wird die Arbeit betont langsam erledigt. Bei einem »Generalstreik« wird überall im Lande gestreikt, um von einer Regierung bestimmte Entscheidungen zu erzwingen. In Deutschland ist der Generalstreik allerdings nur in sehr begrenzten Ausnahmefällen erlaubt. Es gibt auch Streiks, die mit einem Arbeitskampf nichts zu tun haben: Ein »Sitzstreik« ist meist eine politische Demonstration. Mit einem »Hungerstreik« wollen zum Beispiel Gefangene bessere Haftbedingungen erzwingen.
Lies auch mal nach unter dem Stichwort Gewerkschaft.

Streitkräfte / Armee

Alle Soldaten eines Landes werden zusammen als die Streitkräfte eines Staates bezeichnet. Dabei wird eine Unterscheidung

Absender

Bitte freimachen falls Marke zur Hand

Name / Vorname

Firma / Institution

Abteilung

Straße

PLZ / Ort

Wenn Sie regelmäßig unseren Newsletter erhalten möchten, nennen Sie uns hier bitte Ihre E-mail-Adresse.

Antwort

Campus Verlag GmbH

Kurfürstenstraße 49

D - 60486 Frankfurt am Main

gemacht zwischen den Luftstreitkräften (Luftwaffe), den Seestreitkräften (Marine) und den Landstreitkräften (Heer). Der Begriff »Armee« ist doppeldeutig. Manchmal wird er für die Landstreitkräfte benutzt, manchmal aber auch für die gesamten Streitkräfte. In der Bundesrepublik Deutschland heißen die gesamten Streitkräfte »Bundeswehr«. Ein militärisches Bündnis wie zum Beispiel die NATO hat immer auch Streitkräfte.

Strukturwandel

Den Aufbau oder die Gliederung einer Sache bezeichnet man auch als Struktur. Zum Beispiel kann ein Schulaufsatz eine bestimmte Struktur haben. Er ist dann auf eine bestimmte Weise gegliedert (Einleitung, Hauptteil, Schluss). Es gibt auch Landschaften, in denen Wiesen, Wälder, Flüsse eine bestimmte Landschaftsstruktur ergeben. Wenn sich in dieser Landschaft auch Industrie befindet, sagen wir ein Autowerk, eine Molkerei, eine Baufirma und auch Landwirtschaftsbetriebe, so spricht man von der wirtschaftlichen Struktur dieser Gegend. Die kann sich natürlich immer wieder ändern. Die Baufirma geht »pleite«, Bauernhöfe schließen, andere Firmen kommen dazu. Dann hat sich die vorherige Struktur geändert und ein Strukturwandel ist eingetreten. Wenn die Wirtschaft eines Staates wächst oder schrumpft, dann gibt es fast immer einen Strukturwandel, der sich über mehrere Jahre hinzieht. Das ist dann der Fall, wenn ganz neue Industriezweige entstehen oder andere fast verschwinden, wie in Deutschland beispielsweise in den letzten Jahrzehnten die Bergbauindustrie. Ein Strukturwandel kann zur Folge haben, dass Arbeitsplätze verloren gehen und eine hohe Arbeitslosigkeit entsteht. Das ist zurzeit in Deutschland und auch in anderen Industriestaaten der Fall. Dann müssen neue Arbeitsplätze geschaffen, neue Industrien angesiedelt und neue Wirtschaftszweige entwickelt werden. Die Regierung leitet, wie es heißt, strukturpolitische Maßnahmen ein. Das wären zum Beispiel Steuervergünstigungen für Betriebe, die neue Arbeitsplätze schaffen oder neue Produkte und Dienstleistungen entwickeln, die sich gut verkaufen lassen. Es braucht oft viel Zeit, bis sich ein solcher Strukturwandel gut entwickelt und dann wieder viele Menschen Arbeit finden.

Subsidiarität

Das aus dem Lateinischen kommende Wort »Subsidiarität« bedeutet sinngemäß »zurücktreten« oder »nachrangig sein«. Der Staat – und das ist das Prinzip der Subsidiarität – tritt dann zurück von einer Aufgabe, wenn diese Aufgabe auch von einer »untergeordneten« Organisation erfüllt werden kann. Um es verständlicher zu machen, ein Beispiel: In Deutschland bekommen viele Menschen Sozialhilfe. Wer aber zahlt diese Sozialhilfe aus? Ein Ministerium (⇨ Ressort), also eine hohe Bundesbehörde, könnte das möglicherweise machen, tut es aber nicht. Das Ministerium sagt vielmehr, dies ist die Aufgabe der Gemeinde oder der Stadt, in der die Menschen wohnen. Das Sozialamt der Stadt kann diese Aufgabe viel besser wahrnehmen als das Ministerium, es ist »näher« an den Menschen, kann diese Aufgabe besser erfüllen. Aber auch das Sozialamt selbst muß nach dem Subsidiaritätsprinzip handeln. Es wird deshalb schauen, ob nicht vielleicht die Familie, Verwandte ersten Grades, zunächst einmal helfen müssen. Mit dem Prinzip der Subsidiarität soll die Eigenleistung der einzelnen Bürger und Bürgerinnen wie auch der Gemeinschaften, in denen die Bürger leben (Familie, Gemeinde), gefördert werden. Besonders in der Sozialpolitik (⇨ Sozialstaat), aber auch in der Bildungspolitik spielt Subsidiarität eine wichtige Rolle. Denn sonst müsste der Staat jede Kleinigkeit von oben mit großem Aufwand bestimmen, regeln und verwalten.

Erwähnt sei noch, dass auch im Vertrag der Europäischen Union das Subsidiaritätsprinzip festgeschrieben ist. Das heißt, die EU-Mitgliedstaaten sollen die Dinge regeln, die sie selber erledigen können, und nicht alles soll von der Brüsseler EU-Zentrale aus bestimmt werden.

Subvention

Ein Stadttheater oder eine Oper kann nicht nur durch den Verkauf von Eintrittskarten finanziert werden. Diese Gelder würden nicht reichen, das Theater wäre also bald pleite. Daher wird es von der Stadt unterstützt, denn die Stadt ist daran interessiert, dass es solche Kultureinrichtungen gibt. Diese Unterstützung nennt man

Subvention (vom lateinischen Wort »subvenire«, was auf Deutsch »zur Hilfe kommen«, »beistehen« heißt).

Der Staat gibt auch finanzielle Leistungen an Unternehmen, an Wirtschaftszweige oder an besonders bedürftige Regionen, ohne dafür eine direkte Gegenleistung zu erhalten. Diese Subventionen können direkte finanzielle Leistungen sein, aber auch indirekte Hilfen wie zum Beispiel Steuervergünstigungen. Meistens sind solche Unterstützungen allerdings an bestimmte Bedingungen gebunden (man spricht auch von Auflagen).

Zum Beispiel sollen Umweltschädigungen vermieden werden oder die staatliche Subvention soll helfen, in einer armen Gegend Industriebetriebe anzusiedeln, um dort Arbeitsplätze zu schaffen. Man hofft, dass sich auf längere Sicht gesehen Subventionen lohnen und die Wirtschaft sich positiv entwickelt. In Deutschland sind die Hauptempfänger von Subventionen die Landwirtschaft, der Kohlenbergbau, die Werften und der Wohnungsbau. Diese Unterstützungen werden vom Staat, von den Ländern oder den Kommunen vergeben. Auch die Europäische Union unterstützt mit Subventionen weniger entwickelte Länder der Gemeinschaft.

In letzter Zeit hört und liest man öfters das Wort »Subventionsabbau«. Es bedeutet, dass wegen schlechter Haushaltslage, mangelnder Finanzen des Staates, der Länder und der Gemeinden Subventionen gekürzt oder gestrichen werden. Das Stadttheater oder die Oper, von denen oben die Rede war, muss also in Zukunft vielleicht mit weniger Geld auskommen.

Tarifkorridor

Ein Tarifvertrag wird zwischen den Vertretern von Arbeitern und Angestellten auf der einen Seite (das sind normalerweise die Gewerkschaften) und den Unternehmern auf der anderen Seite ausgehandelt. Dieser Vertrag ist für die Tarifvertragsparteien bindend. Das heißt, dass die ausgehandelten Löhne, Gehälter und auch die Urlaubszeiten sowie alle anderen Vereinbarungen eingehalten werden müssen. Allerdings haben Firmen die Möglichkeit, bestimmte Regelungen speziell ihren Bedürfnissen anzupassen. Dies ist ein so genannter Tarifkorridor, der es möglich macht, in manchen Fragen flexibel zu handeln. Dafür ein Beispiel: Eine Firma, die Autositze herstellt, bekommt plötzlich eine Menge Aufträge. In der normalen Arbeitszeit ist das nicht zu schaffen, also werden zusätzlich Nachtschichten eingelegt. Dafür bekommen die Arbeiter dann an anderen Tagen, wenn nicht so viel zu tun ist, frei, um die im Tarifvertrag ausgehandelte wöchentliche Arbeitszeit nicht zu überschreiten. Das Gleiche gilt auch für die Löhne, die höher sein können als der ausgehandelte Tariflohn oder manchmal auch niedriger, wenn weniger gearbeitet wurde. Insgesamt darf das allerdings nicht willkürlich von den Firmenleitungen bestimmt werden, sondern solche Regelungen müssen sich im Rahmen (im »Korridor«) des ausgehandelten Vertrages bewegen.

Tarifvertrag

Dieser Vertrag ist eine schriftliche Vereinbarung, der zwischen den Gewerkschaften und Vertretern der Arbeitgeber ausgehandelt wird. Diese beiden nennt man auch »Tarifvertragsparteien«. Im Tarifvertrag wird festgelegt, wie hoch der Lohn oder das Gehalt für bestimmte Berufsgruppen ist, wie viele Urlaubstage es gibt und noch anderes mehr. Diese Vereinbarungen gelten für Betriebe, Ämter und Behörden sowie für ihre Arbeiter, Angestellten und Beamte. Die Vereinbarungen sind nur eine bestimmte Zeitlang gültig. Die Tarifvertragsparteien haben das Recht, über die Löhne und Gehälter selbstständig zu verhandeln, ohne dass sich jemand anderes, zum Beispiel die Regierung, einmischt. Dieses Recht nennt man »Tarifautonomie«. Die Tarifautonomie ist in Deutschland im Grundgesetz festgeschrieben.

Taschengeld

Eine spannende Frage ist: Gibt es für Kinder eigentlich ein Gesetz, in dem das Recht auf Taschengeld steht? Das muss man mit Nein beantworten. Allerdings: Jedes Kind hat ein Recht darauf, von seinen Eltern zu einer eigenverantwortlichen Persönlichkeit erzogen zu werden. Und dazu gehört eben auch, dass Kinder lernen, mit Geld umzugehen. Deswegen sollten deine Eltern dafür sorgen, dass du regelmäßig kleinere Geldbeträge erhältst. Welcher Betrag das jede Woche oder jeden Monat sein kann, richtet sich nach den finanziellen Möglichkeiten deiner Eltern. Was kannst du mit deinem Taschengeld machen? Du kannst es sparen, du kannst es aber auch für Süßigkeiten, Zeitschriften, Kleidung ausgeben. Allerdings können dir die Eltern auch verbieten, das Geld für bestimmte Sachen auszugeben. Zum Beispiel können und müssen sie dir verbieten, das Taschengeld für Dinge auszugeben, die verboten oder gefährlich sind. Und deine Eltern können dir auch das Taschengeld entziehen, wenn sie es aus erzieherischen Gründen für notwendig halten.

Helferinnen und Helfer des THW nach der Tsunami-Katastrophe in Thailand

Technisches Hilfswerk (THW)

Die blauen Fahrzeuge des Technischen Hilfswerks (die Abkürzung lautet THW) habt ihr vielleicht schon auf der Straße gesehen. Oder im Fernsehen, wenn über schwere Naturkatastrophen, über Erdbeben, Überschwemmungen, einen Flugzeugabsturz oder ein Eisenbahnunglück berichtet wird. Dann sind oft die Helfer des THW zur Stelle, denn die Menschen in den betroffenen Gebieten, egal ob im Ausland oder bei uns in Deutschland, brauchen ganz schnell Hilfe. Das THW untersteht dem Bundesminister (⇨ Minister/in) des Innern. Die Aufgabe des THW ist es, Menschen und Tiere aus Gefahrenlagen zu retten, Schäden an Strom- und Wasserversorgung zu reparieren, zerstörte Wege und Übergänge wieder herzurichten. Auch in weit entfernten Ländern kennt man das deutsche THW. So wurden zum Beispiel in Südafrika Anlagen für Trinkwasseraufbereitung gebaut, in der Türkei, in Kolumbien oder Taiwan halfen Hundestaffeln des THW bei der Suche nach Verschütteten nach schweren Erdbeben. Den größten Auslandseinsatz des Technischen Hilfswerks gab es im Jahr 2000. Damals haben mehr als 1500 Helferinnen und Helfer in Frankreich mitgeholfen, die Schäden nach schweren Winterstürmen zu beseitigen. Das THW wurde 1953 gegründet. Es gibt heute mehr als 660 Ortsverbände, in denen sich Frauen und Männer zum Teil hauptamtlich, vor allem aber ehrenamtlich engagieren.

Lies auch mal nach beim Stichwort Katastrophenschutz.

Internet

Hier gibt es interessante Infos: www.thw-jugend.de

Schon gewusst?

Der 3. Oktober ist der deutsche Nationalfeiertag. An diesem Tag wird die Wiedervereinigung und damit auch das Ende der Teilung Deutschlands gefeiert.

Teilung Deutschlands

Der Zweite Weltkrieg endete 1945 mit der Niederlage des nationalsozialistischen Deutschlands. Im Potsdamer Abkommen (⇨ Konvention) vom 2. August 1945 beschlossen die vier Siegermächte USA, Sowjetunion, England und Frankreich, Deutschland in vier Besatzungszonen aufzuteilen. Schon bald kam es zu Spannungen zwischen den Siegermächten. Die drei westlichen Zonen wurden demokratisch, hier wurden schon 1946 freie Wahlen durchgeführt. Am 23. Mai 1949 schließlich wurde das Grundgesetz für die aus den drei Zonen hervorgegangene Bundesrepublik Deutschland verkündet. Es war ein demokratischer deutscher Staat entstanden mit der Hauptstadt Bonn. In der von der Sowjetunion verwalteten Zone, der so genannten Ostzone, entwickelte sich ein von der Sowjetunion abhängiger Teil Deutschlands mit der Hauptstadt (Ost-)Berlin. Hier hatte die Sozialistische Einheitspartei Deutschlands (SED) die Macht. Dieser Teil Deutschlands nannte sich Deutsche Demokratische Republik (⇨ DDR). Dieser Staat, der lange Zeit von der Mehrzahl der westlichen Staaten nicht anerkannt wurde, war trotz der Namensgebung keineswegs demokratisch. So gab es beispielsweise keine freien Wahlen. Viele Menschen haben die DDR in den ersten Jahren nach ihrer Gründung verlassen und sind nach Westdeutschland gegangen. 1961 haben die Machthaber der DDR den Bau der Berliner Mauer veranlasst, um die Menschen an einer Flucht in den Westen zu hindern. Damit war die Teilung des Landes für alle Welt sichtbar vollzogen. Sie wurde erst mit dem Fall der Berliner Mauer im November 1989 und mit der Wiedervereinigung am 3. Oktober 1990 beendet.

Lies auch mal nach bei den Stichwörtern DDR *und* Berliner Mauer.

Internet

Viele Infos gibt es hier: www.dhm.de/lemo

Terrorismus

Das Wort »Terror« stammt aus dem Lateinischen und heißt »Schrecken«. Terroristen sind also Menschen, die Schrecken verbreiten. Mit grausamen Anschlägen und Entführungen, bei denen oft viele Menschen ums Leben kommen, wollen sie ihre Ziele gewaltsam auch gegen den Staat durchsetzen. Ihr rücksichtsloses und brutales Vorgehen erklären Terroristen meistens damit, dass sie eine andere und bessere Welt wollen und geben dafür politische oder religiöse Gründe an. Aber

Bei einem Terroranschlag in London im Sommer 2005 wurden viele Menschen getötet und verletzt.

Nachgefragt

Anna, 13

Wieso machen manche Menschen im Namen der Religion Terroranschläge und gefährden damit das Leben von Tausenden Menschen?

Es gibt Menschen, die die Religion missbrauchen, um Terroranschläge zu rechtfertigen. Leider wird die Religion immer wieder missbraucht, um eigene Machtansprüche durchzusetzen. Religiöse Argumente müssen oft herhalten, um andere Menschen zu unterdrücken, um eine Diktatur zu begründen oder angebliche Feinde zu töten. Diejenigen, die behaupten, eine solche unmenschliche Tat sei angeblich der Wille Gottes, wollen ihre Tat als etwas Gutes darstellen. Unter den großen Weltreligionen gibt es keine, die solche grausamen Verbrechen gegen unschuldige Menschen rechtfertigt.

was soll das für eine Welt sein, in der die meisten Menschen in Angst und Schrecken leben?
In manchen Ländern, zum Beispiel in Nordirland, in Spanien, im Nahen Osten oder einigen südamerikanischen und südostasiatischen Staaten, bezeichnen sich Terroristen als Widerstands- oder Befreiungskämpfer. Manchmal wollen sie die Unabhängigkeit eines Landesteils erkämpfen und dazu scheint ihnen fast jedes Mittel recht zu sein. Eine besonders unberechenbare Form des Terrorismus sind die so genannten Selbstmordattentate. Dabei setzen die Terroristen das eigene Leben ein, um ihre Ziele zu erreichen, wie zum Beispiel bei den Anschlägen auf das New Yorker World Trade Center am 11. September 2001. Hier haben sich Terroristen mit entführten Flugzeugen in die Gebäude gestürzt. Tausende Menschen haben ihr Leben verloren.
Aber nicht nur Einzelpersonen können Terroristen sein. Es gibt auch Staaten, die ihre Bevölkerung unterdrücken und dazu grausame Mittel einsetzen.

Toleranz

Passt dir die Nase eines Mitschülers nicht? Oder die andere Meinung einer Mitschülerin? Kannst du es nicht gut ertragen, wenn dir jemand widerspricht oder sich anders verhält, als du es erwartest? Dann bist du nicht tolerant, denn Toleranz (der Begriff kommt aus dem Lateinischen) bedeutet, dass man auch andere Meinungen, Anschauungen oder Haltungen neben seiner eigenen gelten lässt. Denn die Menschen

sind unterschiedlich und alle haben in unserem Staat das Recht, im Rahmen der Gesetze nach ihren Vorstellungen zu leben. So ist es zum Beispiel ein Gebot der Toleranz zu akzeptieren, wenn Menschen unterschiedliche Religionen haben und dies auch zum Ausdruck bringen. In Deutschland werden keine Religionen verboten. Die Glaubens- und Gewissensfreiheit ist in unserem Grundgesetz festgeschrieben. Man sollte aber nicht immer Toleranz zeigen: Wenn Menschen etwa gewalttätig werden, sollte man dies nicht dulden, nicht tolerieren, sondern sich mit anderen verbünden und die Bedrohten schützen. Das Gegenteil von Toleranz ist übrigens Intoleranz.
Der Vollständigkeit halber: Das Wort »Toleranz« benutzt man auch im Zusammenhang mit Maßen und Gewichten. Hier bezeichnet es die zulässige Abweichung, wenn eine Messung nicht hundertprozentig genau sein kann.

Internet

www.gime5.de – eine Aktion für Toleranz und Freundschaft.

Totalitäres System

Eine politische Herrschaft, die die Bürger vollkommen unterwerfen will, handelt totalitär. Ein solcher Staat versucht, alle Bereiche des Lebens (Beruf, Familie, Erziehung, Freizeit usw.) zu kontrollieren, also die totale Macht auszuüben. Dieses System lässt keine anderen Meinungen und Parteien zu. Wer versucht sich aufzulehnen, wird oft grausam verfolgt. So war es zum Beispiel im Faschismus, im Nationalsozialismus und im kommunistischen System der Sowjetunion unter Stalin (1924-1953). Ein totalitäres System ist also das Gegenteil eines demokratischen Verfassungsstaates, in dem die Menschen ihre Meinung frei äußern können, freie Wahlen stattfinden und mehrere Parteien die unterschiedlichen Meinungen der Bürger in einem Parlament vertreten können.
Lies auch mal nach bei den Stichwörtern Diktatur, Nationalsozialismus *und* Faschismus.

Überhangmandat

Das deutsche Wahlsystem ist eine Kombination aus Verhältniswahl und Mehrheitswahl. Bei den Wahlen zum Deutschen Bundestag wählt man mit seiner ersten Stimme den Direktkandidaten oder die Direktkandidatin. Wer die Mehrheit (⇨ Mehrheitswahlrecht) aller Erststimmen erhält, ist auf jeden Fall gewählt (Mehrheitswahl). Mit der zweiten Stimme wählt man eine Partei. Nach einem bestimmten System wird dann errechnet, wie viele Kandidaten eine Partei entsprechend den Zweitstimmen in das Parlament schicken kann (Verhältniswahl). Ein Teil der Abgeordneten im Parlament wird also mit der Erststimme gewählt, der andere Teil wird von den Parteien bestimmt (Landesliste) und zwar entsprechend der Zahl der Zweitstimmen, die diese Partei bekommen hat. Es kann vorkommen, dass für eine Partei mehr Direktkandidaten ins Parlament gewählt werden, als dieser Partei nach den Zweitstimmen eigentlich zustehen. Dies sind die so genannten Überhangmandate.

Um das Prinzip zu erklären, hier ein einfaches Beispiel: Angenommen eine Partei gewinnt bei einer Wahl 15 Direktmandate. Bei den Zweitstimmen erhält sie 40 Prozent der Stimmen, das würde, so wollen wir hier annehmen, insgesamt 20 Mandate im Parlament bedeuten. Dann würden für die Partei auf jeden Fall die 15 direkt gewählten Abgeordneten ins Parlament einziehen und zusätzlich 5 weitere Abgeordnete von der Landesliste. Hätten allerdings 22 Kandidaten ein Direktmandat erhalten, die Zahl der Zweitstimmen wäre aber gleich geblieben, so würden der Partei „eigentlich" – wie oben – nur 20 Sitze im Parlament zustehen. Die zwei zusätzlichen Sitze erhält die Partei aber auf jeden Fall. Dies sind die Überhangmandate.

Lies auch mal nach bei den Stichwörtern Mehrheitswahlrecht, Wahlsystem *und* Wahlen.

Überwachung (»Lauschangriff«)

Telefongespräche und auch Privatbriefe gehen normalerweise nur diejenigen etwas an, die miteinander sprechen oder sich schreiben. Das so genannte Brief-, Post- und Fernmeldegeheimnis stellt sicher, dass sich hier niemand anderes einmischt. Allerdings kann

Ein Videoüberwachungssystem, das in Bussen und Bahnen eingesetzt werden kann. Ziel ist es, Täter zu überführen, die Sitze und Bänke zerstören oder andere Mitfahrende überfallen.

das Telefon eines Teilnehmers mit bestimmten technischen Mitteln abgehört (überwacht) werden, wenn sich Polizei und Staatsanwaltschaft sicher sind, dass kriminelle Taten geplant und abgesprochen werden. Im Sprachgebrauch hat sich dafür das Wort »kleiner Lauschangriff« eingebürgert. Vom »großen Lauschangriff« spricht man, wenn Gespräche zwischen zwei oder mehreren Personen in geschlossenen Wohnungen mit Hilfe von Wanzen, also geheim angebrachten Mikrofonen, oder von draußen durch raffinierte Richtmikrofone aufgezeichnet werden. Insbesondere geschieht das dann, wenn Gefahren für die öffentliche Sicherheit (⇨ Innere Sicherheit und öffentliche Ordnung) drohen, zum Beispiel weil ein Terroranschlag geplant wird oder Spionage stattfindet. Dann können Polizei-Spezialisten von staatlichen Stellen dazu beauftragt werden, solche Lauschangriffe durchzuführen. Es gibt bei den Bürgern und auch den Parteien sehr unterschiedliche Aussichten darüber, wie weit der Staat bei solchen Überwachungen gehen darf.

Grips

Wo siehst du die Vorteile und die Nachteile einer Überwachung?

Ultimatum

»Wenn du mir nicht bis morgen mein Geld zurückgibst, verpetze ich dich!« Wenn ich das meinem Klassenkameraden sage, stelle ich ihm ein Ultimatum (das Wort bedeutet im Lateinischen »das Letzte«). Ich fordere dazu auf, innerhalb einer bestimmten Frist etwas zu tun. Gleichzeitig verbinde ich den Satz mit einer

Drohung: Wenn die Forderung nicht erfüllt wird, dann wird etwas Unangenehmes passieren. Auch ein Staat kann einem anderen ein Ultimatum stellen und drohen: Wenn du meine Bedingungen nicht in einer bestimmten Zeit annimmst, dann wird das böse Folgen für dich haben. Das kann zum Beispiel der Abbruch der diplomatischen Beziehungen sein, die Kündigung von Handelsverträgen (⇨ Handelsabkommen) oder im schlimmsten Falle auch Krieg.

Nachgefragt

Çetinel, 15

Was können wir machen für den Umweltschutz?

Jeder kann zunächst selbst darauf achten, dass er oder sie aufmerksam mit der Umwelt umgeht. Da fällt einem sofort der Abfall ein, der nicht in die Natur gehört, aber auch ein sorgsamer Umgang mit der Energie. Man kann auch in Vereinen mitmachen, die sich um den Schutz der Umwelt kümmern – vielleicht hast du zum Beispiel schon vom Bund für Umwelt und Naturschutz (BUND) gehört. In der Schule könnte das ein Thema für eine Projektwoche sein, bei der man dann gemeinsam mit anderen gute Ideen zum Umweltschutz entwickeln kann.

Umwelt / Umweltschutz

Alles, was um euch herum ist, was ihr seht, hört, riecht oder schmeckt – das alles gehört zu eurer Umwelt. Dazu zählen auch eure Familien und Freunde, Häuser, Autos und Straßen. Wenn wir aber heute von Umwelt sprechen, denken wir zuerst an Pflanzen und Tiere, an Erde, Wasser und Luft. Das alles ist die natürliche Umwelt, die wir – manchmal auch vor uns selbst – schützen müssen, damit auch in einigen Jahren noch Menschen auf der Erde leben können. (In der Politik spricht man hier oft von »Nachhaltigkeit« und meint damit, dass wir nicht mehr Natur verbrauchen und zerstören dürfen, als wieder neu entstehen kann.)

Die meisten Dinge in der Natur hängen miteinander zusammen. Man spricht deshalb auch vom Kreislauf der Natur. Wenn zum

Langenwerder in Mecklenburg-Vorpommern ist das älteste Vogelschutzgebiet Mecklenburgs. Es bietet 18 Arten Brutvögeln eine Heimat.

Beispiel das Gift, mit dem ein Bauer Schädlinge bekämpft, auf die Felder kommt, werden vielleicht Hasen davon krank. Wenn so ein kranker Hase dann von einem Jäger geschossen und später gegessen wird, können auch Menschen davon krank werden. Wenn das Gift im Erdreich versickert und ins Wasser kommt, können Fische und Tiere, die das Wasser trinken, Krankheiten bekommen. Und auch wenn in der Stadt zu viele Abgase aus Schornsteinen und Autos in die Luft gepustet werden, kann das viel Unheil anrichten: Menschen bekommen Atemprobleme und die Bäume sterben, wenn sie zu stark mit den Schadstoffen belastet werden.
Umweltschutz umfasst alle Maßnahmen, die dazu beitragen, dass die natürliche Umwelt der Menschen erhalten bleibt, dass Boden, Luft, Wasser, Pflanzen und Tiere geschützt werden. Seit 1994 ist der Umweltschutz als Staatsziel im deutschen Grundgesetz festgelegt.

Internet

Ein Besuch lohnt sich: www.vuz-web.de und auch www.bmu-kids.de

UNESCO

UNESCO ist die englische Abkürzung für »United Nations Educational Scientific and Cultural Organization« (auf Deutsch: »Organisation der Vereinten Nationen für Erziehung, Wissenschaft und Kultur«). Sie ist eine Sonderorganisation der Vereinten Nationen (⇨ UNO) und wurde 1945 gegründet. Diese weltweite Organisation, zu der 188 Staaten gehören, hat ihren Sitz in Paris. Die Aufgabe der UNESCO ist es insbesondere, Kindern und Erwachsenen, die nicht lesen und schreiben können, zu einer Schulausbildung zu verhelfen. Die Organisation unterstützt vor allem Entwicklungsländer, denen das Geld für Schulen fehlt. Aber sie hilft auch Ländern, die Katastrophen wie Überschwemmungen oder Erdbeben (⇨ Naturkatastrophe) erlitten haben, beim Wiederaufbau. Das Ziel der UNESCO ist es, weltweit die Bildung zu fördern, aber auch dafür zu sorgen, dass sich die Länder untereinander austauschen, damit wir gegenseitig mehr über fremde Kulturen erfahren und lernen, diese zu verstehen.
Lies auch mal nach bei den Stichwörtern Bildung *und* Analphabet.

Ein Junge trinkt aus einem Wasserrohr an einer Pumpstation in Äthiopien. UNICEF fördert den Bau von Brunnen in Dürregebieten, um den Wassermangel zu bekämpfen.

Internet

Aktuelle Infos über die Arbeit von Unicef und was jede und jeder selbst machen kann: www.unicef.de/kids und www.juniorbotschafter.de

UNICEF

UNICEF bedeutet »United Nations International Children's Emergency Fund« und ist der Name für das Kinderhilfswerk der Vereinten Nationen (⇨ UNO). Es wurde 1946 gegründet und hat seinen Hauptsitz in New York. Die Aufgabe von UNICEF ist es, weltweit Kindern zu helfen und Mütter zu unterstützen. Hilfe wird vor allem in armen Ländern, den so genannten Entwicklungsländern, gebraucht. Denn hier fehlt das Geld für Dinge, die in den reichen Ländern selbstverständlich sind, zum Beispiel gesunde Ernährung, Arzneimittel, ausreichende Hygiene und eine gute Ausbildung.

UNICEF kümmert sich aber auch um Kinder, die gezwungen werden, am Krieg teilzunehmen (so genannte Kindersoldaten). Die Organisation versucht, ihnen wieder ein normales Leben zu ermöglichen. Sie kümmert sich auch um Flüchtlinge und insbesondere um Kinder, die plötzlich in Not geraten sind – zum Beispiel durch Krieg oder nach Naturkatastrophen wie Erdbeben oder Überschwemmungen. Dafür braucht man viel Geld. Deshalb zahlen viele Staaten freiwillig einen Beitrag an UNICEF. Ein Teil der Gelder für UNICEF aber wird von Menschen gespendet, die mit einem eigenen Beitrag das Kinderhilfswerk unterstützen möchten. 1965 erhielt UNICEF den Friedensnobelpreis.

Straßenkinder bekommen eine warme Mahlzeit in einem Kinderhaus in Kairo.

UNO / Vereinte Nationen

Nach dem Zweiten Weltkrieg wurde 1945 die »United Nations Organization« (auf Deutsch »Vereinte Nationen«, abgekürzt UNO oder VN) mit Sitz in New York gegründet. Man wollte verhindern, dass sich solche Weltkriege wiederholen. Heute sind fast alle Staaten der Erde in der UNO. Wenn es Probleme zwischen Staaten gibt, versucht die UNO zu vermitteln und damit einen Krieg zu verhindern. Die Ziele der UNO sind: die Erhaltung des Weltfriedens und die internationale Sicherheit, die freundschaftliche Zusammenarbeit der Mitglieder sowie der Schutz der Menschenrechte (⇨ Grundrechte). Die UNO hat viele Unterorganisationen gegründet. Eine davon ist das Weltkinderhilfswerk UNICEF, das sich um Kinder in der ganzen Welt kümmert; eine andere ist die UNESCO.

Sehr oft hört man vom Sicherheitsrat der UNO. Der Sicherheitsrat trägt die Hauptverantwortung, wenn es darum geht, dass Streitigkeiten zwischen Ländern beigelegt werden sollen. Im Sicherheitsrat sind immer die USA, Russland, China, Frankreich und England vertreten. Sie sind ständige Mitglieder. Andere Länder gehören nur zeitweise zum Sicherheitsrat. Die ständigen Mitglieder des Sicherheitsrates können ein Veto gegen Resolutionen einlegen, die von der Mehrheit (⇨ Mehrheitsprinzip) der Mitgliedsstaaten gefasst wurden. Damit wird dann dieser Beschluss aufgehoben.

Das Gebäude, in dem die UNO in New York arbeitet

Internet

www.runiceurope.org – hier gibt es viele Infos der UNO in deutscher Sprache.

Die UN-Schutztruppe auf Haiti. Sie unterstützt die Polizei dabei, den Frieden im Land wiederherzustellen.

Schon gewusst?

»Friedenssichernd« heißt, dass ein Frieden, der nach einem Krieg geschlossen wurde, gesichert wird. Es soll verhindert werden, dass es wieder zu einem Krieg kommt. »Friedenserhaltend« ist ein UNO-Einsatz, wenn das Mögliche getan wird, damit es gar nicht erst zu einem Krieg kommt. Friedenserhaltende Maßnahmen sind vorbeugende Maßnahmen.

UNO-Friedenstruppe

Gibt es zwischen zwei Ländern einen schweren Konflikt, so haben diese Länder die Möglichkeit, sich an die UNO zu wenden und um Hilfe zu bitten. Der UNO-Sicherheitsrat (⇨ UNO) entscheidet dann, ob Soldaten im Auftrag der UNO in das Krisengebiet geschickt werden, um für Sicherheit und Frieden zu sorgen. In diesen Gebieten führen sie dann friedenssichernde oder friedenserhaltende Maßnahmen durch, wie es in der Fachsprache heißt. Die Soldaten, die von den UNO-Mitgliedsländern für die UNO-Einsätze zur Verfügung gestellt werden, aber auch militärische (⇨ Streitkräfte / Armee) und zivile Beobachter bilden zusammen die UNO-Friedenstruppe. Zurzeit sind an vielen Stellen in der Welt, zum Beispiel auf dem Balkan oder im Nahen Osten, Soldaten im Auftrag der UNO im Einsatz. Sie werden »Blauhelm-Soldaten« genannt, weil sie blaue Helme tragen. Damit fallen sie unter den anderen Soldaten sofort auf.

Untersuchungsausschuss

Im Gegensatz zur Enquête-Kommission sitzen in einem »parlamentarischen Untersuchungsausschuss«, wie es genau heißt, nur Abgeordnete. Der Ausschuss kann einberufen werden, wenn mindestens ein Viertel aller Abgeordneten des Parlaments das beantragt. Ziel eines solchen Ausschusses ist es, Missstände im staatlichen Bereich aufzuklären. Zum Beispiel könnte ein solcher Ausschuss einberufen werden, wenn Zweifel daran bestehen, dass eine Partei Gelder, die sie vom Staat bekommen hat, auch korrekt abgerechnet hat. Der Ausschuss tagt für einen bestimmten Zeitraum, befragt Zeugen und Sachverständige, um die Vorwürfe zu klären. Der Ausschuss kann keine Urteile sprechen so wie ein Richter im Prozess. Er veröffentlicht aber seine Ergebnisse in einem Abschlussbericht. *Lies auch mal nach unter dem Stichwort* Enquête.

Sir Thomas More (1477-1535), der Autor von »Utopia«

Utopie

Dieses griechische Wort heißt »nirgendwo« oder »ohne Ort« oder »guter Ort«. Wir gebrauchen es in unserer Sprache als Bezeichnung für etwas, das zwar denkbar ist, aber nicht oder vielleicht auch noch nicht wahr werden kann. So gibt es zum Beispiel in utopischen Geschichten (ihr kennt sie unter dem Namen »Science fiction«) Reisen in Raumschiffen zu fernen Welten, wo Außerirdische wohnen. So etwas kann man sich zwar gut ausdenken, aber in der Wirklichkeit gibt es das eben (noch?) nicht. Wenn man in der Politik von einer »Utopie« spricht, stellt man sich meistens dabei einen Staat oder eine Gemeinschaft vor, in der ein besseres menschliches Zusammenleben möglich ist. In dem Roman »Utopia« beschreibt der Autor Thomas More (1478-1535) einen solchen perfekten Staat. Er war es auch, der dieses Wort zum ersten Mal gebrauchte.

Grips

Habt ihr – zum Beispiel als Schulklasse – eine Utopie?

Vereidigung / Diensteid

In diesem Begriff steckt das Wort Eid. Gemeint ist damit die feierliche Bekräftigung oder Bestätigung einer Aussage. In Gerichtsfilmen kann man oft sehen, wenn ein Zeuge »vereidigt« wird: Der Richter weist den Zeugen auf die Bedeutung des Eides hin, dann hebt der Zeuge die rechte Hand und spricht die Eidesformel »Ich schwöre es«. Wenn der Zeuge dann die Unwahrheit sagt, den Eid also bricht und einen so genannten Meineid leistet, wird er bestraft. Einen Dienst- oder Amtseid legen alle diejenigen ab, die ein öffentliches Amt ausüben. So schwören zum Beispiel die Bundeskanzlerin, ein Minister oder eine Ministerin zu Beginn ihrer Arbeit in einer feierlichen Vereidigung im Bundestag (⇨ Deutscher Bundestag), alles zum Wohle des Volkes zu tun und die Verfassung zu achten.

Vereidigung von Bundespräsident Horst Köhler

Vereinte Nationen

UNO / Vereinte Nationen

Verfassung

In seiner Verfassung legt ein Staat fest, nach welchen Regeln er organisiert wird und wie das Zusammenleben der Menschen funktionieren soll. Die Verfassung beschreibt das politische System, also wie das Land regiert wird. Soll es zum Beispiel eine frei gewählte Regierung oder einen König (⇨ Monarchie) geben? Welche Rolle sollen Parteien spielen? Es wird festgelegt, was die Regierung darf, was sie nicht darf, welche Macht die Polizei, die Streitkräfte oder andere Staatsorgane haben. Vor allem aber ist festgeschrieben, welche Grundrechte den einzelnen Menschen zustehen, damit sie frei und ohne staatlichen Zwang leben und arbeiten können. Kein anderes Gesetz darf den Bestimmungen dieser Grundordnung widersprechen. In der Bundesrepublik Deutschland wird die Verfassung Grundgesetz genannt.

Schon gewusst?

Die erste geschriebene Verfassung entstand 1776 in Amerika, im Staat Virginia.

Verfassungsorgan

Die obersten Staatsorgane der Bundesrepublik Deutschland, die in unserer Verfassung, also dem Grundgesetz, vorgesehen sind, nennt man Verfassungsorgane. Das sind der Deutsche Bundestag, der Bundesrat, die Bundesversammlung, der Bundespräsident, die Bundesregierung (⇨ Regierung) und das Bundesverfassungsgericht. Hinzu kommt der so genannte Gemeinsame Ausschuss. Er setzt sich zu zwei Dritteln aus Abgeordneten des Bundestages und zu einem Drittel aus Mitgliedern des Bundesrates zusammen. Dieser Gemeinsame Ausschuss übernimmt im Falle, dass unser Land verteidigt werden muss, die Aufgaben von Bundestag und Bundesrat. In einer solchen Notsituation müssen beide Verfassungsorgane gemeinsam die schwierigen Aufgaben bewältigen.

Vermittlungsausschuss

Wie ihr beim Stichwort »Gesetzgebung« in diesem Lexikon nachlesen könnt, haben Bundestag (⇨ Deutscher Bundestag) und Bundesrat das Recht, Gesetze, die von der Bundesregierung (⇨ Regierung) vorgeschlagen werden, zu beschließen oder abzulehnen. Der Bundesrat muss nicht bei allen Gesetzen mitentscheiden, aber bei einigen. Dafür gibt es genaue Regeln. Es kann vorkommen, dass der Bundestag einem Gesetz, sagen wir einer Steuererhöhung, zustimmt, der Bundesrat aber aus bestimmten Gründen dagegen ist und das geplante Gesetz ablehnt. Die Sache scheint also verfahren. Es kann nun – das ist laut Grundgesetz so möglich – ein Ausschuss eingesetzt werden, der in diesem Falle vermittelt. Dieser Ausschuss besteht aus jeweils 16 Mitgliedern des Bundestages und des Bundesrates. Seine Aufgabe ist es, nach Wegen zu suchen, damit das Gesetz nicht endgültig scheitert. Vielleicht kann die Steuererhöhung noch verschoben werden oder nicht ganz so hoch ausfallen wie ursprünglich geplant. In einem Vermittlungsausschuss werden viele Möglichkeiten besprochen, wie ein Kompromiss gefunden werden könnte. Wenn eine Einigung erzielt wird, kann das Gesetz verabschiedet werden, wenn aber nicht, ist das Gesetz gescheitert. Allerdings kann die Regierung das Gesetz zu einem späteren Zeitpunkt, dann vielleicht in veränderter Form, dem Bundestag und Bundesrat wieder zur Abstimmung vorlegen.

Lies mal nach beim Stichwort Gesetzgebung.

Versammlungsfreiheit

Alle Menschen haben in Deutschland das Recht, sich in kleineren oder größeren Gruppen zu versammeln und ihre Forderungen oder Proteste öffentlich bekannt zu machen. Das kann auf unterschiedliche Weise erfolgen, zum Beispiel bei Kundgebungen, Demonstrationen oder auch mit Unterschriften- oder Flugblattaktionen. Das Recht auf Meinungsfreiheit steht in Artikel 5 des Grundgesetzes. Das Recht auf Versammlungsfreiheit ist in Artikel 8 festgeschrieben. Friedliche Versammlungen unter freiem Himmel sind durch dieses Gesetz geschützt, müssen allerdings zwei Tage vorher bei den Behörden angemeldet werden. Es kann bei Demonstrationen bestimmte Einschränkungen geben oder auch eine Überwachung durch die Polizei, denn es dürfen keinesfalls die Rechte der Bürger, die nicht teilnehmen, verletzt werden. Grundsätzlich verboten sind Versammlungen innerhalb der »Bannmeilen«. Das sind bestimmte Bereiche um Parlaments- und Regierungsgebäude sowie um das Gebäude des Bundesverfassungsgerichts. Diese Orte sind für das Funktionieren unseres Staates besonders wichtig und werden deshalb auch besonders geschützt. Nur Volksfeste oder religiöse Veranstaltungen dürfen innerhalb dieser Zonen stattfinden. Es gibt noch weitere Einschränkungen des Versammlungsrechts: Es dürfen natürlich keine Straftaten begangen oder dazu aufgehetzt werden.

Verschuldung

Wenn ihr euch etwas Teures kaufen wollt, zum Beispiel einen MP3-Player, müsst ihr sicher erst eine Weile euer Taschengeld sparen. Leiht ihr euch das Geld dafür von euren Eltern, so macht ihr Schulden und müsst das geliehene Geld in Raten, also in vielen kleinen Beträgen, abbezahlen. Und wenn ihr das öfters macht, euch auch Geld bei Schulkameraden leiht und die Schulden anwachsen, dann seid ihr bald verschuldet. Auch Familien können sich schwer verschulden durch große Ausgaben, die man nicht vorhergesehen hat. Das kann auch geschehen durch Kredite bei der Bank, die man nicht zurückzahlen kann. Oft hilft dann nur noch die so genannte Schuldner-Beratung, wo man mit einer Fachfrau oder einem Fachmann gemeinsam überlegt, in welchen kleinen Schritten man wieder von seiner Verschuldung loskommt.

Auch der Staat macht immer wieder Schulden. Wenn er sehr viel mehr Geld ausgibt, als es der Staatshaushalt verkraftet, ist er sehr verschuldet bei den Banken oder bei den Bürgern und muss jedes Jahr große Beträge alleine für die Zinsen aufbringen. Die Regierung muss dann überlegen, wo sie am besten sparen kann, um den Schuldenberg wieder abzubauen.

Schon gewusst?

Gebührenzähler beim Handy helfen, sich regelmäßig über die anfallenden Kosten klar zu werden.

Versicherungen

Wer bei einer Versicherung regelmäßig Geld einzahlt, bekommt Geld, wenn das, was er versicht hat, beschädigt oder zerstört wurde. So kann man zum Beispiel sein Haus gegen Brand, Wasser- und Sturmschäden versichern. Man schließt dann mit einer Versicherungsgesellschaft eine Gebäudeversicherung ab und zahlt einen monatlichen Beitrag an die Gesellschaft. Wenn nun tatsächlich zum Beispiel ein Wasserrohr platzt und das Wasser Möbel, Teppiche und Tapeten beschädigt, so übernimmt die Versicherung den Schaden. Das kann sie, weil eben nicht bei allen Versicherten gleichzeitig ein Wasserrohr platzt. Dann wäre es zu teuer für die Versicherung, für alle Schäden gleichzeitig die Kosten zu übernehmen. Es gibt auch eine Reihe von Versicherungen, die gesetzlich vorgeschrieben sind. Zum Beispiel muss jeder, der ein Auto besitzt, eine Kraftfahrzeugversicherung abschließen, damit Unfallschäden, die er als Autofahrer verursacht, bezahlt werden. Viele Krankenversicherungen sind gesetzlich vorgeschrieben. Den Arbeitern und Angestellten wird automatisch ein bestimmter Betrag vom Lohn oder vom Gehalt abgezogen und der Krankenversicherung (⇨ Sozialversicherung) überwiesen. Die bezahlt dann ganz oder teilweise die Arzt- und Medikamentenkosten für die Kranken. Man kann sich auch freiwillig versichern oder eine Zusatzversicherung abschließen. Das tut man, wenn man zum Beispiel im Falle eines Krankenhausaufenthaltes im Einzelzimmer liegen oder vom Chefarzt persönlich behandelt werden möchte.

Verteidiger/in

Rechtsanwalt / Rechtsanwältin

§§§

Vertrauensfrage

Hier bezeichnet der Name ziemlich genau das, was gemeint ist: Wenn der Bundeskanzler nicht sicher ist, ob er im Bundestag (⇨ Deutscher Bundestag) noch das Vertrauen der Mehrheit der

Abgeordneten hat, stellt er eine entsprechende Frage: »Habt ihr noch Vertrauen in meine Arbeit und wollt ihr, dass ich auch weiterhin Bundeskanzler bleibe?« Wenn eine Mehrheit sagt, wir wollen diesen Bundeskanzler nicht mehr als Regierungschef haben, treten der Bundeskanzler und seine Regierung zurück. Der Bundespräsident kann dann das Parlament innerhalb von 21 Tagen auflösen und Neuwahlen verkünden. Wenn aber der Bundestag einen anderen Bundeskanzler oder eine Bundeskanzlerin wählt, dann darf das Parlament nicht aufgelöst werden.
Lies auch mal nach unter dem Stichwort Neuwahlen.

Veto

»Veto« ist Lateinisch und heißt wörtlich übersetzt: »Ich verbiete«. Wenn jemand ein Vetorecht hat, kann er oder sie gegen einen Beschluss vorgehen, also »ein Veto einlegen«. Das hat dann zur Folge, dass dieser Beschluss unwirksam oder aber zumindest aufgeschoben wird. In Deutschland hat zum Beispiel der Bundesrat sehr oft ein Vetorecht gegen Gesetze, die der Bundestag (⇨ Deutscher Bundestag) beschließt. Dieses Veto kann allerdings vom Bundestag zurückgewiesen werden, wenn das die Mehrheit der Abgeordneten so entscheidet. In der UNO haben die ständigen Mitglieder des Sicherheitsrates ein besonderes Vetorecht gegen Beschlüsse, die von der Mehrheit des Sicherheitsrates gefasst werden.
Lies auch mal nach bei den Stichwörtern Gesetzgebung *und* UNO.

Vetternwirtschaft (Nepotismus)

Angenommen, du bist Kapitän der Fußballmannschaft eurer Schule. Der Platz eines Stürmers oder einer Stürmerin ist noch frei. Es bieten sich zwei oder drei Mitschülerinnen und Mitschüler an, die ganz gut sind. Du bist dafür, dass dein Bruder mitspielen darf. Der ist zwar nicht so gut wie die anderen, aber er ist dein Verwandter und du bist ihm vielleicht einen Gefallen schuldig.

Oder er tut dann immer brav, was du willst, auch außerhalb des Fußballplatzes. Den anderen in der Mannschaft passt das nicht, aber weil du der Chef bist, setzt du dich durch. Als »Vetternwirtschaft« bezeichnet man in der Umgangssprache dein Verhalten. Das wäre es auch, wenn zum Beispiel ein Bürgermeister oder ein anderer, der viel zu sagen hat, dafür sorgt, dass seine Verwandten gute Posten bekommen, obwohl andere dafür besser geeignet wären. »Vetternwirtschaft« ist zwar nicht direkt verboten, aber langfristig ist es sicher ein unkluges Verhalten.
Vetternwirtschaft ist nicht neu. Im Mittelalter gab es Könige (⇨ Monarchie), die ihre Enkel, Neffen oder sonstige Verwandten mit guten Posten versorgten. Der Grund ist klar: Der König rechnete damit, dass ihm die Verwandten aus Dankbarkeit besonders ergeben waren. Damals wurde der Begriff »Nepotismus« geprägt. Das kommt vom lateinischen Wort »nepote«, das Neffe, Enkel, Vetter oder Verwandter bedeuten kann. Im Deutschen wurde dann die »Vetternwirtschaft« daraus.

Visum

Im Lateinischen bedeutet das Wort »Gesehenes«. Man bezeichnet damit einen amtlichen »Sichtvermerk« in einem Reisepass (⇨ Pass). Ein solcher Stempel wird für die Einreise in viele Länder gebraucht. Er zeigt, dass die Einreise genehmigt ist. Eine Botschaft oder eine andere Vertretung (Konsulat) des Landes, in das man reisen möchte, stellt ein solches Einreisevisum aus. Manchmal kann man das Visum auch direkt an der Grenze bekommen. Die Länder, die ein Visum für die Einreise verlangen, kontrollieren auf diese Weise, wie viele Reisende das Land besuchen. Einige Staaten verlangen von den eigenen Bürgern und Bürgerinnen Ausreisevisa, wenn sie das Land verlassen wollen. (Man sagt auch »Ausreisevisen«,

das ist beides die Mehrzahl von »Visum«.) Damit soll verhindert werden, dass zu viele Menschen ihrer Heimat den Rücken kehren. In Deutschland während des Nationalsozialismus oder in den früheren kommunistischen Ländern wurden beispielsweise solche Ausreisevisa verlangt. Heutzutage gehören China oder auch Kuba zu den Staaten, deren Bürger Ausreisevisen beantragen müssen, wenn sie woandershin reisen wollen.
Lies dazu auch mal das Stichwort Pass.

Volk / Nation

Das Wort »Volk« kommt aus dem althochdeutschen »folc« und hieß »viele«. Ein Volk ist eine große Gruppe von Menschen mit gemeinsamer Abstammung. Alle Mitglieder dieser Gruppe leben in der Regel zusammen in einem bestimmten Gebiet, das deutsche Volk in Deutschland, die Franzosen in Frankreich usw. Ein Volk hat eine gemeinsame Herkunft, Geschichte, Kultur. Seine Menschen sprechen meist auch dieselbe Sprache. Allerdings muss das nicht immer zutreffen. Es gibt viele verschiedene Dialekte, auch ganz unterschiedliche Sprachen innerhalb eines Landes, wie man in der Schweiz sieht oder in Kanada. Zum Volk der Vereinigten Staaten gehören zum Beispiel Menschen vieler Hautfarben und ganz unterschiedlicher Herkunft. Man spricht in solchen Fällen auch von einer Nation (das kommt aus dem Lateinischen). Bei dem politischen Begriff »Nation« denkt man mehr an das Zugehörigkeitsgefühl der Menschen eines Landes, in dem der Austausch zwischen den Menschen mit unterschiedlicher Herkunft gefördert werden sollte. Das entspricht dem Verständnis der modernen demokratischen Staaten, die in ihren Verfassungen festgelegt haben, dass kein Mensch wegen seiner Rasse (⇨ Rassismus), Hautfarbe, Sprache, Religion benachteiligt werden darf. Jeder Mensch darf in Freiheit – ohne dabei behindert zu werden – leben.

Grips

Was bedeutet das althochdeutsche Wort »folc«?

Völkerrecht

Staaten schließen sich zu Gemeinschaften zusammen, um gemeinsame Interessen besser durchsetzen zu können. Eine davon ist die Völkerrechtsgemeinschaft. Deren Mitglieder haben sich verpflichtet, bestimmte Regeln im Umgang miteinander einzuhalten. Diese Regeln sind im Völkerrecht festgelegt. Das Völkerrecht besteht aus einer ganzen Reihe von Verträgen und wird unterteilt in Friedensrecht und Kriegsrecht. Hier ist genau beschrieben, welche Rechte und Pflichten die Staaten im Frieden und im Krieg haben. Im Mittelpunkt stehen dabei die Verfassung der Vereinten Nationen (⇨ UNO) von 1945 (UN-Charta) und die Menschenrechte (⇨ Grundrechte). Alle Länder, die zur Völkerrechtsgemeinschaft gehören, haben diese Verträge unterschrieben.

Der Gedanke eines gemeinsamen Rechtes für Völker ist schon sehr alt. Als erster hat ihn Hugo Grotius (1583-1645) aufgeschrieben. Daher gilt er als Begründer des Völkerrechts.

Lies dazu auch mal das Stichwort UNO / Vereinte Nationen.

Volksentscheid

Das Wort »Volksentscheid« (man spricht auch von »Volksabstimmung«, »Plebiszit« oder »Referendum«) sagt aus, dass das Volk entscheidet. Man könnte nun sagen, dass das Volk bei jeder Wahl, zum Beispiel bei der Bundestagswahl (⇨ Wahlsystem), entscheidet, indem es Parteien wählt, die dann in das Parlament einziehen. Aber bei einer solchen Wahl übertragen die Wähler die Entscheidungsgewalt ihren Vertretern, den Abgeordneten. Das Volk entscheidet also nicht direkt per Stimmzettel, welche politische Entscheidung getroffen wird. Vielmehr treffen die Abgeordneten in den Parlamenten die politischen Entscheidungen stellvertretend für die Wähler. Bei Volksentscheiden geht es aber darum, dass das Volk unmittelbar selbst über eine bestimmte politische Frage entscheidet.

Volksentscheide sind Formen einer direkten Demokratie. In Deutschland sieht das Grundgesetz den Volksentscheid auf Bundesebene nur bei einer Neugliederung von Bundesländern

vor. Ein Beispiel: 1995 lehnte die Mehrheit der wahlberechtigten Bürgerinnen und Bürger einen Zusammenschluss der Bundesländer Berlin und Brandenburg durch Volksentscheid ab, obwohl die Politiker dafür waren.
In den Bundesländern aber gibt es bei vielen Fragen die Möglichkeit des Volksentscheids. In Bayern beschlossen die Bürger zum Beispiel ein Abfallbeseitigungsgesetz, in Baden-Württemberg kann der gesamte Landtag durch Entscheid der wahlberechtigten Bürger aufgelöst werden. Auch in den Kommunen (⇨ Gemeinde) können die Bürger bei vielen politischen Fragen durch so genannte Bürgerbegehren und Bürgerentscheide unmittelbar mitbestimmen. Bevor es zu einem Volksentscheid kommt, kann es das so genannte Volksbegehren geben. Dabei fordert eine bestimmte Anzahl an Wahlberechtigten mit ihrer Unterschrift, dass es zu einem Volksentscheid kommen soll. In Deutschland ist das Volksbegehren auf Bundesebene – wie beim Volksentscheid – auch nur bei einer Neugliederung von Bundesländern möglich.

Volksverhetzung

Wer zum Hass oder zu Gewalttaten aufruft, wer gegen Fremde, gegen Menschen anderer Hautfarbe oder solche, die eine andere politische Meinung haben, aufhetzt, macht sich strafbar. Er begeht Volksverhetzung. Er stört, wie es im amtlichen Deutsch heißt, den öffentlichen Frieden. Man spricht auch von Volksverhetzung, wenn andere Menschen böswillig beschimpft, verächtlich gemacht und dadurch in ihrer Würde verletzt werden. Es ist auch eine Straftat, wenn man Schriften oder Texte zum Beispiel im Internet verbreitet, die die nationalsozialistischen Verbrechen leugnen oder zum Rassenhass aufstacheln. Volksverhetzung kann mit Geld- oder Freiheitsstrafe von drei Monaten bis zu fünf Jahren bestraft werden.

Volkswirtschaft

Alle privaten Haushalte, sämtliche kleinen und großen Firmen und Unternehmen sowie Einrichtungen eines Staates bilden zusammen die Volkswirtschaft. Vereinfacht kann man sagen: Alle, die produzieren (erzeugen) und konsumieren (verbrauchen), gehören zur Volkswirtschaft. Zwei wichtige Merkmale sind die gemeinsame Währung (zum Beispiel der Euro) und ein gemeinsames Wirtschaftssystem. In Deutschland ist das Wirtschaftssystem die soziale Marktwirtschaft. Die Wirtschaftspolitik der Regierung, die Bildung der Bevölkerung, der Stand der Technik, die wirtschaftliche Leistungskraft der Menschen, das Klima und Bodenschätze wie Kohle, Eisenerz und Ölvorkommen spielen für die Volkswirtschaft eine große Rolle. Auch die geografische Lage ist wichtig. Wenn es zum Beispiel große Häfen gibt, können Güter leichter in alle Welt transportiert werden. Alle diese Dinge wirken zusammen und bestimmen letztlich, wie gut eine Volkswirtschaft funktioniert.

Grips

Kennst du zwei wichtige Merkmale einer Volkswirtschaft?

Volljährigkeit

Sobald sie das 18. Lebensjahr erreicht haben, können junge Frauen und Männer in Deutschland selbstständig ihre Entscheidungen treffen, ohne Eltern, Vormund oder sonst jemanden fragen zu müssen. Sie dürfen dann wählen und gewählt werden (nur nicht zum Bundespräsidenten, dazu muss man mindestens 40 Jahre alt sein). Sie können über ihre Ausbildung und ihren Beruf bestimmen, den Führerschein machen, einen Kaufvertrag abschließen (vorausgesetzt natürlich, sie haben genug Geld), in jedes Lokal gehen, ihren Wohnort selber wählen und noch viele andere Dinge mehr tun. Sie haben mit 18 auf jeden Fall die volle Geschäftsfähigkeit erreicht. Sie sind mündig geworden. Mit der Volljährigkeit aber sind nicht nur Rechte verbunden, man muss auch für seine Entscheidungen persönlich einstehen. In Deutschland gilt diese Regelung übrigens seit dem 1. Januar 1975.

Wir müssen noch erwähnen, dass Kinder und Jugendliche auch vor dem 18. Lebensjahr bereits bestimmte Dinge selber entscheiden können. Mit 14 Jahren kann man seine Religion selber wählen, man kann aber auch in diesem Alter schon für kriminelle Handlungen bestraft werden. (Das wird im Jugendstrafrecht geregelt.) Mit 16 Jahren kann man in manchen Fällen schon einen Eid (⇨ Vereidigung / Diensteid) ablegen, den Führerschein Klasse M machen und ist verpflichtet, einen Personalausweis (⇨ Pass) zu haben.

Schon gewusst?

Seit dem 1. Januar 1975 gilt in Deutschland: Mit 18 Jahren ist man volljährig.

Vorurteil

Angenommen, demnächst soll ein neuer Schüler in eure Klasse kommen. Irgendjemand behauptet, der sei blöde, ein Streber, mit dem könne man nichts anfangen, oder noch schlimmer, der habe mal gestohlen. Schon habt ihr, obwohl ihr den Neuen noch gar nicht kennt und diese Sachen, die über ihn erzählt werden, gar nicht überprüfen konntet, eine bestimmte Meinung. Das nennt man ein Vorurteil: Eine Meinung wird ohne eigene Erfahrung und Prüfung einfach kritiklos übernommen.

Normalerweise ist es nicht einfach, so ein Vorurteil wieder loszuwerden und eine Sache richtig zu stellen. Zumeist aber lohnt es sich, seine Vorurteile immer wieder zu überprüfen.

Internet

www.gime5.de – hier gehts den Vorurteilen an den Kragen!

Wahlen

In der Demokratie wählen die Bürger Personen und Parteien, von denen sie eine Zeitlang im Parlament vertreten werden wollen. Diejenigen, die gewählt sind, werden in die Volksvertretung, das Parlament, geschickt. In Deutschland ist das der Deutsche Bundestag. Dort versuchen die Volksvertreter und Volksvertreterinnen, die Abgeordneten, das Beste für ihre Wählerinnen und Wähler zu erreichen. Wichtig ist, dass bei den Wahlen jeder für sich geheim in einer Kabine eine Partei und seine Vertreter und Vertreterinnen wählen kann. Niemand soll dabei von außen beeinflusst werden, niemand braucht Angst zu haben, wegen seiner Wahl Nachteile zu erleiden.

Lies auch mal nach unter den Stichwörtern Wahlsystem, Wahlkampf *und* Wahlrecht.

In den Wahlkabinen gibt man seine Stimme mit Kreuzchen auf Stimmzetteln aus Papier ab oder man wählt elektronisch, gibt also seine Stimme in den Wahlcomputer ein.

Wahlkampf

In den Wochen und Monaten vor einer wichtigen Wahl (zum Beispiel zum Deutschen Bundestag) versuchen die Parteien und Kandidaten, die gewählt werden wollen, alle Wählerinnen und Wähler davon zu überzeugen, dass sie die Besten sind. Auf Plakaten an öffentlichen Plätzen, in Zeitungen, im Rundfunk und insbesondere im Fernsehen in Werbespots und vielen Talkshows stellen sie sich und ihre Botschaften und Programme möglichst gut und verständlich dar. Die Leser und Zuschauer sollen das Gefühl bekommen: Genau diese Partei oder diese Kandidatin oder dieser Kandidat will das, was für mich am besten ist. Und damit die Menschen diejenigen, die sie wählen sollen, noch persönlich kennenlernen können, kommen die Kandidaten in ihre Stadt, sprechen auf Marktplätzen und in großen Sälen, damit im Wahlkampf vielleicht noch die überzeugt werden können, die bis kurz vor der Wahl nicht wissen, wen oder welche Partei sie wählen sollen.

Grips

Hast du dir Wahlplakate schon mal genau angeschaut? Mit welchen Mitteln wird gearbeitet, um Wähler zu gewinnen?

Wahlrecht

Wenn ihr 18 Jahre alt werdet, dann seid ihr volljährig. Ihr dürft eure Abgeordneten, die euch in den Parlamenten (Stadtrat, Landtag oder Bundestag) vertreten, wählen. Ihr nehmt dann euer Stimmrecht, oder, wie es auch heißt, euer aktives Wahlrecht wahr. Und wenn ihr selbst gewählt werden wollt, geht das auch mit dem Beginn der Volljährigkeit. Ihr lasst euch als Kandidat aufstellen, könnt dann also gewählt werden. Das nennt man das passive Wahlrecht. Theoretisch kann man also mit 18 Jahren schon Bürgermeister/in oder Bundestagsabgeordnete/r werden. Dies ist aber noch nicht vorgekommen, denn eine gewisse Lebenserfahrung braucht man ja doch für solche wichtigen Ämter (⇨ Amt). Allerdings deutlich älter als 18 Jahre muss man sein, wenn man zur Bundespräsidentin oder zum Bundespräsidenten gewählt werden möchte. Hier beträgt das Mindestalter 40 Jahre.

Übrigens: Das Recht zu wählen, das allgemeine Wahlrecht, wie das heißt, wurde in Deutschland bereits 1871 eingeführt (für Frauen erst 1918).

Lies auch mal nach bei den Stichwörtern Wahlen, Mehrheitswahlrecht, Überhangmandat *und* Landesliste / Reserveliste.

Demonstration von Suffragetten um 1905. Als Suffragetten bezeichnete man vor 1914 die Mitglieder der englischen Frauenbewegung, die vor allem das Stimmrecht für Frauen forderten. Der Begriff kommt vom lateinischen »suffragium«, auf Deutsch »Stimmrecht«.

Wahlsystem

Alle Wahlberechtigten (mindestens 18 Jahre) erhalten für die Bundestagswahl (bei Kommunalwahlen oder Landtagswahlen gibt es andere Regelungen) einen Stimmzettel mit zwei Spalten: Links kann das Kreuz für die so genannte Erststimme gemacht werden, rechts für die Zweitstimme. Diese Zweitstimme ist aber nicht etwa zweitrangig, sondern die wichtigere. Hier stehen die Parteien mit einer Liste von Frauen und Männern, den Kandidaten und Kandidatinnen. Je mehr Menschen hier ihr Kreuz hinter den Namen einer Partei setzen, desto stärker wird diese mit ihren Abgeordneten im Parlament vertreten sein. Die stärkste Partei stellt meistens den Regierungschef, also den Bundeskanzler oder die Bundeskanzlerin. Der Regierungschef wird also nicht, wie oft geglaubt wird, bei der Bundestagswahl direkt gewählt. Er wird indirekt gewählt – durch die Fraktionen, die im Bundestag (⇨ Deutscher Bundestag) eine Mehrheit bilden.

Stimmzettel
für die Wahl zum Deutschen Bundestag im Wahlkreis 99 - Rhein-Sieg-Kreis II
am 18. September 2005

Sie haben 2 Stimmen

hier 1 Stimme für die Wahl eines/einer Wahlkreis-abgeordneten	hier 1 Stimme für die Wahl einer Landesliste (Partei) - maßgebende Stimme für die Verteilung der Sitze insgesamt auf die einzelnen Parteien -
Erststimme	**Zweitstimme**
1 **Merten,** Ulrike – Mitglied des Deutschen Bundestages, Wachtberg, Leyenkaulstr.17 – **SPD** Sozialdemokratische Partei Deutschlands	**SPD** – Sozialdemokratische Partei Deutschlands – Franz Müntefering, Dr. Angelica Schwall-Düren, Elke Hovermann, Ursula (Ulla) Schmidt, Dr. Barbara Hendricks – 1
2 **Dr. Röttgen,** Norbert – Rechtsanwalt, Mitglied des Deutschen Bundestages, Königswinter, Im Stieldorfer Feld 2 – **CDU** Christlich Demokratische Union Deutschlands	**CDU** – Christlich Demokratische Union Deutschlands – Dr. Norbert Lammert, Wolfgang Bosbach, Ilse Falk, Ronald Pofalla, Dr. Norbert Röttgen – 2
3 **Sonnenschein,** Carl – Rechtsanwalt, Bad Honnef, In den Kircherlen 14 – **FDP** Freie Demokratische Partei	**FDP** – Freie Demokratische Partei – Dr. Guido Westerwelle, Gisela Piltz, Jörg van Essen, Dr. Werner Hoyer, Gudrun Kopp – 3
4 **de la Haye,** Robert – Referent, Alfter, Bachstr. 21 – **GRÜNE** BÜNDNIS 90/DIE GRÜNEN	**GRÜNE** – BÜNDNIS 90/DIE GRÜNEN – Bärbel Höhn, Dr. Reinhard Loske, Britta Haßelmann, Volker Beck, Kerstin Müller – 4
5 **Groeneveld,** Uwe – Angestellter, Hennef, Kolpingstr.38a – **Die Linke.** Die Linkspartei.	**Die Linke.** – Die Linkspartei. – Oskar Lafontaine, Ursula (Ulla) Lötzer, Inge Höger-Neuling, Paul Georg Schäfer, Ursula Jelpke – 5

Mit der Erststimme, also in der linken Spalte auf dem Wahlzettel, kann der Wähler einen Kandidaten oder eine Kandidatin aus dem eigenen Wahlkreis (davon gibt es in Deutschland 299) direkt wählen. Vielleicht kennt er sie persönlich und hofft, sie tut besonders viel für seine Stadt oder sein Dorf. Diese »Direktkandidatin« muss auch gar nicht zur gleichen Partei gehören, die der Wähler mit der Zweitstimme gewählt hat. Auf jeden Fall darf in beiden Spalten nur ein Kreuz für die Erst- und die Zweitstimme stehen, sonst ist der Stimmzettel ungültig. Bei Kommunalwahlen oder Landtagswahlen gibt es andere Regelungen. Noch eine Information für Spezialisten: Dieses oben beschriebene System für die Bundestagswahl wird »Personalisierte Verhältniswahl« genannt. Es ist eine Mischform aus einem einfachen Mehrheits-Wahlsystem (mehrere Kandidaten stehen zur Wahl und der oder die mit den meisten Stimmen hat die Wahl gewonnen) und dem Verhältnis-Wahlsystem (dabei stehen nur Parteien mit ihren Kandidatenlisten zu Wahl).

Lies auch mal nach unter den Stichwörtern Wahlen, Wahlrecht, Mehrheitswahlrecht und Überhangmandat

Währung

Aus dem Wort »Werunge« ist unser heutiges Wort »Währung« entstanden. Damit bezeichnet man die Geldsorten der verschiedenen Staaten. In vielen europäischen Staaten ist der Euro die

Währung. Vor dem Euro gab es in Deutschland die D-Mark. Welche Währung es gibt, wie viele Banknoten oder Münzen gedruckt und geprägt werden, regelt in Deutschland ein Gesetz. Das wird »Geldordnung« oder auch »Geldverfassung« genannt. Alle Dinge, die mit der Währung zusammenhängen, werden von der Deutschen Bundesbank oder der Europäischen Zentralbank verwaltet. In früheren Zeiten wurde auch mit Gold- oder Silberstücken oder wertvollen Steinen bezahlt, es gab bei manchen Völkern auch die Naturalien-Währung. Zum Beispiel wurde festgesetzt, dass fünf Säcke Reis so viel wert sind wie ein Schaf oder ein Sack Pfeffer wie ein Pferd. Das sind nur Beispiele, die aber zeigen, was Währung im weiteren Sinne auch ist: ein Tauschmittel.

Grips

Welche Währungen von anderen Ländern kennst du?

Währungsunion

Das Geld der verschiedenen Staaten, also die Scheine und Münzen, mit denen man bezahlen kann, nennt man Währung. Wenn zwei oder mehr Staaten beschließen, dass in ihren Ländern dieselbe Währung gelten soll, dann bilden sie eine Währungsunion. Das war zum Beispiel kurz vor der Wiedervereinigung im Juli 1990 zwischen der Bundesrepublik Deutschland und der DDR der Fall. Es gab damals einen Vertrag, der festlegte, dass die Mark der DDR in die D-Mark der Bundesrepublik Deutschland umgetauscht werden konnte. Für jede DDR-Mark gab es eine D-Mark. Dadurch ist ein einheitliches Währungsgebiet entstanden.

Inzwischen ist die D-Mark durch den Euro ersetzt worden. Wenn man heute nach Frankreich, Spanien, Italien oder in andere europäische Länder fährt, kann man fast überall mit den gleichen Scheinen und Münzen bezahlen. Seit 2002 gilt diese Währung offiziell in 12 Staaten der EU (⇨ Europäische Union) sowie in einigen anderen Staaten als Zahlungsmittel. Dieses Gebiet heißt die Europäische Währungsunion. Sie ist ein Teil der Europäischen Wirtschafts-, Währungs- und Sozialunion, der bis jetzt 25 Mitglieder angehören.

Auch in anderen Teilen der Welt gibt es Währungsunionen.

Warenkorb

Lebenshaltungskosten / Warenkorb

Wehrdienst / Wehrpflicht

Wenn jemand zur Bundeswehr geht, so leistet er Wehrdienst. Das können Frauen und Männer freiwillig machen als Soldat oder Soldatin auf Zeit oder als Berufssoldat oder Berufssoldatin. Seit 2001 dürfen Frauen überall in der Bundeswehr Wehrdienst leisten. Männer, die ihren 18. Geburtstag hinter sich haben, müssen in Deutschland aber auch dann zur Bundeswehr, wenn sie dies nicht freiwillig möchten. Für die Männer gibt es die allgemeine Wehrpflicht, die in unserem Land seit 1956 besteht. Diese Pflicht beginnt mit dem 19. Lebensjahr und endet mit dem 28. Lebensjahr. Die Männer werden ärztlich untersucht. Wenn sie tauglich sind, also körperlich und seelisch dazu in der Lage sind, dann werden sie zur Bundeswehr eingezogen. Ein Wehrpflichtiger kann sich auch zum Dienst bei der Freiwilligen Feuerwehr, beim Technischen Hilfswerk oder beim Bundesgrenzschutz verpflichten. Die wehrpflichtigen Soldaten (⇨ Streitkräfte / Armee) wohnen zusammen in Kasernen und müssen einen Grundwehrdienst ableisten. Dieser dauert derzeit neun Monate. Dabei lernen sie, was sie als Soldaten wissen müssen. Später müssen sie dann noch in Wehrübungen, die im Einzelfall nicht länger als drei Monate dauern dürfen, zeigen, was sie von ihrem Grundwehrdienst noch wissen. Wehrpflichtige, die aus Gewissensgründen den Wehrdienst verweigern, müssen in der Regel Zivildienst leisten.

Lies auch mal nach bei den Stichwörtern Bundeswehr *und* Zivildienst.

Weimarer Republik

Nach dem Ersten Weltkrieg musste der deutsche Kaiser zurücktreten und die so genannte »Weimarer Republik« begann (1919-1933). Der Name lässt sich leicht erklären: In der Stadt Weimar kam die Nationalversammlung zusammen und arbeitete eine demokratische Verfassung (»Weimarer Reichsverfassung«) aus.
Mit dieser Verfassung wurde Deutschland ein parlamentarisch-demokratischer Bundesstaat, der das 1871 gegründete Deutsche Kaiserreich ablöste. Staatsoberhaupt der Weimarer Republik war der vom Volk gewählte Reichspräsident (1919-1925: Friedrich Ebert, 1925-1934: Paul von Hindenburg). Die Weimarer Republik hatte von Anfang an mit großen Problemen zu kämpfen. Nach dem verlorenen Ersten Weltkrieg gab es große wirtschaftliche Probleme, eine Inflation und Millionen von Arbeitslosen. Die Weltwirtschaftskrise von 1929 hat die Situation noch verschärft. Das größte Problem aber war, dass die Weimarer Republik von Beginn an viele Gegner in der Bevölkerung hatte. So bestimmten starke politische Unruhen das politische und gesellschaftliche Geschehen in Deutschland. Radikale Strömungen (Kommunisten, Nationalsozialisten), die sich gegenseitig bekämpften, gewannen immer mehr an Einfluss. Im Jahre 1933 kam Adolf Hitler an die Macht. Die demokratische Weimarer Republik brach zusammen und die nationalsozialistische Diktatur nahm ihren Anfang.
Lies auch mal nach unter dem Stichwort Erster Weltkrieg.

Internet

Ein Besuch lohnt sich:
www.dhm.de/lemo

Weltbank

Die Weltbank (Bank für Wiederaufbau und Entwicklung) ist eine Organisation der Vereinten Nationen (⇨ UNO). Sie wurde 1944 mit dem Ziel gegründet, den Wiederaufbau von zerstörten Städten, Brücken und Straßen nach dem Zweiten Weltkrieg zu unterstützen. Heute, mehr als 50 Jahre nach dem Zweiten Weltkrieg, gibt es die Weltbank immer noch, doch ihre Aufgaben haben sich geändert. Heute fördert sie die wirtschaftliche Entwicklung in vielen Staaten der Erde und bekämpft die Armut in der Welt. Sie vergibt an arme Länder Kredite, mit denen zum Beispiel Straßen oder Kraftwerke gebaut werden, und sie berät Regierungen. Immer wieder hat es Streit darüber gegeben, ob die Weltbank die richtigen Projekte fördert. In den letzten Jahren sind die Vorschriften für die Vergabe von Geldern verändert worden. So passt die Weltbank jetzt darauf auf, dass die Projekte, für die sie Geld zur Verfügung stellt, den Umweltschutz berücksichtigen. Auch will sie nicht mehr mit Staaten zusammenarbeiten, in denen eine korrupte Regierung herrscht.

Lies auch mal nach unter den Stichwörtern UNO *und* Welthandelsorganisation.

Welthandelsorganisation (WTO)

Die WTO (englisch »World Trade Organisation«) ist eine Organisation der UNO. Sie hat ihren Sitz in Genf. Wie auch die Weltbank und der Internationale Währungsfonds ist die WTO eine wichtige Einrichtung, die zur Regelung und Erleichterung der weltweiten wirtschaftlichen Zusammenarbeit geschaffen wurde. Alle zwei Jahre treffen sich die Fachminister aus den inzwischen ungefähr 140 Mitgliedsländern der WTO und beraten, wie sie zum Beispiel die Zölle (⇨ Zoll) im Handel zwischen den Ländern niedriger halten können oder ob die Zölle sogar ganz wegfallen können. Denn das Hauptziel aller Regelungen und Kontrollen, die die WTO beschließt,

ist es, die Handelsbeziehungen möglichst frei (liberal) und einfach zu gestalten und keine Länder dabei zu benachteiligen.
Vor der Einrichtung der WTO gab es das so genannte GATT (»General Agreement on Tariffs and Trade«), ein allgemeines Zoll- und Handelsabkommen.
Lies auch mal nach unter den Stichwörtern UNO, Weltbank *und* Internationaler Währungsfonds.

Weltkrieg

Im Krieg versuchen Staaten, ihren Streit gewaltsam mit Soldaten (⇨ Streitkräfte / Armee) und Waffen zu lösen. Oft sind daran nur zwei Staaten beteiligt. Von einem Weltkrieg spricht man, wenn die Kämpfe zwischen vielen Staaten stattfinden und sich über die ganze Welt erstrecken. Daran sind Millionen von Menschen beteiligt und viele furchtbare Waffen werden eingesetzt, die fast überall schwere Zerstörungen anrichten. Im letzten Jahrhundert gab es zwei große Weltkriege, den Ersten Weltkrieg (1914-1918) und den Zweiten Weltkrieg (1939-1945).
Nach solchen verheerenden Kriegen wird die Welt oft neu geordnet. Auch die Beziehungen zwischen den Staaten werden anders gestaltet. Nach dem Zweiten Weltkrieg wurde die UNO gegründet, in der fast alle Staaten vertreten sind. Sie soll dafür sorgen, dass es nicht noch einmal zu einem Weltkrieg kommt. Auch die Anfänge der Europäischen Einigung fallen in die Nachkriegszeit.
Lies dazu auch nach bei den Stichwörtern Erster Weltkrieg *und* Zweiter Weltkrieg.

Weltwirtschaftsgipfel

G8 / Weltwirtschaftsgipfel

Litfaßsäulen findet man in jeder Stadt. Sie werden zum Anschlagen von Plakaten verpachtet.

Werbung

Eine Firma hat ein neues Produkt, zum Beispiel ein neues Waschmittel, hergestellt. Um damit Geld verdienen zu können, will sie natürlich, dass viele Leute das Waschmittel kaufen. Käufer müssen aber erst einmal wissen, dass es dieses neue Mittel überhaupt gibt. Es wird also dafür Werbung gemacht (früher sagte man, es wird dafür »Reklame« gemacht). Die Namen und die Bilder neuer Produkte, egal ob Waschmittel, Fernseher, Computer, Sonderangebote, für Kleidung oder auch Reiseangebote tauchen in Anzeigen in Zeitungen und Zeitschriften auf, in Katalogen, auf Plakaten und Werbetafeln (zum Beispiel bei Sportveranstaltungen), in Werbespots im Fernsehen und im Radio. Je öfter die Menschen das Bild von der Waschmittelpackung sehen, desto aufmerksamer werden sie. Beim nächsten Gang in den Supermarkt wandert das Waschmittel vielleicht schon in den Einkaufswagen. Das Ziel der Werbung wäre dann erreicht. Man könnte auch sagen, die Menschen sind beeinflusst worden, ohne dass ihnen das richtig klar war.

Es landen, wie jeder täglich merkt, auch jede Menge Werbebriefe, Prospekte und Reklamezettel im Briefkasten. Damit sollen die Käufer ganz direkt angesprochen werden. Manchmal erscheinen auch Vertreter an der Haustüre und wollen neue Kunden für eine Zeitschrift oder einen Buchclub werben. Das nennt man »Direktwerbung«.

Schon gewusst?

Die »Litfaßsäule« heißt nach dem Drucker Ernst Litfa. Er stellte am 1. Juli 1855 in Berlin die erste Litfaßsäule auf.

Internet

Schau doch mal auf die Seite der Verbraucherzentrale: www.kinder-kampagne.de

Werte / Wertewandel

Jeder Mensch hat etwas, das Wert für ihn hat, das wichtig und nützlich für ihn ist. Wenn man anfängt, das aufzuzählen, merkt man bereits, wie vielfältig die Bedeutung des Wortes »Wert« ist. Die Wohnung, das Fahrrad und viele andere Sachen haben einen Wert. Das ist der Geldbetrag, den man beim Kauf bezahlen muss oder beim Verkauf bekommt. Das Geld selber hat auch einen Wert. Alles, was man messen kann, hat einen Wert: die Höhe eines Berges, die Entfernung zum Mond oder die Zeit, in der jemand hundert Meter läuft. Dieser Wert lässt sich in Minuten und Sekunden, in Metern, Kilometern oder auch auf andere Weise ermitteln. Man spricht dann von einem »objektiven« Wert. Damit ist gemeint, dass dieser Wert von allen Menschen nachzuvollziehen ist, er hängt nicht von einer persönlichen Bewertung ab.

Es gibt aber viele Werte, die von der persönlichen Einschätzung eines Menschen abhängen. Dies sind so genannte subjektive Werte. Das kann Freundschaft sein, Geschmack, Schönheit und vieles andere. Solche Werte haben mit Gefühl zu tun. Man kann sie deshalb nicht genau messen. Auch die Religion, das gute Gewissen, die Menschenrechte (⇨ Grundrechte) und die Verfassung stellen Werte dar, die man nicht in Messwerte fassen kann. Wenn ihr unter dem Stichwort Ethik nachschaut, werdet ihr mehrere Begriffe finden, in denen »Wert« und »Werte« vorkommen.

Manchmal hört man auch das Wort Wertewandel. Damit ist eine Veränderung gemeint, die sich über längere Zeit innerhalb einer Gesellschaft vollzieht. Zum Beispiel spielten früher in der Kindererziehung Gehorsam und Pflichterfüllung eine sehr wichtige Rolle. Heute haben sich die Werte gewandelt und die Erziehung zu Selbstständigkeit und Verantwortungsbewusstsein wird als besonders wichtig betrachtet. Manchmal ist es bei einem Wertewandel auch so, dass Werte wieder an Bedeutung gewinnen, die für einige Zeit als überholt angesehen wurden. So zeigen Untersuchungen, dass Jugendliche heute wieder Fleiß und Ehrgeiz als wichtig einschätzen, was eine Zeit lang eher als veraltet betrachtet wurde. Wenn sich Einstellungen und Ansichten bei vielen Menschen geändert haben, ist ein Wertewandel eingetreten. Das führt zu neuen Einstellungen, es werden Politiker und Parteien gewählt, die diese Werte vertreten und dafür sorgen, dass sich auch manche Gesetze ändern.

Grips

Kannst du dir vorstellen, welche Bedeutung der Wertewandel für Frauen und Mädchen in der Gesellschaft hat?

Wettbewerb / Konkurrenz

Wettbewerb gibt es in vielen Lebensbereichen: Wenn zwei oder mehrere Menschen oder Parteien um eine bestimmte Sache kämpfen, handelt es sich um einen Wettbewerb. Oft findet er im Sport statt. So gibt es im Fußball zum Beispiel Pokalwettbewerbe. Es gibt aber auch viele andere Wettbewerbe, wie etwa Schönheitswettbewerbe oder Mathematikwettbewerbe. Bewerber treten, wie es oft heißt, in Konkurrenz zueinander an. Dieses aus dem Lateinischen kommende Wort heißt nichts anderes als »Wettbewerb«.

In der Wirtschaft bedeutet Wettbewerb, dass große und kleine Unternehmen miteinander konkurrieren. Die Firmen wollen möglichst viele Kunden gewinnen, von deren Geld sie schließlich leben. Deswegen müssen sie gute Produkte anbieten, die möglichst besser und kostengünstiger sind als die Produkte der Konkurrenten. Dann steigen ihre Chancen, dass sie die Produkte verkaufen. In der freien Marktwirtschaft ist dieser Wettbewerb sehr wichtig. Expertinnen und Experten sprechen davon, dass der Wettbewerb Motor für den Fortschritt und für das gute Funktionieren der Wirtschaft ist. Es heißt oft, dass Wettbewerb (Konkurrenz) das Geschäft belebt, denn die Firmen sind bestrebt, immer bessere Produkte zu entwickeln, um im Konkurrenzkampf zu bestehen. Allerdings muss der Wettbewerb, wie im Sport auch, fair sein. Es dürfen zum Beispiel keine heimlichen Preisabsprachen zwischen Betrieben stattfinden, um andere Rivalen und Mitbewerber zu bekämpfen, die dann nicht mehr mithalten können. Die so genannte Wettbewerbspolitik der Regierung hat daher das Ziel, freien und fairen Wettbewerb zu garantieren.

Lies auch mal nach unter den Stichwörtern Soziale Marktwirtschaft *und* Bundeskartellamt.

Widerstand / Widerstandsrecht

Viele Menschen, die in einer Diktatur leben oder auch in einem Land, das von einem anderen Staat überfallen wurde, lehnen sich gegen die Herrschaft auf. Sie leisten Widerstand, weil sie diese Herrschaft ablehnen. Manchmal schließen sie sich mit anderen Menschen zusammen, die genauso denken, und bilden eine Widerstandsgruppe. Es gibt gewaltlosen Widerstand und Widerstand, der mit Gewalt gegen Sachen und Personen verbunden ist.

Schon gewusst?

Im Jahr 2005 kam ein Film über die Widerstandsgruppe »Weiße Rose« in die Kinos: »Sophie Scholl – die letzten Tage« von Marc Rothemund.

In der Zeit des Nationalsozialismus gab es mehrere Widerstandsgruppen, die den Diktator Adolf Hitler und seine Herrschaft beseitigen wollten. Sehr bekannt ist die »Weiße Rose«, die von Studenten und Studentinnen in München gegründet wurde. In einer anderen Gruppe haben sich vor allem Offiziere zusammengeschlossen. Diese Gruppe wurde bekannt unter dem Namen »20. Juli 1944«, weil der Offizier Claus Graf Schenk von Stauffenberg an diesem Tag ein Attentat auf Hitler verübte, das allerdings missglückte. Auch Jugendliche haben Widerstand geleistet. In Köln und im Ruhrgebiet zum Beispiel haben sie sich als so genannte »Edelweißpiraten« gegen die Nationalsozialisten aufgelehnt. Viele Widerstandskämpfer wurden entdeckt und hingerichtet.

Hans und Sophie Scholl waren Gründer und Mitglieder der Widerstandsgruppe »Weiße Rose« an der Münchner Universität. Das Geschwisterpaar wurde nach einer Flugblattaktion gegen die nationalsozialistische Herrschaft am 18.2.1943 verhaftet und am 22.2.1943 in Berlin-Plötzensee hingerichtet.

Heute hat jeder in Deutschland das Recht, Widerstand zu leisten, wenn jemand versucht, unsere demokratische Grundordnung zu beseitigen. Dieses Widerstandsrecht ist in unserem Grundgesetz festgelegt. Aber Widerstand ist nur dann erlaubt, wenn vorher alles andere versucht wurde, um diese Gefahr für unseren Staat abzuwehren.

Nachgefragt

Steffi, 12

Was bedeutet Wirtschaftlichkeit?

Es bedeutet, dass man versucht, mit den vorhandenen Mitteln möglichst viel zu erreichen. Es kann auch bedeuten, dass man ein Ziel mit möglichst geringem Aufwand erreicht. Wirtschaftlich ist es zum Beispiel, die Heizung im Winter so an und aus zu schalten, dass man mit möglichst wenig Heizöl über den Winter kommt und es trotzdem immer noch warm ist.

Wirtschaft

Wenn die Menschen arbeiten, dann erzeugen sie sehr oft etwas. Sie bauen Autos, Maschinen, Häuser, sie nähen Kleidung, backen Brot, pflanzen Getreide oder bauen Obst an. Diese Beispiele kann man um viele andere ergänzen. Alle Bereiche zusammen, in denen Menschen etwas herstellen, bezeichnet man als Wirtschaft. Dazu gehören auch die Dienstleistungen. Das sind alle Tätigkeiten, wo Menschen arbeiten, aber nichts direkt hergestellt wird, also Handel, Verkehr, Banken, Versicherungen, Verwaltung, Polizei usw. Einzelbereiche der Wirtschaft heißen zum Beispiel Landwirtschaft, Bauwirtschaft, Bergbau, Autoindustrie oder Nahrungsmittelwirtschaft.

In der Wirtschaft regelt einerseits die Nachfrage das Angebot: Je mehr Menschen eine Ware haben wollen, also eine Ware nachfragen, desto mehr wird diese Ware auch produziert und angeboten. Wenn viele Leute eine bestimmte Jeans-Marke haben wollen, dann werden die Hersteller von Jeans dafür sorgen, dass man diese Jeans möglichst schnell kaufen kann.

Andererseits wird die Nachfrage auch durch Angebote geweckt. Wenn zum Beispiel ein neues Computerspiel entwickelt wurde und auf dem Markt ist, soll es auch nachgefragt werden. Die Menschen werden dann vor allem über die Werbung zum Kauf angeregt.

Wenn aber ein Produkt nicht mehr nachgefragt wird, die Autos einer bestimmten Marke beispielsweise keine Käufer mehr finden, dann werden sie auch nicht mehr gebaut. Sie werden also nicht mehr angeboten.

Zusammenfassend kann man sagen, dass die Wirtschaft eines Landes dafür sorgen muss, dass die Menschen die Güter und Dienstleistungen erhalten, die sie brauchen.

Die Wirtschaftsordnung der Bundesrepublik Deutschland ist die soziale Marktwirtschaft.

Lies auch mal nach unter den Stichwörtern Soziale Marktwirtschaft *und* Zentralverwaltungswirtschaft.

Wirtschaftspolitik

Als »Wirtschaftspolitik« werden alle Maßnahmen und Aktivitäten des Staates bezeichnet, die das Ziel haben, das Wirtschaftsleben zu steuern, zu beeinflussen und zu ordnen. Grundlage der Wirtschaftspolitik ist die Wirtschaftsordnung des Staates. In Deutschland ist das die soziale Marktwirtschaft. Ihre Ziele sind unter anderem die Erhöhung des Wohlstandes durch Wachstum der Wirtschaft bei möglichst stabilen Preisen. Wirtschaftspolitik sollte auch dafür sorgen, dass die meisten Menschen Arbeit haben und es keine Konflikte mit den Volkswirtschaften anderer Länder gibt.
Lies auch mal nach unter dem Stichwort Soziale Marktwirtschaft.

Wohlfahrtsverband

Das Wort »Wohlfahrt« wird aus dem alten mittelhochdeutschen Wort »wolvarn« abgeleitet. Es bedeutete soviel wie Wohlergehen eines Einzelnen oder einer Gemeinschaft. Eine wichtige Aufgabe des Staates ist es, für das Wohlergehen seiner Bürger zu sorgen. Aber nicht nur der Staat kümmert sich um das Wohlergehen seiner Bürgerinnen und Bürger. Auch nicht-staatliche Organisationen übernehmen solche Aufgaben. Dies sind zum Beispiel die Wohlfahrtsverbände. Sie sind politisch unabhängig, manche von ihnen arbeiten auf kirchlicher Grundlage. Sie organisieren und leisten Arbeit, die für die Gesellschaft wichtig und nützlich (gemeinnützig) ist. Dazu gehören unter anderem Jugendarbeit, Arbeit in der Altenpflege, Hilfe für Behinderte oder für Suchtgefährdete. Teilweise werden diese Verbände von den Behörden mit Aufgaben betraut und bekommen dafür staatliche Unterstützung. Oft sind sie auf Spenden oder die Beiträge ihrer Verbandsmitglieder angewiesen. Die größten Wohlfahrtsverbände in Deutschland sind der Deutsche Paritätische Wohlfahrtsverband (DPWV) und die Arbeiterwohlfahrt (AWO), das Deutsche Rote Kreuz (DRK), das Diakonische Werk, der Deutsche Caritasverband sowie die Zentralwohlfahrtsstelle der Juden in Deutschland.
Lies auch mal nach unter den Stichwörtern Gemeinnützigkeit *und* Nichtregierungsorganisation.

Zeitung

Jeder von euch hat sie schon mal in der Hand gehabt. Ihr habt nach den neuesten Sportnachrichten gesucht oder habt nachgesehen, ob Bilder von eurem Schulfest drin sind. Oder ihr habt euch für die Seiten mit der Politik interessiert oder für Neuigkeiten aus aller Welt (Katastrophen, Verkehrsunfälle, Klatsch und Tratsch aus der Promi-Welt). An dieser kleinen Aufzählung kann man schon sehen, was alles in der Zeitung zu finden ist. Die Mitarbeiterinnen und Mitarbeiter einer Zeitung arbeiten für die verschiedenen Abteilungen, die man Ressorts nennt: zum Beispiel für die Politik, für die Kultur, für den Sport und so weiter. Viele Artikel und Nachrichten, die in der Zeitung stehen, werden von Agenturen und Journalistinnen und Journalisten aus aller Welt geliefert. Wenn man eine Zeitung abonniert, also für eine längere Zeit im Voraus bezahlt, dann kommt sie regelmäßig ins Haus. Man kann viele Zeitungen auch am Kiosk kaufen. Die meisten Zeitungen kann man jeden Tag kaufen (Tageszeitungen), einige nur einmal in der Woche (Wochenzeitungen). Manche Zeitungen kann man nur in einer bestimmten Stadt oder Gegend kaufen. Dann nennt man sie Regionalzeitungen. Andere Zeitungen sind in ganz Deutschland zu haben, das sind die überregionalen Zeitungen. In fast allen Zeitungen stehen auch Anzeigen, die für bestimmte Dinge (Autos, Geschäfte, Reisen usw.) werben. Auch Privatleute können Anzeigen in die Zeitung setzen lassen, wenn sie zum Beispiel eine Wohnung suchen, etwas verkaufen oder kaufen wollen. Manche zeigen eine Hochzeit an oder geben bekannt, dass jemand gestorben ist. Diese Anzeigen kosten in den allermeisten Fällen Geld. Von diesem Geld und dem, was die Käufer für die Zeitung bezahlen, wird die Herstellung der Zeitung bezahlt. Zeitungen können in privatem Besitz sein oder sie sind Eigentum von Gesellschaften oder großen Verlagen.

Übrigens: Die erste Tageszeitung in Deutschland erschien 1650 in Leipzig und hieß »Einkommende Zeitung«.

Lies auch mal nach unter den Stichwörtern Presse, Presserecht, Pressesprecher *und* Journalist/in

Grips

Welche Zeitungen gibt es in deiner Region?

Zeitungsstand mit internationalen Zeitungen

Schon gewusst?

Zeitungen, die täglich erscheinen, heißen Tageszeitungen. Zeitungen, die jede Woche einmal erscheinen, heißen Wochenzeitungen.

Zensur

Was Zensuren sind, wisst ihr alle: gute oder schlechte Noten, also Bewertungen für schulische Leistungen. Es gibt in undemokratischen Staaten auch eine Zensur der Medien. Darunter versteht man, dass eine staatliche Behörde alles kontrolliert, was in Büchern, Zeitungen und Zeitschriften stehen soll, was die Menschen im Fernsehen, in Filmen oder auf der Theaterbühne sehen dürfen und was nicht. Zweck dieser staatlichen Zensur ist es, dass die Bürger nur das erfahren, was die Regierung mitteilen will. Texte oder Bilder, die zum Beispiel die Regierung kritisieren, werden aus den Zeitungen oder Filmen herausgestrichen. Oder sie werden so verändert, dass die Kritik nicht mehr zu erkennen ist. Mit dieser Zensur soll die Meinung der Menschen beeinflusst werden. Wenn sie nichts über Probleme in einem Staat lesen oder im Fernsehen sehen können, dann denken sie vielleicht, es sei alles in Ordnung. In undemokratischen Staaten, vor allem in Diktaturen, gibt es oft ein eigenes Ministerium (⇨ Ressort), das für die so genannte Vorzensur zuständig ist. Von diesem Ministerium muss alles erst genehmigt werden, bevor es veröffentlicht werden darf. In der Nachzensur kann ein Film oder ein Theaterstück, wenn es den Herrschenden nicht gefällt, ganz verboten werden.

In demokratischen Staaten wie der Bundesrepublik Deutschland ist die Presse- und Meinungsfreiheit (⇨ Pressefreiheit) garantiert. In Artikel 5 des Grundgesetzes heißt es ausdrücklich: »Eine Zensur findet nicht statt.« Allerdings kann es Fälle geben, wo doch eine Zensur stattfindet. Wenn zum Beispiel ein Text oder ein Film gegen das Grundgesetz oder Bestimmungen des Jugendschutzgesetzes verstoßen, kann die Veröffentlichung verboten werden.

Grips

Wieso steht im Grundgesetz in Artikel 5 »Eine Zensur findet nicht statt«?

Zentralismus

Mit Zentralismus ist eine politische Ordnung gemeint, in der die gesamte Macht auf eine oder nur wenige staatliche Stellen ausgerichtet ist. Diese Macht wird von einem Ort aus ausgeübt oder auch von nur einer Person. Dies war zum Beispiel im Absolutismus der Fall. Auch eine politische Organisation, etwa eine Partei, kann von einer Zentrale aus sämtliche Fäden der Staatsmacht in der Hand halten. Dies war bei der Sozialistischen Einheitspartei Deutschlands (SED) der Fall, welche die Macht in der DDR ausübte, und neben der andere Parteien keine Rolle spielten. Der Zentralismus hat das Bestreben, die Selbstständigkeit von einzelnen Regionen und Gruppierungen innerhalb des Staates einzuschränken; möglichst alles soll von der »Zentrale« aus bestimmt werden. Insofern steht Zentralismus im Gegensatz zum Föderalismus, wie er in Deutschland mit seinen starken, selbstständig regierten Bundesländern besteht.

Zentralverwaltungswirtschaft / Planwirtschaft

In der Marktwirtschaft (⇨ Freie Marktwirtschaft) herrscht, wie ihr hier im Lexikon nachlesen könnt, das Prinzip von Angebot und Nachfrage. Ein ganz anderes Wirtschaftssystem ist die Zentralverwaltungswirtschaft, die auch Planwirtschaft genannt wird. In der Planwirtschaft werden alle Wirtschaftsvorgänge zentral von der Regierung nach einem Plan gesteuert. Eine Planstelle muss schätzen, was in der Bevölkerung vermutlich benötigt wird. Sämtliche Güter und Dienstleistungen, auch die Preise und Löhne werden dann von einer Zentrale in einem Gesamtplan festgelegt. Nach diesem Plan muss sich die Wirtschaft richten. Dieser Plan, der viele Einzelpläne enthält, gilt für einen bestimmten Zeitraum. Die Planwirtschaft kann nur sehr langsam auf wirtschaftliche Veränderungen und die Bedürfnisse der Bevölkerung reagieren. Auch im Handel mit anderen Staaten hat sich gezeigt, dass die Planwirtschaft im Vergleich zur Marktwirtschaft sich nicht schnell genug auf neue Entwicklungen einstellen kann.

In vielen sozialistischen (⇨ Sozialismus) Ländern gab es diese zentral gelenkte Planwirtschaft. Sie wurde Ende der 1980er Jahre fast überall reformiert oder abgeschafft, als die kommunistischen Regierungssysteme in Osteuropa zusammenbrachen. Seither findet dort ein Übergang zur Marktwirtschaft statt, was in einigen dieser Länder lange dauert und wegen des ungewohnten harten Wettbewerbs nicht ohne Probleme ist.
Lies auch mal nach unter den Stichwörtern Soziale Marktwirtschaft, Freie Marktwirtschaft *und* Wirtschaft.

Der so genannte Davidstern ist seit dem 18. Jahrhundert ein allgemeines Symbol für den jüdischen Glauben. Die Zionisten haben ihn zum nationalen Zeichen erklärt, seit 1948 ist er auf der Flagge des Staates Israel zu sehen.

Zionismus

Zion war, so steht es im Alten Testament, der Name eines Hügels, der im Südosten von Jerusalem lag. Später wurde der Name Zion gleichbedeutend mit Jerusalem gebraucht. Als im 19. Jahrhundert viele Juden in Osteuropa von anderen Menschen, die dort wohnten, bedroht wurden, also Opfer von antisemitischen Angriffen wurden, entstand als Antwort darauf der Zionismus. Hauptbegründer war Theodor Herzl (1860-1904), der auch der Präsident des 1. Zionistischen Weltkongresses 1897 wurde. Das oberste Ziel der zionistischen Bewegung war die Rückführung der in aller Welt lebenden Juden in das Gebiet zwischen Mittelmehr und Jordan. Dies war für die Zionisten das ursprüngliche Heimatland der Juden, hier wollten sie sich niederlassen und einen eigenen Staat gründen. Bereits Ende des 19. Jahrhunderts begannen viele jüdische Einwanderer mit dem Bau jüdischer Siedlungen in dieser Region. Immer wieder gab es Streit mit der arabischen Bevölkerung, die dort lebte. Während und nach dem Zweiten Weltkrieg sind viele Juden, die den Holocaust überlebt hatten, nach Israel gezogen, um dort

zu leben. 1948 wurde der Staat Israel gegründet, der von Beginn an von den meisten Arabern, die in dem Gebiet wohnten, nicht anerkannt wurde. Bis heute ist das Problem des Zusammenlebens von Juden und Arabern nicht gelöst.
Lies auch mal nach unter den Stichwörtern Judentum *und* Nahostkonflikt.

Zivilcourage

Was würdet ihr tun, wenn jemand in eurer Nähe auf dem Schulweg grundlos angegriffen wird? Viele Leute machen da gar nichts, greifen nicht ein, holen auch keine Hilfe. Weil sie selbst Angst haben, gucken sie lieber weg. Manchmal gibt es aber doch Menschen, die mutig dazwischen gehen oder andere bitten, dem Angegriffenen zu Hilfe zu kommen. Das sind Menschen mit Zivilcourage. »Zivil« stammt von dem lateinischen Wort »civis« ab, das heißt »Bürger«. »Courage« ist französisch und bedeutet »Mut« oder »Beherztheit«. Es hat also auch etwas mit dem Herzen zu tun, wenn man für seine Überzeugung öffentlich eintritt.

Grips

Welche Situation kannst du dir vorstellen, in der man Zivilcourage zeigen sollte?

Aber Zivilcourage zeigt sich nicht erst, wenn man bei Schlägereien hilft. Das fängt schon früher an. Das kann zum Beispiel sein, wenn man für einen Außenseiter in der Klasse Partei ergreift, auch wenn man dann von den anderen ausgelacht wird. Oder wenn man deutlich seine Meinung dagegen sagt, wenn zum Beispiel miese Witze über Ausländer oder kranke Menschen erzählt werden. Manchmal hat man Angst, ganz alleine da zu stehen, wenn man einem anderen hilft. Oftmals zeigt sich aber, dass nur einer den Anfang machen muss. Ihr habt das sicher schon erlebt, dass sich dann auf einmal auch andere, die vielleicht nicht ganz so mutig sind, trauen, sich mit den Schwächeren zu solidarisieren. Zivilcourage heißt aber keineswegs, dass man immer selbst dazwischen gehen muss, wenn es Streit gibt. Vor allem, wenn man sich selbst verletzen würde und damit keinem hilft, ist es viel vernünftiger, Hilfe zu holen oder die Polizei zu benachrichtigen.

Zivildienst

Im Grundgesetz wird jedem Wehrpflichtigen das Recht auf Kriegsdienstverweigerung garantiert, wenn er aus Gewissensgründen den Kriegsdienst als Soldat (⇨ Streitkräfte) nicht leisten will. Der Wehrpflichtige – das sind nur Männer, da Frauen ja nicht der Wehrpflicht (⇨ Wehrdienst) unterliegen – muss diese Gewissensgründe vor dem Bundesamt für Zivildienst darlegen. Wenn die Gründe anerkannt werden, muss der Verweigerer zwar nicht den normalen Wehrdienst, aber einen Ersatzdienst, nämlich den so genannten Zivildienst leisten. Dieser Zivildienst dauert derzeit länger als der Grundwehrdienst, nämlich zehn Monate. Die Männer arbeiten in dieser Zeit meist in Krankenhäusern, Altenheimen und ähnlichen Einrichtungen.

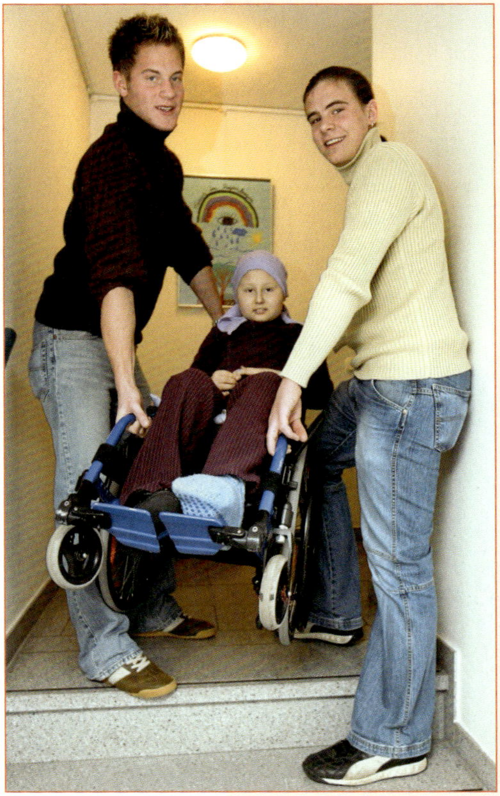

Zwei Zivildienstleistende tragen den Rollstuhl für ein krebskrankes Mädchen.

Zivilisation

Steinzeitmenschen vor vielen tausend Jahren hatten ein hartes Leben. Sie mussten für alles, was sie brauchten, selber sorgen. Für ihre Nahrung erlegten sie Tiere mit Steinen und Stöcken und mit selbst hergestellten Waffen. Gegen Kälte schützten sie sich mit Kleidung, die sie aus Tierfellen herstellten. Jede kleine Krankheit konnte lebensgefährlich sein. Die Menschen lebten in kleinen Gruppen, eine große geordnete Gesellschaft mit Regeln, die für viele tausend Menschen gelten, gab es nicht.

Woran liegt es, dass unsere heutige Welt ganz anders aussieht als die Welt unserer Vorfahren? Wissenschaft und Technik haben im Laufe der Zeit viele Neuerungen hervorgebracht, die das Leben der Menschen verändert haben. Die medizinische Versorgung ist besser geworden, die Nahrung ist reichhaltiger, die Menschen leben länger. Wir wohnen geschützt in Häusern und können in Schulen und Universitäten eine Menge lernen, um wiederum wissenschaftliche und technische Neuerungen hervorzubringen. Wir leben in einer geordneten Gesellschaft, wo jede Bürgerin und jeder Bürger Rechte und Pflichten hat. Und auch für den Umgang der Menschen miteinander gibt es bestimmte Regeln, die dazu beitragen sollen, in dieser Welt zurecht zu kommen.

Mit »Zivilisation« bezeichnet man unsere Lebensumstände, die ein Ergebnis des Fortschritts in Wissenschaft, Technik und Denken in den vergangenen Jahrhunderten sind. Allerdings haben nicht alle Länder der Erde an den Fortschritten gleichermaßen teilhaben können Dies trifft beispielsweise auf die Entwicklungsländer zu. Die Zivilisation bringt nicht immer nur Gutes für uns hervor. So spricht man zum Beispiel von »Zivilisationskrankheiten«, die durch falsche Ernährung oder zu wenig Sport entstehen. Der Begriff Zivilisation stammt von dem lateinischen Wort »civis« ab, was Bürger bedeutet.

Schon gewusst?

Als »Zivilisationskrankheiten« bezeichnet man Krankheiten, die durch falsche Ernährung und zu wenig Bewegung entstehen. Diese Krankheiten treten besonders in hoch entwickelten Ländern auf.

Zoll

In alten Berichten beklagten sich Reisende, dass sie, wenn sie mit dem Schiff unterwegs waren oder in der Kutsche durch das Land reisten, oft angehalten wurden, um einen so genannten Wegezoll oder Brückenzoll zu bezahlen. In früheren Jahrhunderten war das Land aufgeteilt in viele kleine Staaten. Jeder Landesherr verlangte an den Grenzen Abgaben (denn nichts anderes heißt das aus dem Griechischen kommende Wort »Zoll«). Reisende mussten für die Nutzung der Straßen und Brücken bezahlen, Händler mussten Geld für die Waren bezahlen, die sie mit sich führten. Heute spielen Wege- und Brückenzoll nicht mehr so eine große Rolle wie in früheren Jahrhunderten. Eine Ausnahme ist allerdings die Autobahn- oder Tunnel-Maut.

Schon gewusst?

Mit »Zoll« bezeichnet man auch eine alte deutsche Längeneinheit. Daher kommt der Begriff »Zollstock«.

Zoll muss aber nach wie vor für die Einfuhr, Ausfuhr oder die Durchfuhr (auch Transit genannt) von Waren bezahlt werden. Empfänger des Zolls ist das jeweilige Land, das die Ware passieren soll. In Deutschland hat nur der Bund das Recht, diese Abgabe zu erheben, nicht aber die Länder oder die Gemeinden. Im Wesentlichen wird zwischen zwei Arten von Zoll unterschieden: Der Finanzzoll auf eingeführte Waren soll ähnlich wie Steuern dem Staat Einnahmen bringen. Mit dem Schutzzoll sollen einheimische Waren vor der Konkurrenz (⇨ Wettbewerb) durch ausländische Waren geschützt werden. Durch den Zoll werden die ausländischen Waren teurer, denn die Kosten für den Zoll werden auf den Preis für die Waren aufgeschlagen. So können dann die einheimischen Waren mit den ausländischen Waren besser konkurrieren.

Zollhund-«Lehrling« Robby und sein Herrchen suchen an einem Lastwagen nach geschmuggelten Zigaretten.

Seit vielen Jahren gibt es Bemühungen, Zölle immer mehr abzubauen, um den internationalen Handel zu erleichtern. Dies ist vor allem eine Forderung der ärmeren Länder, die auf diese Weise besser am Welthandel teilnehmen könnten.

Mit »Zoll« bezeichnet man auch eine alte deutsche Längeneinheit von etwa 2,2-3 Zentimetern Länge. Das Wort mit dieser Bedeutung stammt aus dem Mittelhochdeutschen und hieß so viel wie »abgeschnittenes Holz« – daher auch der Begriff »Zollstock«.

Lies auch mal nach bei den Stichwörtern Freihandelszone *und* Maut.

Zweiter Weltkrieg

Der Zweite Weltkrieg dauerte von 1939 bis 1945. Er begann am 1. September 1939, als die deutsche Armee (⇨ Streitkräfte) das benachbarte Polen überfielen. Die Nationalsozialisten, die in Deutschland unter der Führung des Diktators Adolf Hitler die Macht erlangt hatten, wollten, dass Deutschland wieder groß und mächtig wurde. Sie wollten die Bestimmungen des Versailler Friedensvertrages (⇨ Erster Weltkrieg), der nach dem Ersten Weltkrieg die Macht Deutschlands begrenzte, nicht mehr akzeptieren. Polen war das erste Land, das von den deutschen Streitkräften besetzt wurde.

Deutschland war mit Italien und Japan verbündet (man nannte sie die »Achsenmächte«). Die Gegner der Achse waren vor allem Großbritannien, Frankreich, die Sowjetunion und die USA. Insgesamt waren an diesem weltweit geführten Krieg 27 Nationen beteiligt. In Europa waren fast alle Länder von dem Kriegsgeschehen direkt betroffen. Zunächst gelang es den deutschen Trup-

pen, die meisten europäischen Länder zu erobern. Doch besiegen konnte Deutschland seine Gegner nicht. Im Jahr 1944 traten die USA in den Krieg gegen Deutschland ein. Zusammen mit den anderen Verbündeten (Alliierten) befreiten sie die Gebiete, die von den deutschen Armeen besetzt worden waren. Die deutschen Truppen wurden besiegt. Der Diktator beging am 30. April 1945 in Berlin Selbstmord. Deutschland kapitulierte (gab auf) und am 9. Mai 1945 trat ein Waffenstillstand in Kraft.
Doch damit war der Zweite Weltkrieg noch nicht beendet. Japan hatte in Asien Krieg gegen die USA geführt. Erst Anfang September 1945 gab die japanische Regierung auf, nachdem amerikanische Bomber Atombomben auf die japanischen Großstädte Hiroshima und Nagasaki abgeworfen hatten. Viele hunderttausend Menschen waren dabei getötet oder schwer verletzt worden.
Insgesamt hat der Zweite Weltkrieg über 60 Millionen Tote gefordert. Mehr als sechs Millionen Juden sind ermordet worden, Sinti und Roma und andere Minderheiten sind verfolgt und getötet worden.
Deutschland, das den Krieg verloren hatte, wurde zunächst von den Truppen der Siegermächte Sowjetunion, Großbritannien, USA und Frankreich besetzt. Dann kam es zur Teilung des Landes in die Bundesrepublik Deutschland und die DDR. Eine Folge des Krieges war auch die Aufteilung Europas in zwei Machtblöcke unter der Führung der USA und der Sowjetunion. Diese Nachkriegsordnung ging erst 1990 mit dem Zusammenbruch der DDR und der Sowjetunion zu Ende.
Lies auch mal nach unter den Stichwörtern Nationalsozialismus, Holocaust *und* Kalter Krieg.

Hier ist Schluss, aber ...

vielleicht vermisst du einige Begriffe, die du gern erklärt hättest. Dann besuch' uns doch einfach im Internet bei www.HanisauLand.de und stell' deine Frage. Dort werden wir das Lexikon weiter ausbauen und vielleicht ist dann beim nächsten Mal auch deine Frage dort nachzulesen.

A

Abgeordnete
Abschwung / Rezession
Absolutismus
Aktien
Ältestenrat
Amnestie
amnesty international (ai)
Amt
Analphabet
Anarchie
Anfrage (Kleine/Große)
Antisemitismus
Arbeitskampf
Arbeitslosengeld
Arbeitslosigkeit
Arbeitsmarkt / Arbeitsmarktpolitik
Arbeitsrecht
Aristokratie
Armut
Asyl
Attentat
Aufklärung
Aufschwung
Ausländer/in
Auslieferungsantrag
Aussperrung ⇨ Streik / Aussperrung
Autonomie
Autoritäres System

B

Bankett
Banknote
Barrel
Beamte
Berliner Mauer
Betriebsrat
Bevölkerungswachstum
Bildung
Bildungsreform
Bildungswesen
Blauer Engel / Gütesiegel
Börse
Botschaft / Botschafter/in
Bruttolohn / Nettolohn
Bruttosozialprodukt / Bruttoinlandsprodukt
Buddhismus
Bund ⇨ Bundesstaat / Bund
Bundesbank ⇨ Deutsche Bundesbank
Bundesgrenzschutz (BGS)
Bundeskanzler/in
Bundeskartellamt
Bundesländer / Föderalismus
Bundesminister ⇨ Minister/in
Bundespräsident/in
Bundesrat
Bundesregierung ⇨ Regierung
Bundesstaat / Bund
Bundestag ⇨ Deutscher Bundestag
Bundestagspräsident/in
Bundesverfassungsgericht
Bundesversammlung
Bundeswahlleiter/in
Bundeswehr
Bürger/in / Bürgertum
Bürgerinitiative
Bürgerkrieg
Bürgermeister/in
Bürgerwehr
Bürokratie
Bußgeld

C

Chancengleichheit
Christentum
Club of Rome

D

Datenschutz
DAX
DDR
Deflation
Delegation
Demagogie
Demographie
Demokratie
Demonstration
Demoskopie ⇨ Meinungsforschung / Marktforschung
Denunziation
Depression
Deutsche Bundesbank
Deutsche Nationalhymne
Deutscher Bundestag
Deutscher Kinderschutzbund (DKSB)
Diaspora
Dienstleistung
Diffamieren
Diktatur
Diplomatie / Diplomat/in
Diskriminierung
Dividende
Doktrin
Dritte Welt
Drogen
Dynastie

E

Ehrenamt
Eid ⇨ Vereidigung / Diensteid
Einbürgerung
Embargo
Emigration
Emission / Emissionshandel
Energiepolitik
Enquête
Entwicklungsländer / Entwicklungshilfe
Entwicklungspolitik
Erneuerbare Energie
Erster Weltkrieg
Erziehungsberechtigte
Ethik
Ethnische »Säuberung«
EU-Erweiterung
Euro
Europa
Europäische Union (EU)
Europäische Zentralbank
Exekutive ⇨ Gewaltenteilung
Exil

F

Familie / Familienpolitik
Fanatismus
Faschismus
Feudalismus
Finanzausgleich
Finanzen
Flagge
Föderalismus ⇨ Bundesländer / Föderalismus
Folter
Fonds
Fraktion
Freie Marktwirtschaft
Freihandelszone

Freiheit
Frieden
Friedensnobelpreis
Friedenstruppe ⇨ UNO-Friedenstruppe
Führungszeugnis
Fundamentalismus
Fünfprozentklausel

G

G8 / Weltwirtschaftsgipfel
GAU
Geburtenrate
Gefängnis
Geheimdienst / Nachrichtendienst
Gelöbnis
Gemeinde
Gemeinnützigkeit
Generationenkonflikt
Generationenvertrag
Genfer Konvention
Gentechnologie
Gericht
Gesellschaft
Gesetz
Gesetzgebung
Gewaltenteilung
Gewaltmonopol
Gewerkschaft
Gleichberechtigung
Globale Erwärmung
Globalisierung
Grenze
Grundgesetz
Grundrechte / Menschenrechte

H

Haager Abkommen
Haftbefehl
Handelsabkommen
Hauptstadt
Hierarchie
Hinduismus
Hoheitsrechte
Holocaust
Humanismus

I

Immunität
Indemnität
Industriestaat
Inflation
Innere Sicherheit und öffentliche Ordnung
Innovation
Institution
Integration
Interessenverbände
Internationaler Gerichtshof
Internationaler Währungsfonds (IWF)
Intrige
Islam
Islamismus

J

Journalist/in
Judentum
Judikative ⇨ Gewaltenteilung
Jugendkriminalität
Jugendschutzgesetz
Jugendstrafrecht

K

Kabinett
Kalter Krieg
Kampfverbände ⇨ Streitkräfte / Armee
Kandidat/in
Kanzlerdemokratie
Kapitalismus
Kartell ⇨ Bundeskartellamt
Katastrophenschutz
Kinder- und Jugendhilfe
Kinderarbeit
Kindergeld
Kinderhandel
Kinderrechte / Kinderrechtskonvention
Kinderschutzbund ⇨ Deutscher Kinderschutzbund (DKSB)
Kindersoldaten
Klausurtagung /Klausursitzung
Klonen
Koalition
Kodex
Kolonialismus / Kolonien
Kommission
Kommission der EU
Kommunikation
Kommunismus
Kompetenz
Kompromiss
Konflikt
Konjunktur
Konkurrenz ⇨ Wettbewerb / Konkurrenz
Konsens
Konservatismus
Konvention
Konzentrationslager (KZ)
Konzern
Korruption
Kredit
Krieg
Kriegsrecht
Kriegsverbrechen
Krise / Krisenstab
Kultur / Kulturkreis
Kultusministerkonferenz
Kuratorium

L

Länderfinanzausgleich ⇨ Finanzausgleich
Landesliste / Reserveliste
Landesverrat ⇨ Spionage / Landesverrat
Landesverweis / Ausweisung / Abschiebung
Landfriedensbruch
Landrat / Landrätin / Landkreis
Landsknechte ⇨ Söldner / Landsknechte
Landtag
Lauschangriff ⇨ Überwachung (»Lauschangriff«)
Lebenshaltungskosten / Warenkorb
Legislative
Gewaltenteilung
Legislaturperiode
Lehen ⇨ Vasall / Lehen
Liberalismus
Linksextremismus
Lobby / Lobbyismus
Lohnnebenkosten

M

Magistrat
Majestät
Mandat
Manifest
Manipulation
Marktwirtschaft ⇨ Freie Marktwirtschaft

Massenvernichtungswaffen
Materialismus
Maut
Mediation
Medien
Mehrheitsprinzip
Mehrheitswahlrecht
Mehrwertsteuer / Umsatzsteuer
Meinungsforschung / Marktforschung (Demoskopie)
Menschenrechte ➪ Grundrechte / Menschenrechte
Migration
Militär ➪ Streitkräfte / Armee
Minderheitsregierung
Mindestlohn
Minister/in
Ministerpräsident/in
Misstrauensvotum
Mitbestimmung
Mobilmachung
Monarchie
Monopol

N

Nachhaltigkeit
Nahostkonflikt
Nationalhymne
Nationalsozialismus
NATO
Naturkatastrophe
Neuwahlen / vorzeitige Neuwahlen
Nichtangriffspakt
Nichtregierungsorganisation (NRO/NGO)
Nord-Süd-Konflikt
Notstandsgesetz

O

Oberbefehlshaber
OECD
Öffentliche Hand
Ökologie
Ökosystem
Oligarchie
OPEC
Opposition
Orthodoxie
OSZE

P

Parlament
Parlamentarismus
Parteien
Pass
Patentrecht
Patriotismus
Pazifismus
Pension ➪ Rente / Pension
Petition
PISA-Studie
Planwirtschaft ➪ Zentralverwaltungswirtschaft / Planwirtschaft
Plenum
Pluralismus
Pogrom / Reichspogromnacht
Politik
Politikverdrossenheit
Politische Bildung
Politische Willensbildung
Polizei
Präsident/in
Presse
Pressefreiheit
Presserecht
Pressesprecher
Privatisierung
Prognose
Propaganda
Punk
Putsch ➪ Staatsstreich / Putsch

R

Rabatt
Rassismus
Rechtsanwalt / Rechtsanwältin
Rechtsextremismus
Rechtsprechung
Rechtsstaat
Rechtsweg
Redaktion
Regierung
Reichspogromnacht ➪ Pogrom / Reichspogromnacht
Rente / Pension
Republik
Reserveliste ➪ Landesliste / Reserveliste
Resolution
Ressort
Ressourcen
Revolution
Rezession ➪ Abschwung / Rezession
Richter/in
Rune

S

Sachverständigenrat
Schattenkabinett
Schengener Abkommen
Schoa ➪ Holocaust
Schulpflicht
Schwarzarbeit
Schwarzmarkt
Schwellenland
Senat / Senator/in
Sicherheitskonferenz
Skinheads
Söldner / Landsknechte
Solidarität
Sonnenenergie
SOS-Kinderdorf
Souveränität
Soziale Marktwirtschaft
Sozialhilfe
Sozialismus
Sozialleistung
Sozialstaat
Sozialversicherung
Spionage / Landesverrat
Staat
Staatenbund
Staatsaffäre
Staatsangehörigkeit
Staatsanwaltschaft / Staatsanwalt / Staatsanwältin
Staatshaushalt / Haushalt
Staatskasse
Staatsraison / Staatsräson
Staatsstreich / Putsch
Stabilitäts- und Wachstumspakt
Statistisches Bundesamt
Steuern
Strafmündigkeit
Streik / Aussperrung
Streitkräfte / Armee
Strukturwandel
Subsidiarität
Subvention

T

Tarifkorridor
Tarifvertrag
Taschengeld
Technisches Hilfswerk (THW)
Teilung Deutschlands
Terrorismus
Toleranz
Totalitäres System

U

Überhangmandat
Überwachung (»Lauschangriff«)
Ultimatum
Umwelt / Umweltschutz
UNESCO
UNICEF
UNO / Vereinte Nationen
UNO-Friedenstruppe
Untersuchungsausschuss
Utopie

V

Vereidigung / Diensteid
Vereinte Nationen ⇨ UNO / Vereinte Nationen
Verfassung
Verfassungsorgan
Vermittlungsausschuss
Versammlungsfreiheit
Verschuldung
Versicherungen
Verteidiger/in ⇨ Rechtsanwalt / Rechtsanwältin
Vertrauensfrage
Veto
Vetternwirtschaft (Nepotismus)
Visum
Volk / Nation
Völkerrecht
Volksentscheid
Volksverhetzung
Volkswirtschaft
Volljährigkeit
Vorurteil

W

Wahlen
Wahlkampf
Wahlrecht
Wahlsystem
Währung
Währungsunion
Warenkorb ⇨ Lebenshaltungskosten / Warenkorb
Wehrdienst / Wehrpflicht
Weimarer Republik
Weltbank
Welthandelsorganisation (WTO)
Weltkrieg
Weltwirtschaftsgipfel ⇨ G8 / Weltwirtschaftsgipfel
Werbung
Werte / Wertewandel
Wettbewerb / Konkurrenz
Widerstand / Widerstandsrecht
Wirtschaft
Wirtschaftspolitik
Wohlfahrtsverband

Z

Zeitung
Zensur
Zentralismus
Zentralverwaltungswirtschaft / Planwirtschaft
Zionismus
Zivilcourage
Zivildienst
Zivilisation
Zoll
Zweiter Weltkrieg

Wir danken Klaus Schubert und Martina Klein, Verfasser von „Das Politiklexikon" im Verlag J.H.W. Dietz Nachf., Bonn, für die wissenschaftliche Unterstützung bei der Erstellung dieses Lexikons.

Bildnachweis

AP Photos – Armut, Attentat (Kennedy), Hauptstadt (Budapest, London), Holocaust (2), Klonen, Krieg, Majestät, Monarchie, Nationalsozialismus, Terrorismus
Bildarchiv Reupert – Freihandelszone
Bildagentur Waldhäusl – Analphabet, Drogen, Emission/Emissionshandel

BilderBox Bildagentur GmbH.com – Amt, Börse, Bürokratie

Blauer Engel. – Blauer Engel/Gütesiegel

Bundesbildstelle – Banknote, Berliner Mauer, Bundeskanzler/in, Bundespräsident/in, Bundesverfassungsgericht, Deutscher Bundestag, Euro, Europäische Union, Flagge, Friedensnobelpreis (Willy Brandt), Gelöbnis, Hauptstadt (Berlin), Islam, Plenum, UNO/Vereinte Nationen, Wahlkampf

Internationaler Suchdienst des Roten Kreuzes, Arolsen – Vorlage für Karte Konzentrationslager (KZ)

G.Karich, Bergisch-Gladbach – Pass

mts, Königswinter – Wahlsystem

picture-alliance/akg-images – Absolutismus, Friedensnobelpreis (Bertha v. Suttner), Patentrecht, Schwarzmarkt, Wahlrecht, Zweiter Weltkrieg

picture-alliance/dpa – Aktien, Attentat (Papst), Aufklärung (3), Bürgerinitiative, Bußgeld, Erster Weltkrieg, Europa, Hauptstadt (Paris), Hinduismus, Humanismus (Goethe, Schiller), Innere Sicherheit und öffentliche Ordnung, Judentum, Massenvernichtungswaffen, Maut, Meinungsforschung/Marktforschung (Demoskopie), NATO, Naturkatastrophe, Parlament, Rune, Ökosystem, OPEC, Solidarität, Überwachung, UNICEF, Utopie, Werbung, Widerstand/Widerstandsrecht, Zivildienst

picture-alliance/dpa/dpaweb – Abgeordnete, Arbeitslosigkeit, Bundeswehr, DAX, Demonstration, Friedensnobelpreis, Gerichtshof, Internationaler Katastrophenschutz, Journalist/in, Kinderarbeit, Kindersoldaten, Polizei, Punk, SOS-Kinderdorf, Streik/Aussperrung, Technisches Hilfswerk (THW), UNO-Friedenstruppe, Vereidigung/Diensteid, Zoll

picture-alliance/GODONG – Buddhismus, Christentum, UNICEF (Kairo)

picture-alliance/IMAGNO/Schostal Archiv – Humanismus (v. Humboldt)

picture-alliance/KPA/HIP/ArtMedia – Freiheit

picture-alliance/OKAPIA KG Germany – Sonnenenergie

picture-alliance/Photoshot – Zionismus

picture-alliance/ZB – amnesty international (ai), Botschaft / Botschafter/in, Bundesgrenzschutz (BGS), Friedensnobelpreis (Mutter Teresa), Gefängnis, Gemeinde, Grundgesetz, Hauptstadt (Berlin), Revolution, Umwelt / Umweltschutz, Zeitung